KB093232

서울 탄생기

1960~70년대 문학으로 본 현대도시 서울의 사회사

서울 탄생기

1960~1970년대
문학으로 본
현대도시 서울의 사회사

송은영 지음

푸른역사

책을 내며

한국전쟁의 상흔이 채 가시지 않았던 1955년 가을, 어느 시골 기차역에 소년 셋이 서 있었다. 교복 입은 이 까까머리 중고등학생들의 소원은 서울에 한번 가보는 것이었다. 하지만 부모들이 목적 없는 서울 여행을 허락할 리 없었다. 결국 소년들은 몰래 무전여행을 가기로 결심했다. 막상 기차를 기다리면서 점점 더 무섭고 불안해진 소년들 중 하나는 서울행을 포기했다. 그러나 무서움을 이겨내고 기차를 탄 두 소년은 경복궁, 창경원, 남산을 즐겁게 구경하고 며칠 후 무사히 돌아왔다. 부모님께 혼이 났지만, 그중 가장 나이가 많던 소년은 서울 풍경을 잊을 수 없었다. 소년은 반드시 다시 서울에 가겠다고, 그리고 앞으로 꼭 서울에서 살겠다고 결심했다. 그러나 평생 갓 쓰고 상투를 튼 채 옛것과 함께 사셨던 아버지는 이듬해 고등학교를 졸업하게 된 소년이 서울로 가는 것도, 대학에 가는 것도 허락하지 않았다. 소년은 처음으로 아버지의 뜻을 거역하기로 결심했다. 그는 몰래 대학 입학원서를 접수한 후 서울에 올라왔다. 그리고 허름한 방 한 칸에서 자취생활을 하며 대학을 다녔고 어느덧 현모양처가 꿈이었던 여성과 결혼하고 취직도 했다.

이것은 내 아버지 이야기다. 이 이야기를 처음 듣던 날을 기억한다. 나는 당시 칠순을 앞둔 아버지에게 지금껏 살아오면서 가장 잘했다고 생각하는 일 세 가지를 여쭈었다. 아버지는 바로 대답하셨다. 첫째, 서울에 올라온 일. 둘째, 대학에 간 일. 셋째, 강남으로 이사한 일. 서울행 기차를 올라타기 전과 후에 얼마나 심장이 터질 것 같았는지 설명하던 아버지의 얼굴은 과거로 돌아가 있었다. 할아버지의 뜻에 따라 서울에 오지 않았더라면, 게다가 대학에 가지 않았다면, 아마 지금쯤 시골에서 농사를 짓고 있었겠지. 왜 그 허허벌판으로 이사하느냐며 모두 말리던 시절 집을 사서 강남으로 이사하지 않았더라면, 내 월급으로 강남에서 살 수 있는 기회는 평생 없었을 거야.

나는 그 세 가지 결단이 아버지의 삶을 바꾸었다는 것을, 그리고 나의 삶까지도 결정했다는 것을 깨달았다. 단 하나도 쉽지 않았던 아버지의 세 선택은 절묘하게도 해방 이후 한국 현대사에서 가장 중요한 신분 상승의 기회를 잡아챈 것이었다. 두려움을 극복하고 서울행 기차에 올라탄 아버지의 결단이 그 씨앗이었다. 맏형이었던 아버지가 어렵게 서울에 올라간 덕에 남동생 셋도 줄줄이 따라와 얹혀살면서 대학을 다니고 서울에 자리를 잡았다. 덕분에 나의 어머니는 어린 시동생들을 부양하며 젊은 시절을 보내야 했다. 오로지 근검절약과 내조의 정신으로 살림을 유지했고, 다섯 아이를 길렀다.

나는 그 다섯 아이 중 넷째로 서울에서 태어나 자랐다. 〈응답하라 1988〉의 배경이었던 쌍문동에서 태어났지만, 내 유년 시절의 기억은 그 인근 수유리 골목의 작은 단층집에서 출발한다. '응팔'의 쌍문동 골목과 매우 유사한 분위기였던 골목에서 이웃들과 부대끼던 기억은 생생하다. 이 정든 곳을 떠나 1970년대 후반 처음 강남으로 이사했던 시절도 기억한다. 내 기억 속의 첫 강남은 화려하지 않았다. 봄이 되어 겨우내 얼었던 땅이 녹으면 학교 가는 길은 아스팔트 포장이 되어 있지 않아 진흙탕이 되었다. 유난히 깔끔하셨던 어머니는 진흙이 튄 내 바지를 매일 빨면서 투덜거리셨다. 부모님은 적응하기 어려웠던 강남에서 일 년 만에 다시 수유리로 이사해서 5년을 사신 뒤 또다시 강남으로 이사하셨고, 지금까지 37년째 1982년에 이사했던 바로 그 집에서 평생을 사셨다. 집값이 많이 뛰기 전 이사를 하신 덕에 강남에 자리 잡기는 했지만, 평생 부동산 투기라는 걸 모른 채 사셨던 분들다운 선택이었다.

초등학교의 입학과 졸업은 강남에서 했지만 중간의 5년을 수유리에서 다녔다는 것은 내 삶에 큰 영향을 미쳤다. 나는 강남과 강북의 격차를 생생하게 체험한 첫 세대이자 강남과 강북 모두 삶의 뿌리로 기억하는 유일한 세대가 되었다. 초등학교 5학년을 마칠 무렵 이사온 강남은 더이상 내가 기억하던 촌스러운 강남이 아니었다. 물론 학교까지 가는 길은 여전히 진흙탕이었다. 그러나 성적 따위 신경 쓰지 않고 살던 나는 아이들이 전교생 중 누구누구가 공부를 잘 하는지 다 파악하고 있다는 데 놀랐고, 나이키 신발과 조다쉬 청바지를 입고 가야 친구들이 주목해준다는 것을 알게 되었다. 그전까지 말 그대로 재래시장이었던 수유시장의 아수라장을 가로질러 통학했고, 학교를 마치면 공부 걱정 없이 집 뒤의 '빡빡산'에 올라가 뛰어 놀았던 터였다. 나는 아직 어렸지만 낯설고 새로운 세계로 이동했음을 깨달았다.

쉽게 적응하지 못한 나는 강남으로 이사온 이후로도 몇 년 동안 주말마다 수유리의 친구들을 만나러 엄마 몰래 버스를 타고 강북 끝과 강남 끝을 오갔다. 버스가 반포와 압구정동 아파트 사이를 지나 한강다리를 지나면, 고향 같은 수유리로 갈 때까지 매우 다른 집과 간판으로 가득 찬 도시의 풍경이 펼쳐졌다. 매주 왕복 두 시간 이상씩 혼자서 버스로 강남과 강북을 오가는 일이 익숙해지자, 혼자 어디든 갈 수 있다는 것도 깨달았다. 광화문 교보문고와 종로 2가의 종로서적이 책과 음악에 빠져 시간 가는 줄 몰랐던 중학생의 매 주말 목적지였다. 그 후 몇 년 동안 혼자서 돌아다닌 청계천 헌책방 골목, 세운상가와 종로 3가 인근의 레코드 가게들, 낙원상가와 파고다공원 근처를 비롯한 종로 일대의 뒷골목들은 아직도 내 기억 속에 생생하게 남아 있다.

고등학생이 되자 혼자 영화를 보러 다니기 시작했다. 처음에는 단성사와 명보극장처럼 강북 도심의 극장들을 갔지만, 얼마 후 강남에 새로 생기기 시작한 영화관들이 더 넓은 강남 일대를 돌아다닐 기회를 주었다. 넓고 곧게 뻗은 강남의 인도에는 희한하게도 사람이 별로 없었다. 그러나 길은 훤하게 트여서 시원했고, 고층 빌딩들은 웅장했으며, 거리마다 구경거리가 매우 많았다. 부모님은 공부하러 나간 자식이 입시 따위는 잊어버리고 거리를 무작정 쏘다니고 있었다는 사실을 아직도 모르신다.

지금도 마음이 답답하면 무작정 집을 나와 도시의 거리를 걷고 또 걷는다. 미세먼지를 탓하면서도, 낡은 간판이 걸린 강북의 오래된 골목도 걷고 휘황찬란한 강남의 고층 빌딩 사이도 걷는다. 성장기 경험 덕분에, 낡은 골목들이 도시개발로 파괴될 때 분노하는 사람도 되었다가 동시에 고층 빌딩들이 서울의 정감 있는 옛 풍경을 파괴시켰다는 말에 꼭 그런 건 아니라고 고개를 가로젓는 사람이 되었다. 어느새 서울이라는 도시에 살면서 도시의 변화와 다양성, 오래된 경관과 새로운 현대성을 모두 긍정하는 사람이 된 것이다.

1960~70년대 서울이라는 주제를 연구하기 시작했을 때, 아버지의 고백과 성장기의 경험을 동시에 떠올렸다. 아버지처럼 무작정 서울로 가고 싶었던 사람들의 목소리, 서울로 올라온 이후 그들이 겪어야 했던 고단한 삶의 현장들, 내가 어렸을 때 보았던 풍경들을 문학작품에서 직접 볼 수 있었다. 나의 삶을 좌우한 아버지의 선택과 삶을 상기하면서 소설들을 읽었다. 아쉽게도 남성 작가들 중심의 문학작품에서 함께 고생한 어머니의 삶은 아버지의 삶만큼 풍부하게 나타나 있지 않았다. 이 책에서 이 시기 도시여성들의 삶에 대한 내용이 부족한 것은 그 때문이기도 하다. 그러나 그것을 변명의 사유로 삼지 않으려 한다. 이 책을 쓰면서 아버지의 삶을 이해할 수 있었던 것처럼, 어머니의 고단하고 억울한 삶도 해명하고 그 짐을 덜어주는 것은 앞으로 내가 해야 할 연구 주제 중의 하나라고 생각한다.

이 주제가 내게 다가온 것이 우연 같은 필연이라고 믿고 있다. 사실 국어국문학과 박사과정에 입학했을 때는 해방 이후 현대사가 부각될 조짐이 보이다가 탈식민주의가 유행하면서 다시 식민지시기 연구가 한창 붐을 이루고 있던 시절이었다. 박사과정 내내 식민지시기 잡지들을 비롯한 자료들을 열심히 보았고, 식민지시기 작가들에 대한 논문을 썼다. 마침내 박사논문 주제까지 그 시기로 정해서 선배들과 상의했을 때 좋은 주제라는 칭찬까지 들었지만, 정작 그때부터 어떤 회의가 들었다.

이것이 정말 쓰고 싶은 주제인가 하는 고민을 거듭했다. 결국 나는 어렸을 때부터 하고 싶었던 1960년대 이후의 현대사로 주제를 바꾸기로 했다.

그게 바로 1960~70년대 서울의 도시문화와 문학이라는 주제였다. 그전까지 내내 식민지시기만 연구해왔기 때문에 느끼는 어려움도 만만치 않았지만, 2000년대 중반 당시 도시 연구는 경성 중심이었고 문학에서는 식민지 근대성 연구 중심이었다는 것도 문제였다. 원래 나의 관심사는 청년문화, 하위문화, 대중문화와 같은 대중소비사회의 삶과 문화였다. 이것이 모두 서울의 도시성에서 출발하지 않으면 안 되는 주제들이라는 것을 깨닫는 데는 오랜 시간이 걸리지 않았다.

그러나 당시에는 도시 연구를 포함하여 문화 연구까지도 허공에 붕 떠 있는 느낌이었다. 모더니티 또는 식민지 근대성과 풍속사, 서양의 문화와 도시이론 같은 틀에 기댄 당시 연구들은 기존 개념에 기대어 자신들이 보고 싶은 부분만 바라보고 있었고, 결국 서양의 근대화와 유사한 부분이나 그보다 열등한 부분들을 취사선택하고 있다는 생각이 들었다. 1960년대 초반과 후반의 서울은 매우 다른 모습을 하고 있는데도 모두가 박정희 정권의 개발정책과 근대화 또는 서구의 영향이라는 원인으로 뭉뚱그려 말해버리거나, 복잡한 사정들을 서양 이론가의 개념으로 재단해버리는 식이었다.

문화 연구의 이론과 개념으로 환원되지 않는 역사적 체험과 생활의 실감 속에서 1960~70년대 서울의 도시문화와 사회사를 다시 그려볼 필요성을 느꼈다. 직접 보고 걷고 느꼈던 서울의 직접적 연원이 무엇이었으며, 더불어 문학 텍스트들을 통해 그 역사적 체험과 생활의 실감을 어떻게 재현하고 생산했는지 알아내고 싶었다. 일차 자료에 머리를 박고 아주 기본적인 것부터 다시 시작해야 했다. 당대에 나온 소설 거의 전부를 읽어가며 지리적 사실들을 탐색하기 시작했고, 한국 도시사를 비롯하여 지리학, 건축학 등 생소한 분야의 논문도 읽었다.

지금의 연구 상황은 그때와 또 달라졌지만, 10여 년 전 박사논문을 쓰는 내내 느꼈던 어려움은 당초 예상보다 훨씬 더 컸다. 아직도 충분하지 못한 1960~70년대 연구 상황과 자료의 부족함 때문에 혹시나 이 책에서 틀린 부분이 있을까 하는 두려움이 있다. 그래서 이 책을 쓰는 내내 '사실'에 대한 갈증과 불안에 시달렸다. 섣부른 일반화와 이론적 접근을 거부한 탓에 이 책이 가지는 한계도 있을 것이다. 부족하지만 앞으로 연구가 더 나오는 대로 같이 보조를 맞추며 시정해나가는 것 외에는 방법이 없다고 생각한다. 이 책을 통해 이제 겨우 터를 다졌다고 생각하고 있으며, 앞으로 이 지반 위에 기둥을 세우고 여러 방이 딸린 도시 연구의 집을 지으리라고 다짐한다. 다만 박사논문에 기초를 둔 이 책을 내기 위하여 작품의 인용문을 제외하고는 모든 문장을 고쳐 썼다. 절반 이상은 아예 새로운 내용이고 예전에 썼던 내용도 거의 다시 썼으니 박사논문과 완전히 다른 책이라고 자신한다.

이 책을 내면서 가장 먼저 생각나는 사람은 역시 나의 지도교수인 신형기 선생님이다. 박사논문 본심 직전 선생님께 논문을 갖다 드리며 비판을 예상했는데, 선생님은 뜻밖에도 이렇게 말씀하셨다. "괜찮아요. 원래 박사논문 쓸 때는 다 이런 겁니다. 괜찮으니까 걱정하지 마세요." 연구실을 나오자마자 눈물을 왈칵 쏟았다. 나는 그때 느꼈던 고마움을 지금까지 잊지 못한다. 박사논문을 쓴 이후 지금까지 연구자로서 성장할 수 있었던 것은 신형기 선생님의 넉넉함 덕분이라고 생각한다. 이 자리를 빌려 진심으로 감사드린다는 말씀을 드린다.

감사하고 싶은 사람이 많다. 거의 십여 년을 세미나를 함께하며 가장 의지할 수 있는 사람이 되어주었던 오문석 선배에게 감사한다. 역시 오랜 시간 세미나를 같이하며 도와주었던 차승기 선배, 언제나 채찍같이 날카로운 조언을 아끼지 않았던 권명아 선배에게도 감사한다. 2000년대 초중반 백양관 6층에서 함께 시간을 보냈던 이인영, 소영현, 박진영, 김영희, 이화진, 정재석 등 선·후배, 오랜 시간이 흘러 다시 만난 나를 따뜻하게 대해준 장신, 정용서, 이하나, 이태훈 선배, 언제나 호의를 보여주셨던 박헌호 선생님과 이상록 선생님께도 감사한다. 그리고 역사문제연구소 '60~70년대 연구반'과 '1980년대를 찾아서 연구반' 동료들, '근현대 도시공간 연구반' 팀원들, 연세대 국학연구원의 학술사 연구모임 등 모든 이들의 이름을 일일이 거명하지 못하는 점을 이해해주길 바란다. 함께 공부해줘서 진심으로 고맙다는 것을, 비정규직 연구자의 힘든 삶을 견딜 수 있는 유일한 낙이 당신들과 함께 세미나하며 공부했던 시간이라는 것을 얘기하고 싶다. 대학 시절부터 지금까지 무뚝뚝하고 부족함 많은 내 곁에 한결같이 있어주었던 친구 공보성에게도 감사의 말을 전한다. 오랜 시간을 기다려준 도서출판 푸른역사에게도 감사드린다.

부족한 지면 탓에 차마 다 이름을 올리지 못한 여러 인연들이 서운해하지 않았으면 한다. 나를 이루는 모든 것들이 나 혼자 만든 것이 아님을 잘 알고 있다. 잠시 스쳐 지나갔거나 이제는 시효를 다한 여러 인연들 모두에게도 감사의 마음을 전한다.

　가장 큰 감사는 나를 있게 한 부모님, 이 책이 완성에 다다를 무렵 영영 병상에 누워계시게 된 아버지와 삶 전체에 대한 회한에 빠져 있는 어머니에게 돌아가야 할 것 같다. 이 책이 그분들의 삶과 그 세대의 역사에 다가가는 출발점이 되길 바란다.

2018년 가을

저자 송은영

1961

2 [부]
서울, 개발의 시대를 맞이하다
(1966~1972)

1966

1972

3 [부]
서울, 강남 개발과 중산층의 시대가 도래하다
(1972~1978)

1972

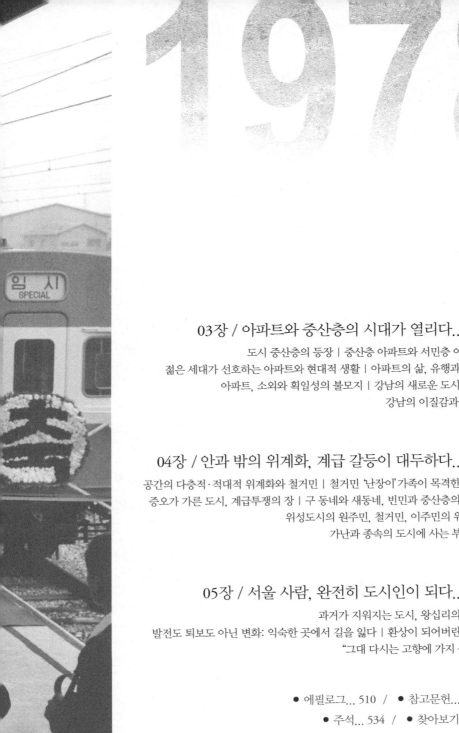

프롤로그

덕수궁 뒷문 앞을 지날 때 열린 문 사이로 석조전 오른쪽 옆구리가 보였다. 그러자 구보는 문득 오래된 기억을 떠올렸다. 그때 구보는 어떤 여자와 이 길을 가다가 꼭 지금처럼 그 석조전을 들여다봤던 것이다. 그의 기억의 앙금으로 가라앉아 있는 서울의 한 건물이 있다는 사실이 그에게 어떤 감회를 안겼다. 이렇게 한 도시는 사람들의 기억 속에 가라앉아 있고, 기억의 눈길에 얽혀 있으려니 생각하였다. 마치 밤하늘에서 비행기를 잡는 탐조등처럼, 사람들은 그렇게 그들의 기억의 하늘에서 집을, 거리를, 나무를, 우체통을 어느 다방을 밝혀내는 것이라고 생각하였다. 그리고 그 사람이 죽으면, 그 사람이 바라보던 머릿속의 풍물은 전류가 끊긴 전기알처럼 물질의 백치로 돌아가는 것이리라.

—최인훈, 〈느릅나무가 있는 풍경〉, 《소설가 구보씨의 일일》 중에서

1960~70년대 서울을 연구한다고 말할 때마다 거의 자동적으로 따라

나오는 상대편의 반응이 있다. "내가 어렸을 때 서울은……"으로 시작하는 추억 되짚기다. 이 반응은 "내가 처음 왔을 때 서울은……"이나 "내가 어렸을 때 살았던 동네는……" 등으로 변주되곤 한다. 저마다 살았던 동네도 다르고, 인상적으로 기억하는 건물도 다르고, 경험도 다르다. 같은 장소를 회고한다 해도 그 체험 시기, 자신의 처지와 상황에 따라 기억이 다르다. 격변의 시기였던 1960~70년대 서울에 대한 기억은 사람들마다 다른 다양성을 가지고 있다. 구체적이고 특수한 경험들이 모여 서울이라는 도시 공간에 대한 기억의 역사를 이룬다.

공간에 대한 개인의 기억들은 소중한 것이지만, 사람들의 서울 체험은 서울의 특정 지역에 한정되어 있어서 전체를 포괄하지 못하거나, 때로는 개인적이고 특수한 경험에 매몰되어 있다. 기억은 주관적일 뿐만 아니라 정치적이기도 하다. 경험이 기억으로 선택되고 조합될 때부터 정치화가 일어난다. 시간이 흐르면 사회의 이데올로기, 개인의 욕망, 시대적 변화에 따라 기억은 전략적으로 또는 무의식적으로 재배치되는 과정을 겪는다. 객관적 사실로서의 기억은 존재하지 않지만, 저마다의 기억 속에는 시간을 견디는 일반성과 경향성도 편재하고 있다. 기억은 언제나 사실과의 갈등과 긴장 속에서 살아남아 우리에게 영향을 미치고 있다.

이 책은 1960~70년대에 서울이 현대도시로 재탄생하는 과정을 '문학'을 통해서 규명하고자 했다. 문학, 그중에서도 특히 이 책이 주로 다루는 소설은 기본적으로 현실을 재구성하여 재현한 것이다. 따라서 실증적인 자료가 필요하거나, 당시 도시계획이나 정책을 알고 싶거나, 도시 공간의 구획과 배치가 어떠했으며 어떤 건물이 어디에 있었는지 궁금한 사람들은 이 책이 부족하게 느껴질 수도 있다. 문학작품에는 그 많은 것들이 다 나와 있지 않다. 가령 도시정책사에서는 관료들과 도시 계획자들의 입안과 설계가 중요하겠지만, 평범한 사람들의 일상생활을 다루는 문학 텍스트들은 도통 그런 데 관심이 없다. 또한 이 시기 건축사에서는 김수근이 설계한 세운상가가 매우 중요하게 다루어지지만, 문학작품에서는 한두 번 어떤 인물들이 세운상가 앞을 지나갔다는 서술만 보일 뿐 세운상가에 대한 묘사나 그곳에서의 실제 생활에 대한 문학적 재현은 눈에 띄지 않는다. 이처럼 문학을 통해서 서울을 보는 것은 다른 전공 연구자들에게 부족함 투성이일 수 있다.

그러나 '문학'을 통해서 도시를 보는 장점도 있다. 때로 문학은 통계와 다른 진실을 말하기도 하고, 역사적 기록에 남아 있지 않은 사실을 보여주기도 한다. 문학은 심지어 객관적 사실과 어긋난 재현들을 통해 당시의 사회상이나 무의식을 드러내기도 한다. 서울이라는 도시 공간의 변화를 '문학' 텍스트가 재현하는 '표상'을 통해 읽어보면, 기록과 공적 담론에서 누락된 세계가 나타나고, 사람들의 기억이 왜곡하고 있는 '고고학적' 사실들이 드러난다. 문학 텍스트에는 사람들의 일상, 욕망, 의식과 무의식 등을 비롯한 일상적 삶의 세계부터 특정한 공간을 선택하고 재현하는 방식과 결합된 정치적 지향성과 이데올로기의 심연에 이르기까지 다양한 층위가 숨어 있다. 문학의 역할은 그것들을 단순히 '반영'하고 '외화'시키는 데 그치지 않는다. 문학은 도시 공간이 사람들에게 어떻게 체험되고 의식 속에 각인되는지 이해할 수 있게 해주며, 문학의 언어들을 통해 재현된 공간들은 상징적 차원에서 도시 공간을 새롭게 생산하는 역할도 맡는다.

이러한 문제의식에서 이 책은 1960~70년대 '도시소설'이라는 양식에 한정되지 않는 다양한 텍스트들을 최대한 다루고자 했다. 이 책이 다루는 소설은 작가 16인의 작품 110여 편에 달한다. 이호철, 김승옥, 박태순, 신상웅, 최인훈, 하근찬, 손창섭, 이문구, 이청준, 최인호, 조선작, 조해일, 박완서, 윤흥길, 조세희, 최일남 등이 당대에 썼던 소설들이다. 이 소설들은 선택적으로 취합된 것이 아니라, 1960~70년대 주요 작가들의 작품 중에서 서울과 관련된 서사와 이미지, 담론을 보여주는 텍스트들을 찾아 헤맨 결과 발견된 것이다. 이 소설들은 서울에 대한 사실, 체험, 인식을 다룬 구절들을 포함하고 있다. 어떤 소설은 서울이나 도시가 중심 내용이 아니지만, 서울에 대한 중요한 정보를 제공한다는 이유만으로 자세하게 다루어졌다.

　이 책이 일반적인 '근대성'이나 '도시성'의 범주로 환원되지 않는 서울이라는 장소의 사회사로 확장된 것은 이러한 생각에서 비롯되었다. 현대도시는 자본과 국가의 합리성이 일관되게 관철되는 일사불란한 공간이 아니다. 특히 서울은 현대적인 고층 빌딩과 개량된 판잣집과 식민지 건축이 공존하는 도시다. 이 도시에는 국가와 자본의 불합리한 폭력, 탁상공론식 도시개발의 실패, 정책 담당자들의 계획을 교묘하게 이용하려는 대중들의 욕망이 어지럽게 새겨져 있다. 원래 현대도시는, 너무 이질적이어서 뒤섞이지 않는 사람들, 국가와 지역의 경계를 넘나드는 문화들, 여러 시기를 오가는 건축들을 모두 포용하는 공간이다. 이 책은 서울이 현대도시로 탄생하는 과정 속에 생긴 그 혼란의 흔적들을 따라가고자 했다.

　결과적으로 보면 이 책은 문학이라는 '허구'를 다루지만 '사실'도 다루는 셈이 되었다. 문학적 허구가 왜 어떻게 어떠한 사실에 기반을 해서 만들어졌는지, 그 사실적 허구가 숨기고 있는 의미의 체계는 무엇이며 그 효과는 무엇인지 질문했기 때문이다. 따라서 이 책은 넓은 의미에서 '문학지리학'의 방법론을 원용하지만, 지리학자들이 생각하는 문학지리학은 아닐 것이다. 지리학자들은 이미 문학작품이 특정 공간과 장소에 대한 사실적 자료들을 수집하고 지리적 증거들을 확보할 수 있는 원천으로 기능한다고 밝힌 바 있다.[1] 그러나 이 책이 염두에 둔 '문학지리'는 객관적 사실들의 데이터가 아니라, 지리적 공간들이 체험되고 이용되며 인식되는 방식과 그 의미에 대한 것이다. 문학과 공간의 관계는 물리적으로 실재하는 공간과 역사적 사실을 있는 그대로 반영해주기만 하는 일방적인 관계가 아니다. 서울에 관한 문학적 표상들에 역사적 사실이 담겨 있다 해도, 그것은 이미 재해석되고 상징화된 것이다. 문학의 관점에서 공간을 연구한다는 것은, 문학적 이미지, 서사, 담론 등이 실재의 공간을 상징화하는 방식과 그 의미를 탐구하는 것을 의미한다.

이처럼 이 책이 특정 분과학문의 규칙으로 설명되지 않는 내용을 담고 있긴 하지만, 이 책의 목표는 매우 분명하다. 그것은 서울을 재현한 문학 텍스트라는 '육체'에 각인된 '감수성의 고고학'이다. 도시로 몰려든 이주민들의 삶 그 자체가 변화시킨 도시 공간, 도시개발로 인한 공간의 변화가 사람들의 일상과 의식에 미친 영향 등은 이제는 단절되어 기억 저편에 묻혀 있다. 현대도시 서울의 탄생과 관련된 기억들은 이제 사람들의 언어와 잠재의식에만 남아 있기 때문에, 문학적 언어에 새겨진 그 단층들을 다시 발굴하는 작업이 필요했다. 따라서 이 책은

1960~70년대에 발표된 문학 텍스트들이 허구적 표상 층위에서 구성한 서울에 대한 관념과 이미지에서부터, 소설 진행의 축이 되는 서사적 장치들이 서울을 상징화하는 방식, 여러 인물의 행위와 관계 속에서 서울을 경험하고 상상하는 방식 등을 집중적으로 다룬다. 그것은 서울이 하나의 사회적 공간으로서 구성되는 방식에 대한 탐구이자, 지금 서울에서 살고 있는 사람들이 잊어버린 탄생의 기억에 대한 발굴이다.

이 목표를 향해 이 책은 1960~70년대를 각각 1961~66년, 1966~72년, 1972~78년이라는 세 시기로 나누어 분석한다. 세 시기로 구분한 것은 도시 공간의 변화, 문학 텍스트가 서울의 도시 공간에서 일어나는 변화에 대응해 보여주는 재현방식의 변화 모두에 근거한 것이다. 이러한 시기 구분은 1960~70년대라는 일반적인 호칭이 얼마나 잘못된 것인지, 세 시기 각각의 국면이 얼마나 서로 다른지, 박정희 정권기에 진행된 현대도시 서울의 탄생이 역사적으로 어떻게 이루어졌는지 더 세밀하게 바라볼 수 있게 해줄 것이다. 여기서 밝혀둘 것은, 이 글이 1966년과 1972년을 도시 공간의 변화와 공간 재현의 변화가 일어나는 시기 구분의 계기로 삼되, 그 두 해를 앞뒤 시기를 확고하게 구분 짓는 단절점이 아니라 그 전후를 서로 다르면서도 이어지게 하는 분절점point of articulation으로 인식하여, 양 시기에 모두 포함되는 해로 다루었다는 점이다.

제1부는 1961~1966년을 본격적 도시개발의 전사前史로 다룬다. 기존 연구에서 이 시기는 현대도시를 형성한 법적·행정적·지리적 토대가 마련된 시기로 다루어졌다. 그러나 문학이 서울의 도시 공간들을 재현하는 방식을 살펴보면, 당시의 서울은 본격적인 도시개발이 시작되

기 이전의 상태에 머물러 있었다는 점을 알 수 있다. 여기서는 서울에 대한 공간 감각이 아직 국가권력의 힘과 자본의 이해관계에 의한 강제적 재배치를 경험하지 않았던 시기의 인구 증가, 서울을 향한 열망의 실체, 이주민들의 내면과 행동방식, 주거 공간의 상황 등이 어떠했는지 분석한다.

제2부는 서울에 도시개발의 광풍이 몰아닥친 1966~72년을 다룬다. 이 시기는 김현옥 시장의 취임과 함께 '불도저'식 도시개발 정책과 경제개발계획의 성공으로 인해 국가권력의 힘과 자본주의적 경제 논리가 도시 공간에 침투하는 시기다. 도시 현대화와 고층화의 깃발 아래 새로운 도로와 교통체계가 마련되고 강북 지역이 개발되면서, 서울이 대대적인 변화를 처음 시작한 시기이기도 하다. 여기서는 새로운 도시개발 정책의 추진에 따라 도시 경관의 변화, 도시빈민과 하층민들의 추방, 계급의식의 발아가 어떠한 양상으로 진행되었는지 살펴본다.

제3부는 강남 개발이 본격화된 1972~1978년을 다룬다. 1972년은 제3차 경제개발계획이 시작되고 10월 유신헌법의 제정 및 공포로 정치적 암흑기가 시작된 해이지만, 무엇보다도 강북에 한정되어 있던 도시개발의 중심이 강남이라는 신시가지로 옮겨가기 시작한 해였다. 이후 새로운 위계질서가 강남과 강북, 도시의 중산층과 서민, 서울과 위성도시들 사이에서도 형성되면서 서울중심주의와 공간의 위계화가 더욱 강력하게 진행되었다. 여기서는 도시 중산층이 등장하고 강남 개발의 열풍이 불어오던 이 시기에 아파트가 어떻게 이 도시 공간의 전면에 등장하기 시작했는지, 근대화와 발전 이데올로기에 발 맞춰 어떻게 도시 공간이 계급투쟁의 장으로 변해가고 적대적 계급의식이 형성되었는지 살펴

본다.

　1960~70년대 서울에 대한 문학적 재현은 그 시대를 살았던 작가들이 의미 있다고 선택한 기억의 저장소다. 그리고 이 책은 이제 깊은 기억의 저편에 잠들어버린 경험을 다시 일깨워서 비추어보는 탐조등이다. 이 책이 다루는 내용은 독자들이 어렸을 때 체험한 서울이 왜 그러했는지, 지금 살고 있는 서울이 어떻게 만들어졌는지 설명해줄 수 있다고 믿는다. 성인이 되서야 서울에 와서 정착한 사람들이 때로 이 복잡하고 어지러운 도시에 대해 특별한 관심을 가지는 경우도 많다. 이 책은 그들에게 처음에는 낯설었지만 이제 익숙해진 서울이 어떻게 형성되었는지 생각해보는 계기를 마련해줄 수 있다. 심지어 서울이 아닌 지역에서 살고 있는 독자들에게도 왜 서울에 모든 정보와 자본, 문화, 인구가 집중되어 있으며 자신은 왜 그것으로부터 소외되어 있다고 느끼는지 이해하는 기회가 될 수도 있다고 믿는다. 궁극적으로, 모든 독자들이 자신의 경험을 '재발견'하는 동시에 경험을 '뛰어넘어' 서울에 대한 이해를 가지게 하는 것이 이 책의 목적이다.

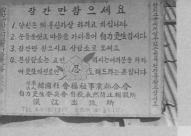

1963

1965

1962

1966

1
[부]

서울,
욕망의 집결지가 되다
(1961~1966)

01

서울, 메트로폴리스의 물적 기틀을 마련하다

서울 행정구역의 확대와 법령의 정비

이호철의 장편소설《서울은 만원이다》는 해방 이후 서울을 언급할 때 반드시 거론되는 작품이다. 1960년대 중반 당시 서울의 풍속도를 종합적으로 재현한 이 소설은 당시 서울의 도시 공간에 대한 중요한 정보를 알려주는 텍스트가 되었다. 덕분에 도시사, 지리학, 건축학 등 다양한 분야의 서울 연구에서 이 작품에 대한 언급은 빠지지 않는다. 이 소설은 1966년 2월 8일부터 11월 26일까지《동아일보》에 250회에 걸쳐 연재되었는데, 서울의 '초만원' 상황을 잘 알려주는 제목이 공감을 불러일으킬 뿐 아니라 창녀가 등장하는 통속소설이었던 탓인지 많은 인기를 끌었다. 그런데 이 소설에는 당시 서울의 상황을 핵심적으로 보여준다는 이유로 가장 자주 인용되는 구절이 있다(사진 1).

서울은 넓다.

아홉 개의 구區에, 가街, 동洞이 대충 잡아서 삼백 팔십이나 된다. 동쪽으로는 청량리 너머로 망우리, 동북쪽으로는 의정부를 바로 지척에 둔 수유리, 우이동, 서쪽으로는 인천 가도 중간의 영등포 끝, 동남쪽으로는 한강 건너의 천호동 너머, 서남쪽으로는 시흥까지 이렇게 굉장한 면적을 차지하고 있다.

그러나 이렇게 넓은 서울도 삼백 칠십만이 정작 살아 보면 여간 좁은 곳이 아니다. 가는 곳마다, 이르는 곳마다 꽉꽉 차 있다. 집은 교외에 자꾸 늘어서지만 연년이 자꾸 모자란다. 일자리는 없고, 사람들은 입만 까지고 약아지고, 당국은 욕사발이나 먹으며 낑낑거리고, 신문들은 고래고래 소리나 지른다.

거리에는 사철 차들이 붐비고 여관마다 다방마다 음식점마다, 술집, 극장, 당구장, 바둑집, 우글우글한다. 입으로는 못 살겠다고 저저금 아우성인데 다방도 음식점도, 바둑집도, 당구장도, 삼류극장도 늘어만 가고 있다.[2]

위의 구절은 당시 사람들의 마음에 새겨진 서울의 이미지를 압축적으로 보여준다. 서울의 엄청난 크기, 인구의 과잉 증가, 약삭빠른 처세술로 무장한 사람들, 일자리와 주택의 부족, 교통난의 심화, 영세 자영업의 증가 등 이 인용문에 거론된 특성들은 1960년대부터 현재에 이르기까지 서울과 연관된 상투어라 해도 무방하다. 그러나 이 구절을 1950년대 서울의 상황과 비교해보면, 몇몇 구체적 묘사는 1960년대 이후의 새롭고 특수한 서울의 역사적 사실들을 반영하고 있다. 1966년 2월에 쓰인 위의 구절은 이 소설이 약 3~4년 일찍 쓰였다면 달라졌을 것이다.

1960년대는 오늘날과 같은 현대도시 서울을 형성한 법적·행정적 토대가 마련된 시기였다. 그중 1962년 1월 20일 시행된 도시계획법과 건축법은 현대적 의미의 도시계획을 실행해갈 최초의 토대였다는 점에서 중요하다.[3] 그때까지도 1934년 제정된 일제의 조선시가지계획령이 "법조문의 '조선총독부'를 '대한민국 정부'로, '조선 총독'을 '대한민국 대통령'으로 바꾼 채"[4] 거의 원문 그대로 유지되고 있었다. 한국전쟁 이후 전재 복구가 더 급했던 상황 탓도 있지만, 새로운 법률을 마련할 만한 전문가들이 부족하여 몇 차례의 노력이 무산되었기 때문이기도 했다. 그러나 이 법은 2002년 폐지될 때까지 개정과 분화를 거듭하면서 현대도시 서울의 도시계획과 건축에 제도적 초석이 되었다.

또한 1962년 11월 21일자로 통과되고 1963년 1월 1일자로 발효된 법률 제1172호는, 서울의 행정구역을 두 배 이상 확장시킴으로써 오늘

〈사진 1〉《동아일보》 1966년 2월 19일자 《서울은 만원이다》 연재 11회 분.
앞의 인용문이 게재된 연재분으로, 서양화가이자 조형미술가였던 이일영이 삽화를 담당했다.

날 우리가 체험하는 서울의 지리적 토대를 만들었다.[5] 이때 새로 편입된 지역들은 모두 논밭이 가득한 농촌들이었기 때문에 도대체 무엇 때문에 이 지역들을 서울시에 편입시켜야 했는지 알 수 없다는 전문가의 평가가 나올 정도였다.[6] 이 조치가 당시 서울시장과 내무부장관의 정치적 권력싸움의 결과라는 말도 있지만, 정확한 사정은 밝혀지지 않았다. 그러나 이 조치는 이유와 상관없이 서울 사람들의 일상적 삶과 개발정책이 펼쳐지는 행정적 경계를 오늘날과 거의 유사한 형태로 확정한 중요한 정책이었다.

1966년에 쓰인 《서울은 만원이다》에서 "동쪽으로는 청량리 너머로 망우리, 동북쪽으로는 의정부를 바로 지척에 둔 수유리, 우이동, 서쪽으로는 인천 가도 중간의 영등포 끝, 동남쪽으로는 한강 건너의 천호동 너머, 서남쪽으로는 시흥에 이른다"는 묘사는 1963년 확장된 서울의 행정적 경계를 정확히 반영하고 있다. 영등포와 시흥 일부는 1936년 일제의 '대경성계획'에 의해 경성부에 편입되었고, 수유리는 1949년 서울 성북구로 편입되었지만, 망우리와 천호동, 그리고 시흥의 또 다른 일부가 서울로 편입된 것은 1963년이기 때문이다. 1973년 구파발 일대가 새로 서울에 편입된 것을 제외하면, 오늘날 서울의 경계는 1963년 1월 1일자의 경계와 거의 일치한다.

서울이 오늘날과 비슷한 크기로 확대된 것은 이 시기였지만, 인용문에 나오는 서울의 '아홉 개의 구區'의 크기와 경계는 오늘날과 달랐다(그림). 9개의 구는 종로구, 중구, 동대문구, 성동구, 성북구, 서대문구, 마포구, 용산구, 영등포구를 말하는데, 성동구는 오늘날의 서초구, 강남구, 송파구, 강동구, 성동구, 광진구를 모두 합친 구역에 해당했고,

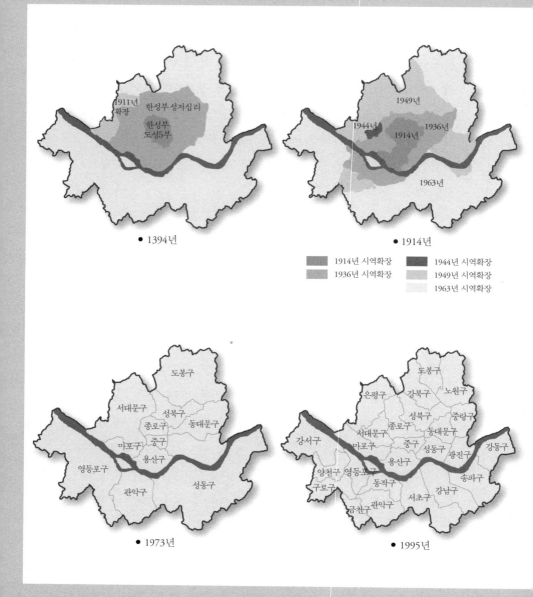

〈그림〉 서울시 행정구역 확장 및 구區의 역사적 변천과정.

(출처: 김선웅, 〈서울시 행정구역의 변화와 도시 공간구조의 발전〉, 서울정책아카이브, 2016).

영등포구는 강서구, 양천구, 구로구, 금천구 등을 포괄하는 지역이었다. 이후 행정구역의 경계선을 합리화하기 위하여 일부 좁은 지역들을 서울로 편입시키거나 다시 서울 밖으로 내보내기도 했다. 그러나 기본적으로 인구 변동에 따라 구區와 동洞의 분리 및 신설을 통해 행정구역을 조정하고, 위성 신도시를 건설하여 거대한 수도권을 형성하는 방향을 유지했을 뿐, 다시 행정구역을 대대적으로 확장하는 일은 없었다. 즉 현대도시 서울의 지역적 경계는 1963년에 마련된 것이라고 봐도 무방하다.

서울의 행정구역 확대는, 역사적으로 볼 때 훗날 강남 개발, 인구 흡수, 교외 주거지 건설 등을 통해 서울이 현대도시로 도약하게 되는 물적 토대가 마련되었다는 것을 의미한다. 서울처럼 오랜 역사를 지닌 전통의 도시가 대규모 메트로폴리스로 발돋움하기 위해서는 걸어서 횡단이 가능한 작은 규모를 벗어나 거대한 인구, 산업, 교통망 등을 수용할 수 있는 방대한 토지가 반드시 필요했다. 당장은 논밭에 불과한 지역들에 장차 거대한 도시를 개발하리라는 의도가 없었다면 이렇게 대대적으로 확장하지는 않았을 것이다. 1961년 군사쿠데타로 집권하게 된 박정희 정권의 서울의 미래에 대한 구상이 엿보이는 이 정책들은, 한마디로 서울을 거대한 현대도시로 만들고자 하는 국가권력의 의도가 엿보이는 포석이었다.

서울의 상상적 경계: 도심과 '문안'

《서울은 만원이다》는 1960년대 중반 당시 서울의 풍속도를 재현하면서 매우 자연스럽게 당시 서울 도시 공간의 배치와 상황을 알려주는 대표적인 소설이 되었다. 이 소설의 중심인물들이 사는 배경으로 등장한 지명과 표현들은 지금과 다른 지리적 감각을 보여준다. 앞에서 인용한 구절에서, 서울을 표현하는 술어로 '넓다'와 '좁다'라는 상반된 표현이 동시에 등장한다. 서울이 얼마나 넓은지 설명해주는 구절은 곧바로 "정작 살아보면 여간 좁은 곳이 아니다"라는 구절로 이어진다. 1966년에 집필된 이 소설은 왜 서울이 이렇게 넓은데 동시에 너무 좁다고 한탄하는 것일까. 그런데 당시 사람들이 실제로 체감했던 서울의 도시 공간은 지금처럼 넓은 게 아니라 아주 좁았다.

저명한 서울 연구자인 손정목의 기억을 빌리면, 당시 사람들이 실제로 '서울특별시'라고 인식할 수 있을 만한 "서울 시가지는 한강 이북만이었다. 마포나 왕십리, 동대문 밖 신설동, 안암동, 답십리, 전농동 등지에는 아직도 논밭이 있었다. 엄밀히 말하면 1960년대 중반의 서울은 사대문 안과 그 바로 바깥인 독립문, 신촌, 신설동, 돈암동, 신당동, 용산 등지까지였다. 그 범위를 다르게 표현하면 노면전차가 다니고 있던 일대의 지역, 동으로는 청량리, 왕십리까지, 남으로는 한강을 건너 노량진, 신길동, 영등포까지, 서쪽으로는 마포 종점과 신촌까지, 서북쪽은 독립문까지, 동북쪽은 돈암동 전차종점까지가 서울이었다."[7] 이 지역은 식민지시기였던 1936년에 확장된 구역과 거의 일치한다.

손정목의 증언을 더 인용하면, 당시 사람들이 '진짜 서울'이라고 상상한 지리적 반경을 이해할 수 있다. "서울 시민의 행동반경은 사대문 안이었고 세종로(중앙청)에서 한국은행까지를 직경으로 원을 그리는 내부, 명동·충무로·을지로·종로 네거리가 도심부였으며 이 도심부의 끝에 남대문·동대문의 두 개 시장이 있었다."[8] 사대문 안을 가리키는 소위 '문안'이 진짜 서울이라고 생각하고 돌아다니는 지역이었던 셈이다.

이러한 감각은 사실 매우 뿌리 깊은 것이다. 박완서의 〈엄마의 말뚝 1〉과 《그 많던 싱아는 누가 다 먹었을까》에는 일제 말기에 어머니가 개성에 살던 딸을 서울로 데려가면서 반드시 '문안'에 살아야 한다고 고집을 부리는 장면이 나온다. 어머니는 서대문 바로 밖에 정착하면서도, 현저동은 "서울에서도 문밖이란다. 서울이랄 것도 없지"[9]라고 무시한다. 모친의 고집은 '문안'만 진짜 서울로 인정할 수 있다는 심리를 보여주는데, 이러한 감각은 1960년대 중반까지도 사라지지 않았다.

서울 사람들의 실질적으로 생활하는 공간의 범위와 서울의 지리적 경계를 실감하는 범위는 이렇게 좁았다. 그리고 그 좁은 구역에 당시 인구 삼백육십만 명 거의 대부분이 몰려 살고 있었으니, 당시 사람들이 얼마나 서울이 좁다고 느꼈는지 짐작할 만하다.

《서울은 만원이다》는 1960년대 초중반 서울 사람들이 일상적으로 움직이는 경로들을 이렇게 묘사한다. "서울은 만원이지만 대개 나도는 사람은 같은 사람들이다. 아침나절에 명동 입구에서 만나서 반갑게 악수를 나눈 사람들이, 점심때는 무교동 근처에서 우연히 마주쳐서 악수는 생략하고 씽긋이 웃기나 하고, 저녁나절에는 또 세종로 근처에서 마주쳐, 피차 종일토록 빌빌거리는 것이 쑥스러워서 슬그머니 외면을 하고 지나치는 경우가 허다하다"(109쪽).

이 소설 속 인물들이 하루에도 몇 번씩 서울 시내에서 우연히 마주치는 것은 개연성이 없는 우연의 남발이 아니라, 실제로 일어날 수밖에 없는 일이었다. 이 소설에서 기상현이 "버스 안에서 남동표가 한길로 지나가는 것을 한 번만 아니고 두 번이나 본 이후, 언젠가도 하필이면 또 전차 안에서 무심히 내다보다가 남동표를 본 일이 있었다"는 상황도 당시 서울의 좁은 활동반경을 생각하면 충분히 가능한 일이었다.

이호철이 《서울은 만원이다》를 쓰기 전인 1965년 5월에 쓴 또 다른 소설 〈서빙고 역전 풍경〉에는, 도심에서 가깝지 않다는 이유로 행정구역상 엄연히 서울에 속하는 서빙고역 주변을 서울이 아닌 장소로 인식

〈사진 2〉 서빙고 옛 역사의 모습(출처: 코노미의 작은 공간, https://blog.naver.com/sj10913).
1958년에 건축되어 2010년 5월까지 남아 있다가 언론기사 하나 없이 철거된 서빙고 옛 역사. 이호철의 〈서빙고 역전 풍경〉의 두 주인공이 바라본 이 간이역은 이제 사라졌다.

하는 장면이 담겨 있다. 이 소설에서 경원선 열차를 타고 가다가 우연히 서빙고역에 내린 두 사람은 역무원에게 "다음 기차는 몇 시에 있느냐"고 묻는다. 역무원은 "서울 가는 것이면 반드시 교외선 차는 아니래도 여섯시 이십칠 분에 있다"고 대답한다. 그런데 "마치 몇 백 리 바깥에라도 있는 듯한 그 어투로 이 사람들의 평상시 서울을 의식하는 감각이 짐작되었다"고 두 사람은 느낌을 전달한다. 이 소설에서 서빙고역은 '보광동'에 있다고 묘사되는데, 이 지역은 행정구역상으로는 엄연히 서울시의 일부였으나 일반적인 지리적 감각으로는 아직 서울이 아닌 장소였던 것이다(사진 2). 심지어 이 부근의 보광동, 서빙고동, 이촌동 지역은 1936년에 이미 경성부로 편입되었고 1943년부터는 용산구의 일부였다. 그러나 이들에게 진짜 서울은 사대문 안쪽과 그 근방의 도심을 의미했으니, 당시 사람들이 '평상시 서울을 의식하는 감각'을 어렵지 않게 짐작할 수 있다.[10]

소설가 이청준은 1970년대 후반 직접 작성한 연보에서 서울대학교를 졸업하던 1965년 당시를 회고하면서 이렇게 썼다. "나는 학교를 졸업하고 나서도 어떻게 하든지 이 서울에 다시 눌어붙어 남을 결심이었다. 그리하여 나는 한강을 절대로 건너지 않을 작정이었다. 같은 서울에 직장을 얻어 다니더라도 영등포나 강남 쪽은 될수록 사양할 결심이었다."[11] 이청준의 고백은 이 시기 서울에 정착한다는 것이 강북 도심권과 그 주변에 머무른다는 의미였음을 말해준다. 사람들이 실제로 서울이라고 생각하는 상상적 경계와 행정적으로 구획된 경계 사이에는 아직 현격한 차이가 있었던 것이다.

1960년대 초중반에 쓰인 다른 문학 텍스트들에서도 등장인물들이 걷고 보고 경험하는 장소들을 가리키는 서울의 지리와 지명 등은 매우 제한적이다. 행정적으로 경계가 확장되었다 하더라도 새로 편입된 지역들이 갑자기 개발되지도 않았을 뿐더러, 사람들의 실제 공간 감각과 체험은 국가의 법적 조치를 곧바로 따라가지도 않았던 것이다. 바꿔 말하면, 국가권력의 힘이 서울의 도시 공간과 사람들에게 속속들이 침투해 있지 못했다는 의미이기도 하다.

식민지의 기억 또는 경성 일본인 거주지의 흔적

《서울은 만원이다》를 비롯하여 1960년대 초중반 발표된 문학작품들이 제시하고 있는 서울의 상상적 경계는 흥미롭게도 일제가 계획했던 대경성 지역과 거의 일치한다. 일제는 1930년대에 계속해서 증가하던 경성의 인구 문제에 대처하기 위해 1959년 경성 인구가 대략 110만이 되리라 예측하고 장기적인 국제도시 계획을 세웠다. 그리고 1934년 제정한 조선시가지계획령에 따라 1936년 교외 지역들을 경성부에 편입시켜 행정구역을 확장한 후, 이 지역들을 주거지, 공업지 등으로 만들고자 했다. 대경성계획에 따라 청량리와 왕십리, 영등포와 노량진, 마포와 용강, 연희면과 은평면 등이 경성부에 편입되었고, 1930년대 후반 도심과 교외 지역을 연결하는 교통망의 근간이 만들어졌다.[12]

1960년대 중반까지도 사람들이 서울의 실질적 반경이라고 인식한 지역들은 식민지시기의 대경성 지역과 거의 다르지 않았다. 이것은 이 시기까지 서울이 본격적으로 현대도시로 전환되지 않았으며, 아직 식민지 경성의 물질적 토대와 역사적 기억에 의존하고 있었음을 보여준다. 서울의 도시 공간에 대한 이해에 식민지 경성의 흔적이 남아 있다는 것은, 이 소설에서 아직도 '남촌'과 '북촌'의 경제적 차이나 또는 일제 말기에 개발된 신시가지에 대한 기억이 그대로 담겨 있는 데에도 나타난다.

《서울은 만원이다》에서 경성의 일본인 거주 지역[13]에 속하는 지역들은 여전히 부잣집의 배경으로 등장한다. 남대문로南大門通에서부터 명동明治町, 충무로本町, 퇴계로昭和通, 필동大和町, 장충로東西軒町·西四軒町, 회현동旭町, 신당동神堂町 등의 지역들은 일제하에 일본인들이 거주하는 '남촌' 지역 또는 일본인 거주지로 개발된 신시가지였다. 남촌 지역은 이미 1885년 경부터 형성되기 시작한 일본인 거주 지역으로, 조선총독부가 1926년 경복궁 자리에 옮겨가기 전까지 총독부와 총독 관사, 헌병사령부 등이 이 인근에 자리 잡고 있었다. 충무로와 명동 부근에는 일본인들을 상대로 하는 각종 상점, 음식점, 백화점, 카페 등이 즐비했다. 그래서 일본인들은 청계천 이남의 남촌에, 조선인들은 청계천 북쪽의 북촌에 주로 거주했다는 통설은 아직도 사라지지 않고 있다. 남촌 지역들은 해방 이후 20여 년이 지난 후인 1960년대 중반 소설에도 부촌으로 등장한다.

이 소설에서 여주인공 길녀의 친구인 창녀 미경이 '필동'을 찾아가는 대목을 보자. 미경은 갓 상경하여 은행 간부의 집에서 식모로 일했는데, 그 집이 바로 필동에 있었다(사진 3). 미경은 주인이었던 은행 간부에게 겁탈당해 낳은 딸을 보고 싶어서 찾아간 것이었지만, 결국 "필동 골목으로 들어서니까 벌써 사방의 으리으리한 집채들이 웬일인지 무섭게" 느껴져서 딸을 알아보고도 과자만 사주고 돌아온다(160쪽). 마치 허구에 사실성을 더하기 위한 장치로 오늘날 TV 드라마에서 부잣집을 묘사할 때 한남동, 압구정동 같은 지명이 선택되는 것처럼, 현재 충무로 대한극장 남쪽의 필동 지역이 부잣집을 의미하는 기호로 선택된 것이다. 이것은 당시 무의식적으로 합의되어 있는, 서울의 각 장소에 대한 사회적인 인식을 반영한다.

그런가 하면, 남동표가 석구복의 소개로 나중에 길녀와 살림을 차리게 되는 '회현동'은 "조금 분수가 높은 곳"으로 묘사된다. 이곳의 집은 "사오십 평도 넘음직한 왜식 대궐집이었다. 뜰에는 늙은 은행나무까지

〈사진 3〉 1950년대 후반 필동 지역의 모습.
《서울은 만원이다》에서 길녀의 친구 미경이 처음 상경하여 일했던 동네로 등장한다. 왜식 적산가옥이 많아 남아 있던 모습은 전후 서울에서도 부촌으로 인식되던 경성 남촌 지역의 이미지를 보여준다.

한 그루 서 있고 왜정 때 일본 사람이 고급 여관을 하던 집이라는 것이어서 운치는 있었다." 게다가 "다다미 육조방에 이인용 더블 베드에 삼십이공탄 난로까지 있어서" 매우 경제적 여유가 있는 사람들이 살고 있는 집으로 묘사되고 있다는 점을 알 수 있다(111~112쪽). 이 회현동 집은 일본인들이 여관으로 운영하다 남기고 간 적산가옥을 하숙집으로 재활용하고 있는 것으로 보인다.[14] 현재 남대문시장을 품고 있는 지역인 회현동을 부자동네로 인식하는 것이 의아할 수도 있지만, 이 지역 남쪽의 남산 기슭은 일제하 일본인 거주비율이 매우 높았던 동네였고 아직도 일본식 주택들이 많이 남아 있다.

회현동 하숙집은 길녀가 그 전에 살던 서린동과 뚜렷한 경제적 차이를 보인다. 서린동 집이 전형적인 서민주택가의 사창私娼이라면, 회현동 집에는 "시내 일류 호텔에 전화를 받고 나가는 여자들"이 살고 있어서 "집 앞에 검은 세단"과 "야간통행증도 가진 운전수들"이 대기하고 있다. 회현동 집에는 고급 창녀들이 살고 있는 셈이다. 이 소설은 윤락행위가 벌어지는 회현동 적산가옥을 길녀와 미경 같은 가난한 창녀들이 살던 서린동이나 순화동 집과 확연한 생활수준의 차이가 있는 곳으로 묘사한다. 식민지시기 일본인 거주지였던 지역과 아닌 지역, 다시 말해 남촌과 북촌 지역의 경제적 차이를 확연하게 드러낸 것이다.

신당동에 대한 문학적 재현도 마찬가지 맥락이다. 김승옥의 유명한 소설 〈무진기행〉에서 돈 많은 과부와 결혼하여 제약회사 전무로 승진하는 윤희중이 벼락출세하여 살고 있는 곳이 바로 신당동이었다.[15] 이 소설에는 "밤늦게 신당동 집 앞의 포장된 골목을 자동차로 올라가는" 그의 모습이 도시적 일상으로 묘사된다. 포장된 도로, 자동차로 출퇴근하는 길이라는 세목 외에도 '신당동'이라는 지명 자체가 등장인물의 계급적 위치 또는 경제력을 가늠하게 하는 디테일의 역할을 담당한 것이다. 신당동은 다른 남촌 지역들처럼 19세기 말부터 일본인들 거주지였던 게 아니라 1936년 대경성계획에 의해 경성부에 편입되었던 곳이다. 1940년부터 문화주택이 들어서는 주거 지역으로 개발된 곳이니, 오늘날의 시각으로 보면 새로 떠오른 고급 주택가였다고 할 수 있다. 그 신당동이 1964년 발표된 〈무진기행〉에서도 여전히 부자동네의 상징으로 등장한 것이다.

경성의 또 다른 일본인 거주지들도 1960년대 소설에서 부촌으로 빈번하게 등장한다. 1920년대 중반 이후부터는 청계천 북쪽 지역에 일본인 거주자 수가 매우 크게 늘어났다. 지금의 경복궁, 다시 말해 1926년 남산에 있던 조선총독부가 옮겨갔던 경복궁 자리의 서쪽에 자리해 지금은 '서촌'으로 불리는 지역인 청운동, 효자동 일대, 그리고 광화문 사거리 근방의 종로구 신문로 일대는 총독부 관사들이 있던 곳으로 일제가 조선인 거주지를 파고들어 새롭게 개발한 북촌의 신흥 주택지였다.[16] '서촌'의 청운동은 1960년대에도 여전히 고급 주택가였다. 청운동의 면모는 남동표의 하숙집 배경으로 잠깐 등장하는 《서울은 만원이다》에서보다, 박태순의 데뷔작 〈공알앙당〉에 잘 드러나 있다. 이 소설에서 친구에게 끌려간 주인공이 우연히 청운동 저택에 들어가는 장면이다.

우리는 고급 주택가들이 쭈욱 늘어서 있는 청운동에 와 있었다. 녀석은 차에서 내리자 어느 3층집의 파란 철책 대문 앞에 섰다.

우리는 이층의 카페트가 깔려 있는 호화스런 방에 안내되었다. 왼쪽 벽에는 큼지막한 책장이 전집류의 책을 진열해놓고 있었고 그 맞은편에는 제법 연륜을 가진 듯싶은 액자가 걸려 있었고 이름을 알 수 없는 식물을 주체스럽게 포함한 화분이 액자 앞의 테이블에 놓여 있었고 창을 면하여서는 17인치짜리 텔레비전과 스테레오 전축이 놓여 있었다. 그리고 방의 한가운데에는 응접세트가 우리가 앉을 것을 기다리고 있었다. 우리는 앉았다. 그러자 조금 있더니 스물서너 살쯤 들어 보이는 대학교 재학 중임을 알 수 있을 것 같은 여자가 방에 들어왔다.[17]

카페트과 품격 있는 액자, 텔레비전과 전축, 응접세트 등은 당시 선망의 대상이 되었던 물품들로, 쉽게 갖추기 힘든 생활용품들이었다. 《서울은 만원이다》의 길녀가 다옥동 집에서 첩살림을 차리면서 겨우 커피세트와 텔레비전만 사고서도 흡족해하는 것과 다분히 비교된다. 상류층 저택의 면모를 한껏 과시하고 있는 이러한 묘사가 1960년대 서울의 판자촌 동네에 적용된다면 개연성이 없을 것이다.

물론 부자동네로 재현되는 장소가 남촌 지역이나 과거의 일본인 거주지에만 한정되어 있지는 않았다. 일제하에 도시형 한옥들이 새롭게 들어섰던 북촌 지역, 즉 가회동, 재동, 삼청동 등은 여전히 경제적 여유가 있는 서울 사람들의 주거지로 상상되었다. 길녀가 서린동 영감의 첩이 되어 살림을 차린 다옥동 집의 주인은 역시 서울내기였던 서린동 집의 친지인데, 이 집의 "맏아들은 변호사인데 삼청동 살고, 둘째 아들은 대학 전임강사로 가회동에 살고"(92쪽) 있다고 설명되어 있다. 이 지역에 살고 있다는 것만으로 그들의 재력을 짐작하게 하는 방식이다.

가회동은 현재 '북촌 한옥마을'로 불리는 바로 그 지역이고, 삼청동은 지금도 옛 건물들이 많이 남아 있어서 서울에서 젠트리피케이션이 최초로 벌어진 동네이기도 하다. 원래 왕족과 지체 높은 양반들이 살던 동네로 알려져 있지만, 이 지역에 형성된 한옥마을은 조선시대에 지어진 것이 아니라 1920~30년대에 주택개발업자가 집단적으로 조성한 주택가였다. 이 한옥들은 일본인들의 북촌 진출에 대항하기 위해 지어졌다고 하는데, 1960년대 중반까지 실제로 부자동네였던 것으로 보인다. 1963년 당시 가회동, 재동, 삼청동을 방문 조사한 기록에 따르면, "고급 주택가에 사는 사람들 대부분이 "지식수준이 높고 상류계급에 속하며", 이곳의 주택들이 "일반 서민 지역과 달라 대문이 있었으며 경우에 따라 이중문으로 되어 있는 저택도 있었다"고 한다.[18]

식민지에 대한 기억에 기대고 있는 문학작품들의 재현방식이 언제나 사실과 부합한다고 말하기는 어렵다. 과거의 일본인 거주지와 조선인 거주지를 계급적으로 현격한 차이가 나는 공간으로 묘사하는 것은 당시 지역 간의 경제적 격차를 반영하는 것일 뿐만 아니라 다분히 관습적이다.[19] 앞서 말한 필동, 청운동, 효자동은 1960년대 중반은 물론 1970년대까지도 여전히 부자동네였지만, 청운동이나 효자동의 경우 동네 곳곳에 한국전쟁 이후 몰려든 빈민들이 세운 무허가 판자촌도 공존했기 때문이다. 회현동에서도 무허가 주택들이 남산 쪽으로 뻗어가고 있었고, 한국전쟁 이후 남대문시장이 커지면서 중심지가 시장통으로 변해가던 중이었다. 즉, 위의 구절은 문학적 허구가 사실성을 획득하기 위해 당시 청운동과 회현동에 역사적으로 부여되었던 부자동네의 이미지를 선택적으로 재현하여 독자들의 이해를 도모한 것이라고 봐도 좋다. 해방 후 20년이 지나고도 여전히 과거의 일본인 거주지가 부자동네로 재현되는 것은 일제의 도시계획과 개발에 대한 기억이 서울의 도시 공간을 인식하고 실감하는 방식에 고스란히 잔존해 있었기 때문이다. 이호철, 박태순, 김승옥 등은 이를 무의식적으로 이용했을 뿐이다.

점이적 도시: 주거지와 상공업 지역의 혼재

1966년에 발표된 소설에서 일제하 경성의 일본인 거주지가 여전히 부자동네로 묘사된 것은, 과거의 기억이 공간의 이해방식을 좌우할 정도로 당시까지 서울의 도시개발이 본격적으로 이루어지지 않았기 때문이다. 손정목은 이 시기를 회고하며 "충무로·을지로도 골목 안으로 들어가면 뜰에 몇 그루 나무를 심은 목조가옥들이 밀집해 있었고 남대문에서 종각까지에 이르는, 서울 최대의 비즈니스 거리도 높은 건물이라야 겨우 5층이었다"[20]고 말한 바 있다. 또한 종로, 을지로, 명동 등의 도로에 즐비한 상업용 빌딩들 바로 뒤에는 서민주택가가 있었고, 인쇄소나 생활용품을 생산하던 공장들도 있었다. 오늘날 서울의 번화가를 점령한 고층 빌딩은 아직 들어서지도 않았고, 도심의 최대 번화가는 대로변을 제외하면 서민주택으로 뒤덮여 있었다(사진 4).

《서울은 만원이다》의 주인공 길녀가 하숙하며 창녀 생활을 하고 있던 이 소설 초반의 주 무대 '서린동'은, 이제 사람들의 거주를 상상하기 힘든 도심의 번화가다.[21] 현재 서린동은 북쪽으로 종로 1가의 남쪽에 바로 면해 있는 행정구역으로, 바로 옆에는 옛 동아일보사 건물인 일민미술관이 있고, 동쪽 건너편에는 보신각, 남쪽으로는 청계천 1가를 사이에 두고 무교동과 다동이 있다. 그러나 이 소설에서 길녀는 자신이 살고 있는 서린동 골목의 분위기를 이렇게 묘사하고 있다. "처음 이곳으로 이사를 왔을 때는 벽 너머로 이웃집의 얘기 소리나 노파의 가래침 뱉는 소리가 왁자지껄 시끄럽고, 뜰 가생이의 검정색 낡은 판자울타리 틈으로 옆집 노인의 벗어진 대머리가 삐죽 내밀기도 하여 오금을 펼 수 없듯이 답답하였으나 차츰 익숙해졌다"(26쪽). 사생활이 보장되지 않을 만큼 다닥다닥 집들이 붙어 있는 상황에 대한 이 묘사는 사창가의 풍경이 아닌, 완연한 서민적 주거지의 풍경을 담아내고 있다.[22]

종로뿐만 아니라, 일제하에 황금정黃金町으로 불렸던 을지로 역시 남

〈사진 4〉1960년대 초반 서울 도심의 모습.
왼쪽 도로가 종로, 오른쪽 도로가 을지로이며, 중간에 청계천이 보인다. 도로변에 큰 건물들이 있었을 뿐, 뒷골목에는 빽빽하게 서민주택들이 남아 있었다.

촌의 대표적인 상업 지역이었지만, 여전히 주거지로서 역할을 담당하고 있었던 것으로 묘사된다. 《서울은 만원이다》에서 남동표가 근무하는 '연합서민금융'이 있던 을지로 뒷골목은 이렇게 묘사되어 있다. "골목길을 꼬불꼬불 들어서면 들어온 입구가 어딘지 출구가 어딘지 통히 짐작도 안 되는 그 근처는 큰길의 소음도 전혀 안 들리고 대낮에는 놀라울 만큼 한적하였다. 때로 근처 집의 문 여닫는 소리나, 어느 집 안방 라디오에서 나는 구봉서의 목소리, 혹은 골목길에 너저분하게 깔린 연탄재를 밟고 가는 행인의 발소리가 들리고 게다가 사철 지린내가 진동하여 흡사 시골 항구 거리의 뒷골목 같았다. '연합서민금융'은 이 근처의 이층집이었다." 이 소설 속에서 종로나 을지로 주변은 길녀와 남동표의 영업지인 동시에 사람들이 살고 있는 거주지다. 이것은 도시 공간의 사실적 반영인 동시에, 아직 사람들의 관념 속에 자본과 국가권력의 지배로 인한 도시 공간의 사회적 분화가 당연한 것으로 받아들여지지 않았다는 것을 의미한다.

실제로 이 시기의 종로와 을지로는 대표적인 상업 지역이자 소규모 공장들이 운영되던 장소인 동시에 서민들의 거주지를 겸하고 있었다.[23] 종로 일대는 일제하부터 가로변에 상업용 건물들이 밀집되어 있던 지역이었지만, 그 뒤편은 여전히 주거지 모습을 유지하고 있었다. 1950년대에 발간된 자료에 따르면, 종로변은 상가가 늘어나면서 점차 밀집화, 고층화되었지만 도로 뒤편은 여관, 음식점 등이 군데군데 위치할 뿐 저층 한옥들이 빽빽하게 자리 잡은 주택지였다.[24] 이는 아직 도심의 중심업무지구Central Business District와 교외의 거주지가 확연하게 구분되지 못했던 당시 서울의 상황을 보여준다. 일제하부터 이어진 "도심부에 상업과 공업 그리고 주거지가 혼재하는 '점이적漸移的인 도시'"[25]의 특성이 사라지지 않았던 것이다.

강북 도심에 주거지와 상업지가 혼재했기 때문에, 1950년대 말부터 1960년대 초에는 남대문로, 태평로, 을지로 등의 대로변에는 '상가주택'이라는 기능혼합적인 건물들이 종종 지어졌다. 건물의 저층부인 1, 2층은 상가, 3~5층은 사람들이 거주하는 주택이 있는 건물들인데, 지금으로 말하면 일종의 '주상복합' 건물인 셈이다.[26] 그러나 도심이 고층화되고 업무 중심의 기능으로 재편된 이후 상가주택은 거의 지어지지 않았다. 또한 을지로, 청계천 등의 강북 도심권에는 소규모 공장들과 공산품을 파는 가게들이 있었다. 덕분에 현재 을지로 4·5·6가의 뒷골목에는 상가, 공구, 조명, 미싱, 타일도기, 조각, 가구, 인쇄, 기계를 다루는 공장 등이 여전히 혼재하고 있다. 1970년대 강북 도심 개발이 전면적으로 제한되면서 1960~70년대의 시간이 그대로 박제된 채 남게된 덕분이다.

그러나 오로지 서울 도심이 주거지로서의 기능을 잃지 않고 있었다는 상황 때문에, 서린동에 대한 이 소설의 설정이 별 무리 없이 받아들여질 수 있었던 것은 아니다. 서린동이 사창가로 그려지고 있는 것은 작가의 상상적 허구에 불과하기 때문이다. 이 때문에 손정목은 《서울은 만원이다》가 지닌 사실성을 칭찬하면서도 반론을 남겼다. "그 당시 나 손정목은 의욕적으로 서울의 도시 문제를 연구하고 있었고 직접 현장 답사도 다녔는데 당시의 서린동에는 사창이 있지 않았다. 사창이라는 것은 결코 외롭게 한 집만 있을 수 없고 적어도 열 개나 스무 개 정도가 집단으로 있어야 하는데 당시의 서린동 골목 안에는 술집만 있었지 사창은 없었다. 또 당시의 서울 사창을 연구한 어떤 기록에도 '서린동 사창'은 보고되지 않고 있다."[27]

그렇다면 왜 작가 이호철은 길녀가 살던 사창을 서린동으로 설정한 것일까. 일제하에 서린동 지역은 상인들의 주택지이기도 했지만, 1900년대 초부터 유명한 요릿집 명월관明月館과 혜천관惠泉館이 들어서고 기생들이 모여 사는 기생촌이 있던 동네였다. 기생촌은 인근 다옥정(다방골), 청진동, 관철동 일대에도 존재했고, 1930년대에 종로 1가 남쪽과 북쪽의 서린동과 청진동에 살고 있는 기생 수만도 150~160명 정도나 되었다고 한다.[28] 서린동과 마주하고 있는 무교동에는 가장 많은 260명의 기생이 소속되었던 기생조합인 한성권번漢城券番이 있었다. 대중들은 일제하의 서린동과 그 근방에 기생촌이 있었던 사실을 자연스럽게 상기하면서, 기생에서 사창으로 약간의 자유연상에 따른 논리적 비약을 거쳐 이 지역에 사창이 있다는 허구적 설정을 거부감 없이 받아들일 수 있었다.

서울이 전쟁으로 폐허가 되었다가 복구된 직후였던 이 시기에, 서울 사람들은 자신들의 실제의 공간적 체험과 상관없이 서울의 여러 공간을 역사적 경험과 기억에 의존하여 판단하고 있었다. 당시 서울의 대표적인 지역들에 실제로 역사적 흔적이 남아 있지 않았던 경우일지라도, 작가와 독자 모두가 공간을 이해하고 상징적으로 재생산하는 과정에서 과거의 기억을 동원하고 있었다. 그것은 사람들의 서울에 대한 공간 감각이 아직 국가권력의 힘과 자본의 이해관계에 의한 강제적 재배치를 경험하지 않았다는 것을 암시한다.

이처럼 1960년대 중반까지도 서울 도시 공간에 대한 이해에는 식민지의 흔적이 여전히 남아 있었다. 전쟁이 휩쓸고 간 폐허로 여겨졌던 전후의 서울은 여전히 '역사적 기억'에 의존하여 이해할 수 있는 장소였다. 주거지, 상가, 업무지구 등은 분리되지 않고 공존했고, 도심과 교외의 구분이라는 개념은 아직 희박했다. 국가권력의 도시정책과 계획은 사람들의 일상생활 공간에 충분히 파고들지 못하고 있었다. 과거의 유산을 좇아 상상적으로 구성되어 있던 이 시기 서울의 도시 공간은 권력과 자본의 힘으로 재배치되기 이전의 공간이었다. 이 낡은 공간적 질서체계는 얼마 후 자본주의의 확산과 국가권력의 강제적 재배치에 의해 해체되고 새로운 질서로 재편될 예정이었다. 서울 사람들의 욕망이 국가권력의 힘을 압도하는 이 시기는, 1966년 이후 서울 도시 공간의 계층화와 국가권력에 의한 규율화가 본격화되기 이전의 전사前史라는 점에서, 이후 서울의 변화의 의미를 확인할 수 있는 출발점이 된다.

02

서울이라는
새로운
고향

서울의 인구 증가, 이촌향도의 흐름

1963년 서울의 행정구역이 대대적으로 확장된 것은 지금까지도 이유
를 납득하기 힘든 일이었지만, 당시 별다른 반발이 일어나지는 않았다.
나날이 증가하는 서울 인구를 수용할 수 있도록 서울을 확장해야 한다
는 점을 누구나 동감했기 때문으로 보인다. 1960년대 중반 당시 폭발적
인 인구 증가로 인한 공간의 조밀화, 일자리와 주택 부족 등에 대한 실
감은 지금보다 훨씬 더 컸다. '서울이 만원滿員'이라는 사실은 누구도 부
인할 수 없었다.

　일제하에 경성 인구가 가장 많았던 시기는 111만 명 정도를 기록했
던 1942년으로 알려져 있다. 한국전쟁이 끝난 지 얼마 되지 않았던
1955년 당시 서울 인구는 전쟁 발발 직전인 1949년의 144만 명보다 12

만여 명 많은 156만 명 정도였다. 피난민들과 월남민들이 되돌아오면서 전쟁으로 줄어들었던 서울 인구를 다시 채웠다. 그러나 1950년대 중반 이후부터는 농촌에서 서울로 이주하는 사람들이 급증하기 시작했다. 전국적으로 이촌향도離村向都 현상이 두드러졌지만, 서울의 경우는 특히 심했다. 서울 인구는 1960년 244만 명, 1963년 325만 명, 1966년 379만 명에 달했다.[29] 1964년 2월 서울시장이 향후 서울로 이동할 사람은 도지사와 서울시장의 허가를 받아야 한다는 주장을 제기하여 파문이 일었던 것은 이러한 사정 때문이다. 이 제안은 실행되지는 않았지만, 서울의 인구 문제에 대한 관심을 불러일으켜 1964년 9월 최초로 서울의 인구 집중 방지책이 마련되는 데 일조했다.[30]

서울 인구의 급증은 1960~70년대는 물론 서울 인구가 정점을 찍었던 1992년까지 이어진 장기적 추세였다(표).[31] 이 40여 년 동안 서울의 인구증가율은 일정하지 않았을 뿐 아니라, 이주 세대, 이주 이유, 정착 방식 등도 시기마다 조금씩 달랐다. 이에 대한 자료가 남아 있다면, 시기별, 세대별, 지역별 이촌향도의 양상을 더 자세하게 알 수 있겠지만 안타깝게도 그렇지 못하다. 다만 당시 서울 이주민의 56퍼센트가 전 가족이 함께 도시로 이주한 '전가 이농'이었다는 사실은,[32] 상경의 가장 중요한 이유가 생계를 유지하거나 돈을 더 벌어서 안정적으로 살고 싶다는 경제적 요인이었음을 짐작하게 한다. 실제로 1960~80년대 내내 '상경'의 가장 큰 이유는 경제적 요인이라는 조사 결과가 있다.

그러나 1960년대 중반까지 서울로의 인구 집중 현상은 경제적 요인만으로는 설명할 수 없는 측면이 있다. 1950년대 중반부터 1960년대 중반까지 서울의 상황은, 경제적 요인 때문에 서울에 모여든 사람들의 궁핍을 달래기에는 너무 열악했기 때문이다. 경제성장이 실제로 서울로의 인구 이동을 강력하게 추동하는 원인이 된 것은 1966년 이후이며, 실제로 그 이후 서울의 인구 증가에는 가속도가 붙었다.

한국전쟁이 끝난 후 1950년대의 한국 사회도 가난했지만, 1962년부터 국가 주도하에 실시된 제1차 경제개발계획도 초반에는 성공적으로 진행되지 못했다.[33] 오늘날 우리가 알고 있는 경제개발의 효과는 1966년부터 비로소 전 사회적으로 나타나기 시작했으니, 그 전까지는 산업화가 도시의 흡인력의 주된 요인은 아니었다. 즉, 1960년대 중반까지 진행된 서울 인구의 급격한 팽창은 공업화에 선행하는 전형적인 과잉도시화 양상이다. 과잉도시란 도시 공간이 감당할 수 있는 정도를 초과

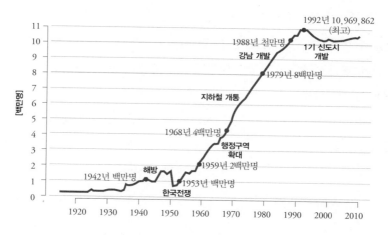

〈표〉 서울의 인구 증가 추이(출처: 서울연구데이터베이스, http://data.si.re.kr/node/332).

한다는 의미도 있지만, 공업 또는 산업의 발전 정도 또는 교통망과 주택 등 사회 기반시설이 감당할 수 있는 정도를 초과한다는 의미도 같이 포함하고 있다. 이는 서울의 인구 증가에는 경제적 요인 외에 또 다른 이동 요인이 있었음을 암시한다.

1965~66년 《서울통계연보》에 따르면, 시골을 떠난 이촌민의 87.9퍼센트가 다른 도시를 경유하지 않고 곧장 서울을 향해 떠나왔다고 한다.[34] 서울이 다른 도시와 비교할 수 없는 흡인력을 가지고 있었기 때문이다. 뒤에서 다시 살펴보겠지만, 서울을 '만원'으로 만든 폭발적 인구 증가 현상은, 경제적·문화적·정서적 욕구를 충족하려는 욕망이 서울에 집결되었던 데서 비롯되었다. 이 욕망의 이동에 따른 한국 사회의 인구 재배치를 사람들은 지금까지 '이촌향도'라는 네 글자로 불러왔다.

'이촌향도'는 글자 그대로 시골을 떠나 도시로 향한다는 뜻을 담고 있다. 1960~70년대 한국 사회를 설명할 때마다 기계적으로 등장하는 이 단어는 너무나 무미건조해서, 당시 자신이 태어나고 자랐던 마을을 떠날 수밖에 없었던 사람들의 절박한 심정도, 처음 도시에 들어왔을 때 느껴야 했던 절망도 전달해주지 못한다. 그러나 서울은 이촌향도를 실천에 옮긴 사람들의 "욕망의 집결지"였다. 이 시기의 문학 텍스트들은 그 욕망의 내용, 실현과 좌절, 그에 뒤따르는 여러 감정의 전시장이나 다름없었다.

전도된 노스탤지어, 서울을 향한 향수병

훗날 발표된 최일남의 〈서울의 초상〉은 대략 1950년대 후반을 시간적
배경으로 삼고 있다. 그러나 이 소설 속 인물들의 서울 입성 양상과 내
면은 1970년대까지도 유효한 상경 청년들의 전형성을 보여준다는 점
에서 1960년대 초중반과 겹쳐 읽어도 무방하다. 이 소설의 화자이자 주
인공인 '성수'는 서울에서 살고자 하는 열망을 품고 무작정 상경한 인
물이다. 그는 서울에 입성하면서 한강을 처음 보는 순간 비로소 자신이
서울에 들어왔음을 실감하고 "주눅"이 든다. 동시에 그의 마음은 서울
에서 반드시 살아남겠다는 의지로 가득 차 있다.

> 아울러 살붙이 하나 없는 서울에 대한 공포와 적개심이 동시에 일렁이
> 었다. 가기는 간다마는 전혀 발붙일 곳이 없다는 데서 오는 막막함이
> 다. 자기는 끝끝내 서울에 주저앉아 뭔가를 뭉뚱그려 보아야 한다는
> 옹골진 오기가 범벅이 되어 성수의 마음을 이래저래 흩뜨려 놓았다.
> (중략) 일단 서울에 교두보를 확보한 바엔 천하없어도 거기 달라붙어
> 있어야 한다는 생각을 굳히고 있었다. 그 무렵 성수는 이상하게도 그
> 런 맹랑한 고집에 매달려 있었다. 서울 생활에서의 탈락은 곧 삶의 한
> 모서리가 무너지는 것이며 자기를 지탱하고 있는 끈이 끊어져 내리는
> 것과 같다는 강박관념을 지니고 있었다. 그런 생각은 어떻게 보면 성
> 수 혼자만의 것이 아니었다. 그 또래들이 다 같이 지니고 있는 견고한
> 고집이었다.[35]

성수의 심정은 절박하다. 서울에 가겠다는 혹은 서울에서 살아남겠다는 의지를 가지게 된 뚜렷한 이유는 나타나 있지 않다. 그것은 스스로도 이유를 잘 알 수 없는 "맹랑한 고집" 또는 "오기", "강박관념"과 같은 것이었다. 무엇보다도 그것은 성수를 비롯한 "젊은 또래들이 다 같이 지니고 있는 견고한 고집이었다." 그는 서울 바깥으로의 이동을 단순한 공간적 이동이 아니라 '탈락'으로 생각한다. 그는 이 탈락을 "한 모서리가 무너진 삶", 즉 불완전하거나 파손된 삶처럼 생각하며, "자기를 지탱하고 있는 끈이 끊어져 내리는" 크나큰 타격으로 묘사하고 있다.

이러한 열망은 일단 서울에 입성한 사람들에게는 서울을 사수하겠다는 전투적 의지로 전환된다. 1960~70년대를 대표하는 작가 중의 한 사람인 이청준은, 1970년대 후반에 문학인생을 중간 결산하면서 자신의 연보를 스스로 작성했다. 그는 전남 장흥에서 상경하여 1960년 서울대학교에 입학했고 대학 4학년이었던 1965년 《사상계》에 단편 〈퇴원〉이 당선되어 문단에 데뷔했다. 그런데 그는 "수차에 걸친 투고와 낙방을 되풀이"하다가 어렵게 문단에 첫발을 디딜 수 있게 된 첫 당선의 의미를, "잘 하면 서울에서 다시 쫓겨 나가지 않을 수 있는 소중한 구실이 마련된" 데 두고 있다. 이청준이 직접 쓴 연보에서 대학을 졸업하던 1965년을 어떻게 정리했는지 들여다보자.

······그 대학 시절 6년을 통하여 蒙昧(몽매)에도 못 잊을 소망을 하나 굳히고 있었다.

서울을 사수하자––

서울을 다시 쫓겨나지 않도록 하자. 어떻게 올라온 서울 길이었던가.

어떻게 버티어 온 서울의 6년이었던가. 그리고 어떻게 얻게 된 이 자랑스런 도시의 시민이 된 영광이던가. 그것을 다시 잃게 되어서는 안 된다. 다시 쫓겨나게 되어서는 안 된다. 친척과 친지가 없음으로 하여 내가 이 자랑스런 도시의 시민이 되고자 겪어야 했던 수많은 고초들을 자손만대 나의 후손들과 이웃들에게는 다시 겪게 하지 말아야 한다. 내가 이 서울을 쫓겨나지 않고 버티고 남아 있어야 한다. 나의 6년과 6년의 고초를 헛되게 하지 말아야 한다. (중략) 그리하여 언제까지나 이 도시의 자랑스런 시민市民으로서 영구불변한 나의 소지巢地를 마련할 결심이었다.[36]

젊은 청년 이청준에게도 〈서울의 초상〉의 성수처럼 서울을 떠난다는 것은 단순한 공간적 이동이 아니라 '추방'을 의미한다. 그는 '사수'라는 전투적 용어를 사용하여, 서울이라는 공간이 쫓겨나지 않고 버텨야 하는 전장戰場인 듯 서술한다. 그리고 한강이 최후의 방어선이라도 되는 것처럼 영등포나 흑석동 같은 한강 이남에서는 절대 살지 않겠다고 선언하기도 한다.

이청준의 이후 연보는 서울에서 방과 집을 마련하고 살기 위해 거쳐야 했던 시행착오들을 세세하게 기록하고 있다. 몇 년도에 몇 평짜리 아파트로 이사했는지, 언제 전세방에서 벗어나 내 집 마련의 꿈을 이루었는지, 원고료와 월급과 주택융자금이 얼마나 필요했는지 기록한 이 연보는 서민들의 내 집 마련 과정과 집값 상승 과정에 대한 소중한 기록이기도 하다.

1977년에 작성된 이청준의 이 연보가 인상적인 것은, "소설을 쓰고

책을 내는 일을 더 나은 명분 속에 설명할 수도 얼마든지 있을 터"인데도, 자신의 문학인생을 중간 결산하는 연보를 "이 도시를 사수하려는 나의 노력과 좌절로 점철된 과정"으로 채우고 있다는 데 있다. 이 연보를 관통하는 핵심은 바로 어떻게든 서울에서 살아남겠다는 젊은 청년의 결연한 의지이며, 이 열망은 1970년대 후반까지도 전혀 사그라지지 않았다. 이러한 각오와 열망이 갓 등단한 젊은 소설가 이청준만의 것이 아니었다는 점은 이 시기의 소설들에서 여실히 드러나고 있다.

서울을 향한 이 열병은 때로 향수병과 같은 증상을 동반한다. 〈서울의 초상〉의 성수가 "서울은 멀쩡한 사람 코도 베어간다는데 너 같은 촌놈이 어디 가서 빌붙을 것이냐"(178쪽)는 어머니의 타박을 들을 때마다 느꼈던 속앓이는 매우 구체적으로 묘사되어 있다.

> 성수도 하루면 골백번도 더 끙끙 앓았다. 가자니 너무 하품이 나올 만큼 까마득하고 눌러 있자니 서울에의 어떤 들쑤심 같은 것으로 하여 견딜 수가 없었다. 일단 발을 붙일 수만 있다면 어떻게 뒹굴든 한세월 감당해낼 수 있을 것 같기도 하고 어느 구석에 몸을 쑤셔 박을 수는 있을지 모르나 자기는 겨우 한 달을 견디지 못하고 서울 밖으로 내동댕이쳐질 것 같은 두려움으로 알탕갈탕 애를 태웠다. 그러나 궁극적으로는 가고 싶었다. 그날이 그날 같은 채워지지 않은 안타까움으로 하여 노상 미열 같은 미흡감을 안고 사느니보다는 깨질 때 깨질망정 일단은 그런 지신지신한 속앓이로부터 헤어나고 싶었다(200쪽).

서울에 가고 싶다는 열망이 들쑤심, 속앓이, 안타까움, 미열 같은 마음의 질환으로 그려져 있다. 간신히 서울에 가봤자 언제 밖으로 밀려날지도 모르지만 그럼에도 불구하고 젊은이들은 맹목적으로 서울을 그리워하는 병을 앓았다. 이것은 어쩌면 고향을 떠난 사람들이 고향을 그리워하면서 겪어야 하는 향수병보다 더 강력한, 일종의 '전도된 향수병'이었다. 이 병은 새로운 시대를 맞이한 젊은 청년들이 미지의 도시에 새로운 마음의 거처를 마련하고 싶어서 앓아야 했던 신종 유행성 질환이었다.

아직 가본 적도 없는 곳을 '미지의 고향'으로 만들어내는 이 유행병은 실제로는 희망의 병이다. 뇌과학과 신경과학에 기반한 최근의 연구에 따르면, 추억을 환기하는 노스탤지어는 겉으로는 슬픔에 시달리는 우울증처럼 보이지만, 사실은 기쁨과 위로를 선사하는 '약'이다.[37] 1960~70년대 서울에 그토록 가고 싶었던 청년들이 앓았던 '전도된 향수병'의 숨겨진 목적은 과거의 기억을 상기하는 것이 아니라 미지의 공간에서 펼쳐질 미래의 희망을 상상하면서 자신들의 마음을 위로하고 희망을 쌓아올리는 것이었다. 설사 그 위로가 열병처럼 뜨겁고 아픈 것이었다 할지라도 말이다.

"서울에 가고 싶어요, 단지 그거뿐예요"

당시 젊은 사람들이 서울에 대해 공유하고 있던 감정이 가장 깊게 스며들어 있는 문학 텍스트는 김승옥이 1964년 발표한 단편 〈무진기행〉이다(사진 5). 이 소설은 서울이 아니라 작가의 고향 순천을 모델로 한 가상의 공간 '무진'에서 벌어지는 사흘간의 이야기를 다룬다. 그러나 이 소설에서 처음 만난 두 남녀의 멜로드라마를 뒷받침하는 것은, 서울이라는 공간이 이 한적한 시골에까지 뻗치고 있는 특별한 아우라다. 서울에서 출세하여 고향인 무진으로 내려온 윤희중과 서울에서 음악대학을 마치고 교사로 부임한 하인숙이 우연히 만나 서로 사랑을 느끼게 되는 계기, 그리고 그들의 짧은 연애가 진행될 수 있었던 이유는, 서울에 대한 두 사람의 공통된 감정에 기반하고 있다.

하인숙이 처음 본 순간부터 윤희중에게 친밀감을 느끼고 집으로 가는 길에 바래다주기를 청할 수 있었던 것은 그가 서울에서 내려온 서울 사람이었기 때문이다. "처음 뵈었을 때, 뭐랄까요, 서울 냄새가 난다고 할까요, 퍽 오래전부터 알던 사람처럼 느껴졌어요. 참 이상하죠?"(139쪽). 이것이 하인숙이 처음 본 남자에게 서울에 데려다달라고 부탁하는 과감한 행동을 할 수 있었던 이유였다. 하인숙이 서울 사람에게 느끼는 친밀감은 아직 서울에 남아 있는 대학 동창들과 〈어떤 개인 날〉을 부르며 졸업연주회를 하던 추억을 그리워하는 마음과 맞닿아 있다. 고향 친구들과의 술자리가 파한 후 윤희중과 하인숙이 시골의 밤길을 걸으면서 처음 사랑을 느끼는 장면을 보자.

"앞으로 오빠라고 부를 테니까 절 서울로 데려가주시겠어요?" "서울에 가고 싶으신가요?" "네." "무진이 싫은가요?" "미칠 것 같아요. 금방 미칠 것 같아요. 서울엔 제 대학 동창들도 많고……아이, 서울로 가고 싶어 죽겠어요." 여자는 잠깐 내 팔을 잡았다가 얼른 놓았다. 나는 갑자기 흥분되었다. 나는 이마를 찡그렸다. 찡그리고 찡그리고 또 찡그렸다. 그러자 흥분이 가셨다(141쪽).

이마를 찡그리고 또 찡그려서 간신히 억제해야 했던 이 흥분은 윤희중에게 연애감정이 싹트기 시작했음을 알리는 신호다. 서울에 가고 싶은 마음 때문에 자신도 모르게 윤희중의 팔을 잡았다가 놓을 만큼 간절한 하인숙의 호소에 그는 사랑의 감정과 성적인 '흥분'을 느낀다. 그녀가 〈서울의 초상〉의 성수처럼 '미칠 것 같은' 심정으로 서울에 가고 싶어 했기 때문이다. 자신의 방으로 돌아와 어둠 속에서 조금 전 하인숙과 나눈 대화를 상기하는 윤희중의 머릿속에 남아 있는 것은, 오직 서울에 가고 싶다는 그녀의 간절한 말뿐이다.

> 많은 것을 얘기한 것 같은데 그러나 귓속에는 우리의 대화가 몇 개 남아 있지 않았다. (중략) 그 여자는 서울에 가고 싶다고 했다. 그 말을 그 여자는 안타까운 음성으로 얘기했다. 나는 문득 그 여자를 껴안고 싶은 충동에 사로잡혔다. 그리고……아니, 내 심장에 남을 수 있는 것은 그것뿐이었다(142쪽).

두 사람이 나눈 긴 대화의 핵심, 서로가 공감하고 소통할 수 있는 토대, 그리고 사랑을 느낄 수 있는 기반은 바로 서울을 향한 갈망이다. 서울에 가고 싶어 하는 하인숙의 내면에 윤희중이 공명하면서 두 사람의 짧은 연애가 시작되는 것이다.

이튿날 윤희중은 하인숙과 함께 바닷가 집으로 같이 걸어가면서도 아무 연고도 없는 서울에 무작정 올라가면 어떻게 하냐고 걱정하지만, 왜 서울에 무조건 가고 싶어 하는지 이유를 묻지는 않는다. 이미 두 사람은 그 이유를, 그 의미를 구태여 입 밖에 내지 않아도 잘 알고 있기 때문이다. 예전에 윤희중이 틀어박혀 있었던 바닷가의 집에서 두 사람이 사랑을 나눈 후, 하인숙이 처음 꺼낸 말은 일반적인 연인들이 정사 후에 할 만한 말은 결코 아니다. "서울에 가고 싶어요, 단지 그거뿐예요"(149쪽).

하인숙이 왜 미치도록 서울에 가고 싶어 하는지, 윤희중은 어떻게 그걸 자연스럽게 이해하는지 그 이유는 이 소설의 전면에 드러나 있지 않다. 그것은 두 사람의 대화 속에 쉽게 알아차릴 수 없는 형식으로 드문드문 흩어져 있을 뿐이다. 그럼에도 불구하고 이 소설이 김승옥의 대표작이 될 만큼 유명해진 것은, 두 사람의 언행을 자연스럽게 이해할 수 있을 만큼 1960년대 중반 젊은 '독자'들이 공유했던 '서울에 대한 갈증'이 선이해pre-understanding로 존재하고 있었기 때문이다.

윤희중은 그녀에게서 "시체가 썩어가는 듯한 무진"(137쪽)으로부터 벗어나고 싶어 했던 과거의 자신을 본다. 윤희중이 급상경을 요청하는 "전보의 눈을 피하여" 쓴 편지는 이를 잘 보여준다.

사랑하고 있습니다. 왜냐하면 당신은 제 자신이기 때문에 적어도 어렴풋이나마 사랑하고 있는 옛날의 저의 모습이기 때문입니다. 저는 옛날의 저를 오늘의 저로 끌어다놓기 위하여 갖은 노력을 다하였듯이 당신을 햇볕 속으로 끌어놓기 위하여 있는 힘을 다할 작정입니다. 저를 믿어주십시오. 그리고 서울에서 준비가 되는 대로 소식 드리면 당신은 무진을 떠나서 제게 와주십시오. 우리는 아마 행복할 수 있을 것입니다(152쪽).

이 편지는 서울은 '햇볕 속'이고, 무진은 그와 대비되는 그늘진 공간이라는 이분법을 보여준다. 윤희중의 사랑은, '햇볕' 같은 서울에 올라감으로써 '그늘'로부터 탈출하고자 하는 사람들끼리 자연스럽게 공유하고 있는 동정심과 연대감에서 싹튼 것이다. 오늘날 우리는 그 그늘에서 탈출하여 서울로 올라갔던 사람들의 행렬만을 숫자화된 통계로 기억한다. 그러나 윤희중은 하인숙을 무진에 내버려두고 급상경함으로써, 모든 사람이 마음만 먹는다고 서울에 갈 수는 없었던 현실의 장벽을 독자들 앞에 무겁게 드리워 놓는다. 버림받은 하인숙의 내면을 외면했던 〈무진기행〉에는, 이미 서울에 안착한 사람의 심리만 드러나 있을 뿐 서울에 올라갈 수 없었던 사람들이 느꼈던 상처와 배신의 감정은 기록되어 있지 않다.

〈무진기행〉은 서울 바깥에서 서울을 바라보는 시선에 일종의 미칠 것 같은 '신열'이 존재함을 보여주었다. 그러나 원한다고 누구나 서울에 갈 수 있었던 건 아니었다는 점 또한 보여주었다. 이 소설이 시종일관 일종의 '가해자'인 윤희중의 시선에서 서술되어 있다는 점은 문제적이다. 윤희중이 말없이 떠났다는 것을 하인숙이 알게 되었을 때, "책임도 무책임도 없는" 무진에서 미칠 것 같은 심정으로 계속 살아야 한다는 것을 알게 되고 느낀 배신감과 상처는 어떠한 것이었을까.

윤희중은 실제로는 아무런 행동도 하지 않으면서 죄책감을 자기합리화의 명분으로 삼거나 희미한 옛사랑의 그림자를 서서히 잊어갔을 것이다. 그리고 서울로 떠나지 못한 자들은 저 멀리서 진행되고 있는 발전의 행렬에서 낙오되었다는 괴로움을 안고 살았을 것이다. 통속드라마 같은 〈무진기행〉이 기록하고 있는 것은 서울로 떠난 자와 떠나지 못

〈사진 5〉 소설 〈무진기행〉을 쓸 무렵의 김승옥과 첫 소설집 《서울 1964년 겨울》의 표지

〈무진기행〉은 서울 생활에 지친 김승옥이 잠시 고향인 순천으로 도피해 쓴 소설이다. 그가 이 소설을 처음 《산문시대》 동인들에게 보여주었을 때 친구들은 혹평을 가했다고 한다. 김승옥은 〈무진기행〉이 자신의 대표작이 된 이유가, 자신도 모르게 이 소설에 배인 슬픔의 힘을 독자들이 알아 보았기 때문이라고 생각했다.

한 자들 사이에서 소용돌이쳤던, 그러나 오래전에 잊어버렸던 슬픔, 배신, 고통의 드라마다.

'서울에 대한 동경과 갈망'을 앓는 인물들을 그려낸 〈무진기행〉의 역할은 단지 당대 사회를 충실하게 재현하는 데서 끝나지 않았다. 이 소설은 서울로 가는 행위를 미화함으로써 '서울에 대한 갈망'이 필연적이고 당연한 것이라는 무의식적 전제를 더욱 강화했다. 이 작품의 서사에서 다른 한 축을 이루는 것은 윤희중이 서울과 무진을 끊임없이 비교하면서 떠나는 내면의 여행이다. 이는 흔히 '도시와 시골의 대립'이라는 관점에서 많이 언급되었지만, 오히려 이 비교는 '무진'이라는 가상공간을 서울보다 열등한 공간, 서울을 불완전하게 모방하는 공간으로 재현하고 있기 때문에, 서울중심주의에 시골을 종속적으로 배치하는 작업에 가깝다.

당대의 인기작이었던 이 소설은 상징적 차원에서 서울을 일종의 절대적인 중심으로 재생산하는 역할을 담당한 셈이었다. 〈무진기행〉은 일견 맹목적으로 보이는 서울을 향한 동경을 정서적·문화적으로 정당화하는 기제가 되어 서울과 지방 간의 상징적 위계질서를 만들어냈다. 시골에 남은 사람과 서울로 떠난 사람 모두가 공유했던 이 '전도된 향수병'의 긴 행렬 끝에 남는 것은, 사람들이 주고받는 상처와 서울중심주의의 강화일 것이다.

서울 사람의 표식, 서울말

1960년대 이후 서울에 대한 동경을 실행에 옮겨 상경한 사람들에게 남은 것은, 진짜로 서울 사람이 되는 것이었다. 상경민들이 서울에 간 것은 과거의 자아와 단절하고, 눈앞의 기회와 가능성을 개척하여 새로운 '자기'를 만들어나가기 위해서였기 때문이다. 그러나 당시 그들은 서울에 산다고 해서 저절로 서울 사람이 되었다고 생각하지는 않았다. 그들은 서울 어디를 가든 시골뜨기처럼 보여서는 안 된다는 강박관념을 지니고 있었다. 진짜 서울 사람이 되고자 했던 상경민들의 절박한 노력은 사실상 서울 사람의 정체성과 이미지를 새롭게 구성했다.

서울 사람이라는 첫 번째 표식은 바로 서울말을 쓰는 것이었다. 서울말은 서울이 아닌 곳에서도 서울 사람임을 단번에 드러낼 수 있기 때문이다. 이호철의 또 다른 문제작 《소시민》의 한 구절을 보자. 1964년 7월부터 1965년 8월까지 《세대》에 연재되었던 이 장편소설은 부산을 배경으로 삼고 있지만, 당시 부산에서 서울이 어떻게 의식되었는지 암시하는 장면을 포함하고 있다. 주인공인 월남민 '정 씨'가 신체검사장에서 서울말을 쓰는 장정들을 보게 되는 장면이다.

······운동장 왼쪽의 가생이에 붙어 서 있던 한 떼거리의 젊은애들이 우르르 운동장 한가운데로 들어오고 있었다. 첫눈에도 비교적 유한층의 자식들인 듯 차림차림이 깔끔하였고 멀끔하게들 생겨 있었다. 그들은 대번에 돋보였다. 어디가 어떻다고 꼭 집어낼 수는 없지만 지금 벌이고 있는 이런 모든 일을 심히 경멸하고 있는 듯한 낯색들이었다. 이런

일이나 치르고, 정작 진짜 일선으로 나갈 차례에 들어서서는 빠질 수 있다는 그런 자신이 각자의 얼굴에 묻어 있었다. (중략)

나는 잘 차려 입고 멀끔하게들 생긴 한 떼거리의 그 장정들에게 처음부터 관심을 기울였다. 나는 별 근거도 없이 그들은 피아노 상회나 전축 상회의 자식들이 틀림없다고 막연히 생각하며, 그들에게 이상한 선망 같은 것을 느꼈다.

아닌 게 아니라 얼마 안 있어 벌써 그들은 약간 우대를 받기 시작하고 있었다. 헌병들과 몇 마디 수작이 오고가더니 금방 그 헌병들도 그들과 한데 어울려 얘기의 꽃을 피우고 있었다. 헌병들도 그들에게는 벌써부터 한몫 놓고 대하였다. 이렇게 빠릿빠릿하고 똑똑한 장정들만이라면 얼마나 골치를 덜 썩일까 지휘하기가 좋을까 하고 생각하고 있는 듯하였다.

먼 발치에서 들었지만, 그들은 모두가 서울말을 쓰고 있었다. 나뿐만 아니라 후줄그레 하게 차려 입은 여느 장정들도 모두가 그쪽으로는 조금 주눅 든 눈길을 보내고 소극적인 선망의 눈길을 보냈다[38].

1960년대 중반 당시 서울 사람들의 자부심과 지방민들의 선망을 부각시키는, 다분히 이상화된 허구적 이미지들이 들어가 있는 구절이다. 신체검사장은 국가가 공통의 기준에 따라 개인들의 신체와 능력을 평가하고 통제할 수 있는 장소다. 그런데 서울말은 사람들의 신체를 일률적으로 평가하는 이 장소에서조차 특권적인 것으로 묘사된다. 깔끔한 차림, 빠릿빠릿함, 자신감, 공권력의 통제를 빠져나갈 수 있을 것 같은 권력의 냄새 등이 서울 사람들을 묘사하는 세목으로 등장한다. 이 소설의 화자인 '정 씨'는 서울말을 쓰는 작은 권력자들이 관료나 정치인의 자식들이 아니라, 당시 상류층 가정에 겨우 있을까 말까 했던 피아노나 전축과 같은 물건을 파는 장사치들의 자식일 것이라고 막연하게 상상하고 있다. 그것은 서울의 '물질적 풍요'와 '문화적 풍요'를 동시에 상징하는 기표다. 서울말의 언어적 특권은 경제적인 특권이자 문화적인 특권이다.

부산에서 이러할진대 서울에 간 사람들이 서울말을 쓰기 위해 노력하는 것은 당연해 보인다. 최일남의 소설 〈서울의 초상〉으로 되돌아가 보자. 성수와 그의 친구들이 서울 사람이 되기 위한 노력은 일상생활 속에서 끊임없이 지속되는데, 그중 '서울말'을 쓰려는 의지는 빠질 수 없다.

그래서 길에서 만나는 사람들이라거나 장사치들과 우연히 건네는 한 마디 말에도 깍듯한 서울 말씨를 섞으려 애썼다. 그것은 가당치도 않은 일이었으나 성수는 그런 일에 열심히 자기를 몰고갔다. 뒤집어 보면 그것은 촌놈의 열등감일 수도 있었다. 그러나 그는 미처 그걸 생각할 겨를이 없었다(202쪽).

지금도 서울에 갓 상경한 사람들, 가끔 서울을 다녀가는 지방민들, 그리고 특히 지역색이 강한 말씨를 쓰는 사람들은 서울에서 서울말과 다른 말을 쓴다는 것이 어떤 느낌인지 실감할 수 있을 것이다. 일상의 한순간에 말 한마디로 주변의 모든 사람들과 구분되는 느낌은 자기 자신을 자신감 없는 상태 또는 뭔가 부족한 상태로 만들기 쉽다. 그것은

1960~70년대 서울에 왔던 사람들에게도 마찬가지였다.

> "야. 말끝마다 촌놈 촌놈 해서 우리 스스로를 낮추지 말자. 어떤 놈은
> 처음부터 서울놈이라드냐."
> 그랬다. 그들은 그들이 두르고 다니는 시골티에 노상 움츠러들었다.
> 고향에 있을 때는 그런 느낌이 전혀 없었는데 서울의 한 귀퉁이를 차
> 지하고 나서부터는 노상 그들을 옥죄이고 붙어 다니는 촌놈 냄새를 의
> 식해야만 했다. 하루 빨리 자기를 서울의 살갗에 갖다 붙이고 더불어
> 휩싸이고자 애썼다. 학교에서도 그랬고 길바닥에서도 그랬다. (중략)
> 아직은 그들이 덜 바래고 매사에 숫기가 없어서 더 그런 경우도, 이리
> 저리 부대끼고 씻기다 보면 간덩이도 붓고 몽글몽글하게 모가 없어져
> 서 적당히 닳아빠진 서울내기로 행세할 수도 있었을 텐데, 아직은 쉽
> 게 부끄러워하고 염통이 덜 쇠어서 그랬는지도 모를 일이었다(206쪽).

성수와 그의 친구들에게 중요한 것은 서울이라는 공간에 섞여 들어
갈 수 있는 자신의 능력을 키우는 것이다. 앞의 구절이 보여주고 있는
것은, 서울말을 쓰고 하루빨리 서울 사람이 되는 것은 자신을 아예 통
째로 다른 사람으로 바꾸는 일이라는 점이다. 자신의 피부가 "서울의
살갗"이 되고 서울의 공기를 흡입하는 것은 결국 몸을 바꾸고 자신을
바꾸는 일이다. 어서 촌놈티를 벗고 싶었던 사람들은 기꺼이 이러한 변
신 또는 새로운 자아의 탄생에 힘을 기울였다.
이방인들을 압도하는 서울의 힘이 폭력적이었던가 아닌가에 대해서
는, 그들은 "미처 그것을 생각할 겨를도 없었다." 중요한 것은 '서울내

기'가 되는 것이었다. 당시 이 목표 아래서 지금처럼 경상도 말, 전라도 말의 위계 따위는 없었다. 《서울은 만원이다》는 이주민들의 말이 평등하게 교환되는 상황을 보여준다. 길녀는 통영, 미경은 마산, 기상현은 이리(익산) 출신의 상경민이며, 복실 어멈은 출신이 정확하게 밝혀져 있지는 않지만 "충남 말을 쓰는"(52쪽) 사람으로 묘사되어 있다. 기상현이 하숙하는 금호동 집안의 주인 영감과 아들들, 그리고 길녀가 정을 주는 남동표는 이북에서 내려온 월남민 출신이다. 즉, 경상도, 전라도, 충청도, 이북 출신들이 모두 모여 사랑, 우정, 배신을 만들어가는 소용돌이 속에서 언어의 위계는 아직 '서울말'과 '서울말이 아닌 말' 정도로 아주 단순하게 만들어져 있었다고 봐도 좋다.

여러 지역 사람이 모여들었던 당시 서울에서 지역주의가 얼마나 큰 힘을 가졌는가 하는 점은 확실하지 않다. 물론 가족, 친척, 친구 등 동향 출신 연고가 서울에 있다면 어떻게든 그 끈을 잡아 서울로 향하던 시절이었으므로, 서울 안에서도 같은 고향 출신끼리 더 많이 모이고 만나는 것은 인지상정이었다. 그러나 이호철의 소설에서 나타나듯 이주민들은 지금 상상하듯 다른 사람들의 출신 지역에 크게 신경 쓰지 않았던 것으로 보인다. 《서울은 만원이다》 같은 통속소설일수록, 윤리적 검열 없이 현실로부터 날것 그대로의 소재를 길어올리는 법이다. 1971년 대통령 선거가 지역주의 형성의 큰 계기였다는 연구가 있듯이,[39] 이 소설에서도 지역적 차이를 가진 언어들은 아직 큰 의미를 지니지 않았던 것으로 보인다. 1960년대 중반까지 서울이라는 공간은 서로 다른 지역들의 차이를 알아채거나 서열화하는 힘을 가졌다기보다, 그저 여러 공간에서 모인 사람들을 동일화시킬 수 있는 힘을 가졌다고 보는 게 맞을 듯하다.

'60년대식 서울내기'의 실망스러운 정체

상경민들이 그렇게 노력해서 되고 싶었던 '서울내기'란 과연 어떠한 사람을 말하는 것일까. 아마도 이호철의 《소시민》에 묘사된 것처럼, 서울내기란 궁극적으로는 부잣집 자식인 듯 어딘가 권력 냄새가 풍기는 세련된 사람들이었을 것이다. 그러나 그것은 밖에서 만들어낸 환상이었을 뿐이고, 실제로 서울에 막 올라온 사람들이 접했던 서울 사람, 그들이 서울에서 살아남기 위해서 되어야 했던 서울 사람의 실체는 그렇게 세련된 사람이 아니었다. 오히려 적자생존의 소용돌이 속에서 "간덩이도 붓고 몽글몽글하게 모가 없어져서 적당히 닳아빠진 서울내기"가 되는 것이었다. 그것은 때로 범죄자 또는 사기꾼의 모습에 가까웠다.

《서울은 만원이다》의 여러 인물에게는 사기와 허풍, 줄행랑 따위가 일상화되어 있다. 길녀가 정을 주는 남자 남동표는 거짓말과 사기를 밥 먹듯 하다가 상황이 여의치 않게 되면 지방을 전전하다 슬그머니 다시 서울에 올라오는 사람이다. 그의 동업자이자 창녀 미경의 고객인 석구복은 서민들을 등쳐먹으면서 교도소를 드나드는, 허울 좋은 '연합서민금융'의 대표다. 이러한 행각은 남동표와 석구복처럼 직업적인 사기를 일삼는 경우에 한정되지 않는다. 금호동 집안은 모두 합심하여 서린동 법학도 아들과 결혼하는 딸을 빌미 삼아 서린동 집안의 재산을 갈취하기까지 한다.

《서울은 만원이다》는 공갈과 협박이 정당한 생존방법처럼 간주되고 통용되던 당시 서울의 상황을 보여준다. 그들의 허풍, 사기, 협박, 갈취 등 거의 범죄에 가까운 행동양식들이 일상적인 삶의 방식으로 형상화되어 있다. 서울에서는 생존을 위해서라면 이러한 행위들도 불가피하다는 식이다. 책임감 있고 올곧은 기상현 같은 사람은 매력 없는 촌사람으로 묘사된다. 길녀의 묘사에 따르면, "기상현에게서는 늘 호박씨 냄새 같은 것이 나고 촌스러운 냄새가 있어, 고향을 일깨워주고는 하였다. 서울까지 올라와서 시골티 있는 남자와 어울리고 싶지는 않았다"(50쪽).

반면에 만년 사기꾼인 남동표는 훨씬 더 정이 많고 매력적인 사람, 그럴 듯한 서울 사람처럼 서술된다. "남 씨는 이상한 마력이 있어서 같이 어울려들기만 하면 아무리 마음을 독하게 먹어도 눈 녹듯이 녹게 되는" 매력적인 사람이다. 남동표에게 여러 번 속은 길녀조차 남동표의 사기 행각을 대수롭지 않게 여긴다. "모든 것은 이 편이 약한 탓이고 외로운 탓이고 서울 올라와서 남부럽지 않게 살아보려니 웬만한 사람은 다 자기보다 나아 보이는 그런 연유에서 벌어진 일이었던 듯합니다. 외로움이 죄다, 이런 소리도 있지 않습니까"(221쪽)라고 길녀는 오히려 남동표의 행동을 두둔하기까지 한다.

사기꾼 남동표와 그의 친구 석구복은 당시 서울에 사는 사람들의 삶과 행동양식을 대변한다. 사기꾼 인물들이 정상적이거나 흔한 인물처럼 그려지는 것은 당시의 여타 문학작품과 영화에서도 빈번하게 나타나는 양상이며, 작품의 통속적 흥미를 위해 가공된 비현실적인 모험담이 아니다.[40] 1960년대 소설들은 당시 서울에서 살려면 응당 어떠한 사람이 되어야 하는가를, 그리고 새롭게 구성되는 서울 사람의 정체가 무엇이었는가를 극명하게 보여준다. 서울 사람의 이미지는 곧 서울 이미지의 일부임을 생각해보면, 당시 서울의 이미지가 어떻게 문학 속에서 상징화되고 사람들에게 수용되었는지 알 수 있다.

"하여, 서울은 바야흐로 싸움터다. 성실보다는 요령, 일관한 신념보다도 눈치, 진실한 우정보다도 잇속, 협동보다도 저의가 온 서울 하늘을 덮고 있다."[41] 서울은 요지경 속이고 여기서 사는 사람들이 곧 사기꾼과 다름없다는 생각이 이들을 지배하고 있다. 따라서 사기를 치고 이를 위해 거짓말과 허풍을 치는 것도 서울 사람이라는 이유로 정당화되고 먹고살기 위해서 어쩔 수 없이 해야만 하는 일처럼 합리화된다. 지금껏 회자되는 "서울에선 눈 감으면 코 베어 간다"는 속담에 나타나는, 조금만 방심해도 속고 빼앗기는 약육강식의 이미지가 서울과 뗄 수 없는 관계가 된 것이다.[42]

이호철이 이 허풍쟁이 사기꾼들을 자연스럽고도 정감 있게 그리고 있다면, 그 반대편에는 1960년대 초반을 대표하는 소설가인 김승옥이 있다. 상경 후 서울이란 적자생존의 아수라장과 맞닥뜨린 김승옥의 인물들은 '사기'처럼 범죄의 요소를 강하게 지니지는 않지만, 사회에서 생존하기 위하여 자발적으로 비도덕적 행위를 감행하는 경우가 많다. 그의 소설들에서 스스로 알면서도 일부러 나쁜 짓을 하는 '위악'이 주요 테마로 등장한다는 것은 수없이 지적된 사실이다. 이 위악은 결국 세상에 살아남기 위해 '자기세계'를 만들려는 행위, 성장과 입사initiation를 위한 필수불가결한 절차로 그려진다. 이호철과 차이가 있다면, 김승옥의 인물들은 비도덕적 행위를 따라 해야만 하는 불가피성을 그리는 동시에 그들을 한껏 증오하는 감정과 고통스러워하는 자신에 대한 자기연민을 강하게 드러낸다는 점이다.

예를 들어, 그의 소설 〈누이를 이해하기 위하여〉는 서울에 대학생으로 유학 온 뻔뻔스럽기 그지없는 친구의 행태를 아주 증오스럽게 묘사하고 있다. 친구는 우편함에서 모르는 사람의 편지를 발견하는데, 거기엔 시골에서 고생하는 어머니가 어렵게 부쳐준 학비와 눈물겨운 이야기가 들어 있다. 그러나 그는 그 편지와 돈을 아무렇지도 않게 훔친다. 그는 평소에도 "촌놈이 서울에 와보니 모든 게 신기하기만 해서 어쩔 줄을 몰라, 아니 무턱대고 우쭐대고 싶은 저 촌뜨기 의식에 가득 차서 괜히 심각한 체 해보았다가 시시하게 웃어보았다가 술 사달라고 조르고 사랑이 어쩌니 하고 있는 게 분명한" 사람이다. 이 소설의 '나'는 이 '치한'이 얼마나 증오스러운지 표현하는 데 여념이 없지만, 동시에 그 화자는 같이 어울리면서 서울 사람이 될 수 있는 대열에서 탈락하지 않으려 한다. "그들이 우리에게 알기를 강요하던 세계는 도대체 무엇이란 말인가. 미소를 침묵으로 바꾸어놓는, 만족을 불만족으로 바꾸어놓는, 나를 남으로 바꾸어놓는, 요컨대 우리가 만족해 있던 것을 그 반대로 치환시켜버리는 세계였던 것인가."[43] 이렇게 서울에서 감내해야 하는 위악의 고통을 호소한들, 그들에게 남는 것은 고통, 죄책감, 자기연민으로 뒤범벅된 혼란스러운 자기 자신이다.

전쟁이 휩쓸고 간 가난의 도시 서울을 그렸던 1950년대 작품들은 물론 1960년대 중반까지 발표된 이호철, 김승옥, 이청준, 박태순 등의 소설에 이르기까지 분명 죄책감을 가지고 있음에도 불구하고 위악적으로 행동하는 인물은 너무나 많다. 거짓말과 허풍은 가벼울 정도다. 사기꾼, 범죄자부터 일부러 타인의 물건을 훔치거나 타인의 신체와 가치를 훼손하려 드는 사람들이 넘쳐난다.

위악, 거짓말, 사기, 허세에 가득 찬 인물들이 한국 소설에서 뜸해지는 분기점이 있기는 하다. 경제개발계획이 비로소 성공가도에 올라서 한국 경제발전의 신화가 시작되는 1966년이다. 그러나 1966년까지 한국 소설은 도시로 상경하여 좌충우돌하는 인물들을 그려냄으로써 독자의 공감을 얻고 시대를 재현하는 임무를 수행했다. 독자들은 이 시기 소설들의 괴이한 인물들을 60년대 서울의 상황으로 돌려보내야 비로소 생명력 있는 인물로 이해할 수 있을 것이다. 김승옥의 표현을 따르자면, 이 인물들은 "60년대라는 조명을 받음으로써 비로소 소설들은 일상적인 모습으로 동작"[44]한다. 김승옥 소설의 제목대로, 이들은 "60년대식"[45] 서울내기들의 초상이었다.

적자생존의 혼란과 탐욕의 소용돌이

1950년대부터 1960년대 중반까지 문학작품 속에 만연했던 60년대식 서울내기들의 모습은, 당시 생계수단이 막연했던 상경민들과 월남민들이 생존을 위해 자발적으로 감수해야 했던 서울의 도덕적 혼란 상황을 생생하게 보여주는 설정이었다. 언론인 최석채는 1956년에 낸 《서민의 항쟁》이라는 책에서 "극단으로 형용하면 요즈음의 도시는 모든 사람들이 환장한 사람만 모인 것이라 해도 그리 망발은 아닐 것 같다"면서 다음과 같이 지적하고 있다.

대다수가 봉급생활자, 노동자, 소시민, 중소상공업자들로 형성된 도시는 생존경쟁의 수라장으로 화하고 실업자의 홍수에다가 유직자有職者라 할지라도 정상적 수입으로는 생활비의 3분의 1에 미달할 지경이니 자연 파생되는 온갖 부정과 협잡에 서로 시기하고 경계하며 말세기적末世紀的인 향락과 음울한 허설虛說 속에 강절도가 횡행하고 인생을 저주하는 신음소리만 충만하고 있다. 인간다운 애환의 정서는 찾아볼래야 구할 길이 어려운 기막힌 처지다.[46]

김승옥 자신이 소설가가 된 이유가 "생존만이 절대가치였고 생존하기 위해서는 어떠한 도덕적 가치도 양보해야 하는 사람들로 들끓던" 1960년대 서울의 도덕적 혼란에 있었음을 고백한 것과 상통하는 설명이다.[47] 그는 "예상하지 못했던 가난과 고독과, 서울의 혼란이 저로 하여금 소설을 쓰게 만들었다"고 말한 바 있다. 유사한 상황을 최일남의 소설 〈서울의 초상〉은 다음과 같이 묘사한다.

어찌 됐건 전쟁은 끝났고 그 와중에서 살아남았다는 사실만이 기특하고 소중했다. 그러니까 다시 시작은 해야겠는데 디딜 땅이 물컹물컹하고 비벼댈 언덕도 허약하기 짝이 없는 것이 마음에 걸렸다. 그런대로 살아남은 자의 허우적거림을 멈출 수는 없는 일이었다. 이런 점에서는 다른 사람들의 표정도 마찬가지인 것 같았다. 피곤과 궁핍이 얼룩진 누르탱탱한 얼굴들에서는 아직도 어떤 희망 같은 걸 찾아내기 힘들었으나 적어도 그들의 눈에서는 지금까지 달고 다니던 초조함이나 공포는 사라져 있었다. 차라리 아무것이나 아구 아구 먹고 체면이나 도사

림 같은 건 애시당초 집어던진 채 자신을 곧추 세워야겠다는 탐욕스러
움이 피어오르고 있었다. 때문에 전쟁 마당을 갓 지나온 사람들의 눈
빛에는 아직도 살벌함이 남아 있었다. 누군가를 물어뜯고 밀어냄으로
써 잃었던 자기 자리를 찾고 조금이라도 보상을 받으려는 기세들이 등
등했다(203쪽).

이 적자생존의 소용돌이에서 상경민들과 월남민들이 보여주는 인간
관계는 그야말로 극과 극을 오간다. 《서울은 만원이다》에서 인물들은
평소 정에 약하고 서로의 사생활을 모두 공유하는 방식으로 얽혀 있다.
아직 시골에서 인간관계를 맺었던 방식을 버리지 못한 것이다. 그러나
당연하게도 이러한 관계는 언젠가 깨질 수밖에 없고 사람들은 큰 실망
감에 젖는다.

> 서울의 인간사. 서울에 사람은 초만원이어도 한 사람 한 사람을 보면
> 모두가 쓸쓸한 사람이다. 사람과 사람 사이의 만나고 헤어지는 것이
> 결국은 이런 거다. 피차 이렇다하게 연줄을 느낄 만한 근거도 없고 심
> 각하게 연대감을 느낄 만한 거리도 없다. 저저금 저 나름으로 살아가
> 다가 우연히 부딪쳐서 일상이 비슷하고, 그래서 잠시 인정을 나누고
> 서로 동정해주고 딱하게 여겨주고 어지간히 친숙한 투를 부리다가도
> 어느 고비에 헤어질 때가 되면 아무것도 아닌 일로 너무도 허망하게
> 헤어지는 것이다(164쪽).

길녀가 친한 친구이자 동료 창녀였던 미경이 자신의 애인 남동표를 고

객으로 상대하자 배신감을 느끼며 말한 구절이다. 게다가 길녀는 가깝지는 않았지만 사람 좋은 줄 알았던 복실 어멈이 나중에 자신이 동거했던 서린동 영감과 살림을 차리자 상처받은 마음을 달래기 위해 서울을 뒤로한 채 고향으로 가버린다. 남동표는 "저저금 당장 급하면야, 친구고 의리도 어디 있노, 우선 자기 한 몸 살리고 볼 일이다. 이런 배짱 없이 양심과 사리와 도리만 찾는 사람이면 이 세상에서 돈 벌기는 틀린 사람이다. 양심이고 사리고 의리고 도리고, 이런 소리를 흥분해서 게걸스럽게 지껄이는 사람이란 버스간 전찻간에서 가죽가방 들고 기독교 전도하는 사람 아니면, 영락없이 당하고 난 사람이다"(208~209쪽)라고 말한다. "어차피 서울의 생활이란 모두가 들뜬 생활이요, 저저금 외톨로 살아가야 하는 세상이다. 남의

〈사진 6〉 1962년 한강 인도교에 설치된 자살방지 안내판.
서울로 이주한 뒤 절망에 빠진 사람들을 위한 상담소에서 이러한 안내판을 설치했다.

푸념도 들을 때나 머리를 끄덕이지, 듣고 가면 저저금 제 일만 바쁠 것이다"(256쪽)라는 기상현의 독백을 살펴봐도, 사정은 크게 다르지 않다. 길녀, 남동표, 기상현 등이 체득한 서울의 삶은 모두 엇비슷하다.

이들이 깨달았듯, 서울이 외로운 곳, 연대감을 느낄 수 없는 곳이라는 관념은 지금까지도 강고하게 유지되고 있다(사진 6). 이는 1960년대 서울에 한정된 이미지가 아니라 시골과 대비된 도시 전체의 이미지이기도 하다. 자본주의가 처음으로 확산되는 19세기 유럽에서도 도시는 일종의 지옥처럼 살벌하고 기댈 곳 하나 없는 외로운 곳으로 묘사되곤 했다. 그러나 이 소설 속에서 말하는 전형적인 '서울내기', 그리고 서울의 비인간적 상호관계는 근대도시의 일반적 특성으로만 환원시킬 수 없는 요소를 지니고 있다. 근대도시는 연대감이 결여된 비인격적 인간관계를 형성하지만, 동시에 개체성의 추구라는 긍정적 효과를 낳기도 한다.[48]

《서울은 만원이다》의 등장인물들은 흔하게 알려진 도시인의 전형은 아니다. 도시의 개인과 관련하여 으레 연상하는 세련됨, 예의, 인간관계에서의 적당한 거리 같은 것들에 대한 감각은 물론이고, 개인의 개성과 특성을 추구하려는 의식과 노력 자체가 아직은 결여되어 있다. 1960년대 초중반의 서울은 자본주의의 비인격적 인간관계가 확산되었다기보다, 아직 전쟁 이후의 경제적 궁핍이 낳은 아귀다툼이 연장된 상태라고 봐도 좋다. 서울은 아직 어엿한 현대도시로 변화해가기 이전의 단계에 머물러 있었다.

1960년대 후반에 이르면 서울에서 적자생존의 혼란은 조금 더 냉혹한 도시적 질서로 변화해간다. 사기와 허풍, 위악을 아무렇지도 않게 감행하는 행태도 쉽게 통용되지 않는다. 길녀는 떠남과 배신, 거짓말과 허풍이 일상에 배어 있던 남동표에게 오래도록 정을 주었지만, 작품의 말미에 이르면 오랜만에 다시 만난 그가 미쳤다고 생각하며 "모멸"의 시선을 보내기에 이른다(249쪽). 길녀의 갑작스런 심정 변화는, 남동표 같은 인물들이 1960년대 후반 이후 점차 서울에 발붙이기 힘들게 되었음을 의미하는 것이다. 허풍쟁이 사기꾼을 자처하며 살아가는 사람들이 단번에 사라진 것은 아니지만, 점차 자리를 잡아가는 사회 체제 속에서 이들이 살아남을 여지는 현격하게 줄어들었다.

이주민을 위한, 이주민에 의한, 이주민의 도시

단언컨대 1960년대나 지금이나 서울 사람은 서울 토박이가 아니다. 1950년대 이후 서울은 바로 서울로 이주한 상경민, 월남민들의 공간이었다. 양적으로나 질적으로나 실제로 서울을 압도한 것은 바로 비非서울 출신 사람들이다. 서울 토박이들이 없었던 것은 아니지만, 그들의 목소리는 거의 힘을 내지 못했다. 대부분 상경민과 월남민이었던 이주민들은 서울 인구의 대다수를 차지했을 뿐만 아니라, 1960~70년대 서울을 둘러싼 담론을 장악했으며 서울을 자신들에게 맞춰 재구성해나갔다. 새로 서울에 입성한 사람들이 꿈꾸었던 '서울 사람'도 본래부터 확정적인 실체로 존재했던 것이 아니라, 그들이 허구적으로 재구성하여 구축한 상상의 존재였다.

《서울은 만원이다》에서 전통적인 서울 토박이들은 각박한 서울에서 살아남을 수 없는 사람들로 묘사된다. 길녀가 첩살림을 하는 서린동 영감과 그의 법학도 아들만이 서울에서 몇 대째 장사치였던 집안의 전형적 서울내기들로 설정되어 있을 뿐, 다른 인물들은 모두 비서울 출신 이주민들이다. 기상현은 서린동 집에서 하숙하면서 "서울 토박이들의 생태를 짐작해볼 수 있게" 되는데, 어수룩하게 당하는 그들의 모습을 보면서 "허망함 비슷한 것"과 함께 "웬 자신 같은 것도 솟아올랐다"(141쪽). 이북 출신인 금호동 집안은 서울 토박이인 서린동의 "아니꼽기 짝이 없는 서울내기"들이 과거에 양반도 아니었던 "옛적의 서울 장사치들에 불과하다"고 무시한다(129쪽). 도입부에서 상당한 부자로 설정되어 있던 이 서린동 집안은 세상 물정을 모르는 고지식함과 어수룩함 때문에 결국 망한다. 이는 새로운 서울의 어지러운 상황 속에서 서울 토박이들이 멸시받을 수 있는 존재였음을 보여준다.

1960년대 서울에서 '서울 사람'이 된다는 것은 서울 토박이들처럼 되는 것을 의미하지 않았다. 오히려 고지식한 서울 토박이들은 진정한 '서울 사람'이 될 수 없다. 〈서울의 초상〉에 나왔듯이 진짜 서울 사람이란 "이리저리 부대끼고 씻기다 보면 간덩이도 붓고 몽글몽글하게 모가 없어져서 적당히 닳아빠진 서울내기"를 의미하기 때문이다.[49] 서울은 서울 토박이들의 것이 아니라, 다양한 공간에서 이동해온 이주민들의 도시였다. 해방 이후 서울은 이주민의, 이주민에 의한, 이주민을 위한 공간이었다. 그리고 서울 사람이라는 정체성은 서울 출신이라는 지역주의를 기반으로 한 것이 아니라, 이주민의, 이주민에 의한, 이주민을 위해 만들어진 정체성이었다.

이 이주민 의식은 일종의 '떠돌이 의식'과도 맞물려 있었다. 일단 서울에 들어온 이주민들은 한 곳에 정착하지 못하고 여러 집들을 전전해야 한다는 사실을 아주 자연스럽게 받아들였다. 《서울은 만원이다》에서 길녀는 얼마 안 되는 기간 동안 서린동, 서소문, 다동, 회현동, 도원동 등으로 이사를 다닌다. 중간에 고향인 통영을 다녀오는 것은 물론이고, 마지막에는 도원동에서도 떠나버린다. 남동표, 기상현, 미경 등도 역시 몇 차례 이사를 다닌다. 남한에 혈육 하나 없는 월남민 출신 남동표는 하숙비를 떼어먹고 이곳저곳을 옮겨 다닌다. 그는 "이 핑계 저 핑계로 고향 친구 집을 돌고, 그 밖에 체모를 그닥 가리지 않아도 좋을 안면 있는 사람 집을 돌다가, 영 급하면 부산이나 대구로 날고, 아니면 다른 하숙집을 정하는 것이다. 남동표는 서울에서 이렇게 하숙을 서른 번도 더 옮겼을 것이다"(67쪽).

빈번한 '이동'은 이주민들의 운명이었다. 서울 사람이 된다는 것은 언젠가 정착할 수 있으리라는 희망 하나를 품고 기꺼이 떠돌이 이주민이 되는 것을 받아들이는 것이기도 했다. 실제로 1960~70년대 서울에 올라온 사람들 치고 몇 번씩 옮겨 다니지 않은 사람은 거의 없었다. 혈혈단신으로 상경한 경우라면 다른 사람 집에 얹혀살면서 몇 달에 한 번씩 이동하는 경우도 허다했고, 가족과 함께 상경한 사람들도 1~2년마다 단칸방을 옮겨 다니며 이사하는 경우가 많았다. 이들은 언제든 다른 곳으로 떠날 수 있다는 마음의 준비가 되어 있어야 했다. 이들이 '떠돌이'여야 했던 이유는, 이주민으로서의 삶이 사실상 도시 난민의 삶이었기 때문이다.

서울 사람들에게 고향이 아무런 의미가 없었던 것은 아니다. 월남민들에게는 돌아갈 곳이 없었지만, 상경민들에게는 〈무진기행〉의 윤희중처럼 "서울에서의 실패로부터 도망해야 할 때거나 하여튼 무언가 새

출발이 필요할 때"(128쪽)는 언제든 고향으로 돌아갈 수 있다는 의식이 있었다. 그러나 서울에서 실패하면 고향으로 돌아갈 수도 있다는 말은 사실 고향으로 돌아가지 않겠다는 것과 거의 같은 말이다. 그 말은 서울에서 "탈락"하지 않기 위한 일종의 '최후 방어선'이나 다름없기 때문이다. 되돌아갈 고향이 있다는 의식은 실패에 대비하여 만들어두는 정신적 의지처일 뿐이다. 고향이 실패자의 공간이라면 실패하지 않는 한 구태여 돌아갈 필요가 없지 않은가. 고향으로 돌아간 뒤 다시 상경하지 않는 사람도 있었겠지만, 대부분의 이주민들에게 고향은 마음을 다잡을 때 또는 명절이 될 때마다 찾아가면 되는 곳으로 족했다.

실제로 한국전쟁 이후부터 1960년대까지의 제1세대 서울 이주민 대부분은 다시 고향으로 돌아가지 않았다. 대신 이들은 서울에서 다양한 고향을 만들었다. 서울을 새로운 고향으로 만들었을 뿐만 아니라, 다양한 향우회와 동문회를 만들어 고향을 추억하고 고향의 인간관계들을 서울에 이식해놓았으며 고향을 매개로 새로운 인간관계를 맺었다. 서울살이가 아무리 힘들어도 그들은 자기 자신과 자식들을 위해 견딘다고 생각했다. 김승옥이 1963년에 썼듯이 "우리의 이 모든 괴로움 속에서 태어난 네 자식은 우리가 그것을 겪었었다는 이유로써 구원받을 미래인이 아니겠는가."[50] 서울에서 살아야 할 이유는 고통스러운 현재가 아니라 앞으로 도래할 미래에 있었다.

1960년대 후반 청계천 판자촌을 관찰했던 연구자들의 기록에 따르면, 그들은 판자촌 생활에서 자녀들이 도시인이 되기를 가장 기대하고 있었다. "도시적이란 세상 물정을 훤히 안다는 것과 세련됨, 그리고 자립할 기질 등을 의미하며, 그러한 것을 자녀들이 도시에서 일찍 터득할 것을 기대하는 것이다. 농촌에서 아무런 지위를 누리지 못하던 사람도 자녀가 서울에서 성장하여 도시인화하는 사실에서 농촌의 다른 자녀들과 비교하며 일종의 긍지를 찾으려 한다"는 것이다.[51] 상경의 주요 이유 중 하나는 바로 자신이 도시인이 되는 것뿐만 아니라, 자녀들이 완전한 서울 사람이 되게 하는 것이었다.

현재 서울에 살고 있는 사람들은 사실상 이주민 2세대, 3세대이지만, 이제 이 기억을 완전히 잊고 자신들이 원래부터 '서울 사람'이라고 생각하고 산다. 그러나 서울에 살고 있는 사람의 거의 95퍼센트는 사실상 이주민들의 자손이며, 1세대 이주민들의 삶이 난민의 삶이었다는 것을

〈사진 7〉 1968년 추석 귀성길에 나선 '서울 사람'들로 가득 찬 서울역 광장.
해마다 명절이면 고향으로 잠시 돌아가는 사람들의 행렬은, 서울이 이주민들이 정착하여 새롭게 만들어온 도시라는 점을 상기시킨다.

기억해야 한다.[52] 지금의 서울 사람들은 이주민의 삶의 흔적을 간직한 채 살아가고 있다.

요즘 서울에 온 사람들은 해마다 명절이면 '이번 설날 또는 추석에 시골 가느냐'라는 질문을 받는다(사진 7). 사실 대부분의 지역이 도시화된 오늘날의 젊은 이주민들은 시골 출신이 아닌데도 말이다. 오히려 부산, 대구, 광주, 대전 등 대도시와 여러 소도시에서 온 사람들이 대부분이다. 그러나 '이번 명절에 시골 가니?'라는 질문은, 다른 도시를 거치지 않고 곧바로 서울로 왔던, 혹은 서울 빼고는 다 시골 같았던 1950~60년대의 초기 서울 이주민들의 어법을 그대로 간직한 표현이다. 스스로 서울 사람인 줄 아는 이주민들의 후예들은 지방 출신을 대할 때 스스로 이주민의 역사적 흔적을 표출하고 있음을 알아야 한다.

문학작품이 생생하게 보여주는 것은, 1960년대 이후 서울의 모습, 서울에 대한 담론들, 서울 사람의 이미지 등 서울의 모든 것이 새롭게 정착한 이주민들이 만들어낸 것이며, 이때부터 서울 사람을 이야기할 때 서울 토박이와 이주민들을 구분하는 것이 무의미하게 되었다는 점이다. 이런 의미에서, 이 시기의 서울을 다룬 소설을 쓴 김승옥, 이호철, 최인훈 같은 작가들이 모두 자발적으로 고향을 등진 상경민이거나 돌아갈 고향이 없어진 월남민이었다는 사실은 우연이 아니다. 고향으로 돌아가지 않는 이주민들은 일종의 '탈영토화'된 사람들이었다. 서울 사람이라는 정체성으로 채워진 이주민들의 역사는 그들이 서울을 자신의 것으로 전유하여 '재영토화'한 결과다.

03

서울 환상곡, 자유와 해방을 꿈꾸다

서울에 가고 싶은 이유

1950년대부터 그토록 많은 사람들이 떠돌이 이주민 신세를 감수하고 서울로 갔던 이유는 무엇일까? 통계조사는 가장 큰 이동 요인이 당장의 생존을 해결해야 한다는 경제적 이유에 있었다고 기록하고 있다. 당시의 한국 사회를 생각하면 상식적으로 타당한 이유인데, 과연 그게 전부일까. 돈을 버는 것이 목적의 전부였다면, 서울이 아니라 고향에 인접한 다른 대도시로 갈 수도 있었는데, 당시 이촌향도 인구의 87.9퍼센트는 다른 도시를 거치지 않고 곧장 서울로 이동했다.[53] 먹고살기 위해서 이동한 것은 맞지만, 이왕이면 서울로 가는 것이 좋았다. 그 이유는 당시 서울로 떠난 사람들의 수만큼이나 다양하며 복합적이었다.

1960년대 초반 당시 서울의 사정이 다른 도시보다 나았던 것은 분명하다. 그러나 당시 서울도 가난하기는 마찬가지였으며, 다른 지역들보다 상대적으로 나은 정도였다. 한국전쟁으로 폐허가 되어 전재 복구에 힘쓰고 있던 서울이 불과 십여 년 만에 산업을 발전시켜 빈곤의 늪을 완전히 빠져나올 수는 없었다. 서울뿐만 아니라 다른 여러 도시에서도 제조업이나 여타 산업들이 아직 충분히 발전하지 못한 상황이었다. 오늘날 우리가 알고 있는 경제성장의 신화는 제1차 경제개발계획이 끝나던 1966년에 비로소 시작되었으나, 사람들은 이미 그 전부터 밀려들면서 서울은 과잉도시화되고 있었다.

물론 농촌의 경제와 생활수준은 도시보다 훨씬 더 어려웠다. 도시와 농촌의 소득과 생활수준의 격차는 해가 갈수록 훨씬 더 벌어졌다.[54] 초기의 박정희 정권은 인구의 대다수를 차지하는 농민들의 마음을 사기 위해 다양한 중농정책을 실시했지만 성공적이지는 못했다. 오히려 1966년 당시까지도 농업을 비롯한 제1차 산업 분야는 다른 산업 부문과 더 큰 격차를 보이며 답보 상태에 머물러 있었다.[55] 박정희 정권의 경제개발계획은 수출 지향의 공업화 중심이었고, 장기적으로 볼 때 각종 2차 산업이 몰리게 될 도시의 발전 속도가 농촌의 속도보다 훨씬 더 빨라질 것은 명확했다. 1960년대 국가의 경제정책은 서울에 가면 어떻게든 먹고살 수 있으리라는 환상을 낳았다.

그런데 의외로 1960년대 초중반의 서울을 배경으로 삼은 문학작품들은 서울과 농촌의 물질적 격차라든가 서울의 물질적 풍요에는 거의 관심을 두지 않았다. 당시의 작품들은 상경민을 주인공으로 설정하는 경우가 많았지만, 혼란과 환멸을 부각시키며 서울에 대해 비판적인 태도를 견지할 뿐, 상경 이후 나아진 생활수준은 거의 드러내지 않았다.

오히려 소설 속 상경민들의 서울 생활은 시골에서의 가난을 연장하여 더 혹독한 형식으로 체험하는 것처럼 그려져 있다. 서울에 대한 찬사는 커녕, 어렵게 올라온 서울에서 또다시 겪게 된 경제적 궁핍과 도덕적 혼란상에 대한 증오가 깊게 깔려 있을 뿐이다. 1965년 당시의 통계조사를 봐도, 생활난 때문에 도시로 이동한 상경민의 42.7퍼센트는 도시에서의 생활이 "농촌에서보다 못하다"고 응답하고, 39.8퍼센트는 "농촌과 마찬가지"라고 응답하고 있다.[56] 실제로 약 80퍼센트 정도의 사람들은 서울 생활에 실망했던 것이다.

서울에서의 삶이 만만치 않게 힘들었기 때문에, 당시의 소설에서 경제적인 요인이든 여타의 요인이든 서울이 발휘했던 흡인력의 원천을 솔직하게 인정하고 드러내는 장면을 찾기는 어렵다. 여러 인물들은 왜 서울에 가고 싶은지 뚜렷하게 말한 적이 없다. 〈무진기행〉의 하인숙처럼 절실하게 "서울에 가고 싶어요, 단지 그거뿐예요"라고 말할 뿐이다. 이것은 〈서울의 초상〉의 성수가 서울에 가고 싶어 신열을 앓았던 이유, 〈무진기행〉의 윤희중과 하인숙이 애타게 서울로 가고 싶었던 마음을 공유한 이유에 대한 것이자 서울이 가진 흡인력의 원천에 대한 질문이다. 문학 속 인물들이 서울을 증오하고 비판하면서 아무런 설명 없이 서울에 적응하여 끝끝내 살아남겠다는 강력한 의지를 보여주는 것은, 그 이면에 서울의 흡인력에 대한 인정이 전제되어 있기 때문이다. 그 이유를 비교적 솔직하게 드러낸 것은, 당대가 아닌 훗날에 쓰인 텍스트인 〈서울의 초상〉에 나온 아래의 구절 정도다.

그것은 반드시 서울 가서 깃발 날리는 날에 대비한다든가, 몸에 걸치

고 다니는 가난이나 촌스러움을 추스려 보겠다는 따위 공희심에서만
은 아니었다. 가슴 밑뿌리에 있는 서울에의 고개 돌림이나 얼얼한 충
동 때문인지도 몰랐다. 물론 기왕 시작한 것 이대로 물러날 수만은 없
다는 안간힘도 있었다. 전쟁이 끝나고 모든 것이 새롭게 자리 잡아 가
는 마당에서 자기도 뭔가 옴치고 뛸 기반을 마련해야겠다는 마음의
펄럭임이 없는 건 아니었다. 허나 더 많이는 서울이 끌어들이는 간단
히 설명할 수 없는 흡인력에 그 까닭이 있는 듯이도 보였다. 마음 어느
구석엔가 모락모락 타오르고 있는 서울을 직접 밟아보고 핥아보고 싶
었다.[57]

이 구절도 역시 "서울이 끌어들이는 간단히 설명할 수 없는 흡인력"
의 원천을 명확하게 설명하고 있지는 않다. 성수는 "어림 반 푼어치 없
는 소리 하지도 마라"고 말리는 아버지, "너 같은 촌놈이 어디 가서 빌
붙을 것이냐. 욕심 부리지 말고 농사나 짓다가 좋은 시악시 만나서 아
들 딸 낳고 살면 안 좋겠냐"고 말씀하시는 어머니에게도 이유를 설명
하지 못했다. 그러나 서울에 가야겠다는 이유를 딱히 설명하지 못하는
이 구절은, 사실상 모든 것이 서울에 가야겠다는 이유임을 보여준다.
미래에 대한 꿈을 꾸는 것, 가난을 떨치는 것, 뭔가 기회를 잡고 기반을
닦아가는 것 등을 포함하여, 서울은 시골에서의 삶과 다른 모든 것을
제공하는 장소라는 인식이 있는 것이다.

"젊은이의 이촌과 도시의 관계"에 대해서 1960년대 후반 서울의 판
자촌을 관찰한 외국인은 이렇게 적고 있다. "모든 경제적 계층을 망라
한 젊은이들은 작은 농촌 사회의 답답한 분위기에서 탈출하고 싶은 욕

망을 다 같이 갖고 있다. 그들은 완강한 부모의 권위, 엄격한 사회적 비평, 그리고 거의 전폭적인 경제적 의존에서 벗어나려고 희구한다. 라디오 방송, 이미 마을을 떠나간 자들의 귀향담, 군복무, 중대한 유행의 기회 등의 모든 것이 시골의 젊은이들에게 똑같은 메시지를 가져다주는 것이다. 획일적인 태도와 집단의 이해를 위해서 이기적인 욕망을 깨도록 끊임없이 가해지는 압력으로부터 피할 수 있는 대안이 제시된 것이나 다름이 없다."[58] 시골에서 좁다란 공동체의 압력을 받으며 개인의 욕망을 포기해야 했다면, 서울에서는 그 모든 것에서 다 벗어날 수 있다.

판자촌에서 "그들이 가장 원했고 기대했던 경제적 기회란 그리 쉽게 주어지지 못하고 빈곤의 악순환은 농촌에서와 마찬가지로 계속"되었다. 그러나 "농촌에서보다 소비수준이 약간 높아졌다는 것, 돈을 벌 수 있는 기회가 가까운 곳에 항시 있다는 심리적 위안, 그리고 자녀교육 여건이 호전되었다는 생각 등이 이들에게 현실 생활의 만족감을 제공"했다.[59] 1960년대 초중반의 문학 텍스트들이 통계조사에 나타난 경제적 요인만이 전부는 아니라고 보여주고 있기 때문에, 여러 인물이 진정으로 서울을 체험하고 소유하기 위해 어떤 행동들을 하는지 살펴볼 필요가 있다. 그 이유는 가시적으로 확인하기 어렵고 숫자로 계산하여 나타낼 수 없다. 그들이 서울에서 기대하고 있었던 것, 서울에서 실현하고 싶었던 것을 몸소 실천하는 장면들이 서울의 특별한 흡인력을 암시적으로 보여주기 때문이다.

남성들의 판타지, '종삼'의 위안

〈서울의 초상〉을 보면, 성수와 그 친구 일행이 서울에 오자마자 서울 사람이 되기 위해 하는 행동이 있고, 서울을 진정으로 자기 것으로 만들기 위해 들르는 상징적 장소들이 있다. 이들이 어떤 행동을 하면서 서울 사람이 되려고 하는지, 어디에 가서 스스로 서울 사람이 되었다고 자부하는지 살펴보면, 넓게 잡아 1950년대부터 1970년대까지 이주민들이 서울에서 무엇을 기대했는지 보인다.

성수가 서울에 와서 가장 먼저 한 것은 무작정 서울 거리를 쏘다니면서 서울을 보고 느끼는 것이었다. 그러나 그것만으로 서울을 충분히 자기 것으로 만들었다고 느낄 수는 없는 노릇이다. 서울내기가 되었다는 자신감을 빨리 얻으려면, 거리를 활보하기보다 서울 사람들이 반드시 거치는 장소를 가는 게 더 낫다. 오늘날의 독자들에게는 실망스럽겠지만, 성수와 친구들이 먼저 들르는 장소는 '종삼鐘三'의 창녀촌이다. 1950~60년대의 서울을 기억하는 사람들에게 '종삼'이란 그냥 종로 3가라는 지명이 아니라 유명한 사창가를 가리킨다.

일제하에는 경찰이 가격도 관리하고 세금도 납부하는 형식의 공인된 매춘이 공창公娼이라는 이름으로 성행했다. 서울뿐만 아니라 부산, 인천, 군산, 대구 등 식민지 도시마다 공창이 있었다. 경성에는 네 개의 유곽이 있었다고 하는데, 묵정동에 있었던 신정新町 유곽과 용산의 미생정彌生町 유곽이 특히 유명했다. 공창은 해방 이후 미군정하에서도 유지되다가 1948년 비로소 완전히 사라졌다. 그러나 한국전쟁 이후 일자리를 쉽게 찾을 수 없는 상황이 되고 도덕적 질서가 완전히 무너지자 사창가가 급속도로 확산되었다. 1950년대 중반에 종삼은 이미 악명 높은 사창가의 대명사가 되었다. 1960년대 중반 당시 서울에는 종로 3가, 도동, 양동, 창신동 등에 사창가가 있었던 것으로 알려져 있다.

'종삼'은 그중에서도 특히 규모가 크고 유명했다. 서울 도심 한복판에 자리했던 종삼은 일반적으로 사창가가 과거의 유곽 자리나 기차역 앞에 생긴다는 관례와 상관없는 특이한 사례였다. 미군을 상대로 사창가가 생겨나던 기지촌도 아니었다. 손정목의 분석에 따르면, 이 일대의 한옥들이 여러 개의 방이 있는 'ㄷ'자 또는 'ㅁ'자 구조여서 방 하나에 성매매 여성을 한 명씩 들일 수 있었을 뿐만 아니라, 근처 종로, 을지로, 명동 등에 직장이나 술집이 밀집되어 있다 보니 누구나 쉽게 걸어서 들를 수 있었기 때문이라고 한다(사진 8). 종삼 사창가는 한창 때 동서로 1킬로미터, 남북으로 100미터가 넘는 반경에 이를 정도로 확장되었다.[60] 일설에 따르면 1968년 종삼이 철거될 당시 1,700명이 넘는 서울시 전체 성매매 여성의 상당수에 달하는 1,368명이 여기서 성매매를 하고 있었다고 한다.[61]

지식인을 포함하여 수많은 관료, 직장인, 대학생들이 술을 마시고 함께 종삼을 방문하는 것은 흔한 일이었다. 손정목은 당시 서울에서 생활한 젊은이들 대다수가 종삼을 갔다고 해도 지나친 표현이 아니라고 말했다.[62] 심지어 시인 고은은 《1950년대》라는 책에서 실명을 거론한 단 8명을 제외하고는 "기성작가·신인·문학 지망생을 통틀어서 그곳에 가지 않는 자는 없는 것이다"라고 단언했다.[63] 〈서울의 초상〉을 보면, 학생이 과연 종삼에 가도 될까 싶은 망설임을 "손님의 팔 할은 학생이라드라"라는 핑계로 누르고 있다. 손정목이 "직장 동료들이나 학교 선후

〈사진 8〉 한옥들이 밀집해 있는 종삼 북쪽 종묘 주변 풍경.

도시연구자 손정목은 여러 개의 방이 있는 이 한옥들의 구조가 사창가 형성에 적합했다고 말한 바 있다.

〈사진 9〉 한국전쟁 이후 무허가 판잣집이 들어선 소개 도로의 모습(출처: 서울역사아카이브).

일제가 만든 소개 도로에 한국전쟁 이후 무허가 판자촌이 형성되었다. 이 일대를 불량주택 개량사업지구로 지정하면서 1960년대 후반 종로 남쪽으로 길게 뻗은 세운상가를 만들 수 있었다. 사진은 종묘 주변 소개도로의 풍경으로, 세운상가가 건설되는 모습이 뒤에 보인다.

배 등과 어울려 거나하게 한잔 걸치면 누군가가 반드시 '종삼으로 가자'를 선창했고, 한두 사람 낙오자를 빼고는 모두가 행동을 같이했다"[64]고 묘사한 대목은, 오늘날 남성들이 성접대와 향응을 즐기는 한국의 밤 문화가 어디서 기원했는지 짐작케 한다.

김승옥의 유명한 소설 〈서울 1964년 겨울〉에도 종삼이 등장한다. 1966년 발표된 이 소설에서 '나'와 대학원생 '안'은 아내의 시체를 판 돈을 다 써버리려는 사내를 만나 시내를 떠돌아다닌다. 대학원생 '안'은 "벌써 열시 반인데요, 좀 더 재미있게 지내야죠. 돈은 이제 얼마 남 았습니까?"라고 남은 돈을 확인한 뒤, "세상엔 다행히 여자의 특징만 중점적으로 내보이는 여자들이 있습니다"라면서 가고 싶은 곳을 암시 한다. 이 설명을 아내 얘기로 착각한 아저씨에게 대학원생 '안'은 "아닙 니다. 종삼으로 가자는 얘기였습니다"라고 대답한다. 아내의 시체를 판 돈을 그런 데 쓰고 싶지 않았던 사내가 "안을 경멸하는 웃음을 띠며 고 개를 돌려버렸기" 때문에, 그들은 결국 종삼을 가지 않았다. 그러나 "부잣집 아들이고, 높은 공부를 한 청년"인 대학원생은 사물들의 의미 를 캐낼 만큼 똑똑한 사람이지만, 남자 셋이 의기투합하여 종삼에 가는 것을 결코 어색하게 생각하지 않는다.[65]

서울에 온 남성들이 반드시 가봐야 하는 순례 코스처럼 생각했던 '종 삼'은 1968년 10월에 비로소 사라졌으니, 1950~60년대 서울이 모든 가치가 무너진 장소였다는 증거처럼 생각해도 좋겠다. 종삼을 일시에 없앤 것은 불도저 김현옥 시장의 '나비작전'이었다. 주로 성매매 여성 만을 처벌하던 관행에서 벗어나 꽃(여성)을 향해 모인 나비(남성)들을 조 사하는 것으로 단속의 초점을 바꾼 것이다. 당시 종삼을 찾았던 남성들은 갑자기 자신의 이름과 신원을 집요하게 묻는 경찰들을 맞닥뜨리게 되자 더이상 이곳을 찾지 않았다. 이 조치 이후 종삼의 사창가는 그 방대했던 규모가 무색하게도 며칠 만에 사라졌다. 이곳에서 쫓겨난 성매매 여성들과 포주들은 곧이어 청량리, 미아리, 천호동 등으로 옮겨가 도시의 변두리에서 다시 새로운 사창가를 형성했으니, 성매매 행위를 없앴다고 볼 수는 없다. 그러나 도심 한복판에 유례가 없을 정도로 큰 규모로 형성되었던 사창가는 사라진 셈이었다.

당시 종삼이 있던 지역 중에서 남북을 가로지르는 도로에는 세운상가가 들어섰다. 애초부터 사창가의 규모가 이렇게 커질 수 있었던 것은 종삼이 있던 장소의 상당 부분이 무허가 판자촌으로 가득찬 소개지疏開地였기 때문이다. 일제는 태평양전쟁이 막바지에 다다른 1945년에 미군의 공습에 대비하기 위해 종묘 앞에서 현재의 필동 대한극장 앞까지 이르는 도로를 비워서 소개지로 만들었다. 이 소개 도로는 해방 이후 공터로 방치되었으니, 한국전쟁이 끝나자 서울로 몰려온 사람들의 무허가 판자촌이 되기에 최상의 조건이었다. 번듯한 한옥이 있던 종로 3가의 북쪽은 그나마 사정이 나은 윤락업소들이 있었고, 남쪽의 길게 뻗은 소개 도로의 판자촌에는 천막촌, 더 열악한 사창가, 여러 업종의 무허가 가게, 대폿집 등이 들어찼다(사진 9).

1966년 구상되어 1968년까지 해방 이후의 중요한 메가스트럭처 세운상가가 지어질 수 있었던 것은, 종로 3가 남쪽부터 퇴계로 3가까지 남북으로 곧게 뻗은 도로가 일제의 소개지, 전후 무허가 판자촌, 사창가 밀집지대인 탓에 손쉽게 '불량주택 개량사업지구'로 지정될 수 있었기 때문이다.[66] 무허가 판자촌이자 사창가였던 지역이 갑자기 부유층의 전용 공간으로 바뀌는 극적 변화는 이러한 역사적 조건 덕분이었다. '세계의 기운이 모인다'는 뜻의 세운상가는 건축가 김수근의 실험정신이 반영된 역작이자 당대의 화제였다. 길이 850미터의 4동 건물에는 아파트 726가구 외에도 각종 가게와 다방, 고급 요릿집을 비롯하여, 초현대식 슈퍼마켓, 병원, 은행, 볼링장, 실내 골프장, 사우나는 물론 교회, 신학교, 국회의원들의 의원회관 등이 있었다. 모든 편의시설을 갖춘 이 주상복합 건물은 1970년대 후반 이 건물에 대한 비판이 일어나기 전까지는 서울

〈사진 10〉 1967년 한창 공사가 진행되고 있는 세운상가의 모습(출처: 서울역사아카이브).

1968년 건축가 김수근의 설계로 완공된 세운상가는 1970년대 부유층의 전용공간이자 한국 건축계에서 화제의 중심이었다. 1980년대 이후 전자상가가 번성하면서 하위문화의 온상이 되었으나 1990년대 용산전자상가가 생긴 후 퇴락의 길을 걸었다. 한때 철거 논란이 일었으나 현재 '다시 세운 프로젝트'를 거쳐 새롭게 운영되고 있다.

의 현대식 생활을 상징하는 건축이었다[67](사진 10). 판자촌을 철거해서 상류층의 고급 아파트로 바꾸어버리는 도시 개발방식이 시작된 것이다.

엄숙주의로부터의 해방, 남성들만의 자유

종삼이 1960년대 서울을 대표하는 상징성을 가졌다는 것은 무슨 의미인가. 도대체 왜 당시의 남성들은 서울 사람이 되려면 종삼을 다녀와야 한다고 생각했던 것인가. 그들의 편견이 내포한 남성중심적 사고의 폭력성을 도덕적으로 비판하기에 앞서, 여기서 주목하려는 것은 그 속에 숨겨진 서울의 이미지다.

〈서울의 초상〉에서 성수와 그 일행들은 종삼 방문을 "촌놈들 출세하러 가는" 것이자 "서울 생활에 익숙해지기 위한 훈련의 하나"로 생각한다. 그들은 종삼으로 첫 발걸음을 옮기면서 서울 사람이 될 수 있는 방법일 뿐이라고 스스로에게 면죄부를 부여하고 있다. 성수와 친구들은 종삼에 도착해서도 겁을 먹었지만, "여기까지 와서 물러설 수도 없고 한 번 부딪쳐보는 도리밖에 없다는 희미한 체념" 외에도 "설명할 수 없는 설렘"을 동시에 느낀다.

> 성수는 여자에게 끌려가면서 이것도 서울에 길들여지는 한 방법이겠거니 생각하였다. 그렇게 해서 자기는 조금씩 닳아지고 무디어지면서 한편으로는 아주 이악스러운 꼴로 변모될 것으로 믿었다. 그러나 그것이 싫지는 않았다. 서울이 주는 냄새나 꼬드김이라면 무엇이든지 맡고

핥고 싶은 그였으니까.[68]

　사실 그들은 사창가에 처음 가보는 것이었을 뿐 아니라 아직 동정도 떼지 않은 상태였다. 그러나 "내가 이런 데 처음 드나드는 사람이 아니다, 서울 토박이로 굴러먹어서 이런 방면에는 달통한 사람이다, 이거 왜 이래, 이런 기세를 보여야 한다"고 서로를 다독인다. 서울 사람이라면 으레 종삼에 거리낌 없이 드나들고 매춘 따위에 통달했으리라는 그들의 그릇된 환상에는, 서울이 성적인 자유와 해방감을 부여하는 장소라는 이미지가 담겨져 있다. 시골에서는 산, 천, 길뿐만 아니라 어디에 어떤 집이 있고 누가 어떤 사람인지도 훤히 서로 알고 있으며, 그 좁은 세계가 질서와 규범을 지켜야 하는 일종의 강제가 된다. 그러나 어차피 서로 지나치면 그만인 넓은 서울에서는 그러한 좁고 엄숙한 세계로부터 놓여날 수 있다. 그리고 그 일탈과 해방을 자기들끼리 공유할 남성 중심주의적 질서는 공고하다. 남성들에게 자신들만 누릴 수 있는 위안과 해방의 장소는 달콤한 유혹이나 다름없었다.

　이것은 사실상 가부장제의 특권에 기반한 인권유린이자 남성들의 자기연민으로 만들어진 기만적 환상이었다. 오랜 관습처럼 내려온 남성 중심주의의 폐단만이 전부는 아니었다. 〈서울의 초상〉에 묘사되어 있듯이, 남성들의 환상에는 전쟁이 끝난 후 "이판사판의 경지를 달려온 사람들에게 있어 무르고 따뜻한 살덩이를 사는 일은 그래서 아주 합당한 행위로 간주되고 있었다"는 자기합리화가 있었다. 시인 고은의 증언에 따르면, "부패한 성性, 부패한 생生이 밤마다 그곳의 황량한 육체 시장에서는 미신처럼 퍼져 있었다." "집은 폐허가 되고 철학은 허무가

된" 전후 상황에서 성매매 여성들을 "위안부라고 부르는 것 자체가 정당했다." 왜냐하면 "그곳에 가서 환멸을 경험하는 것 자체가 위안"이었기 때문이다.[69] 즉, 폐허가 된 자신을 위안해줄 사람이 필요하다는 자기연민과 자기들처럼 황폐해진 여성들의 몸으로 자기를 더 황폐하게 만드는 위악이 결합된 것이었다.

그러나 이것은 당시의 여성들이 가부장제와 경제적 곤란의 이중고를 겪고 있음을 외면한 일종의 착취였다. 여성들은 한국전쟁 이후 어려워진 경제 상황 속에서 가족의 생계를 책임지기 위해 생활전선에 뛰어들었다. 가부장은 돈을 벌어 가족을 부양하지 않아도 여전히 가부장이었다. 여성들은 가부장제가 여전히 굳건한 상황 속에서 단지 생계만 떠맡다 보니, 남성보다 더 큰 사회적 압박에 시달렸다. 종삼에 가서 성매매를 했던 남성들은, 그곳의 여성들이 사실상 《서울은 만원이다》의 창녀 길녀와 미경처럼 단지 가족들을 부양하기 위해 몸을 팔러 나왔던 가난하고 평범한 여성들이라는 사실을 외면했다. 이 소설의 '길녀'가 그토록 큰 인기를 얻었던 것은 요즘 말로 '섹시'해서가 아니라, 또래의 누이들과 같은 평범한 여성이었기 때문이다(사진 11). 당시 남성들은 이 사실을 알면서도 외면했고 서울에 성적 욕구의 배출이 사회적으로 용인되는 공간이 있다는 사실만 중시했다. 서울이 일종의 성적 해방구이자 위안처를 품고 있다는 사실은, 1950~60년대 당시 서울이 전 사회적으로 지니고 있던 대중적 이미지 중의 하나였다.

서울이 젊은 남성들의 성적 위안처 또는 해방구로서의 이미지는 '종삼'에 한정되지 않았다. 서울역 근처 도동, 양동, 봉래동과 대한일보 뒷골목도 사창가로 유명했다(사진 12). 상경 청년들이 서울역 앞에 내리자

<사진 11> 종삼 사창가 출입자 명단을 공개하겠다고 공표하는 《동아일보》 1968년 9월 27일자 기사의 일부.

'나비 작전'이라는 명칭은 밝히지 않았으나, 성매매를 하는 남성들의 신상을 공개하는 한편 윤락여성들을 고향으로 돌려보내거나 새 직업을 알선하겠다는 계획을 알리고 있다. 재래식 한옥이 빽빽하게 들어서 있는 사창가 모습도 사진으로 실려 있다.

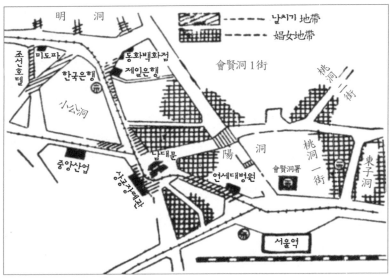

<사진 12> 1960년 9월 17일자 《동아일보》의 서울역 앞 지도.

서울역 앞 양동, 도동, 동자동 일대에 확산되어 있던 사창가(격자무늬 표시)와 소매치기 지역을 표시해두고 있다.

마자 으레 매춘 호객꾼들과 흥정하거나 창녀들이 자신들을 데려가길 마음속으로 기대하는 장면들은 1960~70년대 한국 소설에서 일종의 클리셰처럼 자주 등장한다. 몇 편의 소설을 예로 들어보자. 〈서울의 초상〉은 성수가 서울역에 처음 내리자마자 "이쁜 색시도 있어요"라고 호객하는 여자들과 맞닥뜨리는 장면을 포함하고 있다. 성수는 심지어 "단골집이 따로 있다"고 "이골난 오입장이 같은 말씨"를 놀려대며 거짓말까지 한다. 그는 이렇게 "댓바람에 촌놈으로 보이지 않으려는 짓거리"가 "상촌놈의 허세"임을 알고 있었지만, 동시에 그러한 태도가 서울 사람으로 보일 수 있는 방법이라고 상상하고 있다. 1975년에 발표된 조해일의 〈왕십리〉는 서울역을 빠져나오자마자 "아씨, 좋은 애 하나 소개해드리죠. 삼천 원만 내십쇼"라면서 우산을 씌워주는 청년과 마주치는 장면으로 시작한다.[70] 이문구의 1973년 작 〈우산도 없이〉는 그렇게 호기심에 서울역 앞 호객꾼을 따라 가면 귀한 돈만 버리는 결말로 끝난다는 경험을 더 진솔하게 표현하고 있다.[71]

그들의 허무함은 〈서울의 초상〉의 성수와 친구들이 매춘을 끝낸 뒤 다시 만나서도 "다소는 뻣뻣하고 불쾌한 얼굴들을 해가지고 당장은 아무도 먼저 말을 꺼내지 않았던" 상황과 닮아 있다. 그러나 이것은 그들에게 "서울에 와서 처음 갖는 아주 떨리는 경험"이었다. 여러 소설에서 서울역 앞의 유혹 장면이 자꾸 등장하는 것은, 실제로 남성들이 성적인 자유와 일탈을 제공하는 장소에 들어섰다는 상징성이 더 컸기 때문이다. 그것은 1960~70년대 서울의 문화적 기표 중 하나였다. 이 남성중심적 디테일은, 경제적 궁핍과 사회적 제약에 시달리는 남성들에게 서울이 욕망의 해소와 신선한 해방감을 안겨주는 장소로 약호화되어 있음을 보여주는 판타지의 증거라고 해도 좋을 것이다.

그렇다면 당시 서울역에서 여성들에게 접근하는 남성들은 없었을까. 당연하게도 있었지만, 그것은 무작정 상경해서 하룻밤 의탁할 곳도 없는 젊은 여성들을 유혹하여 사창가로 넘기려는 남성들이었다. 이주민 남성들의 성적 환상은 똑같이 상경해서 서울역에 도착한 여성들에게 가해지는 성적 폭력을 외면하고 만들어진 것이었다.

이 판타지가 좀 더 약화된, 그러나 좀 더 선명하게 '자유'의 형식으로 표현된 것은 1966년 발표된 김승옥의 단편 〈서울 1964년 겨울〉에서 대학원생 '안'과 '나'가 나누는 대화다. '나'는 '안'에게 자신이 "꿈틀거리는 것을 사랑한다"는 것을 증명하기 위하여, 서울에 처음 올라와 절망감에 빠져 있을 때 친구와 함께 "개처럼 숨을 헐떡거리면서" "하숙집의 아침 밥상을 밀어놓기가 바쁘게 미아리고개 위에 있는 버스정류장으로 달려가곤" 했던 이유를 이야기한다.

시골에서 처음으로 서울에 올라온 청년들의 눈에 가장 부럽고 신기하게 비치는 게 무언지 아십니까? 부러운 건, 뭐니 뭐니 해도, 밤이 되면 빌딩들의 창에 켜지는 불빛 아니 그 불빛 속에서 이리저리 움직이고 있는 사람들이고 신기한 건 버스 칸 속에서 일 센티미터도 안 되는 간격을 두고 자기 곁에 이쁜 아가씨가 서 있다는 사실입니다. 때로는 아가씨들과 팔목의 살을 대고 있기도 하고 허벅다리를 비비고 서 있을 수도 있어서 그것 때문에 나는 하루 종일을 시내버스를 이것저것 갈아타면서 보낸 적도 있습니다. 물론 그날 밤엔 너무 피로해서 토했습니다만 (중략) 나는 그 아침의 만원 버스 칸 속에서 보는 젊은 여자 아랫배의 조용한 움직임을 보고 있으면 왜 그렇게 마음이 편안해지고 맑아지는지 모르겠습니다. 나는 그 움직임을 지독하게 사랑합니다.[72]

이 인용문에는 시골에서 올라온 상경 청년 '나'의 두 가지 욕망이 나타나 있다. 하나는 도회지의 빌딩에서 바쁘게 움직이며 일하고 있는 사람들의 안정적 생활에 대한 부러움이다. 그러나 "꿈틀거리는 것"에 대한 이 대화의 초점은 만원 버스에서 즐기는 젊은 여자 아랫배의 움직임에 있다. 예상외로 '나'는 이것이 성적인 욕망과 무관하다고 설명한다. '나'의 이 고백을 듣고 대학원생 '안'이 "퍽 음탕한 얘기군요"라고 대답하자 '나'는 화를 내는데, 그는 이것이 "세상에서 가장 신선한 것"이라고 믿고 있기 때문이다.

사실 이 장면은 오늘날의 시각에서 보면 음탕한 것이 맞다. 젊은 여자의 오르내리는 아랫배를 쳐다보는 관음증, 버스 안에서 처음 보는 젊고 예쁜 아가씨들의 팔에 일부러 살을 대거나 허벅다리를 비비고 서 있는 행위는 누가 봐도 성추행이다. 그런데 '나'에게는 이것이 왜 결코 '음탕한 것'이 아니라 "세상에서 가장 신선한 것"일까. 그에게는 아무 여자들과 같은 공간에서 아무렇지도 않게 호흡하고 생활할 수 있는 새로운 자유를 경험할 수 있다는 의미가 있었기 때문이다. 또래 여성들과의 자유로운 접촉이 쉽지 않았던 1960년대 중반의 서울에서는 이 성추행에 해당하는 행위가 역설적이게도 여성을 창녀 같은 성적 욕망의 대상으로만 만나지 않을 수 있는 자유, 가부장제하의 결혼이라는 압박에서 벗어나 여성들과 자유롭게 접촉하고 만날 수 있는 가능성을 의미한다는 것을 무의식적으로 자각하고 있었기 때문이다.

이 대화의 바로 뒤에 이어지는 "서울은 모든 욕망의 집결지"라는 '안'의 말을 따른다면, '나'가 느꼈던 욕망은 자유에 대한 열망이다. 물론 이 욕망은 언제든지 성적 욕망으로 전화될 수 있다. 본질적으로 자유에 대한 갈망은 어떠한 욕망과 결합되느냐에 따라 다양한 모습으로 외화될 수 있는 무정형의 욕망이기 때문이다. 도시는 사람을 자유롭게 한다는 서양 중세의 오랜 속담처럼, 서울의 거리는 사람을 자유롭게 했다. 이 자유가 남성들에게만 한정되어 있었다는 것은 어쩔 수 없는 시대적 한계일 것이다. 그러나 엄숙한 분위기에 짓눌리고 방안에서 절망에 빠져 있던 젊은 남성들이 서울의 거리에서 욕망의 꿈틀거림을 경험하는 이 장면은, 문학 텍스트가 서울을 상상적 욕망 충족의 공간으로 만들어내고 있었음을 보여주는 대목이다.

문화적 갈증, 고전음악다방

다행히 〈서울의 초상〉의 성수와 친구들이 서울 사람이 되기 위해 종삼에만 가는 것은 아니다. 그들은 인사동에 있는 음악다방 '르네상스'에 가는 것을 '종삼' 방문과 같은 서울 체험의 일부로 간주한다.

한국전쟁 이후 서울은 다방과 대폿집으로 그득했다. 특히 거리를 떠도는 수많은 사람들은 누군가를 만날 때나 시간을 죽이고 싶을 때 서슴없이 다방을 찾았다. 식민지 경성의 다방이 지식인들의 회합 장소이자 모더니티의 전파지로서 특별한 위치를 가졌다면, 전후 서울의 다방은 누구나 드나드는 서민들의 사랑방 같은 곳이었다. 다방이 완전히 대중화되었기 때문에 조금 더 차별화된 다방들도 생겼다. 문화예술인과 지식인들이 단골로 드나드는 다방도 생기고, DJ가 팝음악이나 고전음악을 전문적으로 틀어주는 다방도 생겼다. 1950년대부터 1970년대는 그야말로 다방의 전성기였으며, 이 시절의 다방에 대한 추억은 여러 회고담에 젊은 날의 낭만적인 장소 또는 시끌벅적하고 수더분한 휴식처로 기록되어 있다.

그런데 성수와 친구들이 찾은 인사동 음악다방 '르네상스'는 "전후의 막돼먹은 다방과는 달리" "산더미 같은 레코드판"과 "차분히 가라앉아" 있는 느낌을 지닌 고전음악다방이었다. '르네상스'는 1950년 주인 박용찬이 대구 향촌동에 개업했다가 전쟁이 끝난 뒤 종로 1가로 옮겨 온 실제 다방이었다[73](사진 13). 이곳에는 주인이 일제하부터 직접 수집해서 전쟁으로 피란 갈 때도 살림살이 대신 짊어지고 떠났다는 레코드판이 1만 장 넘게 소장되어 있었다. 중간에 '다방'에서 '고전음악 감상실'로 간판을 바꿔 달고 1983년까지도 명맥을 유지했는데, 1980년대 어느 대학생 말대로 "서울에서 청춘을 보내고도 르네상스와 필하모니를 모른다면 부끄러운 일"일 만큼 유명했다.[74] 사실 1950년대부터 르네상스와 고전음악 감상실로 쌍벽을 이룬 것은 명동의 '필하모니'나 '아폴로'가 아니라 좀 더 대중적인 고전음악을 들려주던 그 유명한 다방 '돌체'일 것이고, 지금까지 남아서 클래식 음악다방의 면모를 유지하고 있는 것은 1956년 대학로에 생긴 '학림다방'일 것이다. 르네상스는 그 많고 많은 다방들 중에서도 가장 유명한 고전음악 감상실이었다.

고전음악 감상실 '르네상스'는 문화에 목마른 사람들에게는 상징적인 명소였다. 1960년 작곡가 윤이상의 작품 발표회가 이곳에서 열렸고, 정경화, 정명훈 남매가 어렸을 때 음악을 들었으며, 김동리, 전봉건, 전

혜린, 천상병 등 문인들이 단골이었고, 시인 신경림이 "학교 대신 '르네상스'로 출근했다"고 말할 정도였다.[75] 1950~60년대에는 전축(오디오)이 소수 상류층의 전유물이었고, 전축이 조금 더 보급된 1970년대에도 클래식 LP의 가격은 대중음악 LP보다 훨씬 더 높았기 때문에, 고전음악은 마음 편하게 즐길 수 있는 문화는 아니었다. 이 고전음악 감상실은, 클래식 공연이 활성화되지도 않았고 전축과 LP의 가격이 모두 만만치 않았던 시절에는 고전음악을 사랑하는 사람이라면 당연히 찾아야하는 곳이었다.

이곳의 상징성 때문에, 덕수궁 석조전 3층에 주인이 기증한 레코드

〈사진 13〉 고전음악 감상실 '르네상스' 입구의 모습.

다방 입구에 그날의 감상곡 리스트가 매일 적혀 있었으며, 신청곡을 적어서 낼 수도 있었다.

〈사진 14〉 '르네상스' 대표 박용찬 씨
(출처:《음악세계》1985년 3월호).

주인 박용찬은 음반 수집뿐만 아니라 스피커 음질에 정성을 기울였다. 매킨토시 진공관 앰프와 대형 JBL Harthfield 스피커 등을 비롯한 이곳의 음향장치가 매우 고급이었기 때문에, 일본의 음악잡지《디스크》1964년 8월호에는 이만한 음질은 도쿄, 오사카에서도 찾아보기 힘들다는 극찬이 실렸고, 주인 박용찬은 도쿄 음악감상실의 음향 설치를 돕기도 했다.

판이 소장된 '르네상스 방'이 만들어졌다가, 현재는 예술의전당 '박용찬 음악자료관'으로 모든 소장품이 옮겨졌다.

〈서울의 초상〉의 성수와 친구들은 서울 순례 코스의 연장으로 종삼에 간 지 일주일 후 '르네상스'로 간다. "거기는 약간 데카당들이 모이는 곳이란다. 분위기도 고급이고 모이는 애들도 남녀 가릴 것 없이 뭣좀 안다는 치들이라니까 괜히 깝죽거리다가 촌놈티 내지 마. 특히 K여고 출신들이 많이 모인다니까 알아서들 혀"라는 그들의 대화에는, 서울에서만 즐길 수 있는 고급문화의 현장을 체험해보고 싶은 욕구가 담겨있다. 그들이 처음 본 르네상스는 어떤 풍경이었을까.

그들이 인사동에 있는 르네상스에 들어섰을 때, 아닌 게 아니라 분위기는 무척 가라앉고 처져 있는 편이었다. 그러면서도 뭐랄까 조금은 느적지근하고 사람의 목덜미를 간질이는 고급스런 냄새가 났다. 함부로 막걸리 냄새를 풍긴다든가, 되나 캐나 쇠똥말똥 밟은 흙발로 들어서서는 안 될 것 같은 가라앉은 치장으로 휩싸여 있었다. 우선 전후의 막돼먹은 다방과는 달리 디스크 플레이어를 따로 유리박스에 가두어두고 그 옆으로 차곡차곡 쟁여져 있는 작은 산더미 같은 레코드판이 그들의 기를 꺾어놓았다. 어지간한 다방에 들어서면 공기부터가 텁텁하고 아무렇게나 지껄이는 소리들로 하여 쇠전이나 장바닥에 들어온 느낌이었는데 르네상스는 안 그랬다. 모두가 차분히 가라앉아 있고 박힐 것들이 제자리에 박혀 있는 느낌이었다. 대개는 고개를 모로 꼬거나 같잖게도 눈을 지그시 감음으로써 흘러나오는 음악 소리에 자기를 맡기고 있는 것 같았는데 성수 일행에게는 그것이 대뜸 이상한 감동의 파장을 안겨주었다. 지금까지 보아온 것이나 겪어온 세상과 판이하다는 생각도 들었다.

종삼이 서울의 가장 저급한 욕망 충족의 공간이었다면, '르네상스'는 그 반대편인 고급문화의 정점에 있었다. 성수와 그의 친구들에게 이 고전음악다방은 서울에서만 체험할 수 있는 장소인 동시에 서울을 벗어난 장소였다. 이 순례는 한국 사회의 모든 어지러움이 반영된 서울에도 어울리지 않는, 미래형의 문화를 미리 맛보는 것이었다. 도덕적 규범조차 무용지물이 된 1950~60년대 서울에서 이 고전음악 감상실은 그들이 시골에서는 향유하기 어려웠던 문화적 체험을 선사했다. 그들이 이 문화를 고급문화, 상류층 문화, 서양문화 또는 다른 무엇이라고 부르든, 해외여행도 금지되어 있던 당시의 상황에서 이 다방은 오직 서울에서만 가능한 문화적 체험을 상징하는 것이었다. 또한 이 음악다방은 아직 한국 사회에 제대로 도래하지 않은 어떤 미지의 문화를 의미했다. 자신이 겪어온 한국 사회와 완전히 다른 세계, 사실은 전후의 난장판 같은 서울에도 어울리지 않는 장소이지만 언젠가 자신의 것으로 만들고 싶은 문화를 품고 있는 것이기도 했다.

따라서 "불과 얼마 전에 겪은 종삼과 르네상스의 거리가 한량없이 먼 것 같기도 하고 턱 없이 가까운 것 같기도 했다. 서울이 갖고 있는 이 두 얼굴이 여간해서는 서로 교차되지가 않았다. 떨어졌다간 붙고 붙었다간 떨어지는 것 같았다"는 성수의 느낌은 정확한 것이다. '종삼'과 '르네상스'는 문화적으로나 계급적으로 서로 반대편에 있는 것이지만, 서울에서만 누릴 수 있는 자유, 문화적 체험, 미래의 기회와 약속을 제공하는 장소라는 점에서는 공통된다. 말하자면 서울은 저급에서 고급, 본능에서 교양, 현재에서 미래, 육체적 욕망부터 정신적 문화에 이르기까지, 상반되는 것처럼 보이는 기회들을 제공하는 공간이었다. 성수는 먹고살기 위해 고향을 떠났지만, 서울에서는 먹고사는 와중에도 이런 기회들을 누릴 수 있다고 생각했던 것이다.

도시여성에 대한 선망과 판타지

〈서울의 초상〉의 성수는 고전음악다방 '르네상스'가 매우 마음에 들어서 한 번 방문에 그친 종삼과 달리 이곳을 몇 번이나 다시 찾는다. 처음 방문했을 때 성수와 친구들은 서울 사람이 된 기분을 내기 위해 '르네상스'에 갔기 때문에, 시골뜨기처럼 보이지 않기 위해서 주의를 기울인다. 듣고 싶은 음악이 있으면 적어 내는 음악다방의 시스템을 몰랐던 이들은, "신청곡이 있으면 적어 내세요"라는 종업원의 말에 "우리가 촌놈인지 금방 알아버렸는갑다"고 실망하고, "뭘 알아야 적어 내고 말고 하지"라고 고민한다(사진 14). 이들이 생각할 수 있는 것은 "남들처럼 고개 축 처박고 고민하는 척만 하면 되지"라고 폼을 잡는 것이었다. 그들은 다른 사람들도 "알기는 뭘 알아. 지나 내나 유행가 쪼가리 몇 개 아는 것밖엔. 다만 그런 포즈가 좋아서 그런 것뿐일 꺼다"라고 추측한다. 그러나 그것은 착각이었다. 옆 테이블의 여학생이 지금 연주되고 있는 곡목이 무엇인지 갑자기 묻는 촌놈 성수에게 대답해주는 장면을 보자.

"시벨리우스의 교향시 핀랜디아예요."

세 사람은 입 밖으로는 내지 않았지만 속으로는 아이고 소리를 내질렀다. 서울 여자는 다르구나. 그러나 그들이 더욱 놀란 것은 그 여학생이 이마에 달라붙은 파리 한 마리를 쫓아버리듯 한 대답을 마치고는 곧 담배를 빼어 문 것이다. 아까다마로 불리어지던 럭키 스트라익이라는 양담배였는데 여학생은 핸드백에서 담뱃갑을 꺼내자 익숙하게 성냥불을 그어 담배 한 대를 입에 물었다. 그럴 수도 있으려니 싶었지만 세 사람은 그다지 경험해보지 못한 터라 잠시 벙벙한 눈초리로 여자가 맛있게 한 모금을 빨고 연기를 날려 보내는 모습을 지켜보았다. 성수는 내친 김에 더 말을 붙여보고 싶었다. 그것은 여자가 담배를 피우는 데서 얻은 용기일 것이 분명했다. 새파란 여자가 담배를 피운다는 것은 어딘가 허튼 구석이 있을 거라고 나름대로 짐작했기 때문이었다. (중략) 대화는 거기서 끊겼다. 여자가 예상과는 달리 퍽 깐깐하고 쉽게 접근을 허락하지 않는 대목이 있었던 것이다(207~208쪽).

이 여학생은 현실적인 인물이라기보다 서울의 삶에 대한 동경이 투영된 상상적 인물이다. 그녀가 시종일관 보여주는 무심한 듯 태연한 태도는 도시인의 전형적인 태도이자 서울의 상징이다. 창녀가 아닌 양가집 규수 같은 젊은 여학생이 양담배를 아무렇지도 않게 피우는 장면은 서울을 개방성과 무한한 자유의 공간으로 형상화하고 있는 것이나 다름없다. 뿐만 아니라 그녀는 서양 고전음악을 이해하는 사람이자 오스왈드 슈펭글러의 《서양의 몰락》 같은 책을 읽을 만한 서양의 교양을 습득한 사람이며, 또한 '럭키 스트라이크' 같은 양담배로 상징되는 미국

문화의 거리낌 없는 소비자이기도 하다. 당시 서울이 다른 지역에 비해 아무리 개방적이었다 해도 이러한 여성은 흔하지 않았을 것이다. 여성, 젊음, 학생 신분이라는 삼박자가 조합된 이 인물은, 남성·연장자·경제적 능력자를 우선시하는 한국 사회의 위계질서에서 약자의 위치에 자리 잡고 있다. 이 소설은 사회적으로 가장 미약한 위치에 있는 인물에게 최대의 자유치를 허용하는 방식으로 서울의 상상적 이미지를 극대화시키고 있는 셈이다.

이 여학생이 등장하는 장면에 각인되어 있는 서울의 이미지들은 한두 가지가 아니다. 무엇보다도 이 여학생이 시골 출신인 성수와 뚜렷한 대비를 보여주는 것은 바로 '시골'에 대한 태도다. 그녀는 전쟁 때 시골로 피란 갔다 온 경험을 통해 성수가 시골 출신이라는 것을 알아챈다. 성수가 시골에서 "고생이 많았겠습니다"라고 위로하면서 시골이 얼마나 "데데하고 구질구질한지" 이야기하고 있는데 반해, 그녀는 "시골이 좋지요"라면서 "같은 전쟁이라도 도시에서 치르는 전쟁은 더욱 삭막하고 시골서 치르는 전쟁은 아이들의 전쟁 놀음 같다"는 말과 함께 전쟁이 완전히 정리되면 시골에 가서 살 것이라는 말을 남긴다. 성수는 그녀의 말이 "도대체 무슨 소린지 알아들을 수가 없었다." 자신에게 시골은 탈출해야 할 구질구질한 곳이었다면, 진정한 도시인인 그녀에게는 시골이 전쟁조차 아이들 놀이처럼 소박하거나 유치해지는 서정적이고 아름다운 곳이었기 때문이다. 시골의 가난과 고된 육체노동을 경험해본 적이 없는 도시여성의 속 편한 소리에, 오늘날의 독자는 재수 없다고 느낄지도 모르겠다. 그러나 삭막한 도회의 생활을 뼛속 깊이 체험한 도시인의 독백처럼 묘사된 이 여학생의 발언은 그야말로 서울의 이미지를 집약한 일종의 은유와도 같다.

성수에게 이 여학생은 "모처럼 손에 쥔 살아 있는 서울"이다. 그가 바라던 서울의 이미지가 '종삼'보다 더 강렬하게 이 젊은 여학생 속에 현현되어 있다. 서울 사람이 되고 싶은 상경민 성수에게, 허세를 떠는 게 아니라 정말로 고전음악을 이해하는 여성, 자기는 무슨 책인지 정체도 모르는 슈펭글러의 《서양의 몰락》이라는 책을 읽고 있는 여성, 혼자 다방에 앉아서 고급문화를 즐기고 있는 여성과 사랑에 빠지는 것만큼 서울을 온전히 자기 것으로 만들 수 있는 방법이 또 있을까.

그래서 성수는 더이상 이 여성을 우연히 만날 수 없게 되었을 때 "잠시 허망한 생각이 들었을" 뿐 아니라, 그녀가 "서울의 그럴 듯한 내력을 지닌 집안의 딸로서 아버지가 전쟁 통에 죽고 오빠가 납북당하자 집안 식구들이 모두 멍멍한 채 자기를 세우지 못하고 있는 상황일 거"라고 상상하기까지 한다. 이 상상에는 그 여학생을 다시 만나고 싶은 안타까운 마음과 그래봤자 몰락한 서울 토박이 집안의 허세에 불과할 것이라는 어림짐작이 뒤죽박죽되어 있다. 성수는 "서울을 익히기 위해서는 어떤 풍물이나 거리, 그리고 막연한 인심보다는 구체적으로 사람과 만나는 일이 더 중요하다는 생각을 해보고도 있었다. 이런 인연이 자기를 서울에 붙잡아 매어두는 일로 발전할지도 모른다는 얍삽한 생각은 차마 떠올릴 수가 없었다"고 말하지만, 더이상 볼 수 없는 이 여학생에 대한 상상은 그것이 거짓말임을 알게 해준다. 그녀의 태도가 몰락한 서울 집안의 허세에 불과할 것이라고 생각해야만 그 여학생과 자신은 비로소 격이 맞는 상대가 될 수 있기 때문이다.

〈서울의 초상〉의 여학생에게 투사된 서울과 시골의 관계는, 〈무진기행〉의 하인숙에게도 그대로 나타나 있다. 〈무진기행〉에는 푸치니의 오페라 아리아 '어떤 개인 날'을 부르던 서울과 "시체가 썩어가는 듯한 무진의 그 냄새가 스며 있는" '목포의 눈물'을 부르는 무진이 대비되어 있다. 그리고 하인숙은 오페라 아리아를 부를 수 있는 여성이다. 윤희중의 질문대로 "'어떤 개인 날'과 '목포의 눈물' 사이에는 얼마큼의 유사성이 있을까?" 이 질문은 서울과 시골을 서로 저 멀리 떨어뜨려놓는 정답을 이미 전제하고 있는 것처럼 보인다. 그러나 서울에 이 질문을 적용시켜보면 사정이 다르다. 서울에서는 '종삼'과 '르네상스 다방'이 한없이 멀면서도 사실은 그다지 멀지 않았듯이, '어떤 개인 날'과 '목포의 눈물'은 사실 가까울 수도 있다. 서울에서는 '어떤 개인 날'과 '목포의 눈물'을 둘 다 부를 수 있는 자유가 있지만, 무진에서는 본인의 소양과 상관없이 '목포의 눈물'만 불러야 한다. 제아무리 고전음악을 습득한 사람이라 해도 하인숙은 무진에서 하찮은 사람이 된다. 그녀는 "정말 앞으론 가지 않을 작정이에요. 정말 보잘것없는 사람들이에요"라고 무진 사람들을 경멸하지만, 그 앞에서 유행가를 부르는 자신도 증오한다. 윤희중과 하인숙은 서울에 올라가는 것만이 자신을 "햇볕 속으로 끌어놓을" 수 있는 길임을 실감하는 인물들이기 때문에 사랑에 빠지는 것이다.

이렇게 서울의 이미지를 도시여성, 그것도 세태와 동떨어진 고급문화를 향유하는 여성의 공간으로 상상하는 것은 매우 관습적이고 구태의연한 서사다. 서울역 앞에서 창녀나 호객꾼을 맞닥뜨리는 남성을 묘사하는 것만큼 흔할 뿐 아니라, 도시여성을 신세에 어울리지도 않는 사치품이나 치장에 애쓰는 허영심 가득한 여자로 재현하는 방식과도 거의 차이가 없다. 서울에 대한 이러한 재현방식은 물론 남성중심주의적 의식의 표현이자 여성에 대한 편견과 혐오의 산물이다.

하지만 이것은 도시를 상상하는 가장 오래된 방식 중의 하나다. 도시를 소비재와 문화상품의 풍요, 잉여, 낭비의 공간으로 상정하고, 그것을 향유하는 도도한 도시여성을 성적으로 소유함으로써 도시를 정복할 수 있다고 믿는 남성들의 성공담과 실패담은 동서양을 넘나드는 상투적인 서사다. 〈서울의 초상〉과 〈무진기행〉은 그 이야기의 한국적 버전이다. 가난한 서울에서 그 꿈이 우습게 실패하는 이야기 또는 답답한 시골에서 그 꿈이 짓밟히는 이야기. 이 이야기들이 남성들의 화려한 통속적 성공담조차 되지 못한다는 것이 바로 한국적 현실의 반영이라고 해야 할지도 모른다.

이 오래된 서사들이 보여주는 서울의 이미지는 결국 하나의 측면으로 집약된다. 그것은 서울이 '자아'의 확인과 발현을 제공하는 공간으로 간주되었다는 점이다. 자유와 기회가 필요한 것은 결국 자아를 발견하고 꿈을 실현하기 위해서, 그리고 자신이 가치 있는 인간이라는 점을 확인하기 위해서다. 〈서울의 초상〉의 성수는 "어떠한 일이 있어도 이 서울 바닥에서 뭉그적거리고 서울을 단단히 부여잡음으로써 자기를 확인하려는 생각을 키워가고 있었다." 서울 생활이 녹록지 않았지만, "그러면 그럴수록 그곳에 자기를 밀어붙이고 싶었다. 그런 관심이나 호기심의 확산이 곧 장차의 자기를 지탱해줄 것이라 믿었다." 다만 이러한 꿈의 실현도, 꿈의 좌절을 재현하는 특권도 남성들에게만 허용되어 있었다는 것이 문제일 뿐이다.

가난한 서울, 부서지는 환상들

서울은 사창가와 고전음악 감상실, 유행가와 오페라 아리아를 모두 다 허용하는 공간이다. 1950~60년대 당시 궁핍과 혼란과 여러 제약에 시달리던 사람들은 그렇게 다양한 얼굴을 지닌 서울에 대한 선망과 동경이라는 병에 시달렸다. 그렇다면 서울에 올라왔던 모든 사람은 여러 기회와 다양성과 문화적 욕구를 다 누리면서 살 수 있었던 것일까? 아쉽게도 서울에 당도한 사람들이 경험해야 했던 것은 이러한 꿈의 실현이 아니라 그것을 가로막는 장애물과의 만남이었다. 그 장벽의 처음에 놓인 것은 물론 가난하고 엉망진창이었던 서울의 모습이었다.

당연히 당시의 문학도 서울을 이렇게 상상적인 욕망 충족의 공간으로만 재현하며 환상에 빠져 있지만은 않았다. 당시 서울을 다룬 문학 텍스트들을 들여다보면, 당시 한국 경제 전체의 초라한 형상이 보인다. 그토록 동경하던 서울의 풍경은 식민지 잔재, 간신히 복구된 낡은 건물과 골목들, 사기를 치며 떠돌던 사람들로 가득 차 있었다. 고급 주택들이 들어선 서울 동네에도, 당시의 문학, 영화, 라디오 등에서 선전하는 것과 같은 아름답고 화려한 현실은 없었다. 이주민들의 환상을 깨뜨리고 배반하는 처참한 현실은 당연히 이 시기 소설들의 중요한 테마이자 배경이 되었다.

김승옥이 1966년에 쓴 미완성작 〈빛의 무덤 속〉은 거의 알려지지 않은 작품인데, 이 소설은 서울에 대한 환상과 실제 체험 사이의 격차가 낳은 충격을 언급하고 있다. 이 작품에는 달빛 덕분에 원하는 곳이라면 어디든 갈 수 있는 초현실적 능력을 가지게 된 시골 국민학교 여선생님

'이李 양이 나온다. 이 양이 살던 P촌이라는 곳은 완전히 시골이어서, "문화 비슷한 냄새가 나는 거라곤 이 양이 선생님으로 있는 국민학교 하나밖에 없었다." 물론 "몇몇 기와집에는 앰프가 있어서 P촌에서 삼십 리쯤 떨어진 읍에서 보내주는 군수님의 연설이나 이미자의 노래나 효과적으로 농사짓는 법에 대한 강의를 들을 수 있었던" 정도였다. 이 양이 부임하던 날 함께 "어느 외국 원조기관에서 공짜로 보내준 크고 윤이 나는 풍금"이 소가 끄는 수레에 실려 왔을 정도의 시골이었다. 날마다 방문을 쳐다보며 "다만 어딘가 사건 많고 화려한 곳으로 가고 싶다는 간절한 느낌"을 가지고 있던 이 양에게 기적이 생긴다. 그녀의 허망한 눈길을 보다 못한 달빛이 오후 7시부터 밤 12시까지 어디든 그녀가 원하는 곳으로 보내준다는 약속을 하게 된 것이다. 이 양은 그토록 가고 싶었던 서울의 첫 방문지로 서울의 친구 집 앞을 선택한다. 달빛이 데려다준 당시 서울의 풍경을 보자.

"달빛님, 저를 서울특별시 성동구 신당동 삼백사십육번지 집 앞으로 가게 해주실 수 있겠습니까?" 이 양은 골목 속에 겨우 자리를 한 군데 차지하고 서 있는 어느 대문 앞에 서게 됐다. (중략) 이 양은 지붕들이 끝없이 연결되어 있는 골목 안 풍경을 잠깐 넋 잃고 올려다보았다. 자기가 길 잃어버린 아이 같은 착각이 들었다. 서울엔 고등학교 수학여행 때 와본 적이 있었다. 그러나 그 여자의 서울은 창경원이나 덕수궁이나 종로나 서울역이었지 이런 비좁은 골목은 아니었고 낮고 음산한 기와지붕들은 아니었다. 이 양은 자기 앞에 웅크리고 있는 대문을 두드렸다. "누구세요?" 안에서 말끝을 길게 빼는 서울 말씨가 들려오자

이 양은 자기가 시골뜨기인 게 깨달아져서 부끄러움을 느꼈다.[76]

이 구절은 서울에 대한 동경과 환상을 품고 있던 사람들이 실제로 서
울에 와서 체험해야 했던 서울 거리의 실상을 적나라하게 보여준다. 이
양은 단지 전 세계의 시간대를 잘 알 수 없으니 낯선 곳에 밤 시간대에
떨어질 수 없다는 이유 때문에, "모나코, 제네바, 파리, 뉴욕, 리오데자
네이로, 도쿄" 등의 대체지로 서울을 골랐을 뿐이다. 게다가 대학 시절
가장 친한 친구의 집이 바로 신당동에 있었기 때문에 그곳을 골랐다.

〈사진 15〉 신당동 박정희 가옥을 1967년에 찍은 사진.
김승옥의 〈빛의 무덤 속〉의 이 양이 보았던 '낮고 음산한 지붕들이 이어진 골목'은 아마 이러
한 집들이 늘어선 풍경이었을 것이다.

이 초라한 동네에서조차 자신이 서울말을 쓰지 못하는 시골뜨기라는 점을 느낀다는 것은 그만큼 서울과 시골의 격차가 분명했기 때문이다.

그러나 아무리 부끄러움을 느끼게 하는 서울도 초라함을 면할 수는 없었다. "낮고 음산한 기와지붕들"로 끝없이 이어진 거리의 모습은 이 양의 판타지를 전혀 충족시키지 못한다. 앞에서 이미 말한 대로 신당동은 당시 서울에서 그나마 일본식 주택들이 남아 있던 고급 주택가에 해당하는 지역이었다. 신당동은 박정희가 1958년부터 1961년까지 살던 집이 지금도 남아 있는 곳으로, 현재 유족이 소유한 집은 1930년대 후반에 지어진 문화주택으로 알려져 있다(사진 15). 그래서 신당동은 〈무진기행〉의 제약회사 전무가 사는 부촌으로 설정되어 있었다. 그러나 이 동네마저도 이 양이 품어왔던 화려한 도시에 대한 갈증을 충족시킬 수는 없었다.

〈빛의 무덤 속〉이 보여주는 것은, 서울에 대한 동경과 선망이 수많은 사람들이 이주를 감행하게 한 원동력이지만 그들이 닥친 현실은 예상과 달랐다는 점이다. 일부는 일을 하며 제대로 만들어진 집에 살 수 있었지만, 일부는 무허가 판자촌, 천막집, 비좁은 방, 공동화장실과 공동수도와 같은 열악한 시설을 감내하면서 살았다. 사실 대다수의 문학작품이 다루고 있는 것은 환상이 아니라 도시빈민으로서의 삶이 안겨주는 비참한 심정과 절망이다. 아마도 남는 질문은, 서울에 대한 환상이 산산이 부서지는 가운데 비참한 삶을 살았던 이주민들이 그럼에도 불구하고 왜 서울을 떠나려 하지 않았는가, 왜 거듭된 실패에도 불구하고 서울에 뿌리를 내리려고 했는가 하는 점이다. 확실한 것은, 서울 이주민들은 가능성과 기회만을 믿고 그 삶을 버텼다는 것이다. 이주민들은 비참한 현재보다 다가올 미래를 바라보고 있었다.

04

도시 난민, 판자촌과 골방에서 절망하다

공영주택과 집단주택의 전성기

서울 이주민들이 겪어야 했던 삶의 비참함은 주로 집 문제 탓이었다. 주택 부족은 한국전쟁 이후부터 서울의 고질적인 문제였기 때문에, 정부와 서울시가 대응해야 할 가장 중요한 문제로 간주되었다. 한국전쟁으로 수많은 건물과 집들이 파괴되었다. 피란에서 돌아온 사람들은 자기 집을 보수하기도 했지만, 그럴 수 없는 사람들이 훨씬 더 많았다. 국가의 최우선 정책은 바로 여러 사람이 함께 사는 집을 지어 당장의 주택 부족 문제를 해결하는 것이었다.

1961~66년 제1차 경제개발계획 기간의 주택 대책은 크게 두 가지였다. 하나는 서울시의 구획정리사업을 통해 택지를 조성하는 것이었고, 다른 하나는 민간의 자력 건설에 의존하는 것이었다. 그러나 중앙정부

와 서울시가 민간에만 의존한 것은 아니었다. 1950년대 중반부터 서울시, 대한주택영단, 산업은행 등의 국가기관과 금융기관은 부흥주택, 재건주택, 간이주택, 시범주택, 희망주택, 난민주택 등 이름도 다양한 수많은 형태의 공영주택을 지었고, 외국 원조를 받아 ICA 주택,[77] 운크라 UNKRA(국제연합한국재건단) 주택[78]도 지었다. 이 공영주택들은 대부분 서민 또는 빈민들을 위한 집단 주거지였다. ICA 주택처럼 면적이 넓은 경우도 있었지만, 철거민이나 무주택자를 위해 마련된 공영주택들은 대부분 6~10평 정도에 불과했고, 화장실도 4~5가구가 공동으로 사용해야 하는 시설이었다.

이 정도의 공영주택들로는 급격하게 늘어나는 서울 인구를 감당할 수 없었지만, 일부에게는 도움이 되었다. 1961년 영등포구 구로동의 공영주택이 가장 유명했는데, 당시 건설된 1,300가구에는 무주택 시민이

〈사진 16〉 획일적인 모습으로 지어진 공영주택 단지의 모습(출처: 국가기록원).

1962년 현재의 가산디지털단지역과 대림역 근방의 영등포구 구로동에 지어진 공영주택 단지의 모습. 대개 2.5~6.7평 정도 크기의 간이주택이었지만, 자기 집 마련이 꿈이었던 이주민들은 이 집에 입주하는 것을 행운으로 여겼다.

제비뽑기로 8대 1의 경쟁률을 뚫고 입주하는 행운을 누렸다. 이곳은 입주금 없이 15~20년 동안 월세를 내면 자기 집이 되는 곳이었다. 이 단지는 2.5평짜리 구호주택 2,430세대, 4평짜리 간이주택 1,100세대, 6.7평짜리 공영주택 1,200세대로 구성되어 있었다[79](사진 16). 2.5평짜리 주택이라면 사실 방 하나에 불과할 것이고, 가장 넓은 6.7평짜리 주택에는 가족 전체가 입주한 경우가 많았으니, 겨우 몸 하나 뉘일 수 있는 정도의 공간을 행운으로 알고 기쁘게 입주했던 것이다.

택지 조성사업과 공영주택 건설사업의 혜택이 집 없는 서민들에게만 주어진 것은 아니었다. 이호철의 1964년 작 〈등기수속〉은 이 사업들을 이용하여 재산을 불리고자 하는 전직 공무원의 이야기다.[80] 이 소설의 시간적 배경은, 3월부터 한일회담 반대시위가 계속되면서 박정희 정권이 6월 첫 계엄령을 내린 1964년 6월이다. '현구'는 계엄이 선포되자 공동투자한 땅을 자기 앞으로 해놓지 못한 상태로 2년을 넘겼다는 게 불안해져서 갑자기 서대문등기소, 구청, 사법 대서, 은평출장소를 오가며 등기수속에 열을 올린다. 그는 몇 달 전까지도 중앙청에 근무했던 전직 공무원으로, "400평짜리 야채밭"을 신문사 편집부국장, 사회부장, 정치부장, 경제부 차장 대우인 기자 친구와 공동투자하여 구입했던 것이다.

현구가 투자한 땅은 불광동인데, "ICA 주택자금을 얻으면 20년 불이라, 집덩이까지 그저 먹는 것이나 다름없다"는 소리에 넘어간 것이다. ICA 자금을 받으려던 계획은 어그러졌지만, 평당 8백 원에 산 야채밭이 3천 원대를 오르내리게 되었으니 손해 본 것은 아니다. 그러나 투자한 땅을 자기 이름 앞으로 등기하는 일은 쉽지 않다. "이제 모든 일은 현구의 권외에서 진행되고 있는 느낌을 받았기" 때문에 등기수속을 포기하지만, 이 소설은 정보를 미리 얻을 수 있는 언론인부터 공무원들이 재산 증식의 기회를 놓치지 않고 어떻게 움직였는지 짐작할 수 있게 해 준다. 택지 조성사업과 공영주택 건설사업은 이미 땅을 살 수 있는 돈 을 가진 사람들이 놓칠 수 없는 기회였다.

1960년대 중반에는 아파트도 지어졌다. 연예인들이 많이 사는 것으 로 유명했던 동대문아파트(1965)와 정동아파트(1965)가 서울시 미래유 산으로 선정되어 아직도 남아 있다. 1967년 당시 서울 시내에는 마포,

〈사진 17〉 마포아파트 전경(출처: 국가기록원).

1962년 6동이 먼저 준공되었고, 1964년 4동이 준공되었다. 동 간 간격이 넓고 녹지가 많아 재건축 수익성이 높았기 때문에 1988년 최초로 재건축조합이 만들어졌다. 이 아파트는 1991 년 철거되었으며, 지금은 이 자리에 마포 삼성래미안 아파트가 들어섰다. 이곳은 한국 최초 의 아파트 단지이자 최초의 재건축 아파트라는 역사적 의미를 지니고 있다.

응암, 연희, 홍제, 종암, 돈암, 개명, 동대문, 공무원, 이화, 정동아파트 등 11개의 아파트가 있었다.[81] 그중에서도 현재까지 가장 유명한 것은 마포아파트(1962)였다. 마포아파트는 10개 동 642가구로 구성된 한국 최초의 단지식 아파트였다(사진 17). 한국 최초의 아파트가 무엇인가에 대해서는 의견이 분분하지만,[82] 여러 동의 건물과 공원, 녹지, 운동장 등 입주자들의 편의시설을 함께 갖춘 '아파트 단지'로서는 마포아파트가 최초였다는 점에 대해서는 이견의 여지가 없다.

마포아파트는 원래 10층까지 올리고 11개 동에 최초로 엘리베이터까지 설치할 계획으로 설계되었다. 1966년까지 서울에 10층 이상의 건물은 총 18개였다는 증언[83]을 떠올려보면, 당시 이 계획이 얼마나 엄청난 것이었는지 상상할 수 있을 것이다. 그러나 가난한 시절 너무 화려한 아파트를 짓는 것은 낭비라는 비난이 제기되면서 계획이 바뀌었다. 기름보일러로 가동하려 했던 중앙난방 시스템은 연탄보일러식 개별난방으로 변경되었고, 10층 설계는 엘리베이터를 없애고 걸어 올라갈 수 있는 마지노선인 6층으로 변경되었다. 연탄가스가 샌다는 등 괴담이 떠돌아 처음에는 입주가 시원치 않았던 이 아파트가 서울의 서구식 현대화를 상징하는 부촌으로 인식되기에는 시간이 다소 걸렸다.[84]

한국전쟁 이후부터 1960년대 초반까지 지어졌던 공영주택이나 아파트들은 이제 거의 남아 있지 않다. 그러나 주택 부족이 도시의 최우선 해결 과제로 대두되었던 이 시기에 아파트를 포함하여 여러 가구가 한 건물에 같이 사는 공동주택을 주요 해결책으로 삼았다는 것은 기억해 둘 만하다. 1960년대부터 주택 문제를 아파트를 포함한 공동주택의 건설로 해결하려 했던 발상이 현재와 같은 '아파트 도시' 서울의 출발점이 되었기 때문이다.

공영주택부터 아파트에 이르기까지 정부와 민간이 지었던 주택만으로는 서울로 몰려든 사람들의 수요를 충족시키기엔 턱없이 부족했다. 1966년 말 서울의 주택 수는 목표치인 30만 호를 상회하여 36만 호에 이르렀지만, 같은 기간에 244만에서 379만 명으로 증가한 서울 인구를 감당할 수는 없었다. 빈손으로 상경해서 서울에 뿌리를 내리기 위해 고투하고 있는 사람들도 집을 구하기 힘든데, 서울 이주자들은 계속해서 늘어나기만 했다. 이 시기 문학 텍스트가 주로 보여주는 것은, 낯선 서울 하늘 아래에서 방 한 칸 찾기의 어려움, 고통, 절망이다.

집 없는 사람들, 거듭된 이사

1950년대 중반 시작된 서울을 향한 행렬은 1980년대까지도 줄기차게 이어졌다. 서울에 온 이주민들은 수많은 꿈과 환상을 품고 왔다. 그들의 꿈과 소망은 일자리를 얻고, 가족을 먹여살리고, 대학을 졸업하고, 여자를 만나고, 고급문화를 즐기는 것에 그치지 않았다. 그런데 이들은 그 꿈들이 말 그대로 환상에 지나지 않는다는 것을, 꿈을 이룰 수 있다 해도 최소 십수 년의 세월을 척박한 생활에 바쳐야 한다는 것을 알고 있었다.

상당수 이주민들은 어떤 대책을 마련하지 못한 채 서울로 가야 했기 때문에 서울행을 만만하게 볼 수가 없었다. 오늘날 지방에서 서울로 떠날 궁리를 하고 있는 사람이라면, 서울에 먼저 직장을 얻는다든가 최소한 고시원이든 하숙방이든 친척집이든 자신이 머물 자리를 만들고 이동할 것이다. 그러나 이촌향도의 전성기였던 1960~70년대 서울로의 이주민들은 일단 서울에 와서 일자리와 머물 자리 문제를 해결했다. 일자리는 일단 무작정 상경한 후 서울 바닥에서 직접 찾는다지만, 그렇게 하기 위해서라도 가장 절실했던 것은 바로 서울 하늘 아래 있는 집 또는 방이었다.

1960년대 초반 당시 서울에 머물 집과 방의 수는 매우 부족했다. 〈1960년 센서스 보고서〉를 보면, 당시 서울의 총 주택 수가 44만 6,874호였는데, 이걸로는 1960년 당시의 서울 총 인구 244만 명을 수용하기는 어려웠다. 자가自家 거주 비율은 약 56.5퍼센트였는데, 전국 평균인 19.9퍼센트나

〈사진 18〉 1961년 창신동 채석장 부지에 세워진 동대문 근로자 합숙소(출처: 서울역사아카이브).

1960~70년대 서울 이주민 중에는 남대문, 동대문, 영등포 등에 있던 근로자 합숙소에 살면서 일을 하고 서울에 정착하는 경우도 있었다. 황석영은 이 합숙소 생활 체험을 자신의 여러 소설에 남기기도 했다.

제2의 대도시였던 부산의 36.2퍼센트에 비해 매우 높은 수치였다. 그러나 자기 집에서 거주하는 것으로 기록된 56.5퍼센트는 지금과 같은 의미의 자가 거주가 아니었다. 이 수치에는 합법적인 정상주택 외에도, "소위 비정상적 구조, 즉 선박, 창고, 판잣집, 천막, 토막, 움막 등의 임시 가건물 또는 불량 무허가 건물 등이 포함되어 있을 뿐 아니라 집단적 가거주 시설, 즉 호텔, 하숙이나 병원, 기숙사, 고아원, 양로원, 사찰 등의 공공적 건물과 야영캠프 같은 것도 포함되어 있었다."[85] 상황이 이러했으니, 당시 실제로 부족한 주택의 비율과 수치는 훨씬 높았다고 봐야 한다(사진 18).

이 불완전한 인구조사 보고서를 곧이곧대로 믿기 어렵다는 것은, 자가 거주의 34퍼센트가 거주 기간이 1년 미만에 그친다는 데서도 단적으로 드러난다.[86] 앞에서 서울 인구의 대다수를 차지하게 된 이주민들이 '떠돌이 의식'을 가지고 있었다고 했는데, 서울에서 자기 집에 사는 사람조차 3분의 1 정도가 1년도 안 되어 계속 이사를 해야 한다면 그 집이 과연 자기 집이라고 할 수 있었을까. 수시로 옮겨야 하는 하숙방, 고아원, 양로원도 지금 기준으로 보면 자가 거주로 보기 어려울 뿐 아니라, 하숙집 중 상당수는 불법 무허가 건축이었다. 역시 무허가 불량 주택이었던 판잣집, 임시 천막집, 토막이나 움막 같은 곳에서 살고 있는 사람은 지금의 인식처럼 자기 집을 소유한 사람으로 보기 어렵다. 그 집이 언제라도 철거되리라는 것을 누구나 알고 있었기 때문이다.

또한 자가 거주자의 51.2퍼센트는 방의 수가 1개인 가구로 기록되어 있다. 즉, 서울 사람 중 절반 이상이 단칸방에 살았다는 것이다. 당시에도 방 1개는 그다지 넓지 않았지만, 그렇다고 해서 방 한 칸에 반드시 1명이 살았으리라는 법은 없다. 가족이 같이 상경한 경우라면, 몇 명의 가족이 비좁은 2~3평짜리 단칸방에서 함께 사는 경우도 많았다. 즉, '자가 거주'를 오늘날과 같은 의미로 최소한 방 2~3개가 있는 집에 여러명의 가족이 함께 사는 것으로 해석해서는 안 된다는 것이다.

서울에서 자기 집을 갖지 못하고 "월세, 전세 또는 사택, 친척이나 친구 집 등에 신세를 지고 있는 가구 수"는 43.3퍼센트에 달했다. 단신으로 처음 올라오는 사람들은 우선 고향 선배나 친구같이 아는 사람 집에 얹혀 있으면서 앞길을 모색하는 경우가 많았다. 간신히 하숙방을 구한 경우에도 친구들과 함께 거주하거나 몇 달에 한 번씩 하숙방을 옮기는 일이 부지기수였다. 박태순의 1966년 소설 〈서울의 방〉은 하숙집을 옮기면서 느끼는 소회를 담은 작품인데, 이 소설의 '나'는 두 달 이틀 만에 방을 옮기고, "이사하는 날인 오늘까지 포함하여 이틀이라는 시간을 공짜로 살았다"는 생각에, 주인의 요구대로 이틀 치 방값에 해당하는 3백 원을 준다.[87] 두서너 달 만에 살던 곳을 옮기는 것은 드문 일이 아니었고, 그러다 보니 하루 이틀 정도 더 살게 되는 날들에 대한 계산도 정확해져야 하는 상황이 생기곤 했던 것이다.

최일남의 소설 〈서울의 초상〉의 성수는 '무작정 상경'의 과정을 전형적으로 밟은 인물이다. 그는 고향의 H선배가 "모처럼 서울 구경이나 하고 내려가거라"고 보내주었던 편지를 서울에 도착하자마자 선배가 장모님과 함께 살고 있는 처가에 얹혀살 수 있는 기회로 삼는다. 그러나 눈칫밥을 먹고 겨우 열흘 만에 자취하는 친구들의 방으로 옮긴다. 이렇게 아는 사람 집에서라도 머물 수 있는 것은 운이 좋은 경우에 속했다. 그리고 고향 선배나 친구들은 기숙하는 기간이 길어지면 당연하게도 이제 "그만 나가주었으면" 하는 눈치를 보일지언정, 처음부터 박

대하지 않는다. 선배의 부인과 장모는 "매우 떨떠름해" 하면서도 "잘
됐수. 너무 어려워 말고 있는 동안이나마 마음 편히 지내도록 해요"라
는 말을 해준다거나, 친구들도 "잘 왔다. 거덜날 때까지 버티어보자"고
말해준다. 이것은 서울에 아는 사람을 둔 상경민들은 거의 누구나 한
번쯤 기대했던 배려였다.

〈서울의 초상〉의 성수는 다방 마담의 소개로 "보수는 물론 없고 점심
빼고 하루 두 끼만 주겠다"고 하는 가정교사 자리로 옮기는데, 이 자리
조차 경쟁이 대단했기에 보수가 없어도 놓칠 수 없었다. 그는 학교를
졸업하고 출판사에 취직할 때까지 짧은 기간 동안 "무려 열두 번이나"
옮겨 다닌다. 그러나 성수는 이 끊임없는 이사를 받아들인다. 왜냐하면
"무슨 짓을 해서라도 서울에 남아 있어야 했기" 때문이다. 그렇게 해서
그는 "혼신의 힘을 다해 매달렸던 서울"에서 살아남는 데 성공한다. 없
는 것이나 다름없는 보수, 잦은 이사 따위는 서울에서 살겠다는 꿈을

〈사진 19〉 이사 수단을 추천하는 《동아일
보》 1967년 4월 12일자 기사.

1960년대에 많이 이용되던 이사 방법은 리
어카, 삼륜차, 트럭으로 짐을 옮기는 것이었
다. 당시 이삿짐센터가 처음 생겼지만, 주변
에서 쉽게 구할 수 있는 운송수단으로 스스
로 짐을 옮기는 경우가 대부분이었다.

좇는 데 장애가 되지 못했던 것이다.

　이주민들이 서울 정착민이 될 수 있는 최종 관문은 바로 서울에 자기 집을 마련하는 것이었다. 그 목표가 언제쯤 달성될지 모르지만, 서울 하늘 아래 진정한 자기 집을 마련할 때까지 몇 달에 한 번씩 이사에 이사를 거듭하는 것은 별로 큰 문제가 아니었다. 단촐한 짐의 이주민들은 〈서울의 방〉의 주인공처럼 그저 "리어카를 하나 불렀고, 간단한 책나부랭이며 의류는 자전거를 타고 직접 날랐다"(사진 19). 이러한 상황은 단순히 자기 집이 없다는 불안감을 느껴야 한다는 데 그치지 않았다. 거주 기간의 단기성과 일회성에 동반되는 불안감, 그리고 안정된 집과 방에 대한 집착은 1960~70년대 서울 이주민들의 공통된 경험이었다.

서울 하늘 아래 "지상의 방 한 칸"[88]

1960년대 초중반의 문학 텍스트들에 등장하는 서울에 갓 입성한 인물들은, 방과 집의 확보에 대해 다른 어느 시기보다 더 민감하다. 그것은 서울 사람이 되기 위한 최소의 물질적 조건이었을 뿐만 아니라, 서울을 기반으로 새로운 자아를 형성하기 위한 노력이라는 의미였기 때문이다. 원래 방 또는 방의 확장으로서의 집은 인간으로서의 최소한의 삶을 보장해주는 최저선인 동시에 그것을 넘어서는 의미를 지니고 있다. 집과 방은 개인의 자아가 형성되는 공간으로,[89] 사람들의 정체성을 좌우한다. 그저 생계를 유지하는 것이 목적이라면 고향의 집에서 살 수도 있겠지만, 이주민들은 아무리 보잘것없는 집이어도 서울에서 살려고 했다. '서울의 방'만이 자신들이 원하는 자아, 삶, 목적을 보장해줄 거라고 믿었기 때문이다.

집과 방의 이러한 의미는 예전부터 문학 텍스트에 잘 나타나 있는 주제였다. 해방 전 식민지시기 말기의 서울 상경기를 담은 박완서의 〈엄마의 말뚝 1〉은 널리 알려진 작품이다. 이 소설의 제목은, 고생 끝에 마침내 허름한 집 한 채를 현저동 산꼭대기에 마련한 뒤 "드디어 서울에 말뚝을 박았구나"라고 안도하는 어머니의 말에서 따온 것이다. 즉 '엄마의 말뚝'은 '서울의 말뚝'을 의미하는 것이다. 이 말뚝은 딸이 "대처大處"인 서울에 가서 "공부를 많이 해서 이 세상의 이치에 대해 모르는 게 없고 마음먹은 건 뭐든지 마음대로 할 수 있는 여자"인 '신여성'이 되었으면 하는 소망을 실현한 결과였다.[90] 누추할지언정 드디어 서울에 정착했음을 알게 해주는 집이라는 장소는, 지식과 주체성을 갖춘 새로운 여성상에 대한 지향과 그것을 딸에게 투사한 어머니의 욕망을 담고 있다.

그러나 집과 방이 사람들에게 안정적 존재감과 정체성의 기반을 제공하는 기초적인 공간임에도 불구하고, 1960년대의 서울에서 자기 소유의 집은커녕 비좁은 방 한 칸을 마련하는 일도 쉽지 않았다. 이청준의 〈작가 연보〉의 1965년도 항목을 다시 한번 들여다보자.

서울에서 태어나 서울에 살고 있거나, 친척이나 친지의 집에 기류계寄留屆를 붙여 들어온 사람들은, 이 도시의 자랑스런 시민이 될 작은 소지巢地를 얻는 것이 얼마나 어려운 일인가를 알지 못한다. 그러나 기댈 만한 친척이 없이 삭월셋방 한 칸 얻어 살 돈 마련도 없이, 이 자랑스런 도시의 자랑스런 시민이 되고자 하는 욕심 하나로 무작정 서울역을 내려서 버린 사람들은 그것이 얼마나 힘든 일인가를 알게 된다. 그리고 그 사람들은 이 서울에 그처럼 많은 불빛과 창문들이 많아도 자기 한 몸뚱이 깃들일 곳을 위해서는 이 도시가 얼마나 비좁고 매정스런 곳인가를 배우게 된다.[91]

서울 하늘 아래 저 수많은 불빛 중에 왜 내 방의 불빛 하나는 없는가 하는 탄식은 집 없이 떠도는 사람이라면 누구나 해보았음직한 탄식이다. 이 연보에서 그는 "자랑스런 서울 시민은 내 집 한 칸은 지닐 수 있어야 이 위대한 도시의 시민 된 영광이 더욱더 확고한 보장을 받는다"는 신념을 '신앙'에 비유하고, 그 신념을 이룩해줄 '서울의 집'을 "신전"이라 표현하기까지 한다. "이 자랑스런 도시 서울에 내 집 한 칸을 지니려는 신앙 속에서 나의 20대와 30대는 온갖 기구와 봉사를 다 바쳐 온 느낌이 든다"는 소설가의 고백은 자조적인 어조를 풍긴다.

이청준이 "신전"이라고 부르는 '서울의 방'을 김승옥은 "기적"이라고 부른다. 김승옥에 따르면 "방들의 수효만큼 세상에 존재하는 기적의 수효, 하나의 방이 꾸며지게 되기까지는 사실 예측할 수 없는 운명의 도움이 필요하다."[92] 이들이 과장된 수사를 동원하면서까지 서울의 방과 집에 집착하는 이유는 무엇일까. 박태순의 소설 〈서울의 방〉의 주인공은 다음과 같이 설명한다.

사실 내 경우에 있어서도 힘들었던 것은 바로 서울 사람이 된다는 것이었다. 대한민국 전체를 따져놓고 볼 때, 서울이라고 하는 공간성은 위대한 것이다. 어쨌든 서울은 다른 곳에 비하여 시설이 잘 되어 있는

커다란 방과 같은 것이다. 다른 곳에서는 좀처럼 허용 안 되는 어떤 알파가 여기에는 첨가되어 있다.[93]

서울은 그 자체가 집이고 방이다. 그것도 다른 곳에서는 허용되지 않는 특별한 플러스알파가 첨가되어 있는 방이다. 서울에서 거처를 마련한다는 것은 서울 전체를 삶의 기반으로 삼을 수 있는 토대였다. 서울의 방은 서울 전체를 자신의 거처이자 집으로 삼기 위한 조건이다. 물론 이 소설의 주인공이 말하듯 "삼백만 이상의 사람들이 득시글거리는 이 선택된 장소에서 마음에 꼭 맞는 방을 바란다는 것은 굉장한 사치일 것이다." 그러나 방이 아무리 허름하고 자주 이사를 다녀야 한다고 해도 서울이라는 방을 포기할 수는 없었다.

나는 방을 단지 방이라고 간단히 생각해 버리지 못한다. 방은, 내 경우에는 한없이 푸근하고 마음이 놓이고 나아가서는 나의 삶을 시인해주는 어떤 따뜻한 특혜라고까지 생각하게 되었다. 잠자리만 제대로 보장되어 있으면 그 나머지 일들이야 아무렇게 되어도 큰 염려는 없다고 나는 아직도 믿고 있다. 하숙생활을 해오면서, 그러니까 잠정적으로나마 내 방을 소유하게 되면서부터 나는 간신히 자기가 사람임을 수락하고 있는 듯한 그런 기분에 젖어들곤 하였다. 사람은 공간적인 거점을 쥐고 있어야 하는 것이다. (중략) 인간이 사회에서 차지하고 있는 집, 지위, 공간적인 위치는 대개 불확실한 것이지만, 그렇다고 사람이 사람 이상의 어떤 공간성을 획득하지 않은 채, 온전히 하나의 개인 자격으로서만 머물러 있을 수도 없는 노릇이다.[94]

〈서울의 방〉에 나온 이 구절은 아마 1960~70년대 소설 중에서도 집과 방의 장소성에 대한 경험적 통찰을 가장 적절하게 보여주고 있는 대목일 것이다. 이 소설의 '나'는 서울에서 몇 달 걸러 한 번씩 하숙방을 전전하는 인물이다. 그래도 하숙방처럼 "잠정적으로나마" 거주할 수 있는 공간이라 해도, 그 방을 통해 비로소 "간신히 자기가 사람임을 수락하고 있는 듯한" 기분을 느끼게 된다. '나'는 세상이 모두 혼동되는 순간에도 자기 자신은 또렷해지고 긍정되는 느낌을 갖는 이유를 다음과 같이 설명한다. "자기 자신이 쉽게 긍정되어지는 것의 최소한의 근거로써 나는 방을 생각게 되고, 나와 방의 경계를 심각하게 그어놓고 있지 않은 듯한 때의 합치를 가장 엄격한 사랑의 감정으로 동경하는 것이다"(214쪽).

서울 하늘 아래 방 한 칸은 그들이 서울 사람이 될 기회를 비로소 가지게 되었다는 자신감을 안겨주었다. 언제든 이주해야 한다는 사실은 불안감을 안겨주지만, 큰 문제가 되지 않았다. "우리는 장소를 변화시킬 수 있고 장소를 이동할 수도 있다. 그러나 이것 또한 어떤 장소를 찾는 것이다. 우리 존재를 정착시키고, 우리의 가능성을 실현시키기 위한 근거로 장소가 필요하기 때문이다."[95] 이 시기의 문학은 서울 전체를 자기 존재의 근거로 만들고자 노력하는 사람들의 내면과 관련시켜서 '방'과 '집'이라는 사적 공간의 문제를 다루고 있다. 1960년대 중반까지 방과 집은 아직 '차이'의 욕망을 실현하기 위한 소비의 공간도 아니고, 더 큰 돈을 벌기 위한 투기의 공간도 아니었다. 이 시기의 방과 집은 '존재의 이유'를 위한 공간이었다. 물론 이 자랑스러운 '기적의 신전'은 방을 마련하기 위한 투쟁과 좌절의 공간이기도 했다.

판잣집 만들기와 허물기

서울로 무작정 이동한 이주민들이 선택할 수 있었던 길 중 하나는 도시 곳곳에 아직 비어 있는 땅이었던 공유지, 국유지 등에 판잣집을 만드는 것이었다. 빈민가 판자촌은 도심 개발이 본격화되던 1960년대 후반까지도 서울에서 흔하게 볼 수 있는 풍경이었다.

1950~60년대에는 일제하 빈민들의 주거지였던 토막집이나 움막집이 거의 사라졌는데, 새로 지어진 판잣집들이 각종 폐자재로 지어진 집들이거나 "미군 부대에서 나온 나왕이나 미송 등의 목재 조각과 루핑, 깡통 등을 이용하여 지은 바라크 집"[96]들이었기 때문이다. 또한 이 시기 판자촌의 규모는 일제하와 비교할 수 없을 만큼 확장되었다. 1950년

〈사진 20〉 1966년 당시 봉천동 난민촌의 모습(출처: 서울역사아카이브).
봉천동, 신림동 등에 있던 난민촌은 당시 수해 지역에서 철거된 도시빈민들을 위해 서울시가 난민주택을 지어 공급하면서 형성되었다.

대부터 판자촌은 도심 내부, 하천 주변, 서울 외곽의 변두리에 이르기까지 곳곳에 형성되었다. 빈터가 있으면 어디든 판잣집이 들어섰다고 해도 좋을 정도였다. 이러한 상황은 당시 서울의 도시 경관이 무허가 판잣집들에 의해 좌우되고 있었음을 여실히 보여준다(사진 20).

이 판잣집들은 하루아침에 지어졌다 허물어지기를 반복했다. 1960년 국회의원 선거에 출마하여 장면 총리와 대결하다가 유산을 탕진하는 등 괴짜 같은 기행과 술버릇으로 유명했던 시인 김관식에 대한 회고는 이를 잘 보여준다. 1960년대 초반 그는 "과수원과 잡목들이 우거진 채 방치된 주인 없는 땅"이었던 "홍은동의 산비탈 국유지 일대를 무단점거"하고 무허가 판잣집을 지었다. "판잣집은 한나절에 한 채씩 생겨났다. 무허가 불법가옥이었다. 신고를 받고 달려온 구청 직원들에 의해 그 판잣집들은 철거되었다. 김관식은 이튿날 다시 목수와 인부를 동원해 집을 지었다. 한 채 두 채가 아니고 십여 채의 집을 지었다." 그리고 "황명걸, 조태일 같은 시인들이 실제로 시인이 지은 집에 살기도 했다."[97] 놀고 있는 땅을 방치하지 말아야 한다고 생각했던 김관식의 판단이 낳은 일화였는데, 이것은 판잣집들이 얼마나 빨리 지어지고 또 빨리 허물어질 수 있었는지 보여주는 에피소드라고 할 수 있다.

금방 허물어질지언정 판잣집도 '내 집'이었다. 앞에서 말한 인구조사 보고서의 '자가'에 판잣집 같은 무허가 불량주택들이 포함되어 있었던 것은, 하루아침에 허술하게 지은 판잣집도 엄연히 자기 집으로 봐야 한다는 사회적 인식이 있었기 때문이다. 하근찬이 1966년 초에 발표한 〈삼각三角의 집〉은 이러한 인식을 잘 보여주는 소설이다. 이 소설에서 처남이 자기 집을 마련했다는 소식을 들은 '나'는 아내, 아들과 함께 처남의 집을 찾아간다. 처남이 모처럼 마련한 집은 이 식구들의 기대를 배반한다. 처남의 집은 "무릎팍이 뻐근해질" 정도로 구불구불한 길을 따라 "위태위태한 길을 조심조심 디디고 올라가야" 하고, "쿠리쿠리한 냄새"마저 나는 동네에 있었다. 수도가 없어서 그 위태로운 길을 매일 지게를 지고 물을 나른다는 처의 여동생을 생각하니 차마 불평도 하지 못하지만, 처남의 집은 "사실이라면 이건 좀 너무한 것"이라는 생각이 들 정도였다.

지면에서 약 세 뼘가량 흙으로 벽을 쌓아서 그 위에 삐쭉하게 지붕을 얹었으니 말이다. (중략) 그리고 재미있는 것은 지붕이었다. 천막 조각과 시꺼먼 유지油紙 조각으로 이어 맞추다가 모자라서 그랬는지, 혹은 빗물이 새서 그랬는지, 군데군데 레이숀 박스 조각으로 땜질을 해놓은 것이었다. 꼭 시골 가난한 아낙네의 치마를 연상케 하는 것이었다. 검정 바탕에 흰 헝겊 조각으로 덕게덕게 기워놓은 그런 치마 말이다. 그리고, 레이숀 박스 조각에는 아직도 글자들이 그대로 선명하게 남아 있는 것이었다. (중략) 방 안으로 들어가니 밖에서 생각하던 것보다는 괜찮았다. 꽤 넓은 방에 반들반들한 장판이 깔려 있었고, 벽에는 조그마한 창도 마련되어 있었다. 그리고 햇빛이 솔솔 흘러 들어오고 있는 것이었다. 그리고 지면에서 두어 뼘가량 파 들어가서 방을 만들었기 때문에 천정도 그다지 낮지는 않았다. 천정이래야 물론 네모반듯하게 해서 천정지를 바른 것이 아니고, 그냥 지붕을 올린 그대로니까 양쪽에서 한가운데로 곡간처럼 치솟아 오른 곳이었다. 아무튼 꽤 키가 큰 나지만, 한가운데서는 허리를 굽히지 않아도 되었다.[98]

판잣집의 외관과 내부에 대한 이 상세한 묘사는 1960년대 서울 곳곳을 파고들던 무허가 불량주택들에 대한 가감 없는 표현이다. 처남이 손바닥이 부르트도록 직접 지은 이 누추한 판잣집은 당시 쌀 한 가마니 가격인 3천 원이 들었다. 꽤 그럴 듯하게 판잣집을 지은 것은, 이 집이 자신의 노동과 자본금이 들어간 자기 집이 되리라는 믿음이 있었기 때문이다. 그러나 얼마 후 '나'가 "한국적인 것"을 찍겠다는 사진가와 함께 다시 찾아갔을 때, 이 집이 철거되는 장면을 보고 만다. 처남이 근처 솔밭에서 꿩을 키울 때 사용하는 트럼펫 소리만 아리랑 곡조로 울려 퍼지는 가운데, 이 집은 허물어진다.

이 소설에서 처남이 사는 집은 '삼각의 집'이라는 점에서 다른 두 집과 나란히 비교된다. 하나는 크리스마스를 보내는 미국 가정의 현관 옆에 세워진 개집이다. '나'와 아들은 처남의 집을 보자마자 '국제 명작 사진첩'에 실려 있던 개집 사진을 동시에 떠올리는데, 이것은 서울의 도시빈민은 지구상의 계급으로 보면 미국에 사는 개 정도의 위치에 있다는 자각을 드러낸다. '나'는 프랑스 문자가 선명하게 찍혀 있던 깡통을 들고 서 있던 알제리 소년의 사진도 떠올리는데, 아직 원조경제 체제 아래 있던 서울 사람들의 상황은 식민지인들의 처지와 다를 것도 없다고 생각되었기 때문이다. 또 하나의 집은 처남이 철거된 장소에 들어선 뾰족한 삼각지붕 교회다. 이것은 도시빈민의 '삼각의 집'을 없애버린 땅 위에 세워지는 도덕과 종교의 장소가 과연 어떠한 의미가 있는지 질문하는 것이다. 삼각형의 지붕을 가진 처남의 집, 미국 개집, 교회는 1960년대 초중반 당시 서울의 무허가 불량주택에 살던 도시빈민들에게 사회적으로 부여된 계급적 위치와 도덕적 가치가 얼마나 하찮은 것이었는지 신랄하게 보여주고 있다.

1960년대 서울의 거리는 합법적으로 지어진 건물이나 주택만으로 이루어져 있지 않았다. 도시로 몰려든 빈민들과 그들이 지은 무허가 불량주택들도 서울의 경관을 결정하고 구성하는 중요한 요소 중 하나였다. 아니, 오히려 한국전쟁 이후 형성된 판자촌들이야말로 이 시기 서울의 가장 특징적인 경관이었다고 할 수 있다. 건축가의 의도하에 계획적으로 지어진 건물만이 시대상을 반영하는 것은 아니듯이, 이 시기 판잣집들도 당시에만 가능했던 특징적인 외관을 노출하고 있었던 것이다. 〈삼각의 집〉에서 철거 장면을 보고 "좋은 소재라도 얻었다는 듯이 카메라를 꺼내 이리저리 핀트를 맞추던" 사진가 친구는, 이 시기 청계천에 줄지어 늘어서 있던 판잣집 사진을 찍었던 일본인 사진가 구와바라 시세이桑原史成를 떠올리게 만든다.[99] 천변이나 산비탈에 늘어선 서울의 판잣집 풍경은 일본인 사진가의 눈에도, 국제적인 감각을 가진 것으로 설정된 소설 속 사진가의 눈에도 "한국적인 것"으로 보였기 때문이다.

빈민촌과 판잣집 쪽방의 신음

서울 전역에서 판자촌이 늘어난 것은 1950년대부터 진행된 현상이었다. 정부를 따라 무허가 불량주택이라고 부르든, 당시 사람들 입버릇대로 하꼬방이나 판잣집이라고 부르든, 이 무허가 집들은 서울 곳곳에 있었다.[100] 일제하의 토막집이나 움막집이 변두리 다리 밑, 하천 주위, 산

등성이에 존재했던 것과 비교해보면, 종로구, 서대문구, 동대문구와 같은 중심부에 판잣집이 등장한 것은 색다른 현상이었다.[101] 특히 도심에 빈민촌이 형성된 것은, 경성 외곽에 빈민들의 거주지가 있었던 일제시기와 확연히 다른 부분인데, 그것은 빈민들이 일자리가 있는 도심에서 멀지 않은 거리에 살아야 했던 사정에 기인한다.

한국전쟁으로 인한 파괴, 전후 피란민들의 귀환, 월남민들과 상경민들의 이주 등을 고려하면 집이 부족한 것은 당연해 보이는 상황이었지만, 서울시의 잘못된 정책도 도시빈민들이 한군데 모여 사는 집단적 '판자촌'을 형성하게 한 주요 원인이었다. 대표적인 것이 빈민들의 판잣집

〈사진 21〉 1965년 8월 청계천 복개공사가 진행되는 동안에도 건재했던 판자촌 모습(출처: 한국정책방송원).

청계천 복개공사가 진행되어 기둥들이 세워지는 동안에도, 천변에는 판잣집이 즐비했고 아이들은 뗏목을 띄우고 놀았다.

을 철거하고 빈 국공유지로 이주시키는 정책이었다. 대표적인 판자촌 지역은 "인왕산과 안산 산록의 현저동 일대와 홍제동 고개 부근, 만리동과 아현동에서 공덕동 일대의 구릉 사면, 노고산동 일대, 신공덕동과 효창동 일대, 남산 남사면의 후암동과 한남동 일대, 장충동 및 약수동·신당동 일대의 구릉 사면, 옥수동, 금호동, 응봉동, 행당동 일대, 창신동과 숭인동, 동숭동에 이르는 낙산 일대, 돈암동에서 미아리고개 일대, 답십리에서 전농동, 이문동, 휘경동 일대, 미아리에서 수유리에 이르는 북한산 동쪽 산지, 그리고 강남의 흑석동, 노량진 등 일대의 구릉 사면 등 주로 구릉지 지역이었다. 또한 청계천, 중랑천, 정릉천변이나 제방, 경춘선, 중앙선, 그리고 조금 폭이 넓은 도로의 양안 등 공지가 있는 곳이면 어디든지 무허가 건축물이 들어서서 불법 정착지구를 형성하였다"(사진 21).[102]

하근찬의 소설 〈삼각의 집〉은 미아리고개 위의 판잣집이 배경이었다. 이 소설에서 처남의 집에 가기 위해 넘어야 했던 미아리고개의 "벌건 산"은 "나무 한 그루, 풀 한 포기 보기 힘든 가파른 비탈"로 그려져 있다. 일제하의 수탈과 한국전쟁으로 황폐화된 민둥산들이 대부분이었던 것이 당시 서울 산의 모습인데, 대부분 나무가 없으니 판잣집들이 들어서기 더 편했을 것이다. 이 소설 속의 미아리는 1959년 초부터 120만 평에 택지를 조성해 빈민들을 옮길 계획을 실행했던 곳이다. 우선 3만 평을 정비해 이주시키는 정책이 실제로 시행되었다가 시작 단계에서 끝나버렸다. 이곳에 합법적 빈민촌이 형성되자 그 주변에 다른 도시 빈민들이 걷잡을 수 없이 모여들어, 정책이 제대로 시행되기도 전에 거대한 판자촌이 형성되어버렸기 때문이다.

"미아리 정착지 사업은 선례가 되어 1962년 이후 1970년까지에 걸쳐 성북구 정릉동, 상계동, 중계동, 도봉동, 창동, 쌍문동, 번동, 공릉동, 영등포구 구로동, 신정동, 사당동, 염창동, 시흥동, 봉천동, 신림동, 성동구 거여동, 가락동, 하일동, 금호동 등 20개 지구에 4만 3,509가구분의 판잣집 정착촌을 만듦으로써 이곳을 중심으로 그보다 몇 배 되는 무허가 건축물의 난립을 초래했다."[103] 1962년부터 시작된 이 사업의 영향력은 현재까지 이어지고 있다. 이 동네들은 현재 서울에서도 인구밀도가 가장 높은 대표적인 서민동네들이다. 지금도 난개발로 무질서한 좁은 골목들 사이로 작은 집들이 난립해 있거나, 그 집들을 싹 밀어버리고 아파트 단지를 만드는 재개발 방식으로 과거의 기억들을 지우고 있는 동네들인 것이다.

1960년대 전반기 소설들 중 몇몇 작품은 빈민촌 판잣집을 재현하고 있다. 김승옥의 소설 〈환상수첩〉도 창신동과 숭인동[104]을 언급하고 있지만, 그의 또 다른 소설 〈역사力士〉는 서양식 양옥과 빈민촌 판잣집을 대비시키면서 훨씬 더 상세하게 당시 빈민가 판잣집의 모습을 보여주고 있다.

내가 들어 있던 집은 판자를 얽어서 만든 형편없이 작은 집이었지만 방은 다섯 개나 되었다. 따라서 겨우 한두 사람이 들어가 누우면 꽉 차버리는 방들이란 건 말할 필요도 없다. 그중에서도 좀 넓고 채광도 좋다는 방을 주인 식구가 차지하고 있고 그 방보다는 못하지만 나머지 세 개에 비하면 빗물도 새지 않을 정도의 방은 방세 지불이 정확한 영자라는 창녀가 들어 있었다. 그리고 유리창—그 유리창이란 게 금이

가고 종이가 오려 발라지고 더러웠지만 이 집에서는 유일한 유리창이
었다—이 달린 방에서는 오십쯤 나 보이는 깡마르고 절름발이인 사내
가 열 살 난, 열 살이라고는 하지만 영양실조 등으로 볼이 홀쭉하고 머
리만 커다랗지 몸은 대여섯 살 난 애들보다 더 작고 말라비틀어진 딸
을 데리고 살고 있었다. 그리고 나머지 방들 중에서 한 방을 사십대의
막벌이 노동자 서 씨가, 그리고 한 방을 내가 차지하고 있었다.[105]

창신동 판잣집의 외관, 방의 모습, 그 방에서 살고 있는 사람들의 처
지와 신분 등을 묘사한 구절이다. 더 구체적으로 '나'가 살고 있는 방에
대한 묘사를 들여다보면, 이곳의 가난과 남루함이 보인다. "일어서면
머리를 숙여야 할 정도로 천장이 낮고 거기엔 육각형의 무늬 있는 도배
지가 발라져 있는데 그것은 처음엔 푸른색이었던 모양이지만 지금은
빗물이 새어서 만들어진 얼룩 등으로 누렇게 변색되어 있다. 더구나 내
방의 천장은 지금 내가 누워서 보고 있는 천장처럼 팽팽하지도 않고 가
운데 부분이 축 늘어져서 포물선을 이루고 있는 것이다. 빈민가의 집들
에서만 볼 수 있는 천장. 그렇다, 나의 방은 동대문 곁에 있는 창신동
빈민가에 있는 것이다."

이 방은 '나'가 서울의 현실에서 느끼는 절망감이 총체적으로 표현되
는 공간이다. "절망감이 마루 끝에도 마당 가운데서도 방마다에도 차서
감돌던 창신동의 그 집"(85쪽)에서, '나'는 자신의 "무궤도하고 부랑아
같은 생활태도"에 번민한다. "천성의 게으름과 가난한 자들의 특징인
금전의 낭비벽, 그리고 이제는 돌아갈 고향도 없이 죽는 날까지 이 서
울에서 내 힘으로 살아가야 한다는 절망감"(72쪽)을 뿌리칠 길이 없기

때문이다. 그의 방에 씌어져 있던 "창신동에 사는 사람들은 모두 개새 끼들이외다"라는 '30년대식' 고어체古語體 낙서는 방에서 살아가는 사람들의 내면을 가감 없이 보여준다. 언제 쓰였는지도 알 수 없는 이 낙서에 대해 주인공 '나'는 애정을 가지고 있는데, "이 넓은 세계 속에서 더럽기 짝이 없는 이 방만을 겨우 차지할 수밖에 없느냐는 자기혐오에서 그 방 속에 든 사람은 누구나 그런 낙서를 하지 않고서는 배겨나지 못했을 것"(69쪽)임을 잘 알고 있기 때문이다.

남루한 쪽방 안에 누워 있는 대학생의 머릿속 공상을 다룬 김승옥의 또 다른 소설 〈확인해본 열다섯 개의 고정관념〉[106]은 이 점을 잘 보여준다. 그는 "이 주일 동안이나 불을 때지 않은 냉기"를 참으며 "아침밥을 굶어버리기 위해서 그냥 누워 있을" 정도로 가난한 청년이다. 그는 신춘문예 낙선으로 상금을 타지 못하게 되자 돈 한 푼 없이 하숙방에 누워서, 손으로는 이를 잡고 머리로는 가난과 돈과 프라이드 등에 대한 상념을 계속한다. 가난하지만 자존심은 남아 있고, 무력하지만 "거지의 정열"은 남아 있는 이 젊은이의 내면에서, 비좁은 단칸방에서 신음하지만 다시 일어나 하찮은 일이라도 계속해야 하는, 도시빈민인 상경 청년들의 정서를 느낄 수 있다.

당시 서울의 방에 대한 묘사는, 김승옥 자신의 실제 체험에 기인한 것으로 보인다. 그는 1960년 상경하여 수많은 복덕방을 전전한 끝에 간신히 얻을 수 있었던 "돈암동 전차 종점 부근의 낡고 비좁은 한옥 구석방"을 다음과 같이 묘사하고 있다. "습기가 찰대로 차서 축축한 장판 가득히 곰팡이 파랗게 피어 있고, 천정은 빗물과 쥐오줌으로 얼룩이 져 축 늘어져 있고, 구멍이 뻥뻥 뚫려 있는 게 아닌가! 장판 모서리도 다 들떠 있어서 연탄만 때는 날엔 난 그대로 저승으로 가고 말 것 같았다."[107] 그는 선배의 하숙방에 맡겨두었던 자기 짐들을 리어카에 실어 그 방으로 왔을 때 "구역질을 참을 수 없었으며, 아직 풀지 않은 짐 보퉁이에 기대어 너무 외롭고 슬퍼서 멍하니 앉아 있었다"고 했다. 그의 소설 속에서 묘사된 대학생들의 방은 시골 수재였던 서울대학교 학생 김승옥이 상경 직후 체험했던 서울의 방의 진짜 모습이었다.[108]

김승옥이 형상화한 청년들이 방에서 보고 느끼는 것은 방의 풍경이 아니라 자신들이 겪어야 하는 진짜 서울의 현실이다. 그의 소설 속에 등장하는 청년들은 때로 서울의 거리에 나서면 거리의 높은 빌딩을 보며 자신의 미래를 떠올리기도 하고, 예쁜 아가씨들을 보면서 꿈틀거리는 욕망을 맛보기도 하며, 사람들과 대화하고 소통한다. 그러나 거리는 온전히 자신의 것이 아니다. 홀로 누워 있는 냉기가 가득한 단칸 하숙방만이 청년들에게 다가온 진정한 서울의 현실이며, 그 방을 생각하는 것은 곧 자기 자신의 현재를 생각하는 것이 된다. 김승옥 소설 속에 재현된 방이야말로, 청년들이 서울의 현재에 대해 느끼는 절망감을 가장 정확하게 보여주는 공간이었다.

서울 안의 고향, 빈민촌과 서민동네

1960년대 초반 상경민과 월남민을 비롯한 서울 이주민들은 순식간에 도시빈민이 되어 판잣집에서 신음하는 신세가 되었다. 이 시기의 소설들은, 1970년대 문학과 달리 가난한 빈민촌의 실상을 계급적인 문제와

〈사진 22〉 1960년대 창신동 일대 판자촌과 도시형한옥의 모습(출처: 국가기록원).

1960년대에 창신동, 숭인동, 낙산동 일대는 대표적인 판자촌으로, 일자리가 있는 도심에서 가까운 빈민들의 주거지였다. 김승옥이 이곳을 당시 대학생의 하숙집이 있는 동네로 설정한 것은 서울대학교 본부가 있는 혜화동이 인근에 있었기 때문이다.

〈사진 23〉 1970년대 청계천 판잣집의 모습(출처: 청계천박물관).

1960년대 후반~1970년대 초반에 선교활동을 위해 한국을 방문했던 노무라 모토유키는 청계천 상류의 판잣집에서 철거되어 하류로 밀려난 도시빈민들의 모습을 사진으로 남겼다.

연관시켜 다루지 않는다. 1960년대까지 서울 시민 상당수가 사실상 빈민에 가까웠던 만큼, 빈민가의 풍경이 특별한 사회 문제로 부상할 수 없었기 때문일 것이다. 그러나 이 시기 소설의 서울 재현에서 특이한 것은, '방'과 '집'을 절망의 장소로 다루는 동시에, 빈민가 판자촌을 고향과 같은 애착을 느끼고 삶의 건강성을 발견할 수 있는 장소로도 재현하고 있다는 점이다.

앞에서 언급한 김승옥의 〈역사力士〉는 문학 텍스트가 빈민가를 건강성과 활력의 상징으로 재생산해내는 방식을 대표적으로 보여주는 소설이다. 이 소설의 공간적 배경인 당시 창신동은 숭인동, 낙산동의 산기슭과 청계천 양변 등과 더불어 대표적인 판자촌이었다(사진 22). 다음 인용문은 빈민가가 소설 속에서 재현되는 방식을 상징적으로 보여주는 대표적인 구절들이다.

> 빈민가에 저녁이 오면 공기는 더욱 탁해진다. 멀리 도시 중심부에 우뚝우뚝 솟은 빌딩들이 몸뚱이의 한편으로는 저녁 햇빛을 받고 다른 한편으로는 짙은 푸른색의 그림자를 길게 길게 눕힌다. 빈민가는 그 어두운 빌딩 그림자 속에서 숨 쉬고 있었다.
>
> 교과서의 직업목록 속에서는 찾아볼 수 없는 가지가지의 일터에서 사람들이 땀이 말라 끈적거리는 얼굴을 손으로 부비며 돌아오고, 이 마을에 들어서면 그들의 굳어졌던 얼굴들이 풍선처럼 펴진다. 웃통을 벗은 사내들은 모여 서서 쉴 새 없이 떠들고 아이들은 자기들 집과 집의 처마를 스칠 듯이 지나가는 기동차의 뒤를 좇아 환호를 올리며 달린다. 아낙네들은 풍로를 밖으로 내놓고 그 위에 얹은 냄비 속에 요리책

에는 없는, 그들의 그때그때의 사정이 허락하는 신기한 요리재료를 끓인다. 이 냄비와 저 냄비 속에서 끓고 있는 음식은 나라와 나라 사이의 풍토보다도 더 다르다. 마치 마귀할멈이 냄비 속에 알지 못할 재료를 넣고 마약을 끓여내듯이 그네들도 가지가지의 마약을 끓이고 있는 것이다.

빈민가의 저녁은 소란하기만 하다. 취해서 돌아온 사내는, 기부운, 하고 비명 같은 소리를 지르고 자기가 번 그날의 품삯을 내보이며 친구들을 끌고 술집으로 간다. 그러면 그 뒤로 그 사내의 아낙이 좇아와서 사내의 손에서 돈을 빼앗아 쥐고 주먹을 휘둘러 보이며 집안으로 사라지고 그러면 뒤에 남은 사람들은 싱글싱글 웃으며 노해서 고래고래 소리 지르는 그 사내를 달랜다. 빈민가 가까이 있는 시장에서 생선의 비린 냄새가 물씬물씬 풍겨오고 도시의 중심부에서 바람에 불려온 먼지가 내려앉고 여기저기의 노점에 가물가물 카바이트 불이 켜지는 시각이 되면 사내들은 마치 그것들을 피하기라도 하려는 듯이 자기들의 키보다 낮은 술집으로 몰려든다(79쪽).

다소 길지만, 이 인용문은 당시 소설의 빈민가 재현방식을 특징적으로 보여준다. 여기서 빈민가가 서울 고층 건물의 그림자에 숨겨진 곳으로 묘사되는 것은, 이곳이 도시의 발전과 동전의 양면을 이루는 어두운 측면임을 암시하기 위해서일 것이다. 그러나 뜻밖에도 창신동 빈민가에 대한 묘사는 어둡고 절망적인 측면이 아닌, 삶의 활기를 전달하는 소리와 냄새 등을 위주로 진행되고 있다. 일터에서 돌아온 사람들의 시끌벅적한 소리, 아이들의 환호 소리, 자동차 소리, 기분 좋을 때 지르는

"비명 같은 소리", 드센 싸움 소리에서부터 땀 냄새, 술 냄새, 정체 모를 음식 냄새, 비릿한 생선 냄새 등등이 어우러져서, 사람 사는 동네의 어수선하지만 정감 가는 활기를 만들어낸다. 다시 말해 빈민가의 경관 자체가, 누추한 판잣집과 같은 시각적 요소보다 거리낄 것 없이 분출되는 온갖 소리와 냄새 같은 청각과 후각을 통해 묘사되고 있는 것이다 (사진 23).

빈민가에 대한 이러한 묘사는, 이 장면이 전형적인 도시인의 감각으로 포착된 풍경이 아니라, 도시에 이주한 지 얼마 되지 않아 완전히 동화되지 못한 사람들의 감각에 걸러진 풍경임을 알려준다. 시끄러운 생활 소음과 신경을 자극하는 여러 기계음은 시골에서 올라온 사람들에게 가장 먼저 다가오는 감각적 충격이다. 도시의 화려하고 휘황한 풍경이 충격과 동시에 시각적 만족을 줄 수 있는 데 반해, 청각적 소음은 종종 신경을 자극할 뿐이지 정서적 안정을 안겨주기 힘든 것으로 알려져 있다. 밀집된 집에서 흘러나와 합쳐지는 다양한 냄새들 역시, 청각적 소음과 마찬가지로 인적 드문 시골에서 나올 수 없는 감각적 반응을 드러내고 있기는 마찬가지다.

창신동 빈민가를 포착한 다른 구절에서 소음이 훨씬 더 무시무시하게 표현되는 것을 보면, 서울에 대한 청각적 반응이 내포하고 있는 의미를 좀 더 명확하게 이해할 수 있다. "오후 네 시라면, 방에서 멀지 않은 시장에서 장사치 여자들이 떠들어대는 소리, 집안에서 나는 수돗물 흐르는 소리, 옆방에서 무슨 내용인지는 모르나 들려오는 웅웅거림, 창밖으로 지나가는 자동차의 덜커덕거리는 궤음軌音과 경적의 날카로운 소리가 들려와야 하는 것이다. 거대한 기계가 돌아가고 그 기계에 수많은 새들이 치여 죽어가는 경우를 상상할 때, 그런 경우에 곁에 서 있는 사람이 들을 수 있는 소리를 나는 듣고 있어야 하는 것이다"(70쪽). 이 소음은 조용한 시골에서 자란 사람의 평온한 공간 감각을 완전히 뒤흔드는 요소들이다.

중요한 것은 이 빈민가의 소음이 신경증적 불안을 유발하는 측면에서 그려지는 동시에, 삶의 건강성과 활기를 드러내는 디테일로 등장하고 있다는 점이다. 〈역사〉에서 소통과 대화가 불가능했던 공간이었던 양옥집과 달리, 빈민가 판잣집은 아직 공동체적 연대감과 소통이 살아 있는 공간으로 그려진다. 판잣집 동료이자 술친구인 '역사力士' 서 씨가 '진정한 생활'을 대변하는 인물인 이유는, 밤마다 동대문의 벽돌을 움직이는 "몽상적인 의미에서의 성실"에서 나온다. 그의 기이한 행위는 자본주의의 생존논리를 벗어나 가문 대대로 전해져오는 힘을 보존하려고 하는 것이다. '나'는 부잣집 또는 양옥집의 생활이 뭔가 잘못되어 있다고 느끼는 반면, 서 씨의 행위는 자신의 존재를 긍정하고 보존하는 실천행위라는 측면에서 긍정하고 있다.

이러한 재현방식은 일반적인 도시소설의 패턴을 벗어나 있을 뿐만 아니라, 1970년대에 쓰인 소위 '민중문학'이 재현하고 있는 민중들의 건강성과도 다르다. 〈역사〉의 화자 '나'가 한편으로 빈민가 판잣집에 대한 절망과 혐오를 동시에 표현하고 있는 것을 떠올려보면, 이는 계급적 관점에서 민중들의 삶에서 역사적·도덕적 정당성을 부여하기 위한 표현방식이 아니다. 1970년대 이후 변화한 서울 도심의 뒷골목조차 지저분하고 비위생적인 모습으로 그려지는 병리학적 재현방식과 비교해봐도, 이렇게 빈민가에 삶의 활기와 긍정성을 부여하는 묘사는 이 시기의 고유한 문학적 특성이다. 이러한 시각은 시골에서 갓 상경한 이주민들의 전형적인 것이었다. 1960년대 후반 판자촌에서 생활한 사람의 증언에 따르면, "이곳에 와서 마음에 안정을 가졌던 것은 고향에서 온 분들이 많고, 대부분의 사람들이 시골에서 온 사람들이기 때문에 사용하는 언어와 지식수준도 자기로서는 쉽게 적응이 되는 환경이었다는 것이다."[109]

이와 유사한 인식은 이호철의 《서울은 만원이다》에도 나타난다. 이 소설의 초반부에는 서울에 올라온 기상현이 처음 하숙방을 얻은 금호동에 대한 묘사가 나오는데, 당시 대표적인 판자촌 지역 중 하나였던 금호동에 대한 묘사는 김승옥의 창신동 빈민가에 대한 설명과 큰 차이가 없다. "날품팔이를 하는 주인 영감은 집안이야 굶거나 말거나 매일

〈사진 24〉 1968년 중랑천에서 바라본 금호동 판자촌의 모습(출처: Homer Williams).
미군장교였던 호머 윌리엄스가 찍은 사진으로, 《서울은 만원이다》의 주요 인물 중 하나인 기상현이 하숙방을 얻어 생활한 금호동 빈민가의 모습을 드러내고 있다.

술이었"고 큰아들부터 셋째 아들까지 모두 술고래에 놀고 있었기 때문에, 그의 하숙집에는 술 냄새와 "혀 꼬부라진 소리"가 진동한다. 셋째인 처녀애가 집안 살림을 하고, 자식들은 중학교, 국민학교에 가다 말다 하는 이 집의 풍경은, 절름발이 아저씨가 딸을 때리면서 교육했던 '창신동 빈민가'의 풍경과도 비슷하다. "이 근처가 모두 빈촌이어서 그런가, 저녁만 되면 이곳저곳의 사투리가 아래윗집에서 들끓고 집안끼리 혹은 이웃끼리 싸움이 끊이지 않았다"(39쪽). 금호동 빈민가를 술 냄새와 싸움 소리가 그치지 않는 지역으로 그리고 있는 이 소설 역시 상경민의 시각에서 포착된 풍경을 보여주고 있다(사진 24).

그러나 이호철의 소설 《서울은 만원이다》는 서울 도심과 변두리 지역을 분할시켜, 서민들의 삶과 풍경에 대한 긍정과 애착을 드러내고 있다. 이 소설은 도심 외곽을 상당수의 서민들이 어엿하게 생활을 꾸려가는 건실한 주거지로서 판자촌과는 약간 다른 풍광을 지닌 곳으로 묘사한다. 그중 가장 자세하게 묘사된 당시의 서울 변두리 지역은 용산구 도원동의 풍경이다.[110] 작품 후반부에서 길녀가 '피부비뇨기과 의사'의 곗돈 이십만 원을 가지고 줄행랑을 친 후 정착한 곳이 "서울하고도 외진 용산구 도원동, 삼만 원짜리 전세방"(187쪽)이다. 길녀는 "서울 와서 삼사 년 동안에 주로 중심가 쪽에서만 이곳저곳 옮겨 다녀보았지만, 며칠 지나보니 살기는 이 도원동만한 데도 흔하지 않았다"(188쪽)는 것을 알게 된다. 길녀가 묘사하는 도원동의 풍광은 매우 인간적이다.

마포아파트가 서 있는 도화동이 저렇게 내려다보이고 그 너머로 한강이 흘러가고 오른편으로 공덕동이 마주 있고, 철길 건너로는 신공덕동, 만리동이 이어지고 벼랑 밑으로 들고 나오는 당인리 발전소로 가는 낡은 기관차 소리도 어딘가 서울 같지 않은 인정을 풍겨주었다. 사람 사는 곳이 다 그렇듯, 이곳에도 복덕방, 연탄가게(이곳 사람들은 연탄도 끼니때마다 낱개로 새끼줄에 매어서 들고 다녔다), 통술집, 늙은 색시 있는 술집, 이발관, 미장원, 있어야 할 것은 다 있었고 모두가 시골 읍 거리의 그것처럼 헙스레하였다. 그 밖에 솜틀집, 침뜸집, 점장이집이 구석구석에 있고 유독 애 업은 할머니들과 성가책, 성경책을 든 할머니들이 많아 보였다. (중략) 서울에 동도 많고 사람 많지만 사람 사는 고장다운 젖은 정감을 느낄 수 있는 동이 얼마나 될까. 중심가 쪽은 날고뛰는 신식 도깨비들이 나돌아 가는 곳일 터이고, 한다한 고급 주택이 늘어서 그렇고 그런 동은 썰렁썰렁하게 〈恐犬注意〉 같은 팻말이나

〈사진 25〉 1965년 마포아파트 주변 도원동, 도화동 풍경(출처: 국가기록원).
《서울은 만원이다》의 주인공 길녀가 마지막에 살던 곳으로, 마포아파트 단지 주변으로 서민들이 살던 주택들이 밀집해 있던 모습을 그대로 보여준다.

대문에 붙여 놓고 높은 담벼락 위에도 쇠꼬챙이에 삐죽삐죽한 사금파리나 해 박았을 터이고 아래윗집이 삼사 년을 살아도 피차 인사도 없고 냉랭하게 지내기 일쑤다. 이에 비하면 서민촌이 훨씬 사람 사는 냄새가 난다. 같은 서민촌하고 금호동 해방촌 같은 곳은 요 근래에 급하게 부풀어 올라서 그런 뜨내기다운 냄새가 풍기지만 도원동, 도화동, 만리동, 공덕동 근처는 서울 본래의 서민 냄새가 물씬물씬 난다. 이 근처 사람들의 하루하루 열심히 살아가는 모습은 참으로 산다는 실감을 주었다. 도대체 두 피부비뇨기과와 같은 그런 도깨비 족속은 이 근처에 없는 것이다. (중략) 사람 냄새 물씬거리는 분위기는 서울 치고도 외진 이 근처에 짙게 깔려 있는 것이었다(188~189쪽).

길녀가 얼마나 이 서울 변두리인 용산구 도원동에 만족해하는지를 보여주는 구절이다. 마포구 도화동과 바로 인접해 있는 이 지역은, 현재 아파트촌이 되어버린 도원동과 매우 다른 풍경을 보여준다(사진 25). 그녀가 이 "서울 치고도 외진" 변두리에 만족하는 이유는 시골읍 거리와 같은 풍경 때문이다. 통영에서 올라온 길녀에게는 고향의 하천이나 바다를 연상시키는 한강 풍경과 정겨운 기차 소리가 있고, 시골 동네에 있는 가게들이 존재하는 이곳 풍경이 매우 흡족하게 느껴진다. 이는 서울 변두리를 서울에 귀속시키지 않고, 시골의 특성에 가까운 공간으로 재생산하여 스스로 정서적 안정감을 부여하는 방식이다.

무엇보다도 이곳에는 서울 중심가에서 흔하게 보았던, 사기와 허풍으로 살아가는 서울 사람들과 달리 열심히 살아가는 사람들이 모여 있다. 금호동, 해방촌처럼 뜨내기 냄새 나는 번잡한 지역과도 다르고, 창신동 빈민가와도 다르다. 창신동에 "교과서의 직업목록 속에서는 찾아볼 수 없는 가지가지의 일터"(79쪽)에서 일하는 남자들과 창녀들이 있었다면, 여기에는 "복덕방"과 구區 대서소(189쪽), 라디오 수리점(190쪽) 등에서 일하는 남자들과 솜틀집, 침뜸집, 점장이집 등등에서 일하는 여자들이 있다. 어엿한 일을 하면서 교회에도 나가고 요가도 할 수 있는 정도의 삶을 사는 사람들이 모인 동네로 묘사된다. 이호철의 소설은 서울 도심을 남동표나 피부비뇨기과 의사와 같은 사기꾼과 허풍쟁이가 날뛰는 지역으로 묘사하고, 외곽의 변두리 지역을 건강하고 성실한 사람이 모여 사는 동네로 재현하고 있는 것이다. 이 소설에서 도심이 길녀와 남동표 등 비슷한 계층의 서민들이 몰려 살던 동네임을 떠올려보면, 이러한 방식으로 도심과 변두리를 분리시키는 것은 상상적인 공간 분할에 불과하다.

　김승옥과 이호철의 소설은, 자신이 창조해낸 인물들이 서울의 현재에 대해 느낀 절망감과 환멸을 상쇄시키고 스스로를 긍정할 수 있게 하기 위하여, 각각 빈민촌을 삶의 활기가 넘치는 곳으로 그리거나 변두리의 서민동네를 고향처럼 푸근한 곳으로 재현했다. 김승옥의 〈역사〉는 단칸 하숙방을 존재의 불안과 절망을 느끼는 공간으로 묘사하는 대신, 그 하숙방이 속한 빈민가와 주변의 사람들은 건강성과 '자기 세계'를 지켜가는 생활 공간으로 묘사했다. 반면에 이호철의 소설은 서민들의 거주지이기는 매한가지였던 도심과 변두리를, 각각 비도덕적 공간과 건강성의 장소로 분리시켰다. 《서울은 만원이다》에서 도심이 사기꾼과 허풍쟁이의 공간이라면, 변두리는 서민들이 정당하게 경제활동을 하면서 사는 사람 냄새 나는 공간으로 묘사되기 때문이다. 두 소설에서 고향을 등진 상경민과 월남민의 감각에서 포착된 도시 풍경은, 환멸과 도덕적 혼란이 가득한 서울에서 살아갈 수밖에 없는 자신들의 상황을 정당화하는 허구적 의미부여 방식의 하나라고 봐도 좋을 것이다.

05

서울의 변화를 예감하고 애착을 느끼기 시작하다

서울 밤거리의 산책자

1961~66년의 서울을 재현한 한국 문학은 지금까지 살펴본 대로 이주 민들의 서울에 대한 동경과 선망, 서울의 암울한 현실에서 겪게 되는 좌절과 절망을 주로 다루었다. 이 소설들은 서울에 가고 싶고 서울에서 살겠다는 마음을 표현했지만, 그렇다고 아직 서울에 대한 애착을 보여 준 것은 아니었다. 자신들이 서울에 가기 전에 가졌던 환상들을 무너뜨 리는 서울, 고향과 비슷한 풍경의 서민동네에서나 겨우 푸근한 안정을 느낄 수 있는 번잡한 서울, 교활한 사기꾼과 거짓말쟁이들의 도시 서울 은, 그렇게 가고 싶었음에도 불구하고 아직 서울 사람으로서의 자부심 을 느끼기에는 너무 초라하고 매정한 공간이었다. 서울은 그저 앞으로 살아야 하는 곳이고, 애정의 대상은 고향인 시골이었다.

그렇다면 이 시기에 지금처럼 서울에 대한 자부심과 애정을 표출한 소설은 단 하나도 없었을까. 최인훈이 1964년부터 66년까지 연이어 발표한 연작소설 《크리스마스 캐럴》은 이 물음에 대한 실마리를 제공한다. 이 연작은 5편으로 구성되어 있는데, 그중에서도 통행금지가 내려진 서울의 밤거리를 활보하는 주인공의 모습을 담은 마지막 다섯 번째 단편은 이 시기의 서울을 다룬 문학작품들 속에서도 아주 특이한 지점을 보여준다. 서울에 대한 비판적인 마음이 애정으로 변화하는 순간, 또는 서울에 대한 애증의 감정이 '애愛'의 축으로 확실하게 기울어지는 순간을 담고 있기 때문이다. 실제로 1966년은 서울의 역사적 변화가 시작되던 시점이었고, 이 소설은 그 변화의 감각을 온몸으로 받아들이고 재현하고 있다.

〈크리스마스 캐럴 5〉가 1966년 서울이 극적으로 변화하기 시작하는 순간의 감각을 담고 있다는 사실을 이해하려면, 이 소설의 시간적 배경을 짚고 넘어가야 한다. 명시적으로 보면 이 소설은 1959년 여름부터 시작해서 서울의 밤거리에서 목격한 4·19학생의거, 5·16군사쿠데타를 묘사하고 있기 때문이다. 1961년 크리스마스부터 1964년 크리스마스까지의 3년은 마지막 부분에 아주 간략하게 처리되어 있을 뿐, 주된 시간적 배경은 1960~61년 사이의 시기에 집중되어 있다. 그런데 연작 전체를 살펴보면 이 소설에는 중요한 시간적 교란anachrony이 있다. 이 시간 착오는 1966년 6월에 발표된 다섯 번째 단편이 1966년의 서울이라는 시공간적 감각을 기반으로 하고 있다는 점을 확연하게 드러낸다.[111]

이 연작소설 중 1, 2, 3편은 주로 아버지와 아들이 크리스마스를 비롯하여 한국에 이식된 서양 풍속들을 주제로 고담준론을 주고받는 내용이고,[112] 4편은 아들의 유럽 유학 시절을 다룬 내용이다. 4편은 아마도 전쟁 중 전사했다는 동창의 소식이 나오는 것으로 보아 시기적으로 가장 앞선 것으로 보인다. 5편에서는 자신이 즐겨하던 아버지와의 대화가 자신의 밤산책과 함께 한참 전에 이미 끝나버린 것을 아쉬워하는 내용이 등장한다. 그러나 5편보다 한참 전 시기를 다룬 2편에는 이미 1964년에 벌어진 '신금단 부녀 상봉사건'이 중심 내용으로 등장한다. 도쿄올림픽에 참가하려다 무산된 북한 육상 국가대표 선수 신금단이 자신의 딸인 것을 알고 남한의 아버지 신문준이 도쿄까지 찾아가서 극적으로 십여 분간 상봉한 사건이다. 이 일은 당시 큰 화제를 낳았던 이

〈사진 26〉 신금단 부녀의 비극적 상봉을 보도하는 《동아일보》 1964년 10월 10일자 기사.

1964년 신금단 부녀 상봉에 대한 일화는 최인훈의 연작소설 《크리스마스 캐럴》의 뒤섞인 시간 순서를 이해하는 데 힌트를 던져 준다. 1951년 남북분단으로 헤어진 부녀가 14년 만에 10여 분간 겨우 만날 수 있었던 이 사건은 많은 화제를 낳았다. 같은 해 이를 소재로 삼은 곡들이 실린 《신금단 부녀 상봉》이라는 레코드가 발매될 정도였다. 이 부녀는 이후 다시는 만나지 못했다.

산가족 상봉사건이었다(사진 26).

이 소설의 2편에서 1964년 도쿄올림픽 즈음 이루어진 신금단 부녀 상봉이 '올해의 10대 뉴스'로 선정된 것을 둘러싼 아버지와 아들의 대화는 5편의 1959년보다 한참 전일 수가 없다. 연대기적으로 이 다섯 편의 연작을 배열하면, 그 순서는 '4-1-2-3-5'가 된다. 즉 〈크리스마스 캐럴 5〉가 1959년 여름의 어느 날 밤부터 시작되고 있음을 명시하고 있긴 하지만, 1964년 신금단 상봉사건을 포함하여 아버지와 즐겁게 주고받던 대화를 한참 전에 그만둔 아들의 상황을 담고 있는 한, 이 5편의 실제 시간 감각은 이 소설이 집필되고 발표된 1966년 전반기의 감각을 담고 있다는 것이다.

마치 부조리극을 연상시키듯 주로 집안의 한정된 공간에서 가족 간의 한정된 인물의 대사로 계속되던 이 소설은, 마지막 다섯 번째 연작에 이르러 방안에 갇혀 있던 주인공 '나'(철이)가 1960년대 초중반 서울의 중심가 속으로 뛰어들면서 극적인 변화를 맞이한다. 철이는 자정만 되면 나타나는 겨드랑이의 통증이 일단 거리에 나서면 사라지는 증상을 경험하게 된다. 이 증상은 명백하게도 1936년 발표된 이상의 유명한 소설 〈날개〉를 패러디한 것이다. "나는 불현듯 겨드랑이가 가렵다. 아하, 그것은 내 인공의 날개가 돋았던 자국이다. 오늘은 없는 이 날개. 머릿속에서는 희망과 야심이 말소된 페이지가 딕셔너리 넘어가듯 번뜩였다"로 마무리되는 이상의 〈날개〉는 30년 후인 1966년에 이르러 최인훈에 의해 새롭게 변주되었다.

이상의 〈날개〉의 주인공이 환한 대낮의 미쓰코시 백화점 옥상에서 경성 시내를 내려다보며 날개의 흔적을 느꼈다면, 〈크리스마스 캐럴 5〉

의 '철이'는 방안에 갇혀 있으면 날개의 통증을 느끼고 캄캄한 서울의 밤거리에 서면 날개가 잠잠해지는 것을 느낀다. 철이 미쓰코시 백화점의 후신인 동화백화점(현재 신세계백화점) 앞 로터리에서 서울 밤거리의 산책을 시작한 것은 우연이 아니다. 이상의 '날개'가 "뚜우 하고 정오 사이렌이 울릴 때" 가려운 신호를 보내온다면, 최인훈의 '날개'는 밤 12시 자정의 시계가 울리자마자 겨드랑이에서 가려운 신호를 보내온다.

〈크리스마스 캐럴 5〉의 날개는 비루한 현실에 걸맞은 우스꽝스러운 날개다. 겨드랑이의 통증이 계속된 것은 날개가 솟아나기 위한 것이었는데, 철이가 발견한 것은 희망과 야심에 걸맞은 멋지고 흰 날개가 아니었다. 그의 마음에는 "기왕이면 백조나 백로의 그것처럼 하얀 털이었다면 우화등선이라구 멋으로나 여기지 하는 미련이 불 댕긴 톱밥처럼 꺼질 줄을 모르고 자꾸 번지었지만," 정작 그의 겨드랑이에 솟아난 날개는 "새끼 까마귀의 그것만한 아주 치사하게 쬐끄만 날개"인데다 "장난감 몽당빗자루만 한 것"이었다. 그는 "까마귀 싸우는 골에 백로야 가지 마라"는 속담을 되새기지만, 우스꽝스럽고 쬐그맣고 새까만 날개는 더이상 '백로'의 세계에 어울리지 않는다. 아니, 적자생존의 난장판이 된 서울에서 더이상 백로가 살 수 없다고 보는 편이 맞을 것이다. '나'는 환자는 스스로 통행금지 시간에 다녀도 된다는 규칙을 상기한 후, 밤거리로 나가면 저절로 낫는 이 증상을 치료하기 위해 밤 12시부터 새벽 4시까지 통행금지가 내려진 서울의 밤거리를 몰래 배회하게 된다.

〈크리스마스 캐럴 5〉에서 통행금지 시간대에 서울 밤거리를 배회하는 산책자 철이는 당시까지 그가 공감하던 세계와 전혀 다른 차원의 에너지를 발견하고 전율한다. 1~3편에서 "아버님, 소자는……", "오냐"로 이어지던 부자 간의 따뜻한 대화가 당시 한국 사회를 지배하던 껍데기뿐인 서구화, 크리스마스로 상징되는 서양 문물의 맹목적인 수용에 대한 비판으로 가득 차 있었다면, 5편에서는 자신이 그토록 못마땅해하던 서울의 아름다움을 발견하고 찬탄하고 사랑하게 되면서 아들은 아버지와의 대화를 끊고 그 세계와 단절한다. 물론 현실성과 비현실성의 세계를 오가며 난해한 알레고리로 형상화된 이 소설은 더 깊은 차원의 의미망을 두텁게 깔고 있지만, 적어도 이 새로운 모습으로 형상화된 밤의 산책자가 서울에 대한 새로운 재현의 차원을 보여준다는 것은 분명하다. 최인훈의 '철이'가 발견한 1960년대 중반 서울의 모습을 들여다보기로 하자.

뜨겁고 역동적인 도시 서울의 발견

〈크리스마스 캐럴 5〉의 철이가 서울 잠행에서 처음으로 돌아다니는 "시내 중심지"는 한국은행 앞 로터리를 중심으로 한 시내의 번화가다. '나'는 "한국은행과 남대문시장 사이의 골목에서 맞은편 파출소를 건너다보"는 것으로 중심가 산책을 시작한다. 그는 거기서 중앙우체국 옆 골목으로, 중국대사관과 화교학교가 있는 골목으로, 그리고 명동 근처와 충무로 등을 돌아다니며, 서울을 재발견하기 시작한다. 다음 구절은 그가 캄캄한 여름밤에 서울의 뜨거운 에너지를 처음 발견하는 장면이다.

한국은행과 동화백화점 사이로 와서 은행 건물에 볼을 착 대고 로터리를 내다보았다. 정확히 말하면 그때 내게는 새 삶이 시작된 것이었다.

내가 은행 건물의 옆댕이에 뺨을 댔을 때 나는 깜짝 놀라서 뺨을 뗐다. 가열된 철판이기나 한 것처럼 그것은 뜨끈했기 때문이다. 나는 손으로 만져보았다. 나의 착각이었다. 그것은 차디찬 돌이었다. 그러나 끌리듯이 나는 뺨을 다시 가져갔다. 역시 차가운 돌이었으나 벌써 때가 늦은 것이었다. 돌은 나에게 발각당한 것이었다. 그의 체온을. 인제 아무리 냉랭한 체 해보아도 소용없었다. 돌의 그러한 스토이시즘을 나는 미소어린 심정으로 이해하였다. 아무렴 그렇게나 하지 않고서야. 나는 내 뺨으로 돌을 비볐다. 차가우면 차가울수록 돌은 그의 자세와는 거꾸로 자기를 드러내는 것이었다. 나는 손으로 쓸어보았다. 거기서도 나는 똑같은 비밀을 만지는 것이었다. 나는 뺨을 대고 손으로 포옹한 채로 로터리를 내다보았다. 그것은 아름다웠다. 수없이 지나다닌 거리건만 한 번도 그렇게 보이지 않았던 그러한 모양으로 아름다웠다. 그것이 정말 아름다운 것인지 연인을 안고 세상을 내다보는 듯한 지금의 내 기분 때문인지 그것을 나는 분간할 수 없었다.[113]

'나'가 뜨거운 체온을 느낀 건물은 바로 한국은행 본관으로, 현재는 화폐박물관으로 변신해 남대문로에 똑같은 모습으로 서 있다(사진 27). 이 건물은 사람들이 그토록 얻고자 했던 돈을 찍어 발행하고 한국 경제의 흐름을 실질적으로 좌우하는 장소였다. 아마도 생계를 위해 돈을 벌려고 상경하여 아귀다툼을 벌이며 처절하게 살아가고 있는 서울 사람들에게 냉랭하게 위용을 과시하던 차가운 권위의 건물이었을 것이다. 그런데 이 한국은행 본관이 외관상의 스토이시즘과 달리 내부에 뜨거운 열을 지니고 있음을, 그가 한밤중의 잠행에서 비로소 눈치채버린 것

<사진 28> 명동 거리(출처: 국가기록원).
동화백화점(현 신세계백화점) 옥상에서 바라본 1960년대 명동 거리.

<사진 27> 한국은행 본관(출처: 국가기록원).
<크리스마스 캐럴 5>의 명시적 배경이 되기 몇 달 전 1959년 2월 24일 촬영된 한국은행 본관.

이다. 손이 아니라 그의 뺨을 대고 얼굴 대 얼굴로 마주하자 비밀이 깨어난 것이다. 그는 궁핍한 사람들에게 그토록 냉정하고 잔인하게 보이던 서울 거리가 뜨거운 에너지를 이면에 숨기고 있음을 발견한다.

'나'가 뜨거움과 아름다움을 발견하는 건물들은 공교롭게도 모두 돈과 관련된 은행 건물이다. 앞의 인용문에서 바로 이어지는 구절을 살펴보자. 중앙우체국은 잠들어 있지만, 상업은행과 한국은행 건물은 깨어서 돈을 세고 있다.

로터리를 둘러선 건물들은 달빛을 무겁게 되비치면서 서 있었다. 그들은 원을 이루고 서 있는 서너덧 명의 거인들같이 느껴졌다. 중앙우체국은 이마에 붙인 우표를 떼어놓고 아래층에 어슴푸레하게 불을 켜고 깊이 잠들어 있었다. 상업은행과 한국은행 본관은 한자동맹 이래의 오랜 돈 셈으로 주화鑄貨의 냄새가 니코틴처럼 배어 있는 손가락을 가슴에 여미고 꿈속에서도 절렁절렁 부스럭부스럭 돈을 세고 있었다. 나는 그 속에서 그 집의 총재인 연놀부 씨가 프록코트에 줄무늬 바지, 실크햇에 비우산을 끼고 그의 고향 친구인 차알즈 램의 출판기념회에 가려고 나서는 현장을 보고 싶었으나 굳게 닫힌 철문은 열리지 않았다. 그 옆에 붙은 파출소는 연놀부 씨의 은행의 수위실처럼 보였다(155~156쪽).

철이는 금융 건물들에서 평범한 사람들과 거리가 있는 거인들의 우아한 귀족적 세계를 읽어내고, 거의 영화처럼 환상적인 세계에 가까운 경제적 힘들의 위용을 발견한다. 매정해 보이는 가난의 도시 뒤에서 자본주의는 부의 축적을 향해 돈을 세고 있고, 모두가 잠들어 있는 한밤중에도 사람들의 의지와 상관없이 돌아가고 있다. 그것은 앞으로 서울의 도시 공간을 변화시킬 은폐되어 있던 힘이다. 당시까지 최인훈과 같은 월남민 작가를 비롯한 이주민들에게 서울이 황폐하고 차가운 자본주의의 얼굴로만 보였다면, 이제 드디어 서울은 활력 넘치는 뜨거운 자본주의의 모습을 드러내기 시작한 것이다.

이 세계는 일단 한번 발견되자 곧이어 곳곳에서 모습을 드러낸다. 그는 "동화백화점을 끼고 돌아서 중앙우체국 옆 골목으로 들어서서" 소공동 길을 내다보고, "그것은 빈틈없는 거리였다. 영화에서 본 서양 도시를 꼭 닮고 있었다"(133쪽)는 사실을 알게 된다(사진 28). 이 도시에서 영화처럼 근사하고 멋진 일들이 역동적으로 펼쳐지리라는 것을 예감한 듯한 발견이다. 그리고 그에게 은행들이 숨기고 있던 은밀한 "비밀"이 드러나는 순간, 한국 경제의 심장부인 서울은 그때까지 몰랐던 아름다움을 발산한다. 서울은 아름답다. 거인적 힘들이 움직이는 이 도시에는 남들이 모르는 뜨거운 에너지가 숨겨져 있기 때문이다. 그래서 그때까지 서울에 이식되는 서양의 문화적 힘들에 저항하던 '나'가 아름다움을 느끼고, 맹렬한 자본주의의 힘에 스스로 굴복하는 이야기가 펼쳐진다.

'나'가 서울의 여러 거리에서 발견하는 것은 역동적인 정도를 넘어 때로 전투적이기까지 한 이미지들이다. 그가 한국은행 "로터리 바닥에 깐 돌도 좋아하는" 이유는, 그 돌 때문에 "그 로터리는 시가전을 하기에 알맞다"고 생각하게 되었기 때문이다. 게다가 그가 묘사하는 시청 앞 광장은 시위대의 손에 의해 피 묻은 시체가 파묻히는 "학살"의 현장이다. 그는 1961년 초에 "대한문 옆에 숨어서 광장을 내다보다가" 중·고등학생과 대학생 시위대가 모여들어 의식을 거행하는 것을 보게 된다. 4·19 직전 마산 앞바다에서 시체로 발견된 김주열 열사를 연상시키듯 쇠붙이가 눈에 박힌 시체를 파묻는 시위대의 모습은 이 소설에서 마치 매스게임처럼 묘사되었다. 그는 서울시청 앞 광장에서 어린 "혁명가"들의 피 묻은 손에 묵묵히 자리를 내준다. 그는 "갑자기 총소리가 울렸고" "한강 다리 위에는 총알이 이끌고 가는 불빛이 보였던" 5·16 군사쿠데타의 밤도 경험한다.[114] 곁에 사람들이 다가오면 통증의 신호를 보내는 '나'의 날개조차 혁명가들의 학살 앞에서는 "적성敵性"을 내보이지 않고 동조한다. 철이가 반한 서울의 에너지는 경제에 잠재된 거대한 역동성에만 존재하는 것이 아니라, 한국 사회를 혁명적으로 변화시키려는 정치적 힘들에도 존재한다. 최인훈의 소설은 정치와 경제의 세력 싸움을 통해 변화해갈 서울의 어떤 혁명의 순간을 포착하고 다가올 미래를 선취하고 있다.

서울은 아무리 더러운 서울이라도 좋다

'나'는 이제 날개의 독촉과 상관없이 "심미적 잠행"(146쪽)을 멈출 수가 없게 된다. 서울 거리에 압축된 에너지들을 몸으로 느끼는 순간, 그에게는 "새 삶이 시작되었기" 때문이다. "나는 서울을 다시 보게 되었다. 서울은 꿈으로 가득 찬 도시다. 서울은 슬픔이 가득 찬 곳이다"(146~147쪽). 그는 아버지와 몇 년 동안 주고받던 대화를 그만둔다. "나는 아버님과 더불어 풍류한담으로 즐기던 시절이 한없이 그립지만," 더이상 예전의 시간으로 돌아갈 수 없음을 알게 된다. 아버지와 그가 '근대란 패륜의 별명'이라고 했던 대화를 나눴던 점을 떠올려본다면, 아버지에 대한 "효도의 의무를 십자가처럼 짊어지고"(116~117쪽) 있던 그의 변화는 서울에서 진행되는 '근대'의 에너지를 흡수한 결과였다. 이는 구시대의 관습과 규범을 지닌 인물이 서울의 활력과 에너지 앞에서 적극적으로 감행하는 일종의 자기 변신이었다.

〈크리스마스 캐럴〉의 화자인 '나'가 발견한 서울의 참모습은 무엇일까? 다소 길지만 작품을 직접 들여다보자. 다음의 구절은 서울에 대한 사랑을 고백한 일종의 선언문이다.

> 날개의 성화가 없는데도 내가 밤거리를 사랑하게 되었다는 사실은 좀 놀랍다. 그러나 사실이다. 나는 밤의 서울에 홀려버렸다. 온 성이 잠든 (마녀의 요술로) 가운데를 공주를 찾아 헤매는 왕자가 바로 나라고 하면 과히 틀리는 말이 아니겠다. 그렇다고 내가 꼭 공주를 찾으려고 다니는 것은 아니다. 허름한 가로등, 광장, 판잣집, 골목에 버려진 연탄재, 트

럭들이 오징어처럼 다리미질해놓은 쥐의 시체……이런 모든 것들이 나의 공주다. 나는 하렘을 순시하는 술탄이다. 나는 그녀들을 골고루 사랑한다. 나도 전에는 용모를 가려서 여자를 사랑했지만 지금은 여자면 누구나 사랑한다. 서울역 광장의 공중변소를 나는 사랑한다. 그렇다고 해서 내가 '더러움'에 치우치는 것은 아니다. 창경원의 차단한 고풍의 담을 못지않게 나는 사랑한다. 나는 그녀들 모두를 오르가슴에 올려놓기를 바란다. 그리고 내게는 그런 힘이 있다. 그녀들은 내가 만지기만 하면 벌써 색색 숨을 몰아쉬기 시작하는 것이다. 훨씬 앞에 적은 것처럼 한국은행의 돌벽은 그녀의 냉감증의 허세를 오래 지키지 못했다. 요새 그녀는 숯불처럼 뜨겁게 헐떡인다. 낮에 그녀의 앞을 지나가다가 보면 뭇사람들 속에 차갑게 사리고 턱을 치켜들고 있다. 그 차가운 정결貞潔이 나를 흐뭇하게 한다. 나의 하렘—나는 서울을 점령하였다(180쪽).

여기서 서울은 하나의 거대한 '하렘'으로 상징화된다. '하렘'으로서의 서울은 사람들의 욕망에 유린당하면서도 그 모든 것들을 모두 품어주는 장소다. 철이가 첫날 밤거리에서 보았던 서울의 모습도 결코 화려하고 자랑스러운 모습의 서울이 아니었다. '몽파르나스'라는 이름의 선술집은 "이름만 그럴듯하지만 대폿집인데", "시인 아무개는 발싸개고 누구는 표절이고 아무개는 치한이고 누구는 개자식이라는 말을 안주로 안기는" 그런 술집이다. "허름한 가로등, 광장, 판잣집, 골목에 버려진 연탄재, 트럭들이 오징어처럼 다리미질해놓은 쥐의 시체"들은, 서울 사람들이 삶에서 품고 살아가는 욕망의 현장이거나 그 배설물이다. 철이 서울의 밤거리에 처음 나섰던 날부터 발견한 것은 서울의 더러움들이었다. 쓰레기통에서 여성의 슈미즈와 스타킹을 처음 발견했을 때는 "재수가 없을 것 같다"고 생각하지만, 어느덧 그는 이 더러운 것들을 사랑하게 된 것이다.

아무리 하찮고 비천한 것이라도 서울 거리를 구성하고 있는 온갖 사물은, 사람들이 갖가지 욕망을 배설하게 도와주는 '창녀' 역할을 한다. 서울의 이러한 모습은 이미 산책 첫날부터 예고되었다. 그는 명동성당 정문 옆 성구聖具 가게 창문으로 성모 마리아, 성 데레사, 성 아그네스를 만나지만, 이들은 성스러운 존재가 아니다. "그때 아그네스가 창 밖에 있는 나를 보았다. 그녀는 데레사에게 눈짓을 했다. 어머 기분 나빠. 하고 데레사가 말하였다. 별 거지 같은 새끼 다 보겠네. 하고 아그네스가 말하였다. 뭐 저런 게 다 있니 오늘 밤엔 재수 옴 붙었다 애. 하고 데레사가 또 말하였다. 기분 나쁜 니그로다. 애. 가브리엘을 부르자 애. 하고 아그네스가 말했다. 나는 질려서 얼른 자리를 떴다"(158~159쪽). 성모 마리아를 사이에 두고 근심에 잠긴 것으로 보였던 두 성녀는 뜻밖에도 욕설과 인종차별적인 발언을 한다. 두 여성은 철이를 밤거리를 배회하는 도둑이나 치한이라고 생각했겠지만, 그래도 이 구절에 묘사된 그들은 거칠고 나쁜 태도를 가진 보통사람이라는 것은 분명하다. 이 "순결한 동정녀"들이 이 구절에서 순식간에 '종삼'과 서울역 앞 '양동'의 창녀들과 마찬가지의 존재로 규정되는 이유일 것이다.

창경원의 고풍스런 돌담도, 허름한 판잣집과 연탄재가 버려진 골목의 풍경도 다 사랑하는 단계에 들어선 이 모습은, 김수영의 유명한 시 〈거대한 뿌리〉(1964)를 상기시킨다.

전통은 아무리 더러운 전통이라도 좋다 나는 광화문
네거리에서 시구문의 진창을 연상하고 인환네
처갓집 옆의 지금은 매입한 개울에서 아낙네들이
양잿물 솥에 불을 지피며 빨래하던 시절을 생각하고
이 우울한 시대를 파라다이스처럼 생각한다
버드 비숍여사를 안 뒤부터는 썩어빠진 대한민국이
괴롭지 않다 오히려 황송하다 역사는 아무리
더러운 역사라도 좋다
진창은 아무리 더러운 진창이라도 좋다
나에게 놋주발보다도 더 쨍쨍 울리는 추억이
있는 한 인간은 영원하고 사랑도 그렇다

—김수영, 〈거대한 뿌리〉 중 일부

전통은 아무리 더러운 전통이라도 좋은 것처럼, 서울은 아무리 더러운 서울이라도 좋다. 최인훈이 묘파한 것처럼, 서울은 더러워도, "우울한 시대"여도 "파라다이스처럼 생각"할 수 있다. 그것이 김수영의 시구처럼 "이 땅에 발을 붙이기 위한" 첫걸음이자 "내 땅에 박는 거대한 뿌리"가 될 수 있는 것이다. 서울로 몰려든 상경민과 월남민들은 어느덧 몇 년 후 서울에 적응하기 시작할 무렵이 되자, 저 멀리 두고 온 고향을 버려두고 서울을 자신이 뿌리를 내릴 곳으로 인식하기 시작했다. 그 시작은 서울의 더러움과 남루함까지 모두 사랑하고 애착을 느끼는 것이었다. 최인훈의 《크리스마스 캐럴》 연작은 서구화와 근대화를 비판하는 태도에 고착된 1~4편에서 새로운 변화로 이행하는 시점을 담은 다섯 번째 단편을 통해, 그 변화의 순간을 보여주고 있다.

개발의 예감과 서울의 민낯

〈크리스마스 캐럴 5〉에서 서울에 덧씌워진 하렘이라는 '성적' 이미지
는, 사람들이 전통의 고도古都를 점령하고 유린하면서 살아가는 현재의
삶을 형상화하는 동시에 은밀하게 자본주의의 힘이 침투하기 시작한
서울의 미래를 정확하게 집약한 은유다. '나'가 이 하렘에서 '술탄'인 것
은, 서울의 도시 공간을 독점하고 싶은 욕구를 가지고 있기 때문이다.

밤마다 그의 겨드랑이에서 솟아났던 그의 날개는, 천사의 흰색 날개
가 아니라 누구에게도 보일 수 없을 만큼 부끄러운 "검은 색 날개"다.
이 날개는 서울 거리에 다른 사람이 나타날 때마다 격렬한 통증을 신호
로 보낸다. 그가 자신의 본질을 드러내는 서울의 밤거리에 다른 사람들
을 용납하지 않기 때문이다. 그의 날개는 공간에 대한 독점욕을 상징하
는 은유다. 물론 '나'는 머리로는 "이 하렘이 내 사유물이라고 생각지
않는다." 그는 이성적으로는 "비록 대상은 하나일망정 우리는 각기 다
른 시간에 그녀들의 침대에 들어가며 조금씩 다른 방법으로 사랑한다.
이 조금씩이 중요하다. (중략) 이 조금씩의 뜻을 아는 사람은 인생을 아
는 사람이다"라고 생각한다. 그러나 그의 머리와 상관없이 그의 마음을
대변하는 날개는 겨드랑이의 통증을 통해 타인을 거부하는 신호를 보
낸다. 밤거리에서 타인을 용납하지 않는 나의 공간에 대한 독점욕은,
서울을 독점하고 사유화하려는 욕망까지 보인다.

그의 겨드랑이 날개가 5·16군사쿠데타를 일으키러 가던 군인들에 대해서는 전혀 거부감을 보이지 않은 것은 주목할 만하다(사진 29). 그가 4·19학생의거를 '매스게임'처럼 묘사한 부분도 문제지만, 5·16군사쿠데타를 수용하고 받아들일 수 있는 것처럼 묘사한 것은 정치적 입장처럼 해석될 소지도 있다. 혹은 군사정권이 자본가와 합작하여 자행하게 될 서울의 독점적 재배치를 긍정하는 것처럼 보이기도 한다. '나'의 날개가 보내는 독점욕은 정당하지 않은 욕망이지만, 이후 서울의 운명을 예감한 현안賢眼의 소산일지도 모른다. 혼란스러운 도시 서울에 숨겨져 있던 에너지를 점유한 자본의 힘이 이 독점욕을 맘껏 발휘하여 서울의 도시 공간을 멋대로 조작하고 유린하여 사유화하거나 독점하는

〈사진 29〉 1961년 5·16 당시 서울 거리를 지나던 탱크와 병력들.

5·16 당시 탱크와 군인들이 지나가던 서울 거리의 모습에 대한 반응은, 최인훈의 소설 〈크리스마스 캐럴 5〉에서는 거부감을 느끼지 않는 주인공의 감정으로, 이청준의 소설 〈무서운 토요일〉에서는 공포스럽고 회피하고 싶은 느낌으로 등장한다.

길을 개척했음을 알고 있기 때문이다. 최인훈의 〈크리스마스 캐럴 5〉가 보여주는 희극적 서사는, 서울의 미래에 대한 문학적 메타포이자 상상적 선취다.

중요한 것은 '나'의 서울 산책이 밤 12시부터 새벽 4시까지 통행금지 시각에만 진행된다는 점이다.[115] 제도적으로 금지된 시간에 서울 거리를 쏘다니는 행위에는, 서울의 본질을 성찰하는 과정 자체가 일종의 혁명적 의미를 지닌다는 함의가 분명 내포되어 있다. 사실 당시 대부분의 문학작품과 각종 매체의 담론에서, '서울'이라는 도시는 가난과 비리와 고통과 혼란으로 가득 찬 '비난'의 대상이었다. 당시 서울의 에너지와 힘을 발견하고 그것의 아름다움을 찬양하는 것은 이해할 수 없거나 암묵적으로 금지된 행위였다. 현대도시가 막 태동하려 하는 광경 앞에 감탄하는 장면은, 지금 와서 보면 '모더니티의 체득'이지만 당시에는 이해되지 않는 감상에 지나지 않았을 것이다. 그러나 사실 서울에 몰려든 그 많은 사람들이 어떻게든 서울을 떠나지 않으려 하는 것은 서울에 농축된 에너지를 자신의 삶으로 끌어들이려 하는 것이나 다름없는 일이었다. 다만 사람들은 더럽고 남루한 서울의 아름다움을 자각하지 못했을 뿐이다.

원래 '밤'은 이 시기 서울의 특성을 발견하는 데 중요한 시간적 요소였다. '밤'을 통해 서울의 특별한 존재 의미를 발견한 것은 〈크리스마스 캐럴〉의 '나'뿐만이 아니다. 김승옥의 소설 〈서울 1964년 겨울〉에서, 대학원생 '안'이 "낮엔 그저 스쳐지나가던 모든 것이 밤이 되면 내 시선 앞에서 자기들의 벌거벗은 몸을 송두리째 드러내놓게 된다"고 말하는 장면은 유명하다. 밤이라는 시간이 해방된 느낌과 동시에 사물을 멀리 두고 바라보는 능력을 선사해준다는 것이다(210쪽). 박태순의 〈서울의 방〉의 주인공이 "밤에 높은 지대에 오르는" 것을 생활신조로 삼고 있는 이유를 들어보자. "그러면 수천 수만 개의 등불이 빛을 발하면서 무엇인가를 속삭여준다. 그 속삭임은 내 경우에 있어서 가장 심오한 철학적 명제로 어필되어 온다. 거기에서 내가 받는 느낌은, 어떤 것보다도 가장 세련되어 있는 것이다. 나는 아주 강력한 적을 그 불빛에서 보게도 되고, 가장 친근한 애정을 그 불빛에 보내기도 한다. 그 불빛은 저 밤하늘을 수놓는 별들의 세계와 하나도 다를 바 없다"(213~214쪽). 칸트가 선험적 진리가 존재하는 장소로 지명했던 '밤하늘에 반짝이는 별들'의 세계가, 서울이라는 도시에 내려온 것이다. 여기서 서울은 한국 사회를 움직이는 원천과 원리를 발견할 수 있는 철학적 세계로 화한다. 최인훈의 〈크리스마스 캐럴 5〉가 서울 밤거리의 묘사를 통해서 비로소 '사물 그 자체'의 진리를 드러낼 수 있다고 생각하는 것과 유사한 사고방식이다.

서울을 자유와 해방감을 안겨줄 가능성의 공간으로 상상한다는 것은, 도시 공간의 현재에 욕망을 투사시킨다는 의미에 한정되는 것이 아니라 그곳에 숨겨진 미래의 가능성을 함께 읽어내는 것을 포함한다. 가능성이란 현재에 실현되어 있는 것이 아니라, 어디까지나 은폐되어 잠재해 있는 것이기 때문이다. 결국 문학 텍스트가 현재의 도시 경관에서 은폐되어 있는 미래의 가능성을 읽어내는 작업은, 현재의 핵심을 꿰뚫고 미래를 구상하는 작업과 관련되어 있다. 이를 가장 잘 보여주는 소설이 최인훈의 《크리스마스 캐럴》 연작의 마지막 다섯 번째 작품이다.

1971

972

2
[부]

서울,
개발의 시대를 맞이하다
(1966~1972)

968

1장 도로와 교통체계가 개편되다
2장 중심과 주변부가 위계화되다
3장 도시 공간이 분화되고 위계화되다
4장 개발의 불도저, 파국을 맞이하다
5장 야간 통행금지, 도시의 시간을 규율하다

01

도로와
교통체계가
개편되다

자본의 성장으로 들썩이는 서울

1966년은 서울에 큰 변화가 일어나기 시작한 해일 뿐 아니라, 서울을 재현하는 문학적 공간 표상에도 변화가 생겨난 해다. 1966년부터 서울에 일어난 변화는 이촌향도와 같은 아래로부터의 움직임이 아닌, 위로부터의 강제적 개발에서 시작되었다는 점에서 그 이전과 성격을 달리한다. 1966년부터 시작된 역사적 상황들은 서울이라는 장소에 한정된 한시적 변화가 아니라 그때부터 지금까지 한국 사회 전체에 불어닥친 변화의 예고편이었다. 서울에서 일어난 변화는 시차를 두고 약간씩 양상을 달리하여 지방의 대도시와 중소도시에서도 일어났다. 서울의 변화가 곧 대한민국 전체의 변화와 다름없다는 과장된 표현이 나온 것도,[116] 서울 이외의 지역을 무시해서가 아니라 서울이 한국 사회 전체

의 변화를 선도하는 주도적 위치에 있었음을 강조하려는 의도의 소산
일 것이다.

1966년 가을에 연재가 종료된 이호철의 《서울은 만원이다》는, 작품
을 종결시키기 위한 서사적 필연성을 제공하는 장치로 서울의 새로운
변화를 호출한다. 이 소설은 "의욕적인 새 시장을 만나 서울은 화려하
게 단장이 되고 곳곳에 빌딩은 서고 사람들은 날로날로 문주란의 노래
같은 것에나 잠겨 들기를 좋아하고 차관은 들어오는"(262쪽) 시기에, 여
러 인물이 시의성을 잃었다는 암시를 주며 끝을 맺는다. 길녀의 절친한
친구였던 미경은 허망하게 죽고, 남동표는 길녀에게 버림받고, 또 길녀
가 의지했던 서린동 집안은 시대 변화에 재빠르게 대처하지 못해 완전
히 망하게 된다. 서울 토박이 부자였던 서린동 집안의 몰락은 시대적
변화에 적응하지 못한 서울 토박이들의 말로를 상징한다.[117]

대중들에게 인기와 공감을 얻었던 여주인공 길녀도 시대적 의의를
잃었다. 그녀는 당시 새롭게 시행된 제도 중 하나였던 "새로 등장한 급
행 좌석버스"(261쪽)를 타고 어디론가 사라진다. 도심 한복판 사창가에
서 구질구질한 삶을 사는 사람들이 새로운 시대에 더이상 적절하지 않
았기 때문이다. 소설가 이호철은 이 소설의 말미에 직접 개입하여, 길
녀에게 새로운 옷이 필요하다면서 그 이유를 직접적으로 설명한다. "우
리의 근대화가 흔하게 돌아가는 말대로 이루어지고 제2차 5개년경제
계획이 성공리에 이루어지고 그때 모두 옷을 갈아입고 모두 하루하루
의 삶이 건실해지고 활기에 차 있게 될 때, 그때 우리 앞에 새 옷으로
단장한 길녀도 나타날 것이다"(262쪽). 촌스럽지만 건강한 창녀였던 길
녀가 몇 년 후인 1970년대 초반 최인호의 《별들의 고향》이나 조선작의

〈영자의 전성시대〉에서 불량한 호스티스의 모습으로 다시 등장하게 되는 것을 떠올려보면, 비록 꼭 들어맞는 예언은 아니어도 옷을 갈아입어야 한다는 설명이 마냥 허황된 예감은 아니었다.

《서울은 만원이다》는 이러한 변화가 진행되는 1966년 서울의 상황을 묘사하는 구절들을 생생하게 담고 있다. 1965년을 다룬 《서울은 만원이다》의 초반부가 "세종로 거리에서 한일회담에 관련된 스피커 소리가 왕왕 울려오는" 거리 풍경을 묘사했다면(44~45쪽), 중반부에 이르면 "서울엔 우국지사도 많다. 한일회담 반대 소리를 합창하다가, 한 구석에서 찬성이다 하면 눈치 보아 가면서 찬성이다 소리나 한다"고 비아냥대고, "십이월로 접어들자……사람들은 벌써부터 체념에 빠져들기 시작했고, 태반의 사람들은 골치 아픈 곳에서 놓여나고 있었음"을 알려주고 있다(102쪽). 그리고 "1966년으로 접어들자 겨우내 방구석에 처박혀 있던 서울 사람들이 거리로 쏟아져 나오고 금년 봄 들어서 오래간만에 데모가 없어서인가 시골에서 떼를 지어 몰려들어 갑자기 서울 거리는 폭발을 할 듯하였다." 이호철의 묘사대로 1966년 봄의 서울 거리에는 사람들이 "트랜지스터 라디오를 매고 유원지로 나돌 수 있을" 만큼(252쪽) 경제적 여유가 넘쳐흐르기 시작했다.

이렇게 서울이 흥청망청 들썩거리는 분위기로 변화하기 시작한 것은 1966년 한국 자본주의의 성장과 경제호황의 효과가 드디어 사회적으로 가시화되기 시작했기 때문이다. 1966년은 무엇보다도 1962년부터 박정희 정권이 추진해온 제1차 경제개발계획이 완료된 해다. 흔히 1960~70년대를 한국 경제의 고도성장기로 부르지만, 1960년대 중반까지는 경제성장의 효과는 거의 나타나지 않았다. 1950년대의 한국 경제를 뒷받침했던 해외 원조자금이 나날이 줄어가던 상황에서, 1962년 은닉자금이나 부동자금을 끌어내기 위한 방편으로 화폐를 10대 1로 절하하는 통화 개혁조치가 시행되었다. 이때 돈의 단위가 과거의 '환'에서 지금의 '원'으로 바뀐 것이다. 그러나 그 결과는 "투자 기피와 생산 활동 위축, 자본가들의 반발, 경제 전반의 침체, 당초 기대에 훨씬 못 미친 동결 자금의 규모"로 나타났을 뿐이었다.[118]

제1차 경제개발계획(1961~1966)은 제대로 진행되지 않아 보완계획이 다시 세워져야 했다. 화폐 개혁조치의 실패 이후 1963~64년에 만들어진 보완계획은 미국의 지도를 받아 처음 계획보다 더 시장 순응적으로 만들어졌다.[119] 그 효과가 나타나기 시작한 것이 대략 1965년 말과 1966년 초부터였다. 정부 주도의 수출 지향적 경제정책이 성과를 보이고 월남특수로 외화가 들어오면서 1966년부터 고도 경제성장 시기가 시작된 것이다. 제2차 경제개발계획이 시행되는 동안 경제성장률이 67년 8.9퍼센트, 68년 13.3퍼센트, 69년 15.5퍼센트에 달할 만큼 사상 최고의 고도성장이 계속되었다. 이미 69년 초에 71년의 목표를 초과 달성할 정도의 경제호황이었다.[120] 특히 1966년을 기점으로 "그 지긋지긋한 '보릿고개', '절량농가'라는 현상도 끝이 났다."[121] 이 경제호황을 바탕으로 서울 도시 공간의 변화가 시작된 것이다.

게다가 1964~65년 내내 서울을 달궜던 한일 국교정상화 반대시위는 1966년 이후 상대적으로 잠잠해졌다(사진 30). 시간이 지나면서 정치적 혼란이 가라앉은 탓도 있겠지만, 1965년 6월 타결된 한일회담의 결과 일본이 한국에 지원하기로 한 3억 달러의 무상자금과 2억 달러의 차관이 한국 경제에 풀리며 사람들에게 경제적 여유가 생겼기 때문이다. 게

다가 1965년부터 베트남에 본격적으로 전투부대를 파병하면서 1966년 미국은 차관 제공, 기술 원조, 베트남 건설사업 참여 등으로 10억 달러 이상의 자금을 보장해주었다. 소위 월남특수의 시작이었다. 1966년 즈음 시작되어 1970년대 초반까지 지속된 거대한 규모의 외자 도입은 한국 경제에 자본 축적을 가능하게 했고, 이것은 고도성장의 기반이 되었다.[122]

《서울은 만원이다》의 마무리 부분은 이 변화를 배경으로 하고 있다. 물론 이 소설이 도시 공간의 자본주의적 변화를 확실하게 의식하고 있었던 것은 아니다. 다만 사람들의 일상적 삶이 경제적 여유를 바탕으로

〈사진 30〉 1965년 서울 거리의 한일회담 반대시위(출처: 국가기록원).

조금씩 소비와 문화 중심으로 바뀌어가고 있음을 무의식적으로 언급했을 뿐이다. 그럼에도 불구하고 이 소설의 결말은 사람들로 '만원'인 서울에 새로운 시대가 도래하고 있음을 보여주고 있다. 도시 중심적이고 공업 중심적인 개발계획 덕분에 서울의 경제사정은 눈에 띄게 좋아졌다. 획기적 경제성장을 토대로 한 자본주의 경제논리의 전반적 확대는 서울의 도시 공간의 구조와 배치, 사람들의 체험과 감각을 1960년대 초반과 다른 방식으로 변화시키기 시작했다. 그 변화의 핵심에는 새로운 서울시장이 있었다.

불도저 시장의 등장과 도시 공간의 변화

《서울은 만원이다》가 소설을 끝내기 위한 배경으로 제시하는 서울의 변화는 경제적 여유로 들썩거리는 분위기만은 아니었다. 소설의 뒷부분에는, 길녀가 통영에서 올라와 "밤차로 서울역에 내렸을 때", "역 앞에는 불빛도 환하게 지하도 공사가 마악 시작되고 있었다"고 묘사되어 있다(257쪽). 길녀가 그동안 익숙했던 서울에 변화가 다가옴을 느끼는 장면인데, 1966년 4월 새롭게 부임한 서울시장이 아니었다면 이러한 변화는 일어나지 않았다. 이 시장은 박정희 정권기 서울의 역사에서 가장 이름을 떨칠 사람이었다.

부산시장으로 재임하면서 부산을 직할시로 승격시키고 산중턱을 잇는 산복도로를 건설하는 등 각종 개량사업을 펼친 공을 인정받아 서울시장으로 부임한 군인 출신 새 서울시장의 이름은 김현옥이었다. 이

'불도저 시장'은 온갖 선전구호와 함께 '돌격'이라고 쓰여 있는 헬멧을 쓰고 서울 거리를 파헤쳤다. "당시 도로 건설이 가장 전시효과가 많이 나는 행정이었기 때문"[123]이라고는 해도, '싸우면서 건설하자'고 외친 새로운 시장의 전투적인 도로 건설작업은 사람들의 예상을 훨씬 뛰어넘을 정도였다. 《서울은 만원이다》는 김현옥 시장의 의욕적인 도시개발이 얼마나 눈에 띄었는지 이렇게 언급하고 있다.

> 부산 거리를 의욕적으로 밀어버리고 계속 두 눈을 부릅뜨고 서울로 전임해 온 젊은 시장은 부임하자마자 전 시장이 얼마나 일을 안 하고 빈둥빈둥 놀기만 하였는가 서울시장으로서 서울시 행정에 얼마만큼 의욕이 없었는가 일부러 강조나 하듯이 우선 교통난 완화에, 세종로 미도파 지하도 공사 착수, 도로확장 공사가 사방에 착수되었다. 서울 사람들이란 원래가 입만 까지고 극성이어서 일을 안 하면 안 한다고 타박, 하면 한다고 무슨 흠이라도 잡아서 타박, 저는 트랜지스터 라디오 메고 유원지로나 나돌면서 시장에 대해서도 빗발치듯 여론이 들끓고 있었다(251~252쪽).

이 구절은 1966년 당시 김현옥 시장의 시정 운영이 주로 도로와 지하도 공사(사진 31), 교통 문제 등에 초점이 맞춰져 있었다는 사실과 이에 대한 서울 시민들의 반응을 담고 있다. 인용문에 나온 대로 김현옥 시장은 서울 시정에 대해 크게 적극적이지 않았던 전임자 윤치영 시장과 비교될 만큼 확연하게 달랐다. 윤치영은 서울이 정말 좋은 도시가 되면 더욱더 많은 인구가 서울에 집중될 것이므로 "내가 서울에 도시계획을 하지 않고 방치해두는 것은 바로 서울 인구 집중을 방지하는 한 방안"이라고 말했다는, 믿기지 않는 일화를 남겼다.[124] "불철주야·좌충우돌" 일하면서 서울의 도시 공간 구조를 대대적으로 바꾸는 작업에 착수한 김현옥 시장이 이와 대비되는 것은 자명한 이치였다.

손정목의 표현을 빌려, 김현옥 시장이 1970년 4월 와우아파트 붕괴 사건으로 물러나기 전까지 약 4년 동안 추진한 일을 요약해보자. "시내에서 외곽으로 나가는 주요 간선도로의 너비를 그가 넓혔다. 사직터널을 그가 팠고, 삼청터널, 남산 1·2호 터널도 그가 기공했다. 마포대교도 그가 기공했으며 서울역 고가도로도 그가 건설했다.……그의 재임 중에 모두 144개의 보도육교가 가설되었고, 청계고가도로도 그가 가설했다. 삼각지입체도로도 그가 만들었고 강변도로를 처음 만든 것도 그였으며 북악스카이웨이도 그가 개설하였다. 서울 시내의 주요 도로 가운데 김현옥이 만들지 않은 도로가 과연 몇 개나 될 것인가? 한마디로 김현옥은 도로시장이었다."[125] 한마디로 현재 서울의 이동경로와 거주지 배치를 좌우하는 교통체계를 만든 사람이 김현옥 시장이었다는 뜻이다.

김현옥의 도시개발은 여기서 멈추지 않았다. "한강 개발·여의도 개발·강남 개발을 처음 시작한 이도 그였다. 4백 동의 시민아파트를 지었고 광주대단지도 그가 만들었으며, 봉천동·신림동·상계동 등지에 거대한 불량지구 마을도 그가 만들었다."[126] 그는 세운상가도 만들었고, 서울 외곽의 변두리 지역으로 강제 이주를 실시해서 결과적으로 사대문 안에 머물러 있던 서울의 실질적 경계를 확장시켜 현재 서울 전체의 모습이 형성되는 데 지대한 역할을 담당했다. 간략히 훑어봐도 그가 행한 일들이 서울의 도시 경관과 공간 배치를 근본적으로 바꿨음을 상상할 수 있을 것이다.

김현옥의 정책은 부임한 지 넉 달 만이었던 1966년 8월 11일 서울의 전면적 개혁을 위해 발표한 '서울도시기본계획' 안을 계기로 여론의 집중적인 포화를 맞았다.[127] 새로운 서울시장이 그려낸 갑작스러운 청사진에 대해 서울 시민들의 반응은 그다지 긍정적이지 않았다. 그러나 새로운 서울시장의 저돌적인 시정 운영은 무수한 비판 여론에도 불구하고 꿋꿋하게 지속될 수 있었다.

김현옥 시장이 1966~70년까지 독단적이고 과감하게 서울을 변신시킬 수 있었던 것은, 그의 개인적 능력 덕분이 아니라 그것을 뒷받침할 수 있는 자본주의의 성장이 마련되어 있었기 때문이다. 아무리 그가 하고 싶은 것이 많았다 해도, 그의 재임이 끝난 후 서울시가 막대한 적자에 시달리게 된 것이 사실이라 해도, 즉흥적으로 수없이 제시되는 공사 계획에 물자와 자금이 마련되지 않았다면 불가능했을 것이기 때문이다. 박정희 정권의 권위주의적 통치기였기 때문에 서울 시민들은 새로운 시장의 막무가내식 도시개발에 대해 불평하면서도 그것을 막을 힘은 없었다. 예컨대 외곽으로 나가는 도로의 너비를 적어도 4~5배 넓히려면, 기존의 도로 주변에 살고 있던 사람들을 추방하고 집을 없애야 했다.[128] 그것은 토지와 집에 대한 보상 개념이 희박하고 국가권력이 인권을 무시하는 시기에나 가능했던 개발방식이었다.

김현옥이 서울의 도시 공간에 미친 영향이 너무 컸기 때문에, 그의 그림자는 지금까지 이어지고 있다. 적극적이다 못해 과시적인 시정 운영과 무분별한 개발방식은 그의 재임 기간 이후에도 서울의 개발정책에서 반복되었다. 특히 2000년대 이후 서울시장들의 주요 정책은 '김현옥 지우기'와 '김현옥 따라하기'를 동시에 하는 것이었다. 이미 뚫은 터널과 도로를 없앨 수는 없지만, 그가 세운 고가도로들을 부정하거나 잘못된 결과들을 되돌리는 것 자체가 공이 되기 때문이었다. 예컨대 이명박 시장은 김현옥이 만든 청계고가도로를 철거하고 청계천을 복원했다. 오세훈 시장의 한강르네상스 사업은 김현옥이 강변도로를 만들어 1960년대 중반까지도 시민들의 휴식처였던 한강에 접근하기 어려워진 상황을 복구하려는 토건사업이었다. 박원순 시장은 김현옥의 작품인 서울역 고가도로를 철거할 계획을 뒤집고 뉴욕의 하이라인을 따라 '서울로'라는 이름의 고가공원을 만들었는데, 이 사업은 그야말로 '김현옥 지우기'를 도시재생의 방식으로 변형하여 실행에 옮긴 것이다. 김현옥의 유산들을 지우면서 김현옥처럼 대규모 토건사업이나 과시적인 행정을 따라하는 것이 오늘날 서울시장의 치적을 가장 확실하게 남길 수 있는 방법이라는 생각은 지금까지도 달라지지 않았다.

〈사진 31〉 1966년 4월 19일 김현옥 시장이 광화문 지하도 공사에 대해서 설명하고 있는 모습(출처: 서울역 사아카이브).

약 4년간 서울시장으로 재임하면서 서울의 도로와 교통체계를 근본적으로 변화시킨 김현옥 시장은 '불도저 시장'이라는 별명을 남겼다.

기억 속으로 사라진 전차

김현옥 서울시장이 시행한 정책 중에서 가장 중요한 것은, 서민들의 생활 편의를 도모한다는 명목으로 도시 공간의 배치와 이용방식을 재편성했다는 점이다. 대표적인 것이 서울시 교통난 완화책이라는 이름으로 진행된 도로 건설과 교통수단의 개편이었다. 김현옥 시장이 우선적으로 착수한 것은 주요 간선도로의 확장과 고가도로·육교 건설을 비롯한 도로사업이었다. 이 사업은 도심과 외곽 사이의 이동을 원활하게 만들기 위한 목적으로 추진되었다. 그리고 넓어진 도로와 확장된 도로에는 더 큰 버스와 더 많은 버스가 다닐 수 있도록 버스제도가 보강되었다.

김현옥 시장이 넓힌 주요 간선도로들이 도심에서 어느 지역들과 닿아 있는지 떠올려보면 쉽게 이해할 수 있다. 독립문에서 구파발로 이어지는 도로는 홍제동과 불광동 등으로, 돈암동에서 수유리로 이어지는 도로는 미아동, 수유동, 도봉동, 상계동 등으로, 왕십리에서 광나루로 이어지는 도로는 답십리, 전농동, 장안동으로, 청량리에서 망우리까지 이어지는 도로는 중랑천변의 빈민지대 교통을 담당했다. 버스가 이 지역들과 도심을 더 원활하게 이어주었으므로, 빈민들도 방세와 집값이 비싼 도심을 벗어나 변두리에서 살면서 도심의 일자리까지 왔다 갔다 할 수 있게 되었다. 물론 이 도로들이 확장된 후에도 서울의 교통난을 충분히 해소할 수 없었다. 종점에서부터 초만원이 되어 오는 버스를 타기 힘든 사람들이 너무나 많았고, 각종 일자리와 학교까지 모두 도심에 몰려 있었기 때문에 출퇴근 시간의 교통지옥은 지금보다 오히려 훨씬 더 심각했다. 시민들이 변두리에서 도심을 왕복하려면 대중교통 수단이 마련되어야 했다. 이러한 목적을 생각하면 전차는 구시대의 유물이자 이동의 속도를 높이는 데 방해물일 뿐이었다.

김현옥 시장은 버스 중심의 빠른 도시를 만들기 위하여 오랜 시간 동안 서울의 교통을 책임져왔던 전차를 폐지하는 일을 감행했다. 1898년 서울을 달리기 시작한 전차는 1960년대 교통지옥 속에서 애물단지처럼 취급되었다(사진 32). 전차가 달리는 서울 풍경이 박태원의 〈소설가 구보 씨의 일일〉을 비롯하여 일제하 문학작품들 속에서도 자주 언급되었던 것은, 그 시기의 전차가 서울, 부산, 평양 같은 대도시에만 존재하는 근대성의 상징이었기 때문이다. 그런데 김현옥 시장은 취임 직후인 1966년 4월부터 서울의 교통난 해소를 위해 전차 폐지를 공언했다. 그리고 약 2년 반이 지난 1968년 11월 말 70여 년간 서울 시민들의 주요 교통수단이었던 서울의 전차는 완전히 사라졌다.

1968년 이전의 서울에 대한 기억을 가지고 있는 사람들이 가장 많이 떠올리는 추억 중의 하나는 서울 시내를 느릿느릿 달리던 전차다. 서울의 전차가 사람들에게 남긴 인상 중 하나는 레일에서 튀는 불꽃과 끽끽거리는 소음이었다. 박태순의 〈서울의 방〉은 "전차가 파란 불꽃을 폭죽처럼 터뜨리며 지나갔다. 그 파란 불꽃을 보고 있자니까, 어느 한대 지방의 축제를 연상하게 되었다. 추운 나라의 사육제-나는 그런 상상만으로 감동했다"(28쪽). 이청준의 1966년 작 〈무서운 토요일〉에서는 "전차가 끽끽 소리를 내며 마포 쪽으로 굴러 내려가는 것을 한참 보고 서 있는" 장면이 나온다(66쪽). 그 소리와 모습만으로도 전차는 사람들의 시선을 끌고 추억 속에 남기에 충분했던 것이다.

하근찬이 1976년 1월 발표한 〈전차 구경〉[129]은 "옛날 전차의 운전사"였던 '조 주사'의 추억을 소재로 한 단편이다. 1974년 서울의 지하철 1호선이 개통된 바로 다음날 '조 주사'는 "땅 밑을 달리는 전차란 도대체 어떻게 생겼을까, 속도는 얼마나 되며 내부 시설은 어떻게 되어 있을까, 운전은 어떻게 하는 것일까……," 이런 구체적인 호기심을 가지고 지하철을 타러 간다. 그러나 깊은 지하에서 "모든 게 너무 깨끗하고 눈부시다"는 느낌을 주는 지하철을 보고, 자신이 운전하던 옛날 전차를 떠올린다. "커덩커덩 소리를 내며 달리던 옛 전차 생각이 난다. 차내가 거의 나무로 되어 있던 옛 전차 문을 열고 닫는 데 꽤 힘이 들고, 줄을 잡아당겨서 땡땡! 하고 출발 신호를 보내던 전차. 일일이 육성으로 안내를 하던 옛 전차……." 그는 과거의 전차에서 그랬듯이 담배를 꺼내지만, 마침 지하철에서는 "차내에서는 금연입니다"라는 방송이 나온다 (349쪽). 지금으로서는 상상하기 어렵지만, 그 작은 전차 안에서 사람들은 담배도 피웠던 것으로 보인다.

전차 사진은 많이 남아 있지만 전차를 실제로 어떻게 이용했는지 묘사하는 구절은 많지 않은데, 이 소설은 전차 운전사의 기억을 빌려 그것을 묘사해낸다. "옛날 전차 운전사들은 말이야, 인정이 많았지. 아낙네들의 보따리 짐을 들어 올려주기도 하고……또 전차를 오래 운전하다 보면 소매치기 얼굴을 대개 알 수가 있거든. 그래서 말이야, 소매치기가 전차에 오를 것 같으면 손님들에게 호주머니를 조심하세요, 알려주기도 했지"(363쪽). 도심을 천천히 달리던 전차는 운전사들뿐만 아니라 서민들에게도 가장 친숙한 교통수단이기도 했다. 이러한 기억들 때문에 사람들이 아직도 사라진 전차 이야기를 하는지도 모른다.

〈사진 32〉 1968년 폐지될 당시의 서울 전차 노선도.

〈사진 33〉 남대문로에 전차와 버스가 함께 다니던 1960년대 모습(출처: 서울역사아카이브).
전차 레일 위로 거미줄처럼 드리워져 있는 전선들의 모습이 보인다.

조 주사는 남산에 견학용으로 전시되어 있던[130] 과거의 전차를 처음 보던 날 "두 눈에 핑 뜨거운 것이 어리는" 것을 느낀다. 현재 서울 경희궁 옆 서울역사박물관 앞에 전시된 전차는 381호인데, 이 소설에서 남산에 전시된 옛 전차는 '321호 차'다. "321이라는 숫자가 앞쪽에 붙어 있다. 문은 세 개다. 앞쪽과 뒤쪽의 작은 문은 타는 문이오, 가운데의 큰 문은 내리는 문이다. 그러니까 옛 전차 중에서는 신형인 큰놈이다. 창문에 유리는 붙어 있지가 않다. 형해形骸만 안치해놓은 것이다." 이 전차를 보면서 "조 주사는 잠시 뭉클한 상태로 말없이 서 있었다. 착잡하고 야릇한 심정이었다. 그럴 수밖에 없는 것이 그는 30여 년이라는 세월을 전차와 함께 살아왔던 것이다. 그런데 몇 해 전에 지하철 건설 바람에 그만 전차와 함께 자기의 인생도 밀려나버리고 말았던 것이다."

조 주사는 지하철 때문에 전차가 사라진 것으로 생각하고, "전차도 아니고, 기차도 아니고, 그 중간쯤" 되는 "트기"인 지하철을 원망하지만, 그것은 사실이 아니다. 전차는 김현옥 시장 재임 기간 중인 1968년 11월 30일자로 사라졌는데, 김현옥 시장은 단기적으로는 버스 증차, 중기적으로는 전차 철거, 장기적으로는 지하철 건설을 교통난 완화책으로 제시했지만[131] 지하철 건설에는 실제로는 전혀 손을 대지 못했다. 정작 지하철 공사를 추진한 것은 후임자인 양택식 시장이었다. 시장 직을 물러나기 한 달 전 '서울특별시 지하철 건설본부 설치조례'를 설치한 것이 김현옥 시장이 지하철 건설에 남긴 유일한 발자취였다. 즉, 곧바로 지하철을 만들 계획 때문에 전차를 없앤 것은 아니라는 것이다. 손정목에 따르면, 박정희는 "지하철을 건설하면 나라가 망합니다"라는 김학렬 부총리의 말 때문에 한참을 망설이고 있다가 주일대사로 있던 이후락의 충고를 듣고 지하철 건설을 결심하게 되었다고 한다. 지하철 건설본부는 1970년 6월 9일에야 만들어졌고, 1971년 1호선이 착공되어 3년 후에 완공되었다. 1974년 8월 15일 11시에 거행된 역사적인 서울 지하철 개통식은 바로 37분 전 일어난 육영수 여사 저격사건으로 조용하게 치러졌다.[132]

전차가 없어진 것은 버스 중심의 도시를 만들려는 김현옥 시장의 과감한 결정 때문이기도 했지만, 시장 부임 한 달 전부터 이미 "서울시는 전차 철거에 대비해서 시영 버스 50대를 전차 노선에 병행하는"[133] 조치를 취하고 있었다(사진 33). 시설이 노후하고 인건비는 과중하며 사업 적자가 누적된다는 이유 외에도, 일제가 만들어놓은 전차 노선 구간은 광역으로 확장되어가는 서울 외곽의 변두리에 사는 사람들을 포괄할 수 없었다. "시내에서 종점까지 전차로 가서 버스로 갈아타고 목적지까지 가기보다는 처음부터 버스로 목적지로 향하는 것이 훨씬 편리해지고 있었던" 것이다.[134] 김현옥 시장은 전차를 없애는 대신 도심과 외곽을 잇는 급행 좌석버스제도를 신설하는 것으로 이에 대응하려고 했다. 전차는 빠른 속도로 원하는 목적지까지 한 번에 데려다주는 버스에 대적할 수 없었다.

전차는 정겨운 추억의 대상이지만, 다시 도입된다 해도 현재 서울 시민들에게는 그다지 환영받지 못할 것으로 보인다. 지금도 유럽에서는 암스테르담, 헬싱키, 프라하, 부다페스트, 스트라스부르그 등의 도시에서는 전차가 달리고, 최신식 노면전차가 새로 도입되는 경우도 간혹 있다. 아시아에서도 홍콩 섬에서 트램이 달리고, 일본에서는 도쿄(아라카와선)를 비롯하여 히로시마, 구마모토와 나가사키, 삿포로와 하코다테

등 전차를 운영하고 있는 도시가 꽤 많다. 그러나 현대식 대도시의 경우 전차를 폐지하는 것이 전반적인 추세다. 서울처럼 넓고, 사람이 많고, 생활의 속도가 빠르고, 교통 정체가 심각한 현대도시에서 전차와 버스는 공존하기 어려워 보인다. 전차노선 중 남대문에서 효자동 사이를 달리던 노선은 1966년 여름 세종로 지하도 공사를 위해 잠시 운행을 중단했다가 같은 해 가을에 미국 존슨 대통령의 방한 때 전차궤도 위에 콘크리트를 퍼부어 없애버렸다고 하니,[135] 다시 파보면 레일이 유물로 나올 것이다. 그 레일이라도 역사적 유적처럼 시민들과 공존하게 하는 것이 더 좋을지도 모른다.

버스와 자동차 중심 도시의 탄생

1968년 전차가 사라지고 버스가 증차된 후에도 서울의 교통난은 확연하게 나아지지 않았다. 서울의 인구가 압도적으로 많고 나날이 폭발적으로 느는데 교통수단은 부족했기 때문이다. 특히 출퇴근 시간과 학생들의 통학시간대의 초만원 버스에 대해서는 불평이 자자했다. 지금은 강남으로 옮겨간 유서 깊은 중고등학교가 모두 서울의 도심부에 몰려 있었으니, 직장인들과 중고등학생들이 모두 도심으로 통근하고 통학하는 시간대의 교통지옥에서 사람들로 미어터지는 버스의 상황은 지금보다 훨씬 더 심각했다.

    1960년대 중반 서울의 주요 대중교통 수단으로는 전차, 버스, 합승 등이 있었다. 합승이란 택시를 같이 타는 것이 아니라, 9인승에서 20인승 정도의 소형 버스를 가리키는 말이었다(사진 34). 1965년 말 통계를 보면 일일 총 승차인원 227만 7,154명을 버스가 56.3퍼센트, 합승버스[136]가 12.9퍼센트, 택시가 11.5퍼센트, 전차가 19.4퍼센트씩 담당하여 수송하고 있었다.[137] 서울시는 1966년 3월 합승 1,193대를 완행좌석제 버스로 대형화하고 현재의 버스와 비슷한 급행좌석제 버스를 신설하는 한편, 버스와 전차정류소를 분리시켰다. 1968년 5월에는 출퇴근 시간의 교통 완화책으로 좌석버스에 10명 이내의 입석을 허용하였는데,[138] 버스를 못 타서 아우성인 상태에서 그 규칙이 지켜질 리 없었기 때문에 좌석버스는 거의 초만원 입석버스였다.[139]

전차를 없앨 수밖에 없는 상황이었으나, 전차가 사라지고 난 다음에는 차라리 그냥 두는 게 나았으리라는 말도 당연히 나왔을 법하다. 최인훈의 소설 《소설가 구보 씨의 일일》은, 바로 그러한 상황에 대한 단상을 담고 있다. 1969년부터 1972년 초까지 연재된 이 연작소설은 박태원의 동명의 단편을 이어받아 서울을 산책하는 소설가 구보 씨의 하루하루의 일상과 단상들을 기록한 것이다. 다음은 1969년에 해당하는 첫 단편의 초입부에 등장하는 구보 씨의 불평이다.

〈사진 34〉 1962년 마이크로버스가 서 있는 버스 종점(출처: 서울역사아카이브).
이렇게 봉고차처럼 작은 버스를 보통 '합승'이라고 불렀다.

자기를 다스리면서 화해에 가득 찬 마음으로 아침을 맞은 구보 씨는 아파트를 나와 버스 정류장에 닿았을 때 이미, 그와 같은 너그러운 마음으로 이 하루를 보내기가 힘들리라는 것을 깨달았다. 구보 씨와 마찬가지로 급히 어디론가 가야 할 권리를 가지고 있는 많은 사람들이, 그를 제쳐놓고 좌석버스란 이름의 입석버스를 타고 수없이 떠났는데도 구보 씨는 좀처럼 차를 잡을 수 없었다. 왜 전차를 없애야 했을까 하고 구보 씨는 생각하였다. 대형 전차를 더 늘리는 것이 이 교통난을 푸는 길이 아니었을까. 또 자동차만 하더라도 택시 대신에 이층버스 같은 것을 만들어 쓴다면 이렇게 거리가 자동차로 꽉 차지는 않을 것이 아닌가. 아니 전차의 대수를 자동차의 몇 분지 일만 늘렸더라면 이 버스와 택시는 없어도 됐을 것이다. 그러면 떠들썩한 소리와 매캐한 냄새를 맡지 않아도 됐을 것이 아닌가. 전차만 해도 평등, 공소적인 터─그런 느낌을 가지게 해주었다. 그러나 이 자동차란 것은 남을 밟지 않고선 살지 못한다는 마음보를 가르치는 데 꼭 알맞을 만큼밖에는 넓지도 좁지도 않다. 자동차는 앓는 이·불난 데·싸움터·짐 실기, 이런 것에만 쓰면 될 것이 아닌가. 나머지 사람은 모두 전차를 타면 된다. 대통령에서 유치원 어린이까지 전차를 타고 다닌다면 세상살이도 썩 부드러워질 것이 아닌가. 이런 생각을 하고 있었기 때문에 구보 씨는 더욱이 뒤로 처졌다. 마침내 그는 허둥거렸다.[140]

"좌석버스란 이름의 입석버스"라는 시대상을 담고 있는 이 장면은 전차가 사라진 후 버스와 자동차 중심의 도시로 변해버린 서울에 대한 구보 씨의 단상을 풀어놓고 있다. 구보 씨가 지적하는 것은, 자동차 중

심으로 재편된 서울의 도로는 소음과 공해로 가득할 뿐만 아니라 평등
한 느낌까지 사라졌다는 점이다. 그는 전차보다 더 많은 사람들이 탈
수 있는 버스가 공평한 공공 교통수단으로 느껴지지 않는다고 말한다.
버스체제로의 이행이 사람 중심이 아닌 자동차 중심의 도시로의 전환
을 상징한다고 보기 때문이다. 차들은 느린 전차에 더이상 방해를 받지
도 않으며, 새롭게 포장되거나 확장된 도로를 통해 더 빨리 달릴 수 있
게 되었다. 그리고 교통신호의 방해를 받지 않고 청계고가도로,[141] 아현
고가도로, 서울역고가도로와 삼각지입체교차로 등을 질주하게 되었다
(사진 35). 반면에 사람들은 불편하게 육교나 지하도의 계단을 오르내려
차도를 건너게 되었다.

구보 씨가 버스를 못마땅해 하는 이유는 또 있다. 버스는 빠른 속도의
교통수단이자 경쟁을 강요하는 도구이기 때문이다. 느릿느릿한 전차에
비해, 출근길 버스는 전투적 삶의 대열에 재빠르게 올라타기를 권한다.
소설의 후반부에 이르면 "고등학교 학생 하나가 구보 씨의 옆구리를 팔
굽으로 내어지르면서 버스에 올라가고 문은 닫히고" 버스가 떠나버렸
기 때문에, 구보 씨가 결국 버스를 놓치는 장면이 나온다(310쪽). 사람들
을 비집고 올라타지 않으면, 삶의 속도에서 뒤처지고 결국에는 탈락된
다. 버스는 빠른 속도가 우선시되는 사회의 교통수단이다. 앞의 인용문
에서도 전차의 속도에 맞춰 삶의 속도를 계산하는 구보 씨는, 원하는
시각에 목적지에 닿지 못할 두려움에 결국 허둥거리게 되는 것이다.

도심은 자동차 중심의 공간으로 바뀌었다. 특히 승용차 소유자 수가
절대적으로 적었던 이 시기에 건설된 자동차 전용도로인 강변도로는,
1960년대 후반까지 서민의 친숙한 휴식지였던 한강에 대한 접근성을

빼앗아버렸다. 한강의 조망권은 강변의 아파트를 살 수 있는 경제적 여력이 있는 거주자들의 사유물이 되었다. 서울역 앞과 청계천에 세워진 고가도로, 140개 이상의 육교는 버스와 자동차를 위한 것이었으며, 사람들의 보행권을 박탈하고 그들을 변두리로 내쫓는 효과를 낳았다. 자동차 중심체계로 개편된 서울의 도시 공간은, 보행자들에게서 거리를 가로지를 수 있는 권리를 박탈하는 한편 자동차의 배기가스와 소음으로 가득 찬 자동차 중심의 공간으로 만들어버렸다. 이 소설에서 2년 후인 1971년의 상황을 묘사하는 구절은, 2000년대의 서울에 그대로 갖다 붙여도 무방할 정도다.

1971년 겨울 현재의 서울은 괴상한 도시다. 자동차가 많은 것까지는 아무튼 상관할 게 없는데 그 많은 차에서 내뿜는 연기가 살인적이다. 공기는 눈에 보이지 않지만 연기는 보인다. 자동차에 쓰이는 기름이 나빠서 그런지(아마 그럴 게다. 밀가루를 우유라 속여 팔고 페니실린이라 속여 파는 도시에서), 아니면 차가 낡아서 채 기름을 태우지 못해 그런지(아마 그럴 게다. 이건 차가 아니라 탱크 굴러가는 소리들을 내고 달리니까), 아니면 차가 설령 낡지 않고, 기름이 온전하다 하더라도 이만한 넓이에 이만한 차가 달리면 으레 이렇게 되는지 까닭이야 어째 됐건, 자동차들이 뿜어대는 연기 때문에 공기가 더럽기가 이루 말할 수 없다. 요즈음에는 웬만큼 사는 사람들은 집에다 공기 걸르는 기계를 달아놓게끔 되었다. 그러지 못하는 사람이 대부분이고 보면 여전히 끔찍한 일이다. 발이 편하자고 숨통을 망가뜨리면서 사는 것이다. (중략) 여기서 안 살자니 안 살 도리가 없다. 이 나라의 돈이 모두 한 곳에 모였는데

〈사진 35〉 삼각지입체교차로(1967), 아현고가도로(1968), 청계고가도로(1969)(출처: 서울역사아카이브).

이 고가도로들은 1990년대 이후 하나씩 철거되었는데, 이는 김현옥 서울시장이
자동차 중심으로 개편한 도로체계를 되돌리고자 하는 노력의 결과였다.

이 언저리를 떠나지 말아야 입에 풀칠이나마 할 게 아닌가(199~200쪽).

1960년대 후반 자동차와 버스 중심의 도시를 만들면서 서울시의 관료와 기획자들은 소음, 매연과 같은 공해를 전혀 생각하지 않았다. 지금이야 사람들이 미세먼지 지수에 신경을 쓰지만, 더러운 공기를 흡입하는 것은 서울에 사는 사람으로서 당연히 받아들여야 하는 의무가 되었다. 그것은 서울뿐만 아니라 다른 도시에서도 마찬가지였다. 공기와 수질 오염과 같은 환경 문제가 도시 문제로 대두한 것은 1970년대 중반 이후의 일이었다.

이렇게 사람들이 움직이고 이동하는 경로와 수단을 바꾼 효과는 단순히 생활상의 편의를 도모하는 것 이상의 의미를 지닌다. 교통과 도로체계는 도시 공간을 이동하는 사람들의 흐름을 지배하고, 여러 지역을 연결하거나 분리시키는 역할을 수행하면서, 사람들의 공간 이용방식과 그에 대한 감각을 변화시키기 때문이다. 보행권 안의 도심에 주요 시설이 몰려 있던 서울은 외곽의 버스 정류장 중심으로 주택가와 편의시설이 만들어지는 변화를 겪었다. 버스체제로의 이행 덕분에 사람들이 오가는 장소와 생활권이 바뀌게 되고 자본과 경제가 이동하는 범위와 속도 역시 바뀌었다. 교통체계의 개편은 서울이라는 도시 공간 내부의 기능적 분화, 위계화, 또는 불평등한 발전에서 중요한 의미를 가지고 있다.

구보 씨의 감각은, 서울이 사실상 새로운 경쟁의 시스템에 진입했음을 보여준다. 도로체계의 개편과 버스제도의 전면적 시행의 의미는, 전통적으로 형성된 길과 낡은 전차에 의존하던 서울 도시 공간과 일상생활의 현장이 현대도시의 모습으로 탈바꿈하는 기초가 되었다는 데서도 찾을 수 있을 것이다. 그러나 도로 확장과 고가도로, 강변도로, 육교 등의 건설을 통해 자동차 중심으로 재편된 서울의 교통체계는, 도시 공간의 이용과 전유가 가진 자들 중심으로 진행되고 있음을 알려줄 뿐 아니라, 새로운 경쟁과 속도 감각을 일상생활 공간에 도입하는 결과를 낳았다. 평등의 느낌을 앗아갔다는 막연한 감각, 남들을 밀치고 버스를 타지 않으면 뒤처진다는 구보 씨의 감각은, 서울의 도시 공간이 점차로 불평등하게 조직화되면서 새로운 경쟁의 질서로 진입했기에 생긴 것이다.

02
중심과
주변부가
위계화되다

광화문 전성시대

박정희 정권기 제2차 5개년경제계획 기간에 해당하는 1966~71년 사이에, 한국 사회는 세계 경제의 호황과 선진국의 고도성장, 베트남전 참전 등에 힘입어 연평균 11.4퍼센트에 달하는 유례없는 경제성장을 달성했다. 서울 도심의 경관은 장기 경제호황의 결과를 시각적으로 보여주었다. 도로와 교통체계 등 사회간접자본이 확충되고 제조업과 무역업이 국가경제의 근간이 되면서, 서울 도심부는 중심업무 지역으로서의 기능을 확실하게 담당하기 시작하였다. 서울 도심의 뒷골목에 존재하던 주거지가 조금씩 사라지고 외곽으로 퇴출되면서, 점이도시적 상태를 벗어나 도심과 주거지의 분리현상이 명확해지기 시작했다.

　최인훈의 《소설가 구보 씨의 일일》은 도심이 문화, 교육, 소비 등을 독점하며 중심으로 강화되는 현상을 가장 잘 보여주는 작품이다. 서울 거리를 왔다 갔다 하는 구보 씨의 눈은, 경제성장의 여파가 일반대중의 삶을 변화시키고, 전통적인 강북 도심이 유흥과 오락, 더 나아가 소비와 유행의 중심지로 탈바꿈되는 현상을 향하고 있다. 그중에서도 그가 가장 자주 가는 광화문 세종로 일대는 1960년대 후반의 변화 덕분에 최고의 번화가가 되었다.

> 광화문 시민회관 쪽의 이 길은 언제부턴가 서울에서 가장 붐비는 길의 하나가 되었다. 바야흐로 더위가 무르익어가는 중복 가까운 날씨는 오랜만에 개인 거리에 쏟아져 나온 사람들로 더욱 더워 보였다. 젊은 여자들이 미니스커트라 불리는 무릎 위로 쑥 치켜진 치마 밑에서 그 짧은 가리개조차 성가시다는 듯이 허벅다리를 넉넉하게 내놓고 걸어간다. 여학생이라 불리는 과년한 미혼 여성들이 유독 많은 게 이 거리이기도 하다. 그들은 대개 몇 사람씩 무리를 지어서 다닌다. 이 근처에 그들의 모습이 유독 눈에 띄는 것은 '학관'이 많이 있기 때문이다. '학관'이란 상급학교 입학시험을 위한 '집단 가정교사' 같은 시설인데 또 하나의 학교라 생각하면 틀림없다. 모든 학생은 한꺼번에 두 학교를 다니는 셈이다. (중략) 구보 씨는 걸어가는 왼쪽에 나타난 이순신의 동상을 쳐다보았다(114~116쪽).

1970년 당시 서울 세종로의 거리 풍경을 정확하게 반영한 구절이다. 이 일대가 1960년대 후반 여러 변화를 거치며 서울 제일의 번화가가 된 것은, 세종로 주변에 각종 정치·행정기관과 문화시설, 교육시설 등이 밀집했기 때문이다. 여기서 말하는 '학관'이란 오늘날의 학원을 가리킨다. 소위 명문 학교들은 1970년대 후반부터 강남으로 이전했기 때문에 강북 도심부에는 그때까지만 해도 유서 깊은 중고등학교들이 자리 잡고 있었다. 1969년 중학교 무시험 입학제도가 실시되었으나, 고등학교는 1974년에 비로소 평준화되었기 때문에 이 시기까지 도심에는 상급학교 진학을 위해 공부하는 학생들을 위한 사교육 시설도 함께 몰려 있었다. 구보 씨의 생각에 이 젊은 학생들은 광화문 일대의 거리를 더욱 젊게 만드는 요소였다.

젊은이들이 모여드는 광화문 일대는 가장 번화한 거리였을 뿐만 아니라 유행의 중심지였다. 1967년 가수 윤복희가 김포공항에 내리면서 첫 선을 보인 미니스커트는, 당시로서는 매우 파격적인 복장이었음에도 불구하고 젊은 여성들에게 폭발적인 인기를 끌었다. 시민회관 앞길에 미니스커트를 입은 아가씨들이 돌아다니는 장면은, 한국전쟁 때 월남하여 어느덧 중년이 된 구보 씨에게 신기한 풍경이었을 것임은 분명하다. 이 장면은, 《서울은 만원이다》에서 한일정상회담 반대를 외치는 스피커 소리가 울려 퍼지던 광화문 일대가 새로운 유행을 선도하는 여성들이 활보하는 공간으로 변화했음을 보여준다.

광화문 앞 세종로는 원래부터 서울의 역사적인 중심이었다. 조선시대부터 주요 관아가 있던 육조거리였으며, 일제하에는 1926년 남산 기슭에서 이전된 총독부 건물이 버티고 있던 식민 통치의 중심지였다. 그러나 한국전쟁 기간에 이 거리는 폭격으로 너무 많은 건물이 파괴되었다. 전쟁이 끝나고 명동이 상업과 유흥의 거리로 각광받던 1950년대에도, 세종로는 한동안 폐허로 남아 있었다. 1960년대 초반부터 세종로는 조금씩 정치와 행정 중심지로서의 기능을 회복하기 시작했다.

우선 전쟁으로 내부 시설 일부가 파괴되었던 중앙청은 수리와 복구를 거쳐 1962년부터 사용되기 시작했다. 그리고 1961년 한국정부와 주한 미국경제원조처USOM의 합자로 '쌍둥이 빌딩'이 세워졌다. 그중 하나는 현재 미국대사관으로 사용 중이며, 다른 하나는 현재 대한민국역사박물관으로 사용되고 있다. 미국대사관은 반도호텔 맞은편 미쓰이三井 빌딩을 사용하다가 1970년 12월 조용히 현재의 자리로 이전했다.[142] 바로 옆 건물은 1961~63년에는 국가재건최고회의가 사용했고, 그 후 1986년 2월까지는 경제기획원의 자리였으며, 다시 이후에는 문화공보부가 사용하다가, 현재 리모델링하여 외관을 바꾼 후 대한민국역사박물관으로 사용되고 있다. 1980년 교보빌딩이 들어서고 1984년 국제통신센터(현재 KT광화문지사)가 들어서기 전까지, 세종로 동편의 모습이 어느 정도 지금에 가깝게 변신한 것이다[143](사진 36).

1961년 완공된 시민회관도 1970년대 초반까지 광화문 일대의 도시경관에서 중요한 역할을 담당했다. 시민회관은 이름에 걸맞게 광화문에서 가장 시민들에게 친숙한 공간이었다. 최인훈의 소설은 그 이유를 알려준다. 구보 씨가 시민회관에 걸려 있는 외국 영화의 간판을 보는 장면에는 그곳에 영화를 보러 온 사람들로 가득하다. 이곳에 사람들이 많은 이유는 또 있다. "시민회관 결혼식장에서 사람들이 들끓고 결혼 답례품을 손에 든 사람들이 앞뒤로 밀려가다" 보니, 구보 씨는 간신히 그 사이를 비집고 걸어가기도 한다(76쪽). 당시 시민회관은 고급예술을 주로 전담하는 현재의 세종문화회관과 달리 대강당, 소강당 등의 시설을 영화 상영과 결혼식 등에 대여하고 있었기 때문에 이를 이용하는 시

〈사진 36〉 1960년대 후반 광화문에서 시청 앞까지 이어진 세종로 풍경(출처: 한국정책방송원).

1968년 복원된 광화문과 같은 해 세워진 이순신 동상이 보인다. 가장 높이 솟아 있는 옛 부민관(당시 국회의사당) 건물과 옛 조선일보사 사옥이 보이며, 그 뒤로 높게 솟아 있는 시민회관도 보인다.

민들이 매우 많았다. 그러나 시민회관 건물은 1972년 12월 2일 '10대 가수 청백전'을 하던 도중 큰 화재가 발생하여 사라졌다. 그 자리에 세종문화회관을 세워 완공한 것은 1978년이었다. 그러니까 구보 씨가 포착한 광화문 풍경에는 1968년에 세워진 이순신 동상과 1972년 사라진 시민회관이 공존하던 약 4년간의 시간대가 반영되어 있는 것이다.

구보 씨는 광화문 일대가 얼마나 번화해졌는지를 "살이 찌고 개기름이 번드르르해 간다"는 표현으로 대신한다. 그것은 시간의 요술이 아니다. 성장한 자본의 힘이 도시 공간에 침투하여 경관을 변화시키는 돈의 힘이다. 그러나 이 윤택함의 원천을 구보 씨가 정확하게 파악하고 있는 것은 아니기 때문에, 그는 "어디선가 쌓여가는 기름기가 어디론가 돌아 돌아 이렇게 보다 산뜻한 창문과 보다 매끈한 지음새가 되어 번져나오는 모양"이라고 추측할 뿐이다.

1960년대부터 이 거리는 조금씩 재건되기 시작했지만, 그 과정은 역사의 재건이라기보다는 현대도시의 번화가에 적합한 고층 건물, 대형 건물, 전시적 건물들을 새롭게 지어나가는 과정이었다. 1967년까지 그나마 남아 있던 옛 삼군부 청헌당은 공릉동 육군사관학교로 옮겨져 육조거리로서의 흔적은 완전히 사라졌다. 1979년 옛 전매국 건물, 1990년 옛 경기도청 건물, 1995~96년 총독부 건물이 차례로 철거되면서, 일제 식민통치가 남긴 근대건축 유산들도 이제는 완전히 사라졌다.

최인훈의 소설에서 구보 씨가 걷고 보고 활동하는 행적을 따라가면, 세종로 일대가 정치, 문화, 예술, 교육, 편의시설 등이 집중된 거대한 중심지로 재탄생했음이 확연하게 드러난다. 세종로에는 1960년대 후반 지금과 비슷한 경관이 거의 완성되었다. 1966년 광화문 지하도가 건설되었고, 1968년에는 한국전쟁 때 소실된 광화문이 콘크리트로 복원되어 세워졌다. 같은 해 충무공 이순신 동상도 세종로 한복판에 세워졌다.[144] 둘 다 1965년 한일협정을 맺은 이후 드높았던 '반일'의 감정을 정권에 대한 지지의 정서로 바꾸기 위해서 필요한 정책이었다. 옛 체신부 자리에 22층 높이의 정부종합청사도 1968년에 세워졌다. 그보다 더 남쪽인 태평로에는 지금 서울시의회 건물로 사용되는 국회의사당이 있었으니, 이 거리는 서울은 물론 한국의 정치와 행정의 중심지였다. 이렇게 광화문은 한국전쟁으로 인한 폐허를 지우고 1960년대 후반 한국 사회의 정치적 중심이자 서울의 도로가 뻗어가는 도시 공간의 중심으로 거듭난 것이다.

도심의 고층화

1960년대 중반부터 강북 도심에서 진행된 변화의 핵심은 고층화였다. 박정희 대통령을 비롯해서 서울시 개혁을 담당한 실무가들은, 암묵적으로 미국의 메트로폴리스처럼 고층 건물들이 집적된 도시 모습이 현대도시가 도달할 수 있는 궁극적 결과라고 생각했다.[145] 이 시기에 시작된 변화는 사실상 오늘날 서울 모습을 형성하게 된 출발점이었다. 그러나 누구나 이러한 변화가 발전이라고 생각하고 환영한 것은 아니었다. 1966년 작《서울은 만원이다》를 보면, 도시의 하층민 길녀는 이제 막 시작된 도심의 고층화를 보고 '써늘한 공포'를 느끼기 때문이다.

순화동 좀 못 미처 신문사라는 높은 건물이 거의 완공되고 있었다. 저것이 우리나라 첫째가는 부잣집이라는 소리를 언젠가 미경이에게서 들은 일이 있지만 저런 고층 건물이 여기저기 많이 서서 그런지 유독 저 집만이 우리나라 첫째 부잣집이라는 실감은 좀 해 일지 않았다.

요 근래에 근처에서는 건물만도 뉴코리아호텔, 대한항공, 대한일보 그리고 대한화재, 십층 건물들이 연방 올라서고 있다. 부잣집은 첫째만 찾지 않아도 여기저기 많은 것 같다. 그러나 이런 부잣집들이 과연 어느 정도로 어느 만큼이나 부자들인지 길녀로서는 전혀 종잡을 수도 없었다. 무엇인가 써늘하게 무서워지기부터 하였다(31~32쪽).

소설 초반부에 등장하는 이 장면은 꽤 객관적 사실에 입각한 1965년 서울 풍경을 보여주고 있다. 순화동 좀 못 미친 곳에 거의 완공 직전인 신문사 건물은 당시 중앙일보사 건물로 보인다. 삼성의 이병철 회장이 신문, 방송, 라디오를 아우르는 '중앙매스컴센터'를 서소문 일대의 순화동에 완공시킨 것이 1965년이다(사진 37). 삼성은 1964년에 국내 제1위의 기업으로 성장해서 이미 "우리나라 첫째의 부잣집"이 되어 있었다.[146] 중앙매스컴센터는 10층짜리 건물이었지만, 당시로서는 매우 높은 건물이었다. 지금과 비교하면 소박해 보일지 모르지만, 1960년대 중반까지 서울 고층 건물의 높이가 대부분 8층 정도였다는 사실을 감안하면[147] 이 건물들은 길녀에게 어마어마한 높이로 보였을 것이다.

《서울은 만원이다》에서 길녀가 언급하는 건물들은 당시 서울 고층 건물들의 대표 격이라 할 만하다. 서소문동의 대한항공 건물인 한진빌딩, 태평로 2가의 대한일보 건물은 13층, 남대문시장이 있는 남창동 대

〈사진 37〉 1965년 완공된 서소문로의 중앙매스컴센터.

《서울도 만원이다》의 길녀가 거의 완공되어가는 모습을 바라보았던 건물이다. 삼성도 1960년대 중반부터 신문, 방송, 라디오를 아우르는 미디어 본부를 만들었다.

〈사진 38〉 1972년에 찍힌 뉴코리아호텔의 모습(출처: 청계천박물관).

뉴코리아호텔은 서울광장 동편에 반도호텔과 나란히 자리하고 있었다. 현재는 재능교육 빌딩으로 사용 중이다. 1972년에 찍힌 이 사진에서는 반도호텔은 뒤에 가려져 보이지 않고, 당시 새로 올라가던 프레지던트호텔의 공사 모습이 보인다.

한화재 건물인 대한빌딩은 그중 가장 먼저 13층으로 건설되었다. 시청 앞 광장 동편에 있던 뉴코리아호텔은 1965년 지상 13층의 높이로 완공된 건물로, 지금의 63빌딩처럼 서울에서 가장 높은 빌딩이었다. 바로 옆에 일제가 1936년에 건설한 반도호텔이 있었는데, 반도호텔이 더 작아 보일 정도였다[148](사진 38). 이처럼 광화문이나 시청 앞 광장부터 을지로, 태평로, 서소문로와 같은 도심부에 고층 건물들이 지어지기 시작한 것은 거스를 수 없는 현상이었다.

1970년에 이호철이 쓴 다른 소설 〈1970년의 죽음〉은 서울의 고층화가 진행되는 현상에 대한 다른 장면을 담고 있다. 이 소설은 당시 이국의 낯선 문화였던 '비트족'이 서울에도 존재한다는 가정하에 쓰였는데, 아직 청년문화가 만개하지 못한 상태에서 허구적으로 조형된 한국 '비트닉beatnik'(107쪽)들의 모습은 매우 피상적이고 어설퍼서 좋은 소설이라고 보기 어렵다. 부잣집 아들딸들이 "돈은 있지만, 앞날은 캄캄하다"면서 "살 만한 생활"을 달라고 벌이는 무의미한 말장난과 자살 시위나, 북악스카이웨이의 팔각정과 고급 호텔에서 유희를 즐기는 젊은 청년들의 하찮은 반항은, 조국 근대화의 구호 앞에서 삶의 무의미함을 느끼는 청년들의 권태를 실감나게 표현하기에 역부족이다.[149]

그러나 이 소설에서 친구들이 북악스카이웨이 팔각정의 남쪽 베란다에 서서 '건물 알아맞추기 놀이'를 하는 장면은, 공간의 팽창과 함께 공간의 계층화 또는 공간의 차별적 개발이 이루어지고 있음을 보여준다. 그들은 도심을 바라보면서, '한국일보사, 조흥은행, 한진빌딩, 소복호텔, 이순신 장군 동상' 등 고층 빌딩이나 이정표들을 찾아내고 감탄의 눈길을 보내기에 바쁘다. 그들이 찾아내는 건물들이 거의 대부분 고층 건물들이라는 점이 이를 보여준다. 한국일보사 건물은 12층, 조흥은행 본점은 18층, 대한항공의 한진빌딩은 23층으로, 모두 1966~70년 사이에 건축된 건물들이다. 생소하게 들리는 소복호텔은 일제하부터 있던 소복여관을 이어받은 건물로, 남대문 근처 지금의 국제보험빌딩(25층) 자리에 있었다.

1966년 당시 서울에는 1966년 6~9층 건물이 111개, 10층 이상 건물이 18개밖에 없었던 데 반해, 1970년에 6~9층 건물이 487개, 10층 이상 건물이 122개로 늘어났다.[150] 1966~71년 사이 서울의 고층화를 상징하는 건물들은, 22층 높이의 정부종합청사와 1970년에 완공된 18층 높이의 조선호텔, 1969~70년 청계천로에 김중업의 설계로 세워진 유리 마천루의 31층짜리 삼일빌딩 등이다. 이 건물들은 도심 고층화가 막 시작되고 있음을 보여준다.[151] 이들은 모두 자본의 힘에 의해 세워진 고층 빌딩이거나 조국 근대화를 명목으로 민족주의를 활용하려는 국가권력의 의도가 드러나 있는 기념물이다. '건물 알아맞추기 놀이'에 등장하는 고층 건물들 역시 거주지와 상업 지역이 혼재해 있던 기존의 도심을 국가권력과 자본의 힘이 바꾸고 있음을 보여주는 징표들이다.

이호철의 소설들은 한국의 거대기업들에 의해 앞으로 서울의 도심 풍경과 스카이라인이 변화하리라는 점을 암시하고 있다. 길녀의 표현대로 "부잣집은 첫째만 찾지 않아도 여기저기 많을" 만큼 늘어나고 있었기 때문이다. 1966년 이후 도심 지역들은 정부 주도의 경제개발 정책에 올라탄 여러 기업들에 의해 전유되었고, 고층화되는 도심 풍경에 맞지 않는 빈민과 하층민들은 정부의 강제이주 정책에 의해 외곽으로 추방되었다. 정처 없는 하층민 길녀가 하루가 다르게 늘어가는 도심의 고층 건물들을 보고 무서운 느낌을 받은 것은, 그녀의 계급적 위치에서는 본 능적으로 나올 수밖에 없는 반응이었다. 4년의 격차를 두고 발표된 이 호철의 두 편의 소설은 그동안 서울의 고층화가 불러온 변화와 함께, 중 심과 주변부로의 공간 분화가 계층적 차이가 있는 사람들에게 다르게 체험되는 방식을 분명하게 보여준다. 길녀의 공포감은, 이전의 점이도 시 상태에 머물러 있던 도심과 변두리가 자본의 힘에 의해 중심과 주변 부로 위계화되는 과정에 대한 감각이었다.

서울에서 사라진 것과 없는 것에 대한 구보 씨의 단상

최인훈의 소설 《소설가 구보 씨의 일일》에서 구보 씨가 돌아다니는 행 적은 광화문 일대가 고층화의 물결 속에서 지금과 점차 비슷해지는 모 습도 보여주지만, 새로운 건물들이 들어서면서 이제는 완전히 사라진 풍경들도 보여준다. 당대의 도시 풍경을 소상히 기록한 덕분에 이 소설 에서만 발견할 수 있는 여러 장면은 사람들이 언제 어떻게 사라졌는지 이제 기억에 잘 떠올리지도 않는 추억 속의 모습들을 소환해낸다.

이 소설에서 구보 씨가 가장 자주 들르는 곳은 광화문에 있던 '예총 회관'이다. 이 건물에 문인들 아지트였던 '석굴암다방'이 있었고, 4층에 는 문인협회가 있었기 때문이다. 이 건물이 인상적인 것은, 서울의 거 리에 대해 매사 불평불만이 많은 까다로운 구보 씨가 거의 유일하게 찬 사를 보내고 있기 때문이다.

그는 걸어가는 왼편에 있는 광장으로 들어섰다. 이곳은 예총광장으로 불리는 공간인데, 이 광장 한옆에 '전국예술문화단체총연합회全國藝術文化團體總聯合會' 건물이 있기 때문이다. 구보 씨는 그 예총 건물 쪽으로 걸어갔다. 들어가면서 보이는 이 건물의 옆구리에는 추상미술 모양의 장식이 붙어 있는데, 구보 씨 생각으로는, 건물에 새겨진 이 장식이 한국에서의 유일한 그리고 걸작이라고 할 수 있는 살아 있는 미술품이었다. 건물 전체가 그 장식 때문에 큼직한 미술품으로 보이는 것이었다. 이 광장은 ㄷ자 모양인데 들어서면서 오른쪽이 과학박물관이고, 왼쪽이 시민회관 뒷등이며 막다른 데가 예총 건물이다(297~298쪽).

이 예술적인 건물에 새겨져 있던 부조를 만든 조각가 김세중은 광화문의 충무공 이순신 동상을 제작한 사람이기도 했다. 현재 예총회관은 대학로로 옮겨갔지만, 구보 씨가 유일하게 감탄한 걸작 같았던 이 건물은 지어진 지 십 년도 되기 전에 철거되었다. 세종문화회관을 새로 짓기에 시민회관 부지만으로는 부족하다고 생각했던 서울시는, 바로 그 옆에 있던 '예총회관' 건물을 부수어버렸던 것이다(사진 39).

건물의 건축적 가치나 역사적 중요성을 무시하고 파괴하는 일들은 지금도 서울에서 흔하게 일어난다. 특히 세종로 일대는 정치인과 관료들이 서울의 얼굴이자 정치적 상징성을 보여주는 곳이라고 간주하기 때문에, 이러한 일들이 비일비재하게 일어나는 곳이다. 1968년 복원한 광화문의 자리가 엉터리이기 때문에 2006년 다시 복원하고, 전임 서울시장이 2009년에 만든 광화문 광장을 십 년도 되지 않아 다시 만들겠다는 공약을 내세울 수 있는 곳이 바로 세종로다. 전근대 역사의 파괴,

일제 근대건축 유산의 파괴, 우리가 직접 만든 현대사 건축의 파괴가 연이어 일어나는 관행은 이미 1960년대 후반 만들어진 것이다.

세종로 서편에서 예총회관이 사라졌다면, 동편에서 사라진 것도 있다. 구보 씨는 당시 경찰청으로 쓰이던 옛 경기도청 건물 뒤편에서 특이한 것을 발견한다. 그것은 바로 수송동에 있던 기마경찰대다.

> 1972년 정월 초순의 어느 아침의 일이다. 서울 청진동에서 안국동으로 빠지는 골목의 초입인 숙명여학교 앞길을 걸어가는 한국인 중년 남자 하나가 있었다. (중략) 남자는 발을 멈추고 오른쪽을 쳐다보았다. 사람 두엇이 비켜 지날 만한 골목이 있는데 어귀에 '목은 선생 영당 입구'라는 현판이 있다. 이 골목 막다른 곳에 있는 모양이다. 그러나 남자는 그곳을 찾아온 것이 아님에 분명했다. 그는 다시 걸음을 떼어놓았는데 골목 안으로가 아니었기 때문이다. 왼쪽으로 기마경찰대가 나타난다. 넓지도 않은 마당에는 말 몇 필이 오락가락한다. 행사 때라든지, 보통 때에도 가끔 거리에서 보게 되는 그 네 발 가진 짐승들이 길러지는 데가 여긴 줄을 처음 안 것인지 어쩐지 남자는 거기서 또 걸음을 멈추고, 한길에서 약간 내려앉은 운동장에서 말이 움직이는 것을 보고 있었다(237~238쪽).

이 장면은 지금과 같은 점과 다른 점을 동시에 보여준다. 구보 씨가 지나간 숙명여고는 1981년 도곡동으로 이사 갔지만, 고려시대의 위인 목은 이색牧隱 李穡의 작은 영당影堂은 지금도 고층 건물 뒤편에 숨어 있다. 그런데 수송동에는 조선시대부터 말을 사육하던 조마장이 있던 덕

〈사진 39〉 1964년 12월 완공되어 1973년 세종문화회관 건설을 위해 철거된 광화문 예총회관 건물(출처: 국가기록원).

옆면의 부조는 조각가 김세중의 작품으로 '창조와 영예'를 상징한다고 한다.

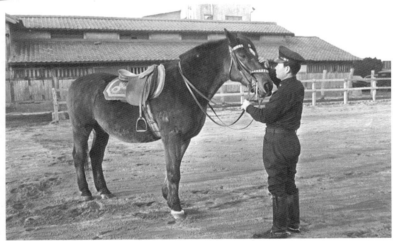

〈사진 40〉 자신의 말과 작별하는 퇴역하는 기마경찰(출처: 경향신문사).

1971년 3월 16일 촬영된 사진으로, 1972년 뚝섬으로 옮겨가기 전에 수송동의 기마경찰대에서 촬영된 것으로 추측된다.

택에 오랫동안 경찰기마대도 있었다. 기마경찰은 일제하에도 총독부 소속으로 유지되었고, 한국정부는 1945년 12월 미군정청으로부터 말과 장비를 인수받았다. 게다가 세종로에 면한 쪽으로 옛 경기도청 건물에 경찰청이 입주해 있었기 때문에, 그 건물 뒤편인 수송동에 기마경찰대를 둔 것은 매우 효율적인 선택이기도 했다(사진 40).

시내 한복판에 자리 잡은 경찰기마대는 특히 1960년 4·19 당시 성난 시위대를 진압하는 데 주도적인 역할을 했다. 당시 서울의 거리에서는 시위대가 기마경찰의 말발굽에 짓밟히지 않기 위해 돌을 던지며 싸웠다. 그러나 1970년대 초반까지도 서울 한복판에서 말 수십 필을 키웠다는 것은 매우 이채롭다. 구보 씨가 이곳에 있던 말들을 바라본 지 몇 달 후인 1972년 6월 경찰기마대는 현재의 성수동에 해당하는 뚝섬으로 이사했다.[152] 구보 씨는 사라진 풍경을 거의 마지막으로 목격하고 기록해 둔 셈이다.

예총회관은 대학로로, 경찰기마대는 뚝섬으로 옮겨갔듯이, 도시개발이 본격화된 서울의 도심은 많은 시설들을 다른 지역으로 밀어낸 것이기도 하지만 있던 것을 없앤 것이기도 하다. 구보 씨의 시선을 더 빌리면, 사라진 것뿐만 아니라 서울에 애초에 없는 것도 발견할 수 있다. 매우 많지만, 구보 씨의 상념들 중에서 당장 몇 가지 예를 들어보자.

우선 그는 서울이 '자연'이 상실된 공간이라고 생각한다. 눈이 오는 어느 날 구보 씨는 생각한다. "눈이라는 이 하얀 가루가 공중에 가득 퍼지면서 거리는 순간에 그 참다운 모습을 나타낸 것이다.……눈이라는 물감 가루가 공간에 뿌려지자 비로소 '공간'과 '집'과 '사람'과 '공기'와 '길'이 저마다 불쑥 드러난 것이었다"(265쪽). 서울에는 또 음식점의 맛과 질을 알려주는 수단이 없다. "도시의 음식점은 옷차림이나 굿거리, 놀이와 마찬가지로 돌림병 같은 것이다. 《패션계》니 《예능계》니 하는 잡지가 있는데 '음식계'라는 잡지가 왜 없는지 야릇한 일이다. 사실 무엇보다도 도시에 사는 사람들을 위해서 이것이 큰 쓰임이 됨직한데 말이다"(247쪽). 그리고 구보 씨의 생각에 "서울이라는 도시는 이상도 하다. 자동차 많은 폭만큼이나 음식점도 많고, 술집도 많고, 학교도 많건만 책방은 그렇지 못하다. 이만한 사람이 사는 곳에 헌책방은 모두 해서 이 언저리에 있는 이것뿐이다. 동대문에 몇 집. 청계천에 몇 집. 그나마 청계천에 있는 것은 교과서뿐이다. 동대문 책방은 길이 넓어지면서 헐린 집이 많고, 그 안쪽에 있는 책방은 날치기 책방들이다. 해적판 엉터리 책들이다"(207쪽).

정리하자면, 구보 씨는 1970년대 초반의 서울에 자연이 없고, 음식점 가이드가 없고, 책방이 없다는 것을 불평하고 있는 셈이다. 이 진단은 지금도 맞는 말이다. 도시화를 진행하면서 공원을 만들지 않았으며, 오히려 원래 있던 공원 부지들도 주택 용지로 만들어버렸다.[153] 게다가 2016년 미슐랭 가이드가 나왔다 하지만, 그토록 많은 사람들이 밖에서 음식을 사먹고 있는데도 그전까지 서울은 음식점 안내서가 거의 없었다. 2000년대 이후 인터넷의 발달이 맛집 가이드를 대신하고 있을 뿐이다. 한때 학교 앞 참고서를 파는 서점들이 성행하기도 했지만, 인터넷 서점의 등장 이후 이제 그런 책방조차 거의 사라졌고, 종로의 '종로서적'과 '양우당서점'도 사라졌다. 구보 씨가 1969~1972년 사이에 쓴 불평들이 지금도 대체로 맞다는 사실은, 서울은 한국 사회의 인구, 자본, 정보를 블랙홀처럼 빨아들이는 수십 년을 거쳐 왔으면서도 사실은 그 변화가 특정한 것들을 도태시키거나 외면하는 선택적 변화였음을 보여준다.

십 년의 변화, "어질머리"에 적응하기

최인훈의 《소설가 구보 씨의 일일》은 서울의 도시 공간을 기록하는 태도에 있어서 박태원의 동명소설과 뚜렷한 차이가 있다. 이 소설은 기승전결의 서사에 익숙한 독자들이 읽기에 쉽지 않다. 하지만 소설과 에세이의 경계를 넘나들며 서로 이질적인 사변적 담론들을 과감히 충돌시키는 형식 속에서 당대의 역사적 흐름들을 드러낸 뛰어난 작품이다. 박태원의 소설이 연재 당시인 1934년의 서울에 정태적으로 고착되어 있다면, 최인훈의 소설은 "십 년간의 변화"를 포착하는 데 더 충실하다. 피란과 월남 이후 "그 십 년은 구보에게 있어서 그 어질머리의 실마리를 풀어가는 일"(19쪽)이었던 만큼, 고향으로 돌아갈 수 없는 소설가의 몸은 어떻게든 정착해서 살아가야 하는 서울의 도시 공간에서 일어나는 어지러운 변화들을 향해 열려 있다. 이를 살펴보기 위해, 세종로 대로변보다 그 주변의 다른 길들을 돌아다니는 구보 씨의 경로를 쫓아가보자.

> 그는 한국일보사 앞으로 해서 광화문 쪽으로 나갔다. 이 거리도 지난 십 년 동안에 엄청나게 바뀌었다. 십 년 전만 해도 여기는 아주 조용한 거리였다. 창덕여학교·비원·창경원·서울대학교 쪽으로 가는 이 길

은, 그러한 길목으로서 어울리게 조용했던 것이다. 그러나 지금은 서울의 다른 거리에 비해서 특별히 조용하다거나 오가는 사람이 특색이 있달 것은 없다. 구보 씨는 이 도시의 토박이가 아닌 자기로서도 이렇게 감회가 많은 세월이 토박이에게는 어떻게 느껴질까를 생각해본다. 알 수 없었다. 아마 그들에게는 되레 자연스러운 것인지도 모른다. 자기 집 뜰에 심은 나무가 자라는 것을 아무도 신기해하지 않듯이 제일 가까운 것이 늘 제일 안 보이는 것이다(89쪽).

구보 씨의 설명대로 한국일보사 앞에서 광화문 쪽으로 나가면, 현재 동십자각이 서 있는 삼청동 입구를 바라보게 된다. 여기서 동쪽을 바라보면, 앞 구절처럼 옛 창덕여고, 비원, 창경궁, 서울대학병원까지 이어지는 율곡로가 이어진다. 이 길은 일제가 1926년 안국동에서 돈화문 구간을 우선 공사하고, 1932년 창경궁과 종묘를 통과하는 종묘 관통선으로 만든 길이다.[154] 그러나 구보 씨는 안국동 로터리 쪽을 바라보면서 역사적 기억을 떠올리기보다 십 년 동안의 변화를 떠올린다. 소설 후반부에서 구보 씨는 창경원 쪽을 바라보면서 십여 년 전만 해도 고궁(창경궁)과 학교만 있던 한적한 거리가 "늘 수없이 많은 아이들과 아낙네들이 조조의 백만 대군처럼 밀고 밀리는 길"로 변했음을 말하고 있다(267쪽). 그가 바라보았을 한국일보사 건물도 1968년 화재로 소실된 자리에 김수근이 1969년에 새로 건축한 13층짜리 건물일 것이다. 그가 서울 거리를 다니면서 목도하게 되는 것은 점차 번잡해지는 변화일 뿐이다.

구보 씨는 십 년 전 서울과 비교하는 습관 때문에 어쩔 수 없이 과거와 현재를 넘나들며 서울의 변화를 포착하는 역할을 수행하게 된다. 다

음 대목도 '변화'에 주목하는 구보 씨의 태도를 전형적으로 보여주고
있다.

> 시민회관에서 지하도까지는 과자집, 양요리집, 여행사, 구둣방, 찻집
> 이 줄느런히 처마를 맞대고 늘어서 있다. 그 거리는 해마다 변해왔다.
> 어디선가 쌓여가는 기름기가 어디론가 돌아 돌아 이렇게 보다 산뜻한
> 창문과 보다 매끈한 지음새가 되어 번져 나오는 모양이었다. 그러면
> 사람들은 그 속으로 빨려들어가서 다소간에 돈을 토해놓고 나오면 창
> 문과 지음새는 더욱 매끈해진다는 식인 모양이었다. 하기는 그 집들
> 임자는 수없이 바뀌었겠지만, 아랑곳없이 집들은 살이 찌고 개기름이
> 번드르르해가는 것이었다. 그 모퉁이에도 한 십 년 전에는 책방이 있
> 었던 것을 문득 구보 씨는 떠올렸다. 그리고 그 책방에 매우 아리따운
> 아가씨가 가게를 보던 일도 떠올랐다. 그러자 구보 씨는 마치 그 아가
> 씨가 자기 애인이기나 했던 것처럼 쪼르르르해지는 것이었다. 실은 아
> 가씨라기보다 십 년 세월이 거꾸로 휘말려서 똘똘 뭉치더니 홀연 아가
> 씨로 둔갑한 것처럼 느꼈던 것이다. 분명히 그 아가씨는 육신이 아니
> 라 '시간'의 화신이었다. 왜냐하면 아가씨에게서 십 년의 세월을 빼고
> 보니 아가씨는 간 곳 없고 그 자리에는 양품가게가 있을 뿐이었기 때
> 문이다. 황차 시간이 제가 무엇이관대 이런 기막힌 요술을 부리는 것
> 일까(279~280쪽).

이 인용문에서, 과거를 회상하던 그는 마치 십 년 전 책방에 자연스
럽게 들어가듯 양품가게에 들어가버렸다가 민망한 마음에 어쩔 수 없

이 양말을 사서 나온다. 그를 끌어당긴 양품가게 아가씨는 사실상 십 년 전의 시간 속에 그 자리에 있던 책방 아가씨의 화신이며, 그의 몸은 마치 요술처럼 변해버린 시간적 변화에 반항이라도 하듯 십 년 전 습관과 기억을 새기고 있다. 구보 씨의 몸과 현실의 거리는 곧 과거와 현재의 거리가 된다.

구보 씨는 현대도시 서울의 변화를 빠르게 따라잡는 관찰자가 아니라 아직 과거의 시간성을 기억하고 있는 몸으로서 그 변화와 격차를 실감하는 사람으로 등장한다. 앞에서도 등장한 한국일보사 건물이 있던 중학동의 풍경은 1970년 새로 지어진 일본대사관 건물에 대한 기록을 통해 다시 나타난다. "일본대사관 앞으로 지나면서 구보 씨는 건물을 쳐다보았다. 그 건물의 지음새는 어딘지 요새 같은 데가 있었다. 창문이 작고 벽이 두꺼운 품이 그렇게 보였다. 사진에서 본 아랍 지방의 프랑스 군대 사령부 건물 같은 느낌이다. 별나게도 지었군, 하고 구보 씨는 속으로 중얼거렸다"(300쪽). 그래서 구보 씨는 과거의 흔적이 그대로 남아 있는 도심을 걸을 때 마음의 안정을 느낀다. 중학동과 바로 붙어 있는 수송동 조계사 뒷길의 1970년대 초반 풍경에 대해 구보 씨가 묘사하는 구절을 보자.

구보 씨는 수송국민학교 앞을 지나서 조계사 뒷길을 걸어갔다. 이 길 또한 서울 같은 데서는 쉽지 않은 길이다. 지금도 이만한 것을 보면 한 십 년 전만 해도 얼마나 조용했으랴 싶다. 게다가 이 골목에는 새로 지은 집들이 없는데도 아직 초라해 보이지 않을 뿐더러, 매우 실속도 있고 내력도 있어 보인다. 이 도시에서 오랫동안 흔들리지 않는 넉넉한 살림을 해오는 사람들이 살고 있을 것 같은 집들이다. 한말과 일제시대, 그리고 해방 후에—이렇게 어려운 고비를 모두 그럴듯하게, 유리하게 넘어서면서 살아왔고 산다는 것이 무엇인지를 아는 사람들이 사는 골목 같았다. '恩級'이라든가 '株'라든가 '年金'이라든가 하는 부르조아 사회의 신비한 부적들이 그닥 실감 있는 풍속이 되어본 적이 없는 우리 사회에서는 이런 분위기는 드문 일이다. 구보 씨는 조계사 뒤를 지나서 안국동 로터리 쪽으로 나갔다(266쪽).

구보 씨는 옛집들이 그대로 남아 있는 수송동의 풍경에서 "서울에는 시내에 있으면서 인적은 많지 않은 골목이 아직도 많이 있다"는 사실을 확인하고 안정감을 느낀다. 수송동이 정도전의 집터를 비롯하여 조선의 양반들이 살던 집들이 모인 동네인 만큼, 이 지역의 풍경에 '내력'과 '넉넉한 살림'의 느낌이 묻어나는 것은 당연한 일이다. 그러나 그 풍경은 지금과 사뭇 다르다. 1969~72년 사이에 연재된 이 소설의 묘사는 몇 년 뒤면 사라질 그 시기의 도시 경관을 정확하게 반영하고 있다. 구보 씨가 지나가는 수송국민학교는 1922년에 세워져 오랜 역사를 자랑하던 학교로, 전쟁 이후 서울에서 학생이 제일 많은 학교이자 중학교 평준화 이전에 덕수, 교동과 더불어 많은 학생들을 명문중학교에 진학시키는 것으로 평판이 높은 국민학교였다. 이 학교는 1977년 2월 폐교되었는데, 1976년 학교 건물에 화재가 나기도 했고 무엇보다 도심에서 주거지가 사라지면서 학생 수가 현격히 줄어들었기 때문이다[155](사진 41). 수송국민학교 자리에는 현재 종로구청이 자리 잡고 있으니, 구보 씨는 현재의 종로구청 앞길을 지나간 셈이다.

이 소설은 광화문 일대뿐만 아니라 주변의 다른 도시 공간의 변화에 대한 기록들도 풍부하게 담고 있다. 구보 씨는 출판 관련 일이나 지인과의 만남을 위하여 다방, 음식점, 술집, 출판사들을 다니기도 하고, 그저 산책을 위해 다니기도 한다. 그가 가장 많이 다니는 길들을 조사해 보면, 오늘날의 지명으로 따지자면 광화문 부근의 세종로와 율곡로, 종로와 그 부근의 조계사 뒷길인 수송동, 관훈동, 청진동과 그 밖에 청계천로, 명동, 삼청동, 원남동 등이다. 그의 생활권이 오늘날 강북 도심권에 속하는 매우 좁은 구역이라는 점은 1960년대 초중반과 크게 다르지 않다. 그러나 이 소설에는 식민지의 기억으로 채색되어 있던 강북의 도심이 서서히 변해가는 과정과 그 속에서 사라지거나 살아남는 도시 경

〈사진 41〉 현재 종로구청 자리에 있던 수송국민학교에 1976년 화재가 난 모습(출처: 서울역사아카이브).

강북의 손꼽히는 명문학교였던 수송국민학교는 도심의 학생 수 감소로 1977년 폐교되었다.

관에 대한 기록들이 남아 있다.

1972년 서울시는 강남을 개발하기 위해 강북 개발을 제한했기 때문에, 이 전통의 도심은 정체되어 조금씩 쇠퇴해가기 시작했다. 1970년대 들어서 본격적으로 강남이 개발되면서, 정부는 '특별지구 개발촉진에 관한 임시조치법'을 마련하였다. 정부는 강남 지역을 '개발촉진지역'으로 선정하여 각종 세금을 면제해주지만, 강북에 대해서는 규제정책을 취했다. 각종 시설과 건물의 신규 허가와 증축을 규제하여, 백화점, 도매시장, 호텔, 유흥업소의 신규 허가를 억제했을 뿐만 아니라, 1970년대 중반에 이르면 사대문 안 중고등학교의 강남 이전을 장려하는 한편, 학교와 사설학원 등의 신설을 중지하기에 이른다.[156]

일제하부터 첨단의 근대문물을 보려는 사람들을 끌어모았던 강북 도심의 역할이 쇠퇴했을 뿐 아니라, 광화문과 종로 일대에 유독 "젊은 학생들이 많다"던 구보 씨의 관찰은 과거의 유물이 되었다. 명문학교는 이사했고, 강남, 신촌, 여의도, 영등포 등 다른 도심들이 생겨났기 때문이다. 사대문 안을 중심으로 형성되었던 강북 도심은 여전히 서울의 번화가이지만, 과거와 같이 유일한 중심가는 아니다. 오히려 강북 개발제한에 걸려 예전의 상태가 남아 있기 때문에, 오늘날 젠트리피케이션이 일어나는 장소가 되었다. 최인훈의 《소설가 구보 씨의 일일》은 서울의 중심축이 강남으로 이전되기 직전, 다시 말해 지난 6백 년간 서울과 한국 사회의 중심지 역할을 해왔던 강북 도심권의 마지막 전성기를 기록한 문학작품일 것이다.

이국적 경관의 무장소성과 혼종성

구보 씨가 관찰한 변화 또는 1966년 이후 서울에 일어나기 시작한 변화는 매우 급격했던 동시에, 그 이전의 장소성과 근본적으로 성격을 달리하는 매우 이질적인 것이었다. 당시 서울은 인구 과잉의 남루한 공간이기도 했지만, 동시에 조선왕조의 전통과 일제하 근대도시의 면모가 남아 있던 역사의 도시이기도 했다. 그러나 서울을 개혁하려고 했던 사람들의 머릿속에 담겨 있던 미래의 청사진은 전통과 자연과 건물이 조화된 모습이 아니었다. 현재 서울의 낡은 건물들 대다수는 바로 이 시기에 지어졌는데, 서울의 도시 경관을 좌우하는 건물들의 집적 상태는 과연 얼마나 현대도시에 걸맞은 것이었을까. 다음은 《소설가 구보 씨의 일일》에서 구보 씨가 서울 거리를 내다보는 장면이다.

보통 때 내려다보이는 거리는 늘 거슬리는 데가 있었다. 더욱 같은 빌딩 안에서 다른 빌딩을 건너다보면 다듬지 않은 맨 시멘트 옆구리며 구지레한 꼭대기며 하는 게 정나미가 떨어지고, 높은 건물 사이사이에 아직 예대로의 기와집이 있는 데는 더욱 안 좋았다. 기와지붕들은 대개 여관·호텔·요정인데 내려다보이는 몰골이 그처럼 추잡스러울 수가 없다. 원래 이 바닥의 주인은 그 기와지붕들인데 새 양식집들이 들어찬 틈바귀에 남은 그것들은 꾀죄죄하고 볼품이 없다. 울긋불긋한 옷이 들락날락하고 마루에 그림자가 언뜰언뜰 지나가고 하는 것도 모두 여름에는 후즐근하고, 겨울이면 또 을씨년스러워 보인다(264~265쪽).

새로 들어서는 고층 건물은 시멘트로 발라진 옆구리와 지저분한 옥상 때문에, 예술적 가치는커녕 미관상의 만족감조차 주지 못하다. 문제는 이렇게 허술하게 마감된 고층 건물이 원래 이 도시의 주인이었던 기와집들을 초라하고 옹색한 것으로 만들어버린다는 데 있다. 아직 철거되지 못하고 도심 곳곳에 숨어 있는 낡은 기와집들은 주거지로서의 기능보다 여관, 호텔, 요정과 같은 은밀한 유흥지로서의 기능밖에 하지 못하고 있다. 지금도 고층 건물 옆의 낡은 집들은 재개발 대상 정도로 생각되는 경향이 있는 것처럼, 일단 고층 건물이 들어서기 시작하면 그것과 조화가 되지 않는 낡은 건물들은 도시의 어두운 면을 흡수하는 그림자가 되어 퇴출될 운명이 된다.

무엇보다도 구보 씨가 이 시기 서울의 고층화로부터 받는 가장 큰 느낌은, 서울이 본래 모습을 잃고 "엽서에서 보는 그 이국 도시의 모습"을 닮아간다는 것이다. 거리도 닮아가고, 그 거리를 다니는 사람들의 모습도 변해간다.

시민회관에는 인도 마술사의 간판이 걸려 있다. 그 아래를 사람들이 오간다. 구보 씨는 극장 간판 아래에서 바글거리는 사람들을 볼 때마다 언제나 '홍콩'이라는 이름이 문득 떠오른다. 간판 속에서 커다란 클로즈업으로 내려다보고 있는 아리안계 외국인 배우의 얼굴과 그 밑에서 와글거리는 노오란 몽고족의 대조가 조계租界라든지 '정청政廳' '치외법권' '원주민' 이런 분위기를 풍기는 것이었다. 요즈음 높은 건물들이 들어서고부터 더욱 엽서에서 보는 그 이국 도시의 모습을 닮아간다. 여자들의 화장은 아마 그런 닮아가는 모습의 으뜸이다. 모두 아리

안계 여자의 모조품으로 보이게 하려고 피눈물 흘린 성과를 얼굴이라고 들고 다닌다(115쪽).

광화문 시민회관에서 실제로 '인도 대마법단'이 공연한 것이 1972년 9월 30일부터 10월 4일까지 5일간이었으므로,[157] 구보 씨가 이 앞을 지나간 날짜를 짐작할 수 있다(사진 42). 구보 씨 말대로 "기름기가 번드르르한" 이 거리는 도시 고층화의 상징이었다. 아리안인이 간판 속에서 내려다보는 거리에 황인종이 바글거리는 모습으로부터 구보 씨가 치외법권이 성립하는 외국인 거주지 '조계'를 상기하는 것은, 그만큼 서울

〈사진 42〉 극장을 갖추고 있어서 영화 제목과 간판이 걸려 있던 광화문 시민회관(출처: 국가기록원)

영화 〈밤은 통곡한다〉가 개봉한 것은 1961년이지만, 이 사진의 촬영일은 1963년 11월 12일로 기록되어 있다. 정확한 촬영연도를 확인하기는 어렵지만, 1960년대 초반 시민회관의 모습으로 보인다.

의 도시 경관이 사람과 맞지 않는 서구화된 양식으로 바뀌어가는 것을 의미한다. 거리를 걸어다니는 여자들의 화장조차 문화적 식민성을 보여준다. 크리스마스를 비롯한 서양 풍속들이 한국 사회의 전통을 변화시켜가는 현상에 대해 비판적이었던 최인훈다운 서술이다.

최인훈이 1970년에 쓴 또 다른 소설 《하늘의 다리》도 고층 건물들의 건축 기준과 거기에 작용하는 사람들의 시선에 대해 비판적 목소리를 낸다. 소설의 주인공 준구가 자신이 내장공사 멤버로 참여한 '바이스로이' 호텔의 공사 관계자를 위한 파티에 가 있는 장면이다. 가상의 호텔 이름을 '식민지의 총독'이라는 뜻을 가진 '바이스로이Viceroy'로 지은 것은, 서울의 도시 경관에 확산되어가는 식민성에 대한 비판 때문일 것이다.

> 여기는 지금 동업자들도 와서 재료며 새롭게 보이는 아이디어 같은 걸 유심히 보고 있다. 곧 비슷한 바가 생길 것이다. 특별한 재료를 쓴 것도 아니니 요는 아이디어다. 아이디어 같은 건 보면 안다. 돈만 있으면 당장에라도 복사할 수 있다. 만사 이런 식이다. 그것 얼마 못 가서 싫증이 난다. 또 새것이 생긴다. 호텔의 장식을 맡으면서 준구는 공부를 많이 했다. 대개의 구조며, 시설을 알 수 있었다. 그리고 요즈음 짓는 호텔이 어떤 손님을 상대로 짓고 있는가도 알 수 있었다. 관광객이 첫째다. 반드시 관광이 아니라도 외국 손님을 머리에 두고 있다.
> 그러니 새 아이디어니 민속이니 해도 요는 외국사람에게 먹혀들어갈 것이 기준이지 그 이상은 아니다. 그래서 자연 살아 있는 사람의 살아 있는 살림 속에서 움직이는 민속이 아니라 정작 한국사람 눈에는 우스꽝스러운 것들이 많다. 다음에는 한국인이라도 일시적인 관광객 기분

이고 싶은 사람들이 상대다. 고층 빌딩의 옥상에서 내려다보는 서울의
야경은 아름답다. 준구는 눈 아래 펼쳐진 그럴듯한 서울을 바라보면서
개운치 못한 기분이다. 최신식 기술과 최신식 돈으로 지은 '고층 건물'
—그 속에서 벌어지는 관광 인생. 도시 속에 있는 항구인 이런 유의 호
텔, 주택 자금과 이러저러한 사유로 돈을 쥐게 된 사람들이 지은 '신식
주택'들—그 속에서 벌어지는 아醞 부르주아의 삶.[158]

이 구절은 서울에 생겨나는 고층 건물들의 건축방식에 일정한 유행
이 있다는 사실을 지적하고 있다. 새로운 건물이 지어져도, 다시 그 건
물을 복제한 건물들이 생겨나 새로움을 낡은 것으로 만들기 때문에, 결
국 새로움과 낡음의 경계는 없어져버린다. 이 소설에서 이러한 현상은
끊임없는 갱신만이 중요한 모더니티의 원리가 서울에서 발현되는 것이
라기보다, 외국의 양식을 모방한 사이비 복제건물을 무분별하게 재생
산하는 과정처럼 서술되어 있다.[159]
　의미심장한 것은, 당시 서울에 세워지는 고층 건물들이 지닌 새로움
이 관광객 또는 외국인의 시선에 좌우되고 있다는 점이다. 바이스로이
호텔 건축은 "10층짜리 건물의 옥상에 라운지와 이웃한 넓은 바"를 만
들고, "내려다보는 도시의 전망과 바의 분위기를 연결시키는 것이 아
이디어였다"(67쪽). 다른 건물에서 곧 다시 복제되어 등장할 게 뻔한 이
아이디어에 반영되어 있는 것은, 서울을 관광객, 그것도 외국인 관광객
의 시선으로 바라보는 태도다.
　관광은 현지의 삶에 대한 이해나 특정한 장소의 장소성을 삭제해버
리고, 아름다운 경관과 기념비적인 것에 한정된 시선을 강요한다. 일반

적으로 관광객은 장소나, 과거, 미래에 대하여 아무런 실감 없이 여행을 한다. "그들이 마주치는 어떤 것도 그들을 과거나 미래로 데려가지 않으며, 그 자체를 넘어서는 생각을 이끌어내는 것도 없다. 어떤 의향이나 관계도 가지지 않는다. 어떤 것에도 역사나 약속이 없다. 모든 것이 그냥 혼자 서 있으며, 장면이 자꾸 바뀌는 쇼처럼 번갈아 오고갈 뿐이고, 구경꾼은 그 자리에 그냥 남는다."[160] 즉, 관광객의 시선에는 과거와 현재, 미래와 같은 역사적 시간성이 삭제되어 있으며, 중요한 것은 장소의 경관이 지닌 소비가치일 뿐이다. 서울의 고층 건물 건축에 관광객의 시선이 작용한다는 것은, 결국 도시 경관이 소비가치를 따라 동질화된다는 것을 의미한다. "건축은 의도적으로 외부인, 구경꾼, 통행인, 무엇보다도 소비자들을 지향해서" 지어진다. 그 결과는 "관광을 유발시킨 국지적·지역적 경관의 파괴"다.[161] '역사'와 '전통' 역시 관광과 여행상품으로 변신하거나, 국가권력이 국민의 훈육을 위해 수시로 호출하는 이데올로기적 도구로서의 기능을 담당하게 된다.

《소설가 구보 씨의 일일》은 결국 서울이 어떻게 변화될 것인지를 암시한다. 구보 씨는 서울이 이국 도시처럼 변해가는 것을 걱정하다가, 더 크게 뒤통수를 맞는다. 구보 씨는 지하도 입구의 신문장수에게서 석간신문을 한 장 샀다. 지하도 계단을 내려가면서 신문을 들여다본 구보 씨는 그만 우뚝 서버린다. 일면에 커다란 기사가 나와 있었다. '미美, 한국韓國을 극동極東의 '홍콩화' 구상, 미 평론가 주장'(115~116쪽). 홍콩은 중국인들의 도시이지만 영국의 식민지로서 고층 건물과 쇼핑센터, 편리한 교통과 통신이 발달한 세계 도시다. 구보 씨는 홍콩이 날마다 무장소적인 고층 건물이 늘어가는 서울의 미래가 될 것이라는 공포감을 느꼈던 것이다.

그러나 서울이 홍콩처럼 서구화된 동양의 도시가 된 것은 미국의 구상 때문만이 아니라, 정치권력과 대중이 함께 서울을 만들어 온 결과다. 구보 씨는 이에 대해 비판적인 목소리를 내지만, 국가권력, 자본의 힘, 소비지향적인 대중이 힘을 합쳐 서울을 기억과 역사의 축적이 없는 무장소성placelessness[162]의 도시로 바꿔가는 과정은 뒤집을 수 없는 흐름이 되었다. 그 결과 탄생한 것은 단순히 '무국적' 또는 '무장소성'이라고만 부를 수 없는 도시 경관이다. 모더니즘적 고층 건물, 개량된 판잣집, 식민지 건축과 전통 건축이 뒤섞여 있는 도시, 문화적 혼종성이라는 말로도 설명하기 어려운, 이질적인 시기와 문화와 맥락이 뒤섞인 도시 경관이야말로 서울의 고유성이 아닐까.

서양식 양옥집이라는 황무지

고층 건물만이 무장소성의 확산과 장소의 상실로 대변되는 흐름을 보여주는 것은 아니다. 1960년대 후반부터 서울에서 고층 건물보다 더 많이 지어진 것은 사람들이 실제로 사는 주택들일 것이다. 새로 지어지는 거주용 주택들은 무허가 판잣집이 아니라면 양옥집이라고 불리는 신식 주택들이었다. 물론 이 신식이라는 것은 시멘트 블록으로 벽을 쌓고 기와지붕이나 콘크리트 슬라브를 올린 주택이 대다수였다. 시민아파트가 조금씩 지어지기 시작했지만 아파트의 시대는 아직 본격적으로 도래하지 않았다. 거의 대부분이 단층집이었고, 서울 주택가마다 자리한 붉은 벽돌의 2층 양옥집이 많이 지어지기 시작한 것은 1970년대 후반의 일이었다. 실제로 1976년까지 서울에서 신축된 주택들 중에서 2층 주택은 전체 30퍼센트 미만이었다.[163] 따라서 1960년대 중반 이후 지어지기 시작한 집들 중에서도 최신식 문화주택들은 고층 건물과 마찬가지로 주택양식의 서구화와 식민화를 상징하는 것이라고 할 만했다.

앞에서도 잠시 등장했던 박태순의 1966년 작 〈서울의 방〉은 새로 지어진 2층 양옥집을 비판적인 시선으로 다룬다. 2층집은 주로 도로변의 상가와 주택을 겸한 집이 많았고, 주택가에는 단층집이 대부분이었던 1966년 당시 상황을 감안하면, 이 소설의 2층집은 서양식 주택을 상징하기 위해 설정된 것이라고 봐도 좋다. 이 소설에서 주인공 '나'는 "팔천 원 월급을 받고" "뼈저린 과거의 고생스러웠음"을 회상할 수 있을 만큼 안정된 직장생활을 하는 인물이어서, 신식 양옥집 2층에 있는 깨끗한 하숙방을 얻는다. 그가 이 집에 살면서 가장 먼저 목격한 것은, 신식 양옥집의 편리함과 위생성 뒤에 숨겨진 허술함과 불안정성이다.

"언제나 집의 건물 전체가 우르릉 우르릉 소리를 냈다. 마루는 노상 삐걱거렸고 재목이 비틀어지기 시작한 도어는 잘 닫히지도 않는데다가 쇳소리를 냈다"(212쪽). "지은 지 고작 이 년 남짓한 집"이 "벌써 재목이 비틀리고 썩고, 그리고 못이 빠져서 층계는 요란스런 소리를 냈다. 그래서 이 집이 와삭 무너져버리고 말 것 같은 생각조차 들었다. 그것도 다름 아닌 우리의 몸무게로 인해서"(218쪽). 당시 막 지어지기 시작한 신식 양옥집들이 튼튼한 기반과 토대 없이 세워진 일종의 '사상누각'처럼 묘사되어 있는 것이다. 그리고 당시 막 성장가도에 올라타 시동을 걸고 있는 한국 자본주의가 임시방편식 편의주의에 기대어 얼마나 허술하게 시작되었는지 보여주는 상징이다. 이 소설의 양옥집은 근사한 문화주택의 이미지를 찾을 수 없는, 어떤 일말의 장점조차 지니지 못한 공간으로 묘사되고 있다. 그리고 철저하게 인간적 체취와 감정의 발산이 제거된 공간으로 그려진다. 이 집은 "아늑한 집이라기보다도 사람이라고 하는 동물들이 적당히 수용되어 있는 우리 같았다"(213쪽).

이러한 혐오감이 극대화되어 투사된 장소는 바로 '변소'다. '나'는 이 양옥집의 번쩍번쩍 윤이 나는 타일 바닥이 깔려 있고 나프탈린이 비치된 신식 화장실을 싫어한다. 그가 단순히 시골 변소에 익숙하고 서양식 주택생활에 거부감을 느끼기 때문만은 아니다. "수세식 변소에서는 자살을 할 수가 없다"(212쪽)는 친구 "미스터 현의 말이 이상하게도 내 마음을 찔렀던 것"은, 가장 개인적인 공간인 변소가 자신의 존재에 정직하게 대면할 수 없는 공간이 되어버렸다는 자각 때문이다. 수시로 다른 사람과 마주치고 주인이 불쑥 쳐들어오는 하숙집에서 변소는 다른 사람과 동시에 사용할 수 없는 유일한 장소다. 기이하게도 변소만이 자신만의 장소이자 자신의 치부를 드러내는 가장 사적이고 은밀한 공간이다. 그런데 여기서 자살을 할 수 없다는 것은, 혼자만의 공간에서도 스스로에게 정직해질 수 없다는 것을 의미한다.

이 양옥집은 현대문명의 화려한 결과물이 아니라, 비속한 현실의 흔적 때문에 퇴락해가는 불필요한 부산물 같은 존재다. 그는 '이층집'의 이로움보다 폐해를 발견하고, 이 2층 양옥집을 떠나 "한옥"으로 하숙을 옮기기로 결심한다.

처음에야 이층에 내 방을 빌린 것을 참으로 기껍게 생각했었다. 이층에는 방이 네 개 있었고, 그 네 개를 다 하숙을 놓고 있었다. 내 방은 동쪽 창을 면하여 있었다. 나는 그 창으로 길거리를 내다보곤 하였다. 도시는 거기서 잘 전망이 되었는데, 그러자 어느덧 내 방은 아늑한 맛을 잃어버렸다. 떠들썩하고 추접(하)기 한이 없는 시장 한복판에 내 방이 있는 것 같은 기분이 들기 시작했다. 밤새껏 소음이 그치지 않았고 어느 때 저 아래의 기와집의 내실에서 하고 있는 일들을 목격이라도 하고 나면 마치 망루에라도 올라 서 있는 듯한 기분이 들곤 하였다. (중략) 나는 내 하숙방 속에서 거리를 보았고 소음을 들었고 내 쪼들린 직장의 풍경이 나타나고 있음을 느꼈다. 나는 그것이 싫었다. 거의 수치스러운 기분이었다. 내가 나 아닌 다른 것들에 의하여 너무나도 박탈당해 있음을 깨달았다. 그러니까 방은 방이 아니었다. 그것은 소음이 일고 있는 거리 한복판이었으며 나는 신축 양옥이라는 것에 대하여 진심으로부터의 혐오감에 차 있었다. 그것은 밀폐되어 있지 않았고 비밀하게 축소되어 있지가 않았다. 그래서 나는 아직껏 문 바깥, 방 바깥에서 서성대고 있는 자신을 깨달았다(212~214쪽).

'나'는 이층 하숙방에 살게 되면서, 사적 공간인 방과 도시의 거리 사이에 경계가 사라져가는 현상을 느낀다. 이층이 도시의 일상과 소란한 거리에 대한 시각적 조망권을 강요하기 때문이다. 그리고 이 강제적 조망권은 성찰적 시선을 방해하는 요소가 된다. 주인공 '나'는 원래 "밤에 높은 지대에 오르는" 일을 사랑하는 사람이다. 그는 "수천 수만 개의 등불이 빛을 발하면서 무엇인가를 속삭여줄" 때 "천상세계와 지상세계를 말끔히 혼동하는" 행복감을 느끼지만(213~214쪽), 도심 한복판의 양옥집 이층에서 도시를 내려다볼 때는 전혀 다른 기분을 느낀다. 도시의 비루한 일상을 강제적으로 응시해야 하는 이층의 '방'은 개인의 은밀하고 아늑한 안식처가 아닌, 거리와 이어져 방 바깥의 운명을 고스란히 받아들이는 곳으로 전락해 있기 때문이다. 그래서 그는 '방 안'에 살면서 사실은 자신이 "방 바깥에서 서성대고 있다"고 생각한다. 이는 현대 사회에서 '방'이 겪어야 하는 운명 중 하나다. 현대도시의 비루한 일상 속에 처해 있는 개인이 사적 공간인 방으로 도피한다고 해서 그 비루함을 떨칠 수는 없을 뿐더러, 방은 그 개인과 운명을 같이하면서 '하찮은 현실'을 받아들이게 되는 것이다.[164]

그는 급조된 양옥들의 때 이른 쇠락으로부터 시간과 연륜의 축적이 없는 공허한 현실을 보고, 한국의 성장 신화에 드리워진 무역사성과 표리부동성을 읽어낸다. 그래서 그는 거울을 다시 찾으러 양옥집으로 되돌아갔다가 경악한다.

과연 그곳은 방이었을까? 흡사 내가 가장 싫어하는 제일 더러운 상태에 맞부딪친 것 같은 느낌이었다. (중략) 방안은 지저분하기 짝이 없었다. 가물家物들이 있었던 자리에는 그대로 먼지가 쌓여 있었다. 벽의 회색 칠은 벗겨져서 여자의 나체 모습의 얼굴이 생겨나고 있었다. 돗자리를 벗긴 방바닥은 문둥병에 걸린 사람의 피부처럼 흐늘거렸고, 시커멓게 썩어서 밟을 적마다 푸석푸석 소리가 났다.

방은, 두 달 이틀 동안 살았던 나에 대한 기억을 하나도 가지고 있지 않았다. 아니, 내가 이 방에서 두 달 이틀 동안 살았었다는 것이 도저히 믿기워지지가 않았다. 나는 이 집을 지은 것이 불과 이 년쯤 전이라는 것을 상기했고, 그러자 한심스런 생각이 들었다.

고가古家의 붕괴와도 또 다른 이 퇴락. 표면의 현대식 양상과 이 내부의 지저분함은 어떻게 연관이 될까? 정신의 연륜 축적이 전혀 없이도 발생되는 이 고물古物(218~219쪽).

서울이 무역사적, 무전통적 건물들의 집적 공간이 될 것을 예감한 듯한 구절이다. 그는 거침없이 서울이 "위대한 황무지"라고 진단한다. 거대한 지역이 전쟁의 폐허에서 벗어나 사람들이 몰려들고 새로운 건물들이 치솟으며 양옥집이 속속 들어서지만, 이것은 새로운 전통을 축적하는 건설이 아니다. 지어진 지 2년 만에 곧 무너질 것처럼 쇠락해버린 양옥집에서 보듯, 곧 부서지고 사라질 건물들이 들어서는 서울은 폐허 위에 지어진 새로운 폐허나 다름없다. 40여 년이 지난 지금, 당시 새롭게 태동하던 현대도시 서울의 모습을 보고 그가 내뱉은 "과연 무엇을 건설할 수가 있겠으며 어떻게 제 정신을 가지고 이 황폐를 부정할 수가 있단 말인가?"(220쪽)라는 탄식은, 1960년대 이후 지금까지 진정한 성장과 퇴보, 건설과 파괴, 문화와 야만을 구분하지 못한 채 달려가게 되는 한국 현대사에 대한 뼈아픈 진단으로 보인다.

박태순과 최인훈의 소설은, 각각 서울의 주거 공간과 도시 경관이 무역사적이고 무장소적인 것으로 변화해가고 있음을 포착하고 있다. 이는 서울의 변화 중에서 가장 가시적으로 드러나는 변화 중의 하나다. 에드웨드 렐프의 말에 따르면, 무장소적으로 변해가는 공간의 변화는 결국 '장소의 상실'이다. 박태순의 소설에서 '나'의 사적 공간 체험이 '상실'로 인한 '충격'으로 드러나는 것도 여기에 기인한다. 최인훈의 소설은 생활 공간으로서의 서울이 무장소적 서구식 건물들로 채워지고 있음을 보여준다. 무장소성은 공간의 상품적 소비와 경제적 효율성을 위해 자본이 추구하는 목적 중의 하나로, 문학 텍스트가 보여주는 이러한 공간 체험의 변화는 자본의 힘이 서울의 도시 공간을 완전히 바꿔가고 있음을 의미하는 것이다.

03

도시 공간이
분화되고
위계화되다

서울 변두리의 팽창과 광역화

1966~72년 사이에 변화해진 서울 도심과 대조를 이루는 것은, 끝없이 확장되면서 새로운 사람들이 점령해가는 변두리 지역의 초라한 모습이다. 김현옥 시장이 야심차게 도심과 외곽을 연결하는 도로들을 새로 건설하거나 확장했던 사업들은, 서울 사람들의 주거지를 도심 바깥으로 이동시키는 결과를 낳았다. 길이 공간을 연결하고 사람들을 더 많이 이동시킬 수 있게 되자, 서울의 주거지와 생활권역이 점점 확장되었고, 불과 얼마 전까지 서울에 속하면서도 서울이 아닌 지역처럼 여겨졌던 도심 이외의 지역들도 이제 서울의 상상적 경계 안으로 들어오기 시작했다. 식민지의 영향에 갇혀 있던 서울의 실생활 권역도 드디어 훨씬 더 광대한 지역으로 팽창되었다. 아직 강북 지역에 한정되긴 했지만,

서울의 실질적 경계가 1960년대 초중반보다 훨씬 넓어진 것이다.

1960년대 초반만 해도 논밭이었던 지역들은 점차 주택가로 바뀌기 시작했다. 김승옥의 1966년 작 〈다산성〉에는 동대문구 답십리 지역이 새로운 집들로 들어차고 저절로 골목이 형성돼서, 더이상 길을 찾지 못하게 된 상황을 상세하게 설명하고 있다.

> 부장이 적어준 주소를 한 손에 들고 나는 답십리 그 넓은 구역을 뱅뱅 돌았다. 그 전날 오후에 시작한 비가 그날 새벽까지도 왔었으므로 넓다는 아스팔트 길조차도 진흙이 밀려 있어서 엉망이었다. (중략) 집 찾는 데 다소 머리가 빨리 돌아가는 내가 그 집을 찾는 데 무려 두 시간이나 걸린 것은 오로지 비 탓이었다. 답십리 쪽으로는 언젠가 서너 차례 와본 적이 있어서 눈에 익은 곳이라고 자신하고 왔는데 정말 너무 변해 있었다. 얼마 전까지 논이던 곳에 붉은 기와에 하얀 타일을 바른 집들이 빽빽하게 들어서 있고 골목이 수없이 생겨 있었다. 거기에 비가 왔었으니 골목길은 다시 물논이 되어 있었던 것이다. 결국, 골목 안으로 들어서기를 무서워해서 포장한 한길만 오르락내리락하며, 내가 찾고 있는 집이 길가의 어디에 있기를, 다시 말하면 집이 나를 찾아오거나 손짓으로 나를 부르기를 바라던 게 잘못이었다. 복덕방 영감들이 내가 내미는 주소를 보며 '아마 저쪽일 거'고 손짓해주는 곳이, 이젠 별 수 없이 물논 같은 골목을 헤치며 들어가야 할 곳이라는 게 납득되기까지도 꽤 오랜 시간이 걸렸다(115쪽).

이 인용문은 변두리의 논밭이 주택가로 변모한 상황을 담고 있다. 길

눈이 밝은 '나'는 집을 빨리 찾지 못한 게 비가 온 탓으로 여기지만, 사실은 이 지역이 너무나 많이 변했기 때문이다. 답십리는 청량리역에서도 가까워서 도심까지 기차를 이용할 수 있었던 탓에, 1960년대 초반까지도 일부는 무허가 판자촌 지역이기도 했지만, 여전히 논밭이 많았다. 또한 청계천에서 가까워 논농사를 짓기도 좋았지만 홍수로 개천이 넘치면 종종 수해를 입던 곳이었다. 뒷골목들은 도로 포장이 되어 있지 않았으니 물논처럼 보이기 십상이었다. 또한 그런데 이 지역에 "붉은 기와에 하얀 타일을 바른 집"들이 세워지면서, 더불어 원래 없던 수없이 많은 골목이 생기게 되었다. 그 변화는 원래 그 지역을 알고 있던 사람들도 당황하게 할 만한 것이었다.

1970년에 쓰인 이호철의 장편소설 《1970년의 죽음》은 다른 시각에서 서울의 도시 공간의 팽창과 광역화가 가져온 풍경을 담고 있다. 이 소설에서 김현옥 시장이 건설한 "북악 하이웨이 팔각정에 간" 자칭 비트족 젊은이들이 서울의 동쪽 변두리를 바라보는 장면은, 서울의 공간적 팽창과 이에 대한 인물들의 생각을 한눈에 보여준다.

> 진식이, 상희, 영애는 동편 쪽 베란다로 나가 있었다. 그쪽 거리는 호들갑스럽지가 않고, 그야말로 대지大地다웁게 훨씬 육중한 모습으로 뻗어 있었다. 한 가닥으로 희부옇게 보였다. 그들은 셋이 다 침묵을 지키고 있었다.
>
> "어쩐지 복병들이 가득히 깔려 있는 것 같으다. 여차하면 도심지를 향해 들어오려고 말야. 어쨌든 왕십리 똥파리라는 말은 옛말이지만, 변두리는 더 저렇게 커졌거든."

진식이가 혼잣소리 비슷이 말하였다.

아닌 게 아니라 도심지의 불빛은 철없이 쫄랑거리고 까불고 경망스러워 보였지만, 펑퍼짐하게 뻗어 있는 변두리의 어둠은 복병들의 무더기로 보였다. 중공군들처럼 보였다. 그 너머로 시뻘건 달이 또 뜨고 있었다(61쪽).

이 장면은 광대한 변두리의 모습을 중공군처럼 인해전술로 기존의 도심을 에워싸고 있는 모습으로 표현하고 있다. 변두리가 중공군처럼 밀려드는 공포의 대상 또는 서울을 향해 여차하면 달려들 '어둠의 복병'처럼 보인다는 것은 적절한 비유다. 말 그대로 이해하면, 도심의 야경이 높은 건물들의 불빛과 가로등 덕분에 반짝반짝 아름답게 빛나는 데 반해, 그것을 에워싸고 있는 변두리 지역들은 컴컴해 보인다는 의미일 것이다. 다르게 보면, 변두리 지역들이 대대적인 서울 개발의 여파로 팽창된 지역이면서, 동시에 도시 현대화의 어두운 그림자이자 개발 정책의 발목을 잡은 복병이었다는 점을 드러낸 것이기도 하다. 이들의 대화에서 왕십리라는 지명으로 포괄되어 표현되고 있는 서울의 동쪽 변두리는, 정릉동, 돈암동, 신당동, 금호동, 옥수동, 약수동 등 옛 주택가, 판자촌, 논밭이 섞여 있던 동네였고, 이 지역은 확장일로를 거듭하고 있었다.

"왕십리 똥파리라는 말은 옛말"이라는 이들의 대화는, 변두리의 확장과 팽창에 대한 이들의 공간적 감각을 반영한다. 이 비속어는 왕십리에 사대문 안의 분뇨를 비료로 삼던 논밭들이 즐비하다고 해서 생겨났다고 한다. 이 말 자체가 철 지난 유행어가 되었다고 생각하는 것은, 기존의 변두리가 경제성장과 국가정책의 영향력 아래서 변화하고 있다는 감각이 형성되었음을 보여준다. 서울의 지리적 경계가 변두리까지 확장되어 있다는 체감은 그가 4년 전에 썼던 《서울은 만원이다》와 확연한 차이가 있다. 앞 시기에 엄연히 서울시 행정구역에 속했던 도심의 인접 지역들이 서울이 아닌 지역으로 간주되던 상황과 비교해보면, 이는 도시 공간의 실제 경계가 빠르게 확장되고 있었음을 보여주는 것이다.

또한 이 소설에서 부잣집 아들딸들이 서울의 변두리를 어둠의 복병

〈사진 43〉 여의도 63빌딩 이전까지 서울에서 가장 높은 빌딩이었던 삼일빌딩과 삼일고가 도로(청계고가도로)의 1971년 사진(출처: 한국정책방송원).
서울의 현대도시화를 기치로 고층 건물이 점차 늘어가던 서울 도심의 모습을 보여준다.

으로 인식하는 태도는 도심을 감탄 섞인 눈길로 바라보는 태도와 공존하고 있다. 클럽 회원들에게 새롭게 단장한 도심의 풍경은, "어마어마, 큰 길들이 긴 골목길 같으다. 졸졸 흐르는 황금빛 시냇물 같으다"라는 식으로 감탄의 대상이 된다(60~61쪽). "황금빛 시냇물"은 자본이 집중 투여되어 스카이라인의 흐름이 바뀐 도심을 표현하는 데 적절한 비유다(사진 43). 이 장면에서 모두 부유층 자식이었던 클럽 회원들에게 자본에 의한 도시 공간의 전유는 두려움의 대상이 아니라, 환영하고 감탄할 만한 현상이다. 오히려 이들에게는 도시 외곽의 변두리가 중공군처럼 공포스러운 어둠의 복병처럼 느껴진다.

《서울은 만원이다》의 장면과 비교할 때 이 장면의 의미는 더 도드라진다. 길녀는 점차 고층화되어가는 도심의 스카이라인을 보고 '써늘한 공포'를 느꼈고, 서민동네인 도원동에서 비로소 마음의 안정을 찾았기 때문이다. 비록 두 소설 사이에는 4년의 격차가 있지만, 두 장면은 도시의 변화가 서로 다른 계층에게 전혀 다르게 받아들여지고 있음을 보여주기에 충분하다. 이는 중심과 주변부로 분화되는 도심과 변두리의 위상에 대한 계층 간의 감각적 차이의 분화를 보여준다. 서울의 도시 공간들이 부의 분포에 따라 위계화되고 있었으며, 각자 자신의 계급적 위치에 따라 편안함을 느끼는 공간들이 분화되기 시작한 것이다.

한옥 주택가의 안정감

서울의 도시 공간은 상업 지역과 주거지가 혼재하던 예전의 점이도시적 상태에서 벗어나 기능적 분화와 계층화의 길을 걷게 되었다. 강북의 전통적인 도심이 고층화와 번영의 일로를 걸으며 행정·상업·문화·기업 활동의 중심지가 되어가는 동안, 도심과 떨어진 변두리 지역들은 계층적 분화의 길을 걸었다. 도심 바깥에서는 새로운 택지 개발과 무허가 판자촌의 형성이 동시에 진행되었다.

1966~71년 사이에 발표된 소설들에 나타난 서울의 서민주택은, 이전 시기처럼 빈민촌 판잣집과 같은 일률적 형태가 아니었다. 빈민들에게 할당된 변두리 지역의 공영주택 단지에서부터, 가족들이 같이 이동하는 전세방, 안정감 있는 서민한옥에 이르기까지 다양한 양상을 띠고 있다. 인물들의 내면도 골방 안에서 절망과 탄식을 내뱉는 일면적인 반응이 아니라, 조용한 서민주택가에 대한 애정, 전세방에 안착한 가족 단위의 불안 등을 포함하여 더 다양한 방식으로 나타났다. 그것은 서울의 거주지가 다양해졌다는 의미인 동시에, 서민층들이 조금씩 다른 방식으로 계층 분화의 길을 걸어 나가고 있었다는 증거였다.

최인훈의 《소설가 구보 씨의 일일》에서 그려진 하숙집 풍경은 1960년대 초중반의 판자촌 단칸방에 가까웠던 하숙방과 매우 다른 모습을 보여준다. 소설 초반에만 해도 구보 씨가 사는 곳은 침대가 있는 아파트로 설정되어 있었는데, 얼마 지나지 않아 슬그머니 배경은 오래된 한옥집의 하숙방으로 바뀐다. 그의 하숙집은 갑자기 서울에 편입되어버린 변두리 한옥으로, 매우 넓은 대지 위에 뜰과 텃밭과 나무가 있는 한적한 집이다. 가난한 청년들이 판자촌의 골방 같은 하숙방에서 절망하던 1960년대 초중반의 소설들과 달리, 구보 씨에게서 떠돌이 '하숙생'의 비애와 불안은 찾아보기 힘들다.

구보 씨에게서 발견되는 정신적 안정감과 만족감은 소설 속에서 그가 명망 있는 중년의 소설가로 설정되어 있는 데서도 기인한다. 바꿔 말하면, 서울에 입성한 지 벌써 십여 년 이상 지난 이주민들 중 일부는 사회적 지위와 경제적 안정을 획득하기 시작했다는 의미였다. 월남민과 상경민들 전부가 이러한 계급 상승을 이룬 것은 아니라 해도, 그중 일부는 적어도 판잣집이나 골방 같은 하숙방을 떠돌지 않게 되었던 것이다. 그 결과 얻게 된 오래된 한옥집의 넓은 공간과 독특한 정취 또한 그의 안정감을 형성하는 중요한 이유다.

> 구보 씨가 앉은 툇마루는 뒷마당으로 난 방문 밖이어서 기역자로 꺾인 안방에서 행여 누군가 나온다 하더라도 보이지 않을 자리였다. 이 집에 구보 씨가 하숙하면서 제일 마음에 드는 게 이 넉넉한 뒤뜰이다. 신흥주택이 들어서면서 갑자기 붐비는 동네가 됐지만 원래는 변두리다. 이만한 터를 가진 게 그때만 해도 남다를 게 없었을 것이다. 지금 와서는 사정이 다르다. 새로 지은 집들은 이런 뜰을 엄두도 못 낸다. 하숙을 찾아다니던 구보 씨는 널찍한 터에 들어앉은 이 한옥이 대번에 마음에 들었다. 나무도 여러 그루 있고, 한쪽에는 채소밭도 있다(167쪽).

이 하숙집이 있는 지역의 정확한 명칭은 드러나 있지 않으며, 다만 구보 씨가 타고 다니는 버스의 행동반경에 근거해 서울 도심을 약간 벗어난 어느 한적한 주택가라고 추측할 수 있을 뿐이다. 이 하숙집에는 "새 집 서너 채는 더 지을 만한 넓은"(90쪽) 뜰과 시골집 마당처럼 "감·복숭아·목련 따위 나무", 또 여러 가지 농작물을 간단하게 재배할 수 있을 정도의 공간이 있다. "주택들이 변두리로 번져오기 전부터 사는 토박이라 그때는 흔한 땅에 이만한 뜰을 두른 농가가 별스러웠을 것도 없었겠지만 지금처럼 사방을 새 집으로 갇혀버리고 보면, 근처에는 보기 드문 널찍한 뜰을 가진 집이 된 셈이다"(190쪽). 이 집 식구들 역시 "원래 서울 근처의 농민이다가 서울이 불어나는 바람에 서울 사람이 저절로 되어버린 사람들이다. 그들이 서울에 온 게 아니고 서울이 그들에게 와버린 것이다. 그래서 그들은 아직 농가 사람들이고 말도 구식이다"(194쪽). 이 집이 원래 서울 변두리 농가이자 일찌감치 지어진 한옥이었기 때문에 가능한 일이다.

이 하숙집은 1930년대부터 1960년대까지 서울에 지어졌던 '집장사집'이었던 도시형 한옥의 밀집지대에 자리 잡고 있다. 이 지역의 집들은 "거의 단층 살림집들이고, 교외주택 바람이 불기 시작한 첫 무렵에 지은 집들은 한결같은 앉음새들이다. 앉음새라고 하는 것은 반드시 건물의 겉모습만을 말하고자 함이 아니다. 집들이 짓고 있는 안색까지도 대체로 비슷하다는 이야기다"(96쪽).

교외주택 바람이 처음 불었던 시기에 지어졌다면, 아마도 1930년대 말부터 1940년대 초반까지 일제가 교외주택 지대를 조성했던 돈암지구나 용두지구로 짐작할 수도 있다.[165] 이 시기에 지어지지 않았다면 구보 씨가 사는 집이 그렇게 넓은 뜰을 가질 수는 없었을 것이다. 구보 씨의 하숙집 주변에는 1950~60년대 이후 다시 비슷비슷한 도시형 한옥들이 새롭게 지어진 것으로 보인다(사진 44). 그 집만 "제자리에 앉아서 자기는 바뀌지 않고 둘레만 개명해진 셈이다." 주변의 집들은 구보 씨의 하숙집처럼 넓은 정원은 없다. 그래도 "변두리에 새로 들어선 살림

집 동네이지만 큰 '저택'들이 아니고 서민층에 알맞은 자그마한 지음새들이어서 거창하지 않다"(89쪽). 그는 '집장사 집'들로 들어찬 이 동네가 새로운 생명력을 얻고 있음을 발견한다.

이 언저리는 한식 가옥들만 들어차 있다. 집장수가 한꺼번에 지어놓은 모양이었다. 꼭 같은 모양의 대문이 양쪽으로 늘어선 사이를 구보 씨는 걸어갔다. 집들은 물론 전쟁 후에 지은 것이겠지만 알맞게 낡아 있어서

〈사진 44〉 1960년대 창신동 도시형 한옥 밀집 지역의 모습(출처: 서울역사아카이브).
최인훈의 소설 〈소설가 구보씨의 일일〉에서 구보씨가 사는 동네는 명시적으로 나와 있지 않지만, 1930년대 지어진 오래된 한옥과 1960년대 후반에 지어진 한옥들이 혼재된 당시 창신동의 모습이 가장 가까울 듯하다.

그들이 차지하고 있는 땅과 공기와의 사이에 어떤 원근법을 다듬어가고 있었다. 생활이라는 붓이 천천히 끊임없이 손질을 해가는 그림처럼 땅에서 자라는 식물처럼 자라고 있는 중이라는 느낌을 받는 것이었다(53쪽).

이 구절은, 전쟁 이후 지어진 집장사 집들이 모여선 동네가 시간의 힘 덕분에 식물이 서서히 생장해나가듯 삶의 무게를 축적하고 있음을 보여준다. 새 집이 생활의 때가 묻어 조금씩 낡게 되면서, 주변 환경과 어울려 조금씩 나름의 정취와 분위기를 풍기게 된다는 것이다. 구보 씨의 생각을 따르자면, 일제하부터 집장사들이 판박이처럼 지어놓은 '도시형 한옥'들이 밀집된 가회동, 관훈동 등이 오늘날 전통의 상징처럼 여겨지는 것은, 그 집들이 민족적 전통의 소산이기 때문이 아니라 거기에 축적된 시간과 생활의 무게 때문이다. 그러나 도심이 아닌 돈암동, 안암동, 신설동, 보문동 등 돈암지구에 지어졌던 도시형 한옥 밀집지대는 1950~60년대에 지어졌다는 이유로 역사적 중요성을 인정받지 못하고 거의 사라진 것으로 보인다. 식물처럼 알맞게 생장하고 있던 집들이 모여 있던 주택가는 낡았다는 이유만으로 재개발 대상지가 되어 서울에서 점차 사라지고 있다.

불안한 전세방과 계급의식의 발아

최인훈의 《소설가 구보 씨의 일일》에서 구보 씨가 변두리의 한옥집에서 느끼는 안정감은 사회적으로 안정된 중년계층의 집과 방에 대한 감각이 일부 변화했다는 사실을 보여주지만, 사실 이 시기 문학작품들 중에서도 희소한 것이다. 여전히 많은 소설이 잦은 이사와 거주의 불안정성으로 겪는 서민들의 고통을 그리고 있기 때문이다. 그러나 외적으로 비슷한 양상을 그리는 이 시기의 소설들은 1960년대 초중반의 상황과 달라진 지점들을 보여준다.

우선 달라진 것은 빈민가를 삶의 활기가 넘치는 곳으로 그리는 태도가 드물어졌다는 것이다. 가난한 사람들의 집과 방은 더이상 희망과 진정한 삶의 활력을 찾기 힘든 장소로 재현된다. 가난과 가정폭력이 존재하는 빈민가를 진정한 삶의 장소로 재현하는 이전 시기의 태도보다 오히려 이것이 도시인의 정서에 가까울 뿐만 아니라 더 정직한 태도로 보인다.

1970년에 발표된 이청준의 〈가학성 훈련〉[166]의 주인공 '현수'는 사장의 자가용 승용차 운전수이다. 현수는 새 전세방을 구하러 나간 아내가 주인집 방에 있는 전화로 보낼 신호를 기다리면서, 자가용 운전수로 불안정한 생계를 유지하는 자신의 신세와 주인집의 횡포에 아무런 불평이나 항의를 할 수 없는 세입자의 신세에 대해 괴로워한다. 주인집 딸이 자기 딸의 머리끄댕이를 붙들고 마치 소나 말을 타듯 "이려 이려" 소리를 내면서 노는 데도 아무 말도 할 수 없다. 불현듯 현수는 어렸을 때 아버지가 소에게 코뚜레를 꿰던 장면을 떠올린다. 소에게 씌운 굴레가 곧 아버지의 삶에 씌워진 굴레였는데도 아버지가 그것을 자랑스러워하고 있었다는 것을 깨닫는다. 그러나 그는 가장으로, 아버지로, 세입자로 살아가는 자신의 삶에 씌워진 타의적 굴레를 도저히 사랑할 수가 없다. 가난한 세입자의 삶은 더이상 진정한 삶이 아니다.

이 소설은 자기 집을 마련하지 못한 사람들의 초조함과 불안감을 묘사하면서 그들에게 덧씌워진 굴레에 대해 성찰한다. 전세방을 전전해 온 아내는 "셋방을 옮겨 다니는 버릇"을 가지게 된다. "셋방의 기본 계약 기간이 꼭 6개월씩이었다. 복덕방장이들의 농간으로 1년도 좋고 2년도 좋던 것이 6개월로 줄어버린 것이다. 6개월이 지나도 집을 옮겨가야 한다는 법은 없었지만, 그때가 되면 대개는 계약 조건이 달라지게 마련이었다. 복덕방장이들이 와서 더 비싼 세로 방을 들고 싶어 하는 사람이 있노라고 주인을 충동질해대기 때문이었다"(80쪽). 현수는 "이 불안을……귀찮고, 간지럽고, 쓰라린, 이 모든 것을 한데 합친 형언할 수 없는 아픔을, 진짜 굴레를 끌리는 아픔을"(102쪽) 자신의 딸에게 물려주고 싶지 않다. 결국 현수는 자신의 딸이 적극적으로 굴레를 씌우고 조종할 수 있는 사람이 될 수 있도록, 자신의 머리칼을 딸이 잡아끄는 '가학성 훈련'을 시키게 된다.

1971년에 발표된 조해일의 소설 〈방〉도 "언젠가는 그러한 생활이 해소될 날이 있으리라는 막연하고도 무력한 희망"(311쪽)이 철저하게 배반당하는 상황을 담고 있다. 이 소설은 공동주택인 '연립 셋방'에 사는 사람들의 이야기를 다룬 소설로, 갑작스럽게 방 하나가 소멸했다가 귀환하는 초현실주의적 상황을 그린다. "가난뱅이들은 명백히 보았다. 이 연립 셋방의 맨 끝 방이며 지난밤에 이사 든 후로 밤이 깊은 것도 모르고 도배와 장판까지 말끔히 새로 한 명이네 방이 빈터처럼 횡하니 터져나간 채 온데간데없고 간밤에 들여놓은 가구들만 생 흙바닥 위에 덩그러니 놓여 있는 모습을."[167] 그러나 집주인의 대리인이 이를 천재지변으로 간주하고 아무런 조치를 취하지 않자, 가난뱅이들은 "집주인의 자비심"을 기다리면서 명이네 가족들을 분산시켜 당분간 네 개의 셋방에 다섯 가구가 살기로 결정한다(사진 45).

　방이 아무 이유 없이 갑자기 사라지는 어이없는 상황을 설정한 것은, 세입자들이 거주하는 방이 언제든 사라질 수 있는 가능성을 보여주기 위한 것이다. 소설 속 상황은 사람들이 언제든 '방의 상실'을 경험할 수 있으며 또 그것이 반복되리라는 것을 뜻한다. 홀연히 사라진 '명이네 방'은 새로운 입주자가 나타났을 때 비로소 사람들 눈앞에 다시 나타나는데, 집주인에게 전세금을 새로 줄 사람만 있으면 방은 다시 존재하기 때문이다. 집주인에 대한 이러한 재현방식은 이전 시기의 작품들에서는 거의 보이지 않던 것이다. 박태순의 〈서울의 방〉에서 묘사된 하숙집 주인은 이틀 치 방세마저 받아내려는 사람으로 나오긴 했지만, 그 요구는 터무니없는 것으로 묘사되지는 않았다. 김승옥의 소설 〈역사〉에서도 판자촌에서 같이 사는 집주인은 가난을 공유하는 이웃 정도로만 그려졌다. 그러나 이제 집주인은 세입자의 불편을 나 몰라라 하거나 세입자들의 전세금만 챙기면 되는 사람으로 묘사된다. 주인은 대리인을 보

〈사진 45〉 1960년대 중반에 지어진 연립주택의 모습(출처: 서울역사아카이브).

서울시는 철거민을 수용하기 위해 도봉구에 450가구, 상계동에 600가구가 입주할 수 있도록 106동의 연립주택을 완공하였다. 이 사진은 당시 도봉동 연립주택에 철거민들이 입주하기 직전의 사진이며, 조해일의 소설 속 설정과 가장 유사해 보이는 구조로 지어진 것으로 보인다.

내 형식적인 말만 전달할 뿐이다. 이것은 1960년대 초중반에 실제로 집주인의 횡포가 없었기 때문이라기보다는, 1960년대 말 이후 계급의 분화와 차이에 대한 인식이나 가진 자에 대한 증오의 감정이 조금씩 형성되고 있었기 때문으로 보인다.

또한 이 소설은 예전 같으면 크게 문제되지 않았을 상황을 드러낸다. 집이 사라진 '명이네'가 공동주택의 다른 사람 방에 잠시 의탁하는 기간을 매우 불편하고 심각한 것으로 묘사한다. "한 가구에게 닥쳐온 불행을 함께 나누어 진다는, 주제넘다고 할 수 있는 도의심을 발휘"한 모두에게 "휴식과 개인생활을, 아니 그들 자신이 방을 잃어버린 결과"(311쪽)가 찾아왔기 때문이다. 소설가는 소설을 쓸 수 없게 되었고, 신혼부부의 생활은 고통으로 바뀌었으며, 대학에서 민주주의를 가르치고 있는 시간강사는 자기 방에서 발가벗고 지낼 권리를 빼앗긴 데 분노한다. 이것은 1966년과 1971년 사이에 '방'과 '집'에 대한 의식이 얼마나 많이 변화했는지 뚜렷하게 보여준다. 이 연립 셋방은 "가난뱅이들의 집"이라고 묘사되어 있지만, 이전과 달리 명확한 직업과 직장을 가진 사람들이 모여 있다. 게다가 1960년대 중반까지도 상경민들이 아주 쉽게 다른 사람들의 방에 얹혀살고 또 그것을 서로 자연스럽게 여기는 상황은 더이상 등장하지 않는다. '방'의 독립성을 중시하고 개인주의를 우선시하는 현상이 두드러지게 나타나고 있는 것이다.

서울의 계층분화는 도심과 주변부가 위계화되는 도시 공간의 구조에만 나타난 것이 아니라, 사람들의 일상생활이 이루어지는 거주 공간에서도 나타난다. 1966~72년 사이에 나온 문학작품들이 재현하는 대상은 빈민들이 집단 거주하는 '공영주택 단지'에서부터 주인집과 전세집의 갈등이 존재하는 전세방이나, 따뜻한 서민적 풍경이 남아 있는 도시형 한옥의 풍경에 이르기까지 좀 더 세분화되어 있다. 이 시기의 방과 집은 이전 시기와 마찬가지로 단칸방과 하숙방들이지만, 대상의 특성과 재현방식에서 그 이전과 분명한 차이점을 보여준다. 1960년대 초중반의 작품들은 주로 빈민촌의 판잣집에서 굶주림과 무력감에 신음하는 상경 청년들의 시선으로 단칸방과 하숙방을 그렸다면, 1960년대 후반부터 1970년대 초반까지의 작품들은 같은 단칸 하숙방이라도 가족을 거느린 가장의 관점에서 묘사한다. 또한 전자가 빈민가를 증오하면서 애정을 표시하는 이중성을 보였다면, 이 시기의 문학작품들은 세입자의 삶에 희망의 상실과 무력감만을 짙게 드리워놓는다. 가진 자에 대한 원망이 꿈틀대는, 계급의식이 발아하여 조만간 증오로 전화되기 이전의 시기였다.

배제의 공포, 탈락의 위기감

경제성장의 열매가 사회적으로 불균등하게 분배되면서, 막연하게 서울에 몰려들었던 사람들 사이에서는 점차 계급의 분화가 진행되기 시작했다. 이에 따라 사람들이 사는 방과 집도 차등화되고, 서울의 도시 공간도 위계적인 구조로 재편되는 시기가 도래했다. 이제 사람들은 다 같이 가난하다는 인식에서 벗어나, 서울에서 살아온 시간의 차이, 직업의 차이, 버는 돈의 차이에 따라 서로 다른 미래가 자기 앞에 놓여 있음을 감지하기 시작했다. 서울의 현대도시화, 자본주의의 확산과 더불어 그 바깥으로 추방당하는 사람들은, 막연한 공포와 위기감을 표출하는 것으로 서울의 변화에 대한 감각을 드러냈다. 서울의 표상에 담긴 이 위기감은, 이전 시기의 문학이 서울을 생존경쟁의 장인 동시에 자유와 해방의 가능성이 존재하는 공간으로 상상하던 태도와 선명한 대조를 이룬다.

1966년 이후 쓰인 이청준의 소설들은 서울 거리 곳곳에서 배제와 분리의 신호를 맞닥뜨리는 사람들의 무력감을 다루거나, 서울에서 심리적 정착을 하지 못하고 방황하는 사람들의 내면을 형상화한다. 그중 이청준이 1966년에 발표한 〈무서운 토요일〉은, 사람들이 들끓고 도로 곳곳이 파헤쳐진 서울 거리를 주인공의 심리적 무력감과 방황 심리를 나타내는 서사적 장치로 형상화한 작품이다.[168]

이 소설의 주인공 '나'는 주말마다 최음제를 복용해서 아내와의 성생활을 간신히 유지하고 있다. 그러다보니 토요일 퇴근 뒤 집에 들어가는 것을 회피하기 위해 도심에서 방황하는데, 이 장면에 김현옥 서울시장이 파헤친 서울 거리가 적나라하게 드러나 있다.

> 나는 무작정 사람들이 밀려가고 있는 광화문께로 방향을 정하고 걷기 시작했다. 그래도 사람이 자꾸 발길을 막았다. 나는 그 사람 사람 사이를 열심히 뚫으면서 걸었다. (중략) 광화문은 지하도 공사 때문에 길이 막혀 있었다. 국회의사당 쪽과 중앙청 쪽을 두고 나는 썩 중요한 결정이나 내리려는 것처럼 망설망설하다가 결국은 중앙청 쪽으로 발길을 돌렸다. 그쪽이 사람이 조금 적었다. 그러나 중간에서 나는 다시 오른쪽 골목으로 길을 꺾어 들고 말았다. 언젠가 중앙청 뜰에 탱크가 줄줄이 늘어선 것을 본 후로 나는 그 근처가 싫었다. 그리고 중앙청 앞까지

가면 어차피 오른쪽 아니면 왼쪽으로 굽어서야 했다. 나는 토요일 오후가 정말 분주한 사람처럼 바쁜 걸음걸이로 걸었다. 그러나 한참 가다 보니 또 낭패였다. S예식장 앞으로 나서고 있었다. 1년 전 그곳에서 나는 기세 좋게 아내와 일생의 행복을 맹세했던 것이다. 그리고 그 후로 아내와 나 사이에는 얼마나 많은 약정들이 이루어지고 있는가. 맹세를 하고 약정을 한 것은 나 자신이었지만, 그것들은 이미 나로부터 떠나가서 오히려 나를 지배하고 있는 것이었다. 나는 등에 땀이 흐르는 것을 느끼며, 졸고 있는 이웃집 개새끼 곁을 지나가듯 조심조심 왼쪽으로 발길을 꺾어 버렸다(42쪽).

그는 가는 곳마다 파헤쳐져 있는 서울 거리에서 방향을 정하지 못한 채 방황한다. 아내와 자연적인 성적 결합이 불가능하기 때문에 생겨난 무력감, 아이를 원치 않는 아내의 기계와 같은 육신에서 느끼는 부자연스러움 때문에, 그는 자신의 처지가 뜨거운 깡통 속에 갇혀 강제로 춤추는 동작을 해야만 하는 불쌍한 개구리와 같다고 느낀다.

그가 발길 닿는 대로 걷는 서울 거리는 이러한 내면이 외화된 형상을 하고 있다. 광화문과 그 일대를 그린 위의 인용문에서, 거리는 어디론가 갈 수 있는 가능성과 뚫려 있는 개방성의 공간이 아니라, 막혀 있거나 부정적인 기억을 상기시켜 발걸음을 돌리게 하는 폐쇄적 억압의 공간으로 그려진다. 지금은 사라진 '중앙청' 뜰은 5·16군사쿠데타 당시 탱크가 진군한 역사와 부당한 권력의 그림자를 새기고 있으며, 거리의 건물들에는 아무 의미 없이 구속이 되어버린 약정만을 상기시키는 기억들이 저장되어 있다. 특히 개발 때문에 파헤쳐져 있는 도심의 거리는 그에게 '금지'와 '위험'을 쉴 새 없이 알려준다. 그가 발걸음 닿는 대로 다닌 곳들을 따라 다녀보자.

나는 안국동 로터리까지 와 있었다. 어디로 갈까? 시간은 겨우 두 시였다. 어디로 갈까. 오른쪽 길은 싫다. 그쪽으로는 옛날 학교가 있다. 공연히 싫은 곳이다. 나는 할 수 없이 다시 종로 쪽으로 굽어들었다. 종로에 조금 못 미친 데까지 와 보니 거기도 곡괭이를 든 인부들이 거리를 온통 파헤쳐 놓고 있었다. 〈위험〉이라고 쓴 빨간 천 조각이 새끼줄에 매달려 통행을 막고 있었다. 할 수 없이 왼쪽 골목으로 휘었다. 단성사와 피카디리 쪽이었다. 잘되었다 싶었다. (중략) 그러나 그런 나의 즐거움은 극장 앞에 이를 때까지뿐이었다. '금일 입장권 완전 매진—.' (중략) 다시 피카디리 앞까지 걸어 나와서 걸음을 멈춰 섰다. 어디로 갈까. 이젠 할 수 없이 집으로 걷는 수밖에 없었다. 아파트까지는 나의 걸음으로 한 시간 이상이 걸릴 것이다. 곳곳의 거리가 막혀 있었다. 도로가 아문 데가 없이 파헤쳐져 있었다. 광화문 네거리가 가장 심했다. 광화문을 건너기 위해서 나는 시청 쪽으로 한참 내려갔다가 길을 횡단했다. 길을 건너고 나니 다시 국제극장 앞이 막혀 있었다. 극장 앞에서는 구경꾼과 길가는 사람들이 한데 섞여들었다(47~48, 50쪽).

서울의 거리는 그에게 안정감과 즐거움이 아닌, 위험의 표식과 통행 금지의 신호를 보낸다. 거리는 시민을 위해 파헤쳐지고 개발되는 것이 아니라, 사람들에게 새로운 배제와 금지가 적용될 것을 알려주고 있다. 자동차의 통행을 위해 만들어지는 지하도는 사람들이 지상의 거리를 활보할 권리를 아무런 동의나 이유 없이 박탈한다.

그래서 지하도가 1966년 서울의 정치적 중심지였던 '광화문'과 경제와 유흥의 중심지 명동에 처음으로 만들어졌다는 것은 상징적이다. 세종로 지하도는 김 시장의 취임 다섯여 달 만인 1966년 9월 30일에 개통되었고, 명동 지하도는 10월 3일에 개통되었다. 국가권력의 상징적 장소와 사람들이 가장 많이 통행하는 장소가 첫 번째 본보기가 된 것이다. 게다가 김현옥 서울시장은 지하도를 빨리 만들기 위해 지하에서 굴착하는 방법을 피하고 시민들의 통행을 제한한 채 지상에서 통째로 파헤치는 속전속결식 방법을 택했다(사진 46). 심지어 전차가 완전히 폐지되기 전인데도 남대문에서 효자동 구간의 전차노선을 중단시킨 채 공사를 진행했다. 지금처럼 자동차가 많지 않았던 서울시에 만들어진 지하도는 권력의 횡포와 사람들의 무력한 대응의 소산이다. 이 소설의 주인공 '나'가 아내의 비웃음소리를 듣는 환청과 성적 불능도, 가정의 위기라기보다 서울과 한국 사회에 침투하게 될 소시민의 무력한 상황을 형상화한 것에 가깝다. 이 소설에 그려진 "아문 데가 없이 파헤쳐져 있는" 서울 거리는 사람들의 무력한 내면을 형성한 원인이자 외화다.

1966년 광화문과 명동 일대의 지하도 공사는 시작에 불과했다. 김현옥 서울시장은 의도적으로 청와대에서 잘 보이는 산자락을 개발하여 시민아파트를 지었고, 김신조 등이 청와대를 습격한 1968년 1·21사태 이후 북한의 공격에서 보호한다는 목적으로 인도가 없는 북악스카이웨이 차도를 만들었으며,[169] 대통령이 김포공항이나 워커힐호텔까지 편하게 다닐 수 있도록 강변북로를 건설하였다.[170] 그리고 전쟁 발발에 대한 대비가 중요하다는 박정희 대통령의 심중에 맞춰 강남 개발이 시작되었다.[171] 식민지의 기억에 의존하던 서울의 도시 공간에 폭력적인 국가권력이 침투하기 시작한 시기였다. 이후 강북의 도심은 기업들의 사유지가 되고 서민들의 거주지는 외곽으로 밀려났고, 강남은 정치자금 마련을 위한 투기의 장소이자 부유한 자와 기업들의 이익 실현의 장이 되었다. 1960년대 중반 이후 서울 개발이 약자의 희생과 배제를 전제로 이루어지는 현상이 시작된 것이다.

〈사진 46〉 1966년 광화문 지하도 공사(출처: 서울역사아카이브).

왼편에 시민회관과 정면에 중앙청이 보이는 이 사진은, 세종로가 아직 고층 건물들로 둘러싸이기 이전의 모습을 보여준다.

환영받지 못한 자의 절망감

1966년 이후 서울 개발정책이 급속하게 추진될 수 있었던 원인은 다양하다. 흔히 거론되듯이 김현옥 서울시장의 불도저식 스타일이 큰 몫을한 것은 사실이지만, 여기에는 제1차 경제개발계획의 성공으로 시작된경제호황, 그리고 도시화의 의미와 방향에 대한 실무자들의 무지, 북한과의 경쟁심 때문에 서울을 평양보다 현대적인 도시로 개발하려 했던박정희 대통령의 의지 등도 지나칠 수 없는 이유다. 서울 역사 연구자이자 당시 서울 시정 실무가였던 손정목은 여기에 촉진제가 된 한 가지사건을 언급하는데, 그것은 바로 미국 존슨 대통령의 방한이다.

1966년 미국 존슨 대통령의 방한은 전 세계에 서울의 가난한 실상을알림으로써 서울의 불량 지역들을 개발하게 만든 계기였다. 손정목에따르면, 이 방한 일정이 서울 도심 재개발의 계기가 된 것은, 시청 앞광장에서 열린 존슨 대통령의 환영식 때문이다. 존슨 대통령의 연설을생중계하던 미국 측 TV 촬영기사가 환영식을 보도한 후 서울 시청 주변에도 카메라를 돌렸기 때문이다. 그 결과 시청 맞은편에서부터 남산중턱에 이르기까지 일본 적산가옥과 무허가 판잣집이 들어찬 서울 도심을 전 세계인이 보게 되었다. 서울 사람들은 축제 분위기에 빠져 이사실을 알지 못했지만, 이를 본 미국 교포와 유학생들은 가난한 조국의모습이 창피한 나머지 서울 시청 주변의 슬럼가를 깨끗하게 해달라는탄원서를 1967~68년에 청와대에 접수했다. 그리고 이것이 박정희 대통령이 도심 재개발에 대해 인식하게 된 계기가 되었다는 것이 당시 상황을 생생하게 경험한 실무자의 설명이다.[172]

이 설명을 곧이곧대로 믿을 수는 없다. 그러나 이러한 원인과 결과를 갖춘 서사가 실무자에게 만들어지려면, 당시 서울 시정 분위기상 납득이 될 만한 정황이 있어야 한다. 구체적인 설명을 그대로 믿지 않더라도, 1970~80년대에 벌어진 서울 도심 재개발과 불량 무허가주택 철거가 체제 내적인 요구에서 나온 것이 아니라, 타국의 시선을 의식하여 일종의 전시효과를 내기 위한 목적으로 추진되었다는 설명은 어느 정도 타당하게 들린다. 서울시장은 대통령에게 잘 보이기 위해, 대통령은 외국에 근사하게 보이기 위해 서울 개발의 필요성이 대두되었다는 설명은 되새겨봐야 할 부분이다. 서울 시민들이 더 살기 좋은 공간을 만들기 위해서 도시개발이 추진된 것이 아니라, 국가 권력층과 유학생 엘리트들이 수도 서울이 외국에 그럴듯하게 보이기를 원해서 도시 재개발이 시작되었다는 설명은 서울의 도시개발 논리에 대한 뼈아픈 지적이기 때문이다.[173] 여기에는 현대사회의 필연적 현상인 도시화를 어떤 방향으로 진행해야 할 것인가에 대한 문제제기는 물론, 서울에 실제로 살고 있는 사람들에 대한 이해와 배려가 빠져 있다.

이청준이 존슨 대통령 방한으로부터 두 달 후인 1967년 1월 발표한 〈별을 보여드립니다〉는, 급조된 축제 분위기에 가려졌던 서울 사람들의 내면을 묘사하고 있다. 이 소설은 '나'가 "우방국 원수를 위해 교통을 차단하는 바람에 무려 세 시간 이상을 인파에 밀려 시달리다가 에라 모르겠다 하고 약속을 둘이나 깨고, 물먹은 솜이 되어"[174] 하숙집에 돌아오는 장면에서부터 시작된다. 그러나 이 소설은 화자인 '나'에 대한 이야기가 아니라, '나'가 언제나 "훌륭한 구경꾼"(36쪽)이 되어 보고 있었던 친구 '그'에 대한 이야기다.

친구는 사실상 빈민에 가까운 상경민으로, 경제적 어려움 속에서도 고학으로 대학을 겨우 졸업했으나, 아무도 그를 돌아보지도 않고 축하해주지도 않는다. 시골에 계신 어머니가 돌아가신 후 기댈 곳 하나 없는 혈혈단신이 된 친구는, 사랑하는 여인과도 벽을 쌓아야만 하는 고독한 삶을 숙명처럼 받아들인다. 친구들이 그에게 특별히 적대적이었기 때문이 아니라, 사회 분위기와 상황 자체가 어렵게 사는 사람들에 대한 따뜻한 시선을 보낼 여력이 없었을 따름이다. 그러나 오히려 바로 그 점이 경제적 지원보다 애정의 시선을 원했던 '그'에게 상처가 된다. 친구는 자존심을 지키기 위하여 최선의 노력을 다한다. '그'는 "몇 푼 안 되는" 월급을 거의 털어넣다시피 하면서 독방 하숙을 했으며, 맘 둘 곳 없는 한국을 떠나 영국으로 유학을 가보기도 하고, 결국에는 '그'를 도와주지 않는 친구들을 도벽과 거짓말로 괴롭힌다. 이 소설은 가진 것 하나 없는 사람이 어떻게 잊혀지고, 버림받고, 거짓과 위악을 몸에 두르게 되는가에 대한 이야기인 셈이다.

이 소설은 미국 대통령의 방한을 대대적으로 환영하는 서울 거리의 풍경을 곳곳에서 묘사함으로써, 시공간적 배경을 그의 외롭고 상처받은 삶을 극대화하는 장치로 사용한다. "쫓겨 가노라"고 고백하고 떠나갔던 첫 번째 영국 유학에서 실패하고 돌아온 '그'가 두 번째 쫓겨나는 심정으로 유학을 떠나겠다고 친구들에게 선언한 즈음, 서울 거리는 그의 '쫓기고 배신당한' 심정과 대조적으로 화려하게 빛나고 들떠 있다. "곳곳에 걸린 대소형 초상화가 거리를 압도한 가운데 시내는 우방국 원수를 환영하는 휘황한 네온들이 눈을 어질어질하게 했다. 어두워지는데도 아직 발길을 돌리지 않고 있는 사람들의 얼굴에는 축제의 기미

마저 감돌고 있었다"(18쪽). '그'의 쓸쓸한 환송회가 열리던 날도, "거리
는 우방국 원수의 전광 환영판들이 환성을 지르듯 일제히 빛나기 시작
했다. 그의 환각이 거인처럼 크게 때로는 왜소하게 나의 망막에 부침했
다"(29쪽).

이 소설에서 존슨 대통령을 환영하는 조형물들과 환영인파에 대한
묘사는 꽤 사실적이다. 존슨 대통령이 베트남전 반대시위로 얼룩진 아

〈사진 47〉 1966년 서울시청에 내걸린 존슨 대통령과 박정희 대통령의 초상화(출처: 서울사
진아카이브).

시아·태평양 순방길의 마지막에 2박 3일 일정으로 한국을 들른 것은 1966년 10월 31일이다. 정부는 베트남전에 파병한 우방국가로서의 면모를 과시하고 미국의 경제원조를 얻어내기 위해 최첨단 장비와 화려한 행사를 준비했다. 김포공항에서 서울시청까지 이어지는 거리에 최소한 200만 명이 넘는 사람들을 환영 인원으로 동원했으니, 서울 인구가 350만 명인 시절에, 목표 인원을 255만 명으로 잡고 이 정도 인원을 동원한 것은 엄청난 일이었다. 국민학교에서 고등학교에 이르는 각급 학교 학생 전체와 공무원, 여러 친여단체 등이 환영인파로 동원되었고, 정부는 거리를 장식하기 위해 5만 장의 포스터, 11개의 대형 아치, 19개의 대형탑 등등을 준비했다(사진 47). 다른 아시아 국가에서 반전시위에 시달렸던 미국의 존슨 대통령은 한국에서만 볼 수 있었던 이 대대적인 환영행사에 감격했다고 한다.[175]

말하자면, 서울 거리는 경제원조와 안보동맹을 위해서 외국의 대통령에게는 환영의 손짓과 신호를 보내는 반면, 정작 서울에서 살아야 할 사람에게는 언제나 배신감과 외로움만을 안겨주고 있는 것이다. '그'가 환송회를 뒤로한 채 '나'를 택시에 태워 갑자기 한강변으로 끌고 가는 장면이 이 대비를 잘 보여준다.

길가의 가로등주街路燈柱들에는 빠짐없이, 등을 맞댄 두 귀한 분이 잔치가 끝나가는 거리를 피곤하게 내려다보고 있었다. 신촌 고갯길에는 환영아치가 커다랗게 가랑이를 벌리고 서서 허전한 듯 김포 쪽을 건너다보고 있었다.

"어디서 세워드릴까요?"

운전사가 이화대학 앞 네거리를 지나면서 물었다.

"오, 제2한강교로 갑시다."

그는 계속 차창을 내다보면서 대답했다. 그가 그런 자세를 계속하고 있는 것은 나에게 귀찮은 것을 묻지 말라는 것 같기도 했다. 혹은 그는 마지막 밤의 거리를 될수록 많이 눈길 속에 담아가지고 가고 싶어졌는지도 모를 일이었다. 그에게는 언제나 자신을 줄 수 없었던 거리, 먼지만 삼키며 걸었을 거리, 뭐라고 해도 그가 지금 거기서 다시 쫓겨나려하고 있는 거리, 그렇기 때문에 더욱 그것을 보아 두고 싶었을지 모르는 그 거리에는 지금 투명한 냉기가 흐르고 있었다(30~31쪽).

우방국 원수를 환영하기 위해 두 대통령이 등장하는 포스터가 가로등마다 붙어 있고 환영아치가 서 있지만, 쓸쓸하게 영국으로 다시 쫓겨가는 친구에게는 서울의 거리는 그를 쫓아내려는 기운과 싸늘한 냉기만을 발산할 뿐이다. 영국에서는 혼자였기 때문에 외로웠지만, "여기서는 혼자가 아니라고 생각되는데도 엄청나게 더 외로워지기만" 하고 "뭔가 배반을 당한 것 같기 만한" 기분이 든다(26쪽). 서울은 우방국 원수에게는 따뜻하게 손을 내밀었지만, 정작 거기에 사는 사람들에게는 어디론가 내몰리고 있다는 느낌을 갖게 한다. 이 소설의 '그'는 어디서도 환영받지 못한 자였다. 1966년이 끝나갈 무렵 쓰였을 이 소설은 한 절박한 인물의 형상화를 통해, 앞으로 벌어질 서울 재개발에서 정처 없이 내몰릴 사람들의 내적 위기감을 묘사하고 있다.

도시개발에서 밀려나는 사람들

1967년 이후 추진된 서울 도시개발의 역사는 누구에게도 환영받지 못하는 자들을 끊임없이 외곽으로 추방하면서 진행되었다. 방한한 존슨 대통령의 TV 생중계에서 문제가 된 소공동 중국인 마을이 재정리되어 1885년부터 무려 백여 년간 존속된 화교 거주지가 하루아침에 사라진 것은 1970년대 초반의 일이었지만, 도심 재개발의 범위와 기간은 이보다 훨씬 더 넓고 길었다. 앞에서 보았던 문학 텍스트 속의 배경들이 1960년대 후반부터 1970년대까지 조금씩 재개발되어 사라졌다.

《서울은 만원이다》에서 길녀가 살던 서린동과 그에 인접한 '무교동·다동지구', 길녀의 친구 미경이 살던 순화동 지역이 포함된 '의주로지구', 남동표가 일하던 '연합서민금융'이 있던 '을지로지구' 등등이 모두 재개발 지역으로 지정되어 1960년대 중후반까지 지니고 있던 모습을 잃고, 대기업과 은행 건물로 개발되었다.[176] 미경이 일하던 지상 최대의 사창가이자 판자촌이었던 '종삼' 자리에 세운상가라는 주상복합건물이 들어섰다. 1960년대 중반까지 서울 변두리에 속했던 지역들의 운명도 마찬가지였다. 《서울은 만원이다》에서 길녀가 내려다보던 마포 지역은, 1970년대 후반부터 1980년대 초에 마포대로가 정비되고 바로 앞 도화동에 고급 대형 호텔이 들어서면서 변화하기 시작했다.

이호철의 〈서빙고 역전 풍경〉에서 서울 외곽으로 그려졌던 서빙고역 주변도 급격하게 변화했다. 이호철이 5년 후 쓴 〈1970년의 죽음〉에서 삶이 무의미하게 느껴져서 자살을 결심한 달구는 서울 도심과 한강변을 하릴없이 걷다가 서빙고동의 한강변에서 겨울 낙조를 마지막으로 감상하는 장면이 나온다. 이제 그곳은 〈서빙고 역전 풍경〉에서 보았듯이 서울이 아니라고 생각되는 시골의 풍경이 아니다.[177] "그는 공무원 아파트 옆길을 거슬러 올라가 서빙고동 쪽으로 무한정 걸었다. 추운 겨울날이어서인지 길은 텅텅 비어 있었고 이따금 텅텅 빈 버스가 스르르 소리 없이 옆을 미끄러져 지나가곤 했었다"(91쪽).

돈 많은 부잣집 아들이 허무주의에 빠져 걸어가던 이 아파트 주변은, 1965년 작 〈서빙고 역전 풍경〉에서는 전혀 다르게 등장했다. "한강가로 골재骨材 공장의 높고 육중한 시멘트 기둥이 깎아지른 듯이 우람하게 막아 서 있고 휑하게 빈 해가 지고 있는 서편 하늘이 그 위로 멀리까지 퍼져 있다. (중략) 자갈더미 너머 한강 백사장으로 트럭 서너 대가 소리 없이 느리게 왔다 갔다 할 뿐이다. 삭막하고 을씨년스럽다. 공사판다운 활기도 없고, 다만 무언지 위압적인 정적, 쇠사슬 감기는 소리, 자갈 쏟아지는 소리, 차갑고 선득선득한 분위기뿐이다." 실제로 이곳에는 1965년 세워진 골재공장이 1980년까지도 운영되고 있었다.

한편 서빙고역 앞에는 "다닥다닥 레이션 상자 지붕의 판잣집들이 오몽조몽 모여 있는 오른쪽 십자로 주변은 저녁 햇볕을 받아 제대로 무르녹아 있었다"(196쪽). "강이 굽이를 돌며 크게 꺾이는 목의 키 자란 마른 풀들이 앙상한 대로 그 무성한 곳에는 강 쪽으로 바싹 내붙어 판잣집 예닐곱 채가 서 있는데, 그 레이션 상자 지붕마다에는 아무렇게나 생긴 크고 작은 돌멩이들이 수십 개씩 얹혀 있다. 물초롱 지게를 진 한 아낙네가 꾸뜰꾸뜰거리며 걸어가고 있고, 그 근처 풀밭에서는 조무래기들 서넛이 편을 갈라서 공을 차고 있다"(201쪽).

이제 이 지역에서 포장되지 않은 도로에서 트럭이 먼지를 날리며 달리는 풍경도, 길 한가운데 거지가 누워 있는 풍경도 모두 사라졌다. 달구가 걷는 서빙고와 이촌동 한강 주변은 이제 아파트들이 서 있다. 1967년 말부터 이 지역의 공유 수면 매립이 시작되어, 여기에 1968~69년에 공무원아파트 단지, 1970년에 한강맨션아파트 단지와 외인아파트 단지가 들어선 이후, 한동안 이곳은 서울 최대의 아파트 단지가 되었다.[178] 서빙고동과 이촌동에 세워진 아파트들은 빈민가 개발을 아파트 단지 건설로 대신하는 개발방식의 서곡이었다. 좁은 땅 위에 거대한 인구를 수용하기 위해서, 그리고 서울을 현대도시로 재탄생시키기 위해서 아파트가 필요하다는 사고방식으로 인해, 서울에 남아 있던 옛 경관은 파괴되기 시작했다.

동부이촌동과 서빙고동은 1968년부터 추진된 한강개발 프로젝트에 의해 한강 제방이 쌓여지고 아파트군이 들어서면서, 1970년대에 서울 최대의 아파트 단지가 되었다. 한강변 중에서도 강을 사이에 두고 흑석동을 마주하고 있는 이촌동 앞의 한강 백사장은 스케이트와 보트를 타거나 낙하산 쇼를 구경하곤 하던 서울 시민들의 오랜 휴식처였다.[179] 이곳에 고급 아파트와 맨션이 들어서면서, 한강 조망권은 경제력 있는 사람들의 사적 소유물이 되었다(사진 48). 게다가 한강의 북쪽 강변을 따라서 현재의 강변북로가 건설되자,[180] 1960년대까지만 해도 시민들의 자연스러운 휴식 공간이었던 한강변은 자동차 전용도로에 가려져 사람들이 쉽게 접근할 수 없는 공간이 되었다.[181]

그래서 〈별을 보여드립니다〉의 결말 부분에서 망원경의 장례식이 바로 한강에서 열린다는 것은 의미심장하다. 이 소설에서 '별'은 각박한 현대사회에서 존폐 위기에 처한 순수함 또는 자연을 가리키는 다소 진

부한 상징어이고, 망원경은 바로 그 '별'에 접근할 수 있게 해주는 통로
이자 장치다. 주인공 '그'가 종로 거리에서 별을 볼 수 있게 해주는 사람
으로부터 5원을 주고 망원경을 사온 것이나, 그 망원경을 다시 강물 속
에 수장水葬시켜 장례식을 치르려는 것은, 그가 현대인들을 더이상 '별'
을 볼 수 없는 사람들로 생각하고 있다는 증거다. 그리고 '별'과의 이별
이 한강에서 선언된다는 것은, 한강 또한 더이상 옛 모습 그대로 남아
있을 수 없으며 사람들 마음속에 남아 있는 별들이 죽어나가는 장소가
되리라는 것을 뜻한다.

이 소설에서도 한강은 더이상 낭만적이거나 여유로운 휴식처의 이미
지를 지니고 있지 않다. '나'와 '그' 두 사람이 택시를 타고 당도한 제2
한강교(양화대교) 근처는, 1965년 1월 완공된 다리로 도심과 마포 지역
에서 가장 쉽게 갈 수 있던 한강변이자 오랜 양화진 나루터가 있던 곳
이었다(사진 49). 그곳에는 "다리를 둘로 가르고 있는 조그마한 놀이터
가 있었고 어두컴컴한 강변은 공원길 같았다." 그러나 거기 있는 사람
들은 '나'에게 공포감을 안겨줄 뿐이다. "나는 그들이 어둠 속에서 까닭
없이 증오스런 눈길로 우리를 감시하고 있다가 조그만 실수를 해도 그
만 사정없이 힐난을 하고 덤벼들 것만 같았다. 조그만 속삭임이나 움직
임조차 없었다. 나는 그들 사이를 살금살금 걷고 있었다. 그들이 정말
로 말을 잃어버린 벙어리들이 아닐까 하는 생각이 들자 나는 몸이 오싹
해오도록 무서워졌다"(31쪽).

그들이 망원경의 장례식을 준비하는 동안 다른 보트에서 강물에 뛰
어들어 자살을 하는 사람은, 주인공 '그'가 느낀 내면적 절박함을 대신
보여주는 인물이다. '그'는 "죽으려고 하는 사람"의 심정을 느끼고 있었

고, 그것을 "살고 싶은 사람이 알아들을 수가" 없다는 것을 알고 있었기 때문이다(35쪽). '그'는 자신의 "거짓말"을 처음으로 솔직하게 인정하고, 자신이 아끼고 사랑하던 '별'을 떠나보내기 위해 망원경의 장례식을 한강에서 치른다. 물에 빠져 자살한 사람과 강물 속에 수장되는 망원경은 사실상 동격이다. 결국 그는 한강에 망원경을 빠뜨림으로써 "멋있는 장례식"을 치른다.

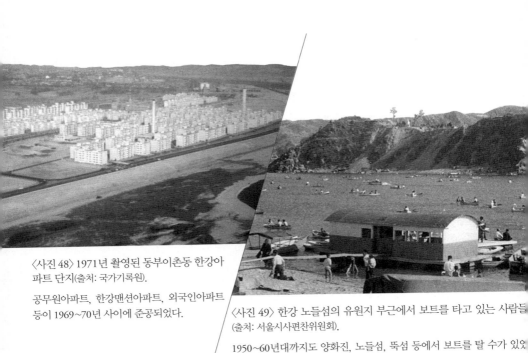

〈사진 48〉 1971년 촬영된 동부이촌동 한강아파트 단지(출처: 국가기록원).

공무원아파트, 한강맨션아파트, 외국인아파트 등이 1969~70년 사이에 준공되었다.

〈사진 49〉 한강 노들섬의 유원지 부근에서 보트를 타고 있는 사람들 (출처: 서울시사편찬위원회).

1950~60년대까지도 양화진, 노들섬, 뚝섬 등에서 보트를 탈 수 있었다. 사진은 1955년 노들섬 보트장의 모습으로, 1960년대 후반까지만 해도 한강은 수영, 스케이트 등을 즐길 수 있는 시민들의 놀이공간이었다

"잔잔히 별 그림자가 무늬진 강을 덮고 잠이 들면 이놈(망원경-인용자)은 별의 꿈을 꾸겠지만"(38쪽), 더이상 서울 사람들은 망원경으로 별을 보려 하지 않게 된다. 망원경이 파묻힌 한강 주변은 점차 고급 아파트들의 불빛으로 휘황찬란하게 빛나게 되었고, 서울 거리에서 냉대받고 밀려난 사람들은 한강에 점차 접근하지 못하게 되었기 때문이다. 그것은 공간적으로 서울의 중심부에서 밀려나는 것이자 가속도가 붙은 서울의 변화와 발전에서도 심리적으로 밀려나는 것이었다. 이후 1970~80년대 문학이 서울의 중심에서 밀려난 사람들의 삶을 사회적 화두로 삼게 된 것은 당연한 일이다.

이청준의 소설들은 서울의 도시 공간이 자본과 국가권력의 힘에 의해 재편되는 과정에서 배제와 분리 또는 탈락과 추방의 공포를 느끼는 사람들의 내면을 묘사하고 있다. 개발을 위해 파헤쳐진 서울의 거리는 그의 텍스트를 통해 일반 대중에게 배제와 금지의 신호를 보내는 공간으로 형상화된다. 누구에게나 공평하게 열려 있는 것처럼 보이는 서울 거리는 실제로 그 거리를 걷고 있는 대부분의 서울 사람들에게 거부의 냉기를 발산하는 공간으로 재현된다.

이청준의 소설은 자본과 국가권력에 의한 도시 공간의 위계화가 사람들에게 배제의 공포와 외로움으로 체험되고 있음을 보여주는 텍스트다. 빈민들이 서울 개발로 인한 판잣집 철거에 저항할 수 없었던 것처럼, 어느 정도 경제력이 있는 사람들도 부동산 투기의 신화에 적극 동참하지 않으면 곧장 신분상승에서 밀려나는 격렬한 계급 분화가 시작되었다. 1970년대에 이르면 이문구와 이호철의 소설처럼 주변부의 빈민지대가 담담한 삶의 현장으로 묘사되는 시기가 끝나고, 문학작품들이 변두리 지역을 계급투쟁의 장으로 묘사하여 문학의 공간 표상에 실천적 역할을 부여하게 되었다.

04

개발의 불도저,
파국을
맞이하다

그래도 지속되는 변두리의 삶

서울의 오랜 도심이 나날이 현대화되는 동안, 변두리 지역들은 팽창을
거듭하고 있었다. 원래 논밭이었다가 새롭게 신흥주택가나 판자촌이
되면서 변화하는 지역들이었다. 이 시기에 계층 분화와 도시 공간의 위
계화가 차츰 진행되고 있던 만큼, 변두리에서도 더이상 일률적으로 가
난한 지역이라고 판단하기 어려운 곳들이 늘어나고 있었다. 아쉽게도
1966~72년 사이에 쓰인 문학작품들이 도심 외곽의 변두리 지역들을
모두 꼼꼼하게 기록하고 있지는 않다. 서울의 변두리 지역 중에서 당시
문학 텍스트 속에 남아 있는 대표적인 지역은 서대문구와 마포구 일대
의 신촌, 연희동, 아현동 등이다.

 1966년에 발표된 김승옥의 소설 〈다산성〉에는, 행주산성으로 여행을

떠나는 일행들이 경의선 열차를 타고 신촌을 거쳐 가는 장면이 잠시 등장한다. 현재 대학들이 밀집한 이 유흥가의 1960년대 중반 당시 모습은 완연한 시골이다. "신촌역에 기차가 정거했을 때는, 그곳이 서울에서 멀리 떨어진 시골 같은 느낌이 들어서 바로 눈앞에 보이는 이화여대가 마치 서울에서부터 기차 꽁무니에 붙어 왔다가 기차가 서니까 슬쩍 내려서 시치미 떼고 거기에 서 있는 것처럼 괴기하게 눈에 비쳤다."[182] 이화여대의 웅장한 서양식 대학 건물들이 서울에서 기차에 붙어 온 것처럼 느껴질 정도로, 주변의 시골 같은 경관과 전혀 어울리지 않았다는 의미다. 신촌이 여러 대학을 중심으로 새로운 번화가로 발전하기 시작한 것은 1970년대 이후의 일이었다.

1960년대 후반 신촌과 아현동, 연희동 등을 가장 많이 문학 텍스트 안에 재현한 소설가는 이문구였다. 이 지역이 문학 텍스트 안에 많이 남게 된 것은 순전히 우연의 소산이다. 이문구 자신이 1959년에 상경하여 신촌에 살면서 건어물 행상을 하기도 하고, 공동묘지 공사장과 도로 공사장 인부 등으로 생계를 유지했던 경험을 소설 속에 충실히 재현해 둔 것이다. 그는 주로 《우리 동네》나 《관촌수필》 같은 1970년대 농촌소설로 많이 알려진 작가이지만, 초기 작품은 도시 하층민의 생활을 다룬 경우가 훨씬 더 많았다.

예컨대 이문구가 1970~71년에 집필한 《장한몽》[183]에도 이 지역의 이야기가 실렸다. 연희동 외국인학교 터에 있던 공동묘지 이장공사에 실제로 참여했던 이문구는, 공동묘지를 시외로 옮기는 인부들의 과거사와 애환을 특유의 입담으로 파헤치고 있다. 이 소설에서 공사장이 위치한 곳은 '신천동 산 5번지'라는 허구적 공간으로 나와 있지만, 연희동에

〈사진 50〉 1967년 신촌로터리(출처: e영상역사관).

〈사진 51〉 1963년 3월 신촌과 삼각지 도로 포장공사 현장(출처: 서울사진아카이브).

이문구가 1960년대 초반 신촌, 아현동 일대의 도로공사 현장에서 인부로 일했던 경험은 그의 초기 소설에 잘 반영되어 있다.

대한 역사적 사실을 종합하여 만들어낸 공간으로 추측할 수 있다. "왜
정 때만 해도 고양군 것이었던" 땅에 있는 이 공동묘지가 "좋지 않은
소리를 들으며 떠난 사람과 사람 노릇도 못해 보고 간 어린 것들을 암
장"하는 곳이었다는 설명과(12쪽), 이 묘지 터를 외국인이 학교로 개발
하려 한다는 서술 등이 이를 증명한다.[184] 이 소설에는 신촌시장, 신촌
로터리, 아현동과 연희동 등 현재 서대문구와 마포구를 아우르는 지역
들에 대한 세밀한 묘사들이 담겨 있다(사진 50).

1967년에 발표된 그의 단편 〈야훼의 무곡舞曲〉[185] 역시 현재의 아현동
과 신촌 일대를 돌며 도둑질을 하고 장물을 팔며 살아가는 사람들의 삶
을 그린 작품이다. 중심인물인 '그'는 전직 소매치기로, 겨우 찾아내는
하루벌이 일거리나 도둑질로 생계를 이어가는 사람이다. 소설이 진행
되면서 그의 입을 통해 묘사되는 인물들인 '오뎅', '그선이', '맏선이',
'불순이' 등도 마찬가지로 간신히 하루살이 인생들이다. 아현동과 신촌
일대는 이러한 사람들이 몰려 있는 곳이었다. 소설 초입부에는 화자인
'그'가 집에서 내려와 아현동 로터리에서 신촌고개 방향으로 진행되는
도로공사의 비리를 포착하는 장면이 있다.

> 홧김에 내처 걷다보니 굴레방다리였다. 신촌고개 마루턱의 도로 공사
> 장은 여전히 크레이더로 잔토殘土를 밀어내고 있었다.……일반 토목
> 회사가 시공한 공사장에 개인 중기가 아닌 도로사업소의 중기가 후생
> 사업을 하고 있는 것이다. 시청 직영 공사장에 배치 받은 크레이더가
> 장비 없는 영세 건설업자 현장에서 일해주고 적잖은 보수를 받아간다
> 는 사실을 진흙칠로 가려진 '건설 ○○호'란 관용 넘버가 증언하고 있

었다. 나 이런 사람이란 위조 신분증이라도 있으면, 운전수, 하청업자, 현장 감독, 배차계원, 도로사업소장 등 여러분을 두루 만나 걸게 먹게끔 물 좋은 판이었던 것이다(62쪽).

이 소설은 현재 아현동과 신촌 일대에 대규모 주택지가 형성된 배경을 알려주는 텍스트다. 신촌과 연희동 등이 발전하기 위해서는, 먼저 도심에서 왕복할 수 있는 도로가 개선되어야 했다. 인용문은 북아현동에서 신촌로터리 쪽으로 도로공사가 한창 진행 중인 모습을 포착하고 있다. 이 도로의 포장공사가 진행된 것은 1963년이므로, 소설보다 몇 년 앞선 시기의 모습이다. 더구나 이 장면에서 묘사된 건축 비리는, 이 문구가 실제로 도로 공사장 인부로 일해 본 경험이 있기 때문에 포착할 수 있는 것이다(사진 51).

〈야훼의 무곡〉에서 '그'가 사는 "산 9번지"가 위치한 정확한 동명은 나와 있지 않다. 그의 판잣집이 있는 산꼭대기에서 걸어 내려오면 '굴레방다리'가 있고, 어렵게 훔쳐낸 장물을 신촌 바닥과 아현시장에 내다 파는(70쪽) 것으로 보아, 이들의 거주지가 아현동 산 위에 있던 판자촌이라고 추측할 수 있을 뿐이다. 1960년대 중반 당시 아현동의 "산 9번지 일대는 몇 해 전부터 판잣집으로 좁다." 집으로 "가는 길은 계속 비탈이다. 그 비탈엔 오죽잖은 집들이 층층이 더께져 있다. 촘촘히 들어찬 집을 볼 때마다 그는 피로를 느낀다"는 설명 덕분이다(71쪽). 그러나 사람들은 산꼭대기에서 사는 마음을 애써 달랜다. "유지로 덮인 야틈한 지붕들은 구름이 스쳐간다거나 벼락이 떨어질 염려 없어 좋을 게다. 돈벌이로 해서는 물 없이 고생하며 이 높은 데에 살지 않아도 되건만, 그는 "하늘이 가까와 좋다"고 했다. 판자벽마다 광고물 장터였다. 귓병, 콧병, 기침, 치질, 침뜸. 이런 크고 검은 글자들만 내세운 작은 광고물이다"(73쪽). 이 지역에 이렇게 대규모 판자촌이 형성된 것은, 1964년 이후 실시된 토지구획정리사업 때문이다.

이 지역의 경관에 대한 〈야훼의 무곡〉의 묘사는, 산비탈에 다닥다닥 세워진 판잣집들과 하루벌이 일거리를 찾는 광고물을 위주로 이루어져 있다. 특히 북아현동 빈민지대의 열악한 주거 환경과 불안한 경제상황, 근린시설의 부족 등이 그대로 나타나 있다. 이 지역은 수도시설이 제대로 갖추어져 있지 않아서 "물 없이 고생하며" 살아야 하는 고지대다. 국가의 토지구획정리사업으로 형성된 주거 지역이지만, 삶의 유지에 필요한 제반 시설은 전혀 확충되어 있지 않았다. 국가정책에 의해 강제적으로 형성되었음에도 불구하고, 이 지역은 개발과 경제성장의 혜택을 전혀 입지 못한 채 무관심 속에 방치되어 있었다(사진 52).

이문구의 또 다른 소설 〈생존허가원〉[186]을 보면 '신촌시장'에서 일수를 걷으며 사는 주인공 '우길'은 산꼭대기를 올라가면서 "이놈의 언덕배기는 해발 삼백 미터도 더 되나 보다"고 불평하다가, "십 년 전만 해도 이 일대가 공동묘지"였음을 떠올린다. 전방에서 복무하다 다리 한 쪽을 잃은 그는 그 대가로 억지로 마련한 삼만 원으로 판잣집 한 채를 마련하게 되는데, 그곳이 철로변에 있고 "수색 쪽에서 들어오는 열차의 불빛이 진창으로 발이 빠지는 좁은 골목을 비춰주는" 것으로 보아 (89쪽) 경의선이 지나는 서대문구의 어느 지역으로 짐작된다. 이곳의 풍경을 상세히 묘사한 구절을 보자.

이 골목에서 유일하게 집 모양을 갖추고 있는 혜민당 약국 앞의 세거리에 이르니, 동네 조무래기들이 약국의 외등 아래에 모여서 흙장난이 한창이었다. 이 동네는 쓰레기통마다 치쌓이는 연탄재와 맞먹을 정도로 아이들이 흔했다. 집집이 마당 한 뼘이 없는 판잣집이라 아이들이 날만 새면 세거리로 몰려나오기 때문이었다. 철로 가에 사는 집은 자다가 깨기가 예사라 자식도 많을 수밖에 없다는 것이었다. (중략) 약

〈사진 52〉 1974년 7월 2일 촬영된 북아현동 개량 전 주택(출처: 서울사진아카이브).

국에서 바른편으로 난 길은 양쪽에 붙어 서 있는 야틈한 처마 끝에다 이마와 어깨를 몇 번씩 짓찧으며 걸어야 했다(90쪽).

이곳은 처마가 낮아 걸어 다닐 때 이마와 어깨를 짓찧어야 하고, 또 비좁은 골목 때문에 "세 번을 어깨 위로 얹히는 옆집 처마 끝에 귀를 할 퀴어야만" 집에 다다를 수가 있는 동네다(96쪽). 이곳에 집 모양을 갖춘 건물은 그나마 약국 하나밖에 없다. 도심이 날로 번화하고 있는 반면, 날로 확장되는 이 지역들은 자본의 혜택을 전혀 받지 못하고 있었다. 이문구의 소설이 서대문구와 마포구 지역을 주로 다루고 있긴 하지만, 사정은 다른 신흥 빈민가들 역시 크게 다르지 않았을 것으로 보인다.

〈사진 53〉 1967년 입체교차로 공사가 진행되던 연희동의 모습(출처: 서울사진아카이브).

1960년대 중반까지 도심에서 철거된 빈민들이 연희동, 수색동, 가좌동 등에 천막으로 만들어진 난민촌을 형성하고 있었으나, 1968년 연희입체교차로의 완공 이후 연희동의 모습은 많이 바뀌었다.

이문구의 소설에 드러나 있는 것은, 이 시기 판자촌의 풍경이 1960년 대 초반과 크게 다르지 않았다는 점이다. 심지어 그가 다룬 서대문구와 마포구 지역들이 신촌도로의 포장공사, 아현고가도로 등으로 변화하고 있던 시기였음에도 불구하고, 그 주변을 잠식해 있던 판자촌의 모습과 도시빈민들의 삶은 여전했다. 만약 그중에서 부를 쌓거나 성공한 사람 이 나올 경우, 그 사람은 탈출하듯 그곳을 떠나 이사를 가는 편이 훨씬 나았을 것이다. 변하는 게 있으면 변화하지 않는 것도 있듯이, 도시개발 에서 소외된 지역들은 이전과 같은 판자촌의 삶을 유지하고 있었다.

이 변두리 지역들의 운명은 다 같지 않았다. 《장한몽》의 연희동은 1969년 연희입체교차로가 준공되면서 교통이 편리해지자 1970년대부 터 일부가 고급 주택가로 바뀌기 시작했다(사진 53). 그러나 〈야훼의 무 곡〉의 북아현동과 아현동 일대는 1968년 아현고가차도가 건설되자 차 들이 그냥 고가 위로 통과하는 지역이 되어, 2000년대까지도 가난한 삶의 모습은 지속되었다. 도로는 도심과 변두리를 단순히 이어주기만 하는 게 아니라, 그곳에 사는 사람들의 삶도 바꾸었고 공간의 특성들도 변화시켰다.

철거민 집단이주와 판잣집 양성화

1966년 이후 경제성장에 힘입어 서울의 인구가 더 폭발적으로 늘어나 면서, 판자촌은 계속 늘어났다. 서울을 현대도시로 만들려는 계획, 다 시 말해 외국인 관광객이 봐도 부끄럽지 않을 만한 국제적인 도시이자 고층화된 도시로 만들려는 계획에서, 무허가 판잣집들이 들어찬 빈민지대는 도시 미관을 정비하는 데 가장 큰 걸림돌일 수밖에 없었다.

그러나 판자촌을 없애고 싶어 하는 권력층의 소망과 반대로, 빈민지대는 계속해서 늘어났다. 1962년부터 도시 변두리에 집단 간이주택을 만들어 정착지로 삼으려던 계획은 그 주변 동네들까지 합법적 판자촌으로 만들어버리는 사태를 발생시켰다. 정착지 사업의 교훈은 "'무허가 건물 마을의 장소적 이전'이 끝이 아니라 '무허가 건물 공인지대의 조성'이라는 것이었다."[187] 서울시가 정착지 주변이 거대한 무허가 판자촌으로 변해가는 것을 보면서도 이를 묵인하고 강제이주 사업을 계속 추진했던 것은, 도심부에서 가난한 사람들을 일단 퇴출시키지 않고서는 도시개발이 불가능했기 때문이다. 도로를 건설하거나 새로운 아파트나 고층 상업시설을 짓기 위해, 일단 도시빈민들을 외곽으로 추방해야 했다.

1966년 이후 도시빈민 지대는 이전처럼 시골에서 서울로의 이동 때문에 형성된 경우도 있었지만, 서울 안에서의 강제이주가 훨씬 더 많이 늘어났다는 점에서 그 전의 이주와 다른 성격을 지니고 있었다. 이러한 집단이주 정책으로 형성된 지역은 현재 서울시의 대표적인 인구 밀집 지역들이다. 강북에서는 북쪽 지역의 도봉동, 상계동, 쌍문동, 미아동, 삼양동, 월계동, 그리고 서쪽 지역의 홍은동, 수색동, 응암동, 북가좌동, 남가좌동, 연희동에 빈민들이 이주했다. 강남에서는 서쪽의 신정동, 구로동, 신림동, 봉천동, 시흥동, 사당동에, 동쪽의 가락동, 오금동, 마천동, 거여동 등이 이 시기의 대표적인 집단이주 정착지였다.[188] 특히 화재나 홍수로 이재민이 발생할 경우, 그들을 강제이주시키고 판잣집을 철거할 좋은 핑계로 여겼다.

물론 도시빈민의 집단이주만이 이 시기 정책의 전부는 아니었다. 1967년 4월부터 소위 '판잣집 양성화' 정책이 언급되기 시작했다. 무허가 불량주택들을 '양성화'한다는 것은, 이미 판잣집을 지어 살고 있는 빈민들에게 토지를 불하하여 소유권을 인정해주는 정책을 의미한다. 다만 이를 인정받으려면 시멘트 블록과 슬레이트 지붕을 갖춘 집으로 판잣집을 개량해야 한다는 조건이 붙었다. 무단으로 땅을 점유하여 판잣집에서 살고 있는 빈민들에게는 어엿한 자기 집과 땅을 가지게 될 수 있는 절호의 기회였다.

　김현옥 시장이 이러한 양성화 정책을 잠시나마 시행하게 된 것은 본의가 아니었다. 1967년 상반기가 선거를 위해 민심을 달래야 했던 시기였을 뿐이다. 이 해 5월에 대통령 선거가 있었고, 6월에는 국회의원 선거가 있었다. 재선을 노리는 대통령과 3선 개헌을 위한 '개헌선'을 확보해야 했던 공화당 국회의원들은 공무원들까지 총동원해 관권선거에 매진하고 있었다. 특히 6·8선거는 지금까지도 악명을 날릴 정도로 광범위하게 불법이 행해진 부정선거였다. 이렇게 절박한 상황에서 박정희 정권에게 수도 서울의 표심은 골칫거리였다. 박정희는 농촌보다 도시, 그중에서도 특히 서울에서 야권을 지지하는 성향이 높다는 것을 의식하고 있었고 서울 인구의 상당수를 차지하고 있던 가난한 빈민과 일반 서민들의 마음을 사로잡는 정책이 매우 절실했다.

　판잣집 양성화 정책은 바로 이런 배경에서 강제이주 및 강제철거라는 본심을 숨기고 나온 선거용 정책이었다. 따라서 이 정책은 시작부터 오락가락할 수밖에 없었다. 선거 직전인 4월 말에는 모든 판잣집을 양성화하겠다고 약속하고,[189] 5월에는 여러 판자촌에 양성화를 인정한다는 통지서나 표찰까지 남발하더니, 총선이 끝난 지 이틀 후인 6월 10일부터 상황이 달라졌다. "양동과 도동 일대의 판잣집을 모두 철거하겠다"는 공언이 나오기도 했고, "판잣집 양성화 속에 철거 소식이 붙어 판잣집 주민들은 어리둥절해지는" 상황이 연출되었다.[190] 선거용 선심 쓰기로 제시되었던 양성화 정책은 단 몇 달 만에 이미 많은 문제를 드러냈다.

판잣집이 양성화된다는 소식이 퍼지자, 일부는 갑자기 빈 땅에 판잣집을 짓기 시작했다. 판잣집이 도리어 여기저기 난립하는가 하면, 비어 있던 땅이 갑자기 판자촌이 되는 상황도 발생했다. 삼양동과 하월곡동에서는 이를 막기 위해 출동한 구청 직원과 경찰들과 판잣집 주민들 사이에 난투극이 벌어지기도 했다[191](사진 54). 게다가 어떤 도시빈민들은 서울시의 약속을 믿고 돈을 들여 힘껏 주택을 개량해놓았더니, 하루아침에 갑자기 철거되는 상황을 겪고 투신자살을 하기도 했다.[192] 종로구에서는 멀쩡히 "양성화 표찰"까지 받았는데 철거당하는 경우도 있었다.[193] 인왕산 일대의 판잣집들은 "양성화 시범부락"으로 선정되어 철거하지 않고 5년 상환으로 불하해주겠다는 통지서까지 받았는데도 강제철거당하는 상황에 놓였다.[194] 이 모든 상황이 선거용 공수표로 판잣집 양성화 정책이 제시된 탓이었다.

공약을 뒤집은 대가로 도시빈민들의 반발이 심해지자, 서울시는 몇 가지 대책을 내놓지 않을 수 없었다. 일부 주민은 집단이주하되, 판자촌 중 일부는 주택개량을 통한 양성화를 인정하는 것도 그중 하나였다. 그러나 현재 더 잘 알려져 있는 것은 다른 두 정책이었다. 하나는 판자촌을 철거하되 서울 시내 곳곳에 시민아파트를 지어 도시빈민들을 수용하는 방안이었고, 다른 하나는 서울 바깥인 성남에 '광주대단지'를 만들어 철거된 이주민들의 정착지를 만드는 방안이었다. 이 세 가지 정책 중에서 양성화 정책이 오늘날 많이 언급되지 않는 것은, 다른 두 가지 정책이 초래한 결과가 너무 충격적이었기 때문이었다. 그것은 바로 '와우아파트 붕괴'와 '광주대단지 봉기'라는 파국이었다.

시민아파트 건설이라는 속임수

시민아파트 건설정책은 오늘날까지도 잘 알려져 있는 편이다. 앞에서 1969~70년 사이에 지어졌다고 언급한 동부이촌동의 공무원아파트, 한 강맨션아파트, 외국인아파트는 모두 평수가 넓은 부유층 전용 또는 중 산층 이상의 거주를 위해 지어진 아파트로, 당시로서는 예외적인 경우 에 속했다. 예컨대 한강맨션아파트는 가장 작은 평수가 27평이고 가장 큰 평수가 55평에 달하는 아파트로, 오늘날의 아파트처럼 단지 안에 교 육시설, 주차장, 쇼핑센터, 경비원 등을 배치한 최신식 아파트였다.[195]

이에 반해 시민아파트는 도시빈민들의 집을 철거하고 새로운 아파트 를 마련해서 수용한다는 계획으로 만들어졌기 때문에 평수가 좁은 서 민아파트였다. 시민아파트는 1968~72년 사이에 집중적으로 지어졌다 (사진 55). 금화아파트를 1968년 처음 기공하고 추이를 살펴보던 김현옥 시장은 1968년 12월 시민아파트 건립계획을 대대적으로 공언했다. 그 래서 1968~69년 현저동에 금화아파트가 처음 지어진 이래, 1972년까 지 32개 지구 400동이 넘는 건물이 지어지고 17,000여 가구가 입주했

〈사진 54〉 1968년 5월 선거가 끝난 후 판잣집 양성화 공약을 지키라고 시위하는 주민들(출처: 경향신문사).

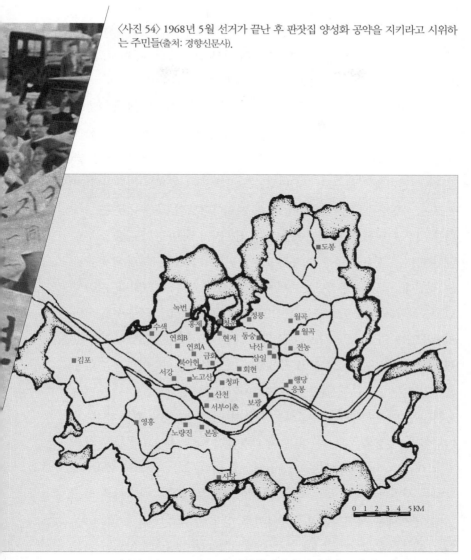

〈사진 55〉 1968~1972년 사이에 지어진 시민아파트 분포도(출처: 윤혜정, 〈서울시 불량주택 재개발사업의 변천에 관한 연구〉, 《서울학연구》 제7호, 서울학연구소, 1996, 233쪽).

다. 그러나 시민아파트는 부실공사 때문에 많은 수가 지어진 지 10년 이내에 철거되는 운명을 맞이했다. 현재 남아 있는 것은 〈무한도전〉 프로그램에 나오기도 했던 회현동 시민아파트 등 몇 개뿐이다.

시민아파트는 오늘날 생각하는 아파트와 많이 달랐다. 연탄 난방에 대개 10평 남짓의 작은 아파트였다. 게다가 화장실과 세면장은 한 층에 하나씩 공용으로 사용하게 되어 있었다. 또한 서울시가 부지 조성, 골조공사, 전기와 상하수도 공사만 하고, 내부 공사 일체는 입주자가 자비로 공사를 하게 되어 있었다. 여러 시민아파트의 가구 내부 구조가 다른 것은 이러한 이유 때문이었다.[196] 입주자가 내부 공사 비용을 부담해야 한다는 것은 입주권을 가진 도시빈민들이 그 돈을 부담해야 한다는 것인데, 상당수 철거민들에게 이러한 돈이 있을 리 없었다. 따라서 빈민들은 입주권을 판매하는 편이 더 나았다. 결과적으로 말하면, 시민아파트에는 어느 정도 경제력이 있는 서민들이 들어가고 입주권을 가진 빈민들은 다시 판잣집을 짓지 않을 수 없었으니, 시민아파트 건설은 도시빈민의 주거 문제 해결에 거의 도움이 되지 않았다.

시민아파트는 애초부터 도시빈민과 서민들의 생활을 위해 지은 게 아니었다. 손정목은 "김 시장의 '박 대통령을 향한 전시효과'를 단적으로 알려주는 이야기" 한 토막을 소개하고 있다. 그는 1969년 400동에 달하는 시민아파트를 주로 높은 산 위에 지었는데, 그중 맨 처음 착공한 것이 서대문구 현저동의 금화아파트 19개 동으로 1968년 6월 18일에 기공식을 올렸다(사진 56). 그는 아파트를 너무 높은 데 지으면 위험하고 주민들이 불편하지 않겠느냐는 의견에, 높은 곳에 지어야 청와대에서 잘 보일 것 아니냐고 대답했다고 한다.[197]

무엇보다도 시민아파트의 존재와 문제점이 사람들의 기억에 크게 남아 있게 된 것은, 1970년 와우아파트 붕괴사건 때문이다. 4월 8일 아침 6시 30분 경, 잠에서 막 깨어나 출근과 식사 준비를 하던 가족들이 대피할 새도 없이 아파트 한 동이 처참히 무너져내렸다. 입주 후 넉 달도 채 지나지 않은 새 아파트에서 일어난 참사였다. 무면허 건설업자가 철근을 제대로 사용하지 않은 부실공사, 하중도 고려하지 않고 제대로 지반공사도 마치지 못한 속전속결식 6개월 건설과정이 부른 참사 등으로

〈사진 56〉 첫 시민아파트였던 금화아파트에 박정희 대통령과 김현옥 시장이 함께 등장한 모습(출처: 국가기록원).

당시의 언론과 여러 연구들은 정리하고 있다.[198] 1994년 성수대교 붕괴와 1995년 삼풍백화점 붕괴사건도 큰 충격을 안겼지만, 이 사건이 안겨준 충격도 만만치 않았다. 아주 강력한 지진이 일어나지 않는 한, 사람들이 멀쩡히 살고 있는 아파트가 갑자기 무너진다는 상상을 누가 쉽게 할 수 있겠는가. 33명이 사망하고 40명이 부상한 이 참사는 오래도록 사람들에게 회자될 수밖에 없었다.

1970년 와우아파트 붕괴사건은 1966년 이후 급격하게 진행되던 서울의 도시개발의 문제점이 선명하게 드러난 시발점이었다. 이 사고로 당시까지 거침없이 질주하던 김현옥 서울시장이 물러났다. 서대문구 창전동에 있던 와우아파트는 철거되고, 그 자리는 현재 와우산공원이 되었다. 이미 건설되고 있던 시민아파트들은 어쩔 수 없이 1972년까지 지어졌지만, 이 사건 이후 더이상 새로운 시민아파트 건립은 없었다. 그럼에도 불구하고 이 참혹한 사고의 원인을 당대의 실무자들과 정권이 제대로 인식했는지는 불분명하다. 무허가 건축업자의 개인적인 잘못이나 일부 공무원들의 불성실과 비리만이 와우아파트가 붕괴한 이유의 전부는 아니었기 때문이다.

김현옥 시장이 주도한 속도전식 건설방식은 업자 선정에서 자재 사용, 지반공사 등까지 모든 면에서 부실 요인을 안고 있었다. 게다가 시민아파트는 처음부터 도시빈민의 정착과 생활개선보다 서울이 현대도시로서 가져야 할 도시 경관을 해치고 있다는 판단에서 건설되었다. 그 기준은 앞에서 말한 대로 최인훈이 소설 〈하늘의 다리〉에서 썼듯이 권력층 엘리트의 자기만족과 외국인 관광객의 시선에 있었다. 김현옥 시장은 무허가 판잣집이 "국제적 관광도시로서의 서울의 계획적 발전에

악영향을 끼치고 도시 발전에 커다란 장애가 되고 있다"고 생각했으며,[199] 판잣집 대신 산 위에 높이 솟은 아파트를 지음으로써 청와대를 비롯한 권력집단에 도시의 발전상을 과시적으로 드러내고자 했다. 시민아파트의 급속한 소멸과 와우아파트 붕괴는 어찌 보면 예정된 것이었다.

아파트 거주자의 성찰

최인훈의 1970년 작 〈하늘의 다리〉는 드물게도 '와우아파트 붕괴'를 소재로 삼은 소설이다. 동시에 아파트 거주자로서의 생활과 성찰을 다룬, 이 시기에 얼마 되지 않는 소설이기도 하다. 이 소설은 서울의 도시 공간을 해부하는 동시에, 그것을 해부하는 자신에 대한 비판적 인식을 동시에 보여주는 작품이다. 그리고 이러한 작업을 '와우아파트 붕괴'라는 현실 속의 초현실적 사건과 예술가의 환상을 교차시키는 독특한 방식으로 해낸다. 이 소설이 알레고리와 환상적 기법을 사용한 작품이라는 것은, 제목의 '다리'가 교량bridge이 아니라 사람의 신체기관인 다리leg를 가리킨다는 점을 생각하면 짐작이 갈 것이다.

이 소설의 시간적 배경은 1969년부터 1970년 초반까지인데, 화가인 주인공 '준구'에 관한 두 개의 이야기가 각자 진행되다가 서로 접합되는 구조로 이루어져 있다. 하나는 서울 하늘에 절단된 사람의 다리가 떠 있는 환상을 토대로 서울의 이미지를 캔버스에 담아내려고 하는 화가로서의 이야기이며, 다른 하나는 고향인 북한 원산에서부터 은사였던 선생님 부탁으로 그분의 딸 성희를 찾아내어 도와주려는 이야기다.

소설이 진행되면서 서로 관련이 없는 듯 보였던 예술가로서의 이야기와 피란민으로서의 이야기가 이어진다. 두 서사를 하나로 묶는 고리는 서울의 거리와 사람들의 삶에 관해 화가인 준구가 발견하는 상징적 이미지다.

〈하늘의 다리〉는 화가 준구가 서울을 전체적으로 조망하는 위치에 설 수 있도록 두 가지 조건을 설정한다. 하나는 그가 이방인 의식으로 이 도시를 관찰할 수 있는 피란민이라는 조건이고, 다른 하나는 높은 아파트에 거주하는 사람으로 설정되어 있다는 것이다. 이 아파트도 도시를 내려다볼 수 있을 만큼 높은 곳에 지어진 것으로 보아, 시민아파트로 추측할 수 있다. 이곳은 서울의 핵심적 이미지를 포착하려 하는 화가를

〈사진 57〉 1968년 낙산 시민아파트 모습(출처: 국가기록원).
김현옥 서울시장의 의도대로 청와대에서 잘 보일 수 있도록 주로 산꼭대기에 지어졌던 시민아파트들은, 덕분에 도시를 높은 곳에서 조망하기 좋은 위치를 차지할 수 있었다.

도와주는 장소로서의 역할을 담당한다. 그가 높은 아파트에서 서울을 조망하는 장면이 이 소설에서 여러 번 반복되는 것은 이 때문이다.

창문으로 보는 서울은 아름다웠다. 유독 밤의 전망은 아름다웠다. 아파트의 부대시설 가운데의 하나로 이 창문에서의 전망을 꼽고 싶은 게 준구의 심정이다. 저기서 우글거리는 저 많은 사람. 그 많은 악惡. 약간의 선善―아직 삶을 모르는 사람들의 감상感傷과 출세주의자들이 선거 공약처럼 휘두르는 실속 없는 말의 모습을 지닌, 그리고 어떤 시인의 한 줄 속에 불꽃처럼 일었다 스러지는―그런, 약간의 선善이 어우러진 저 밀림. 그것을 높은 나무 위의 둥지에서 내려다보는 한 마리의 새―로 자기가 느껴지는 자리인 창窓. 그래서 준구는 이 방이 좋은 것이었다(57 ~58쪽).

1960년대 후반에 지어진 아파트들이 주로 평지가 아닌 산 위 높은 지대에 있었던 만큼, 비록 4층 높이에 불과한 준구의 아파트도 서울을 관찰하고 조망하는 장소로서 충분한 위치를 지니고 있다(사진 57). 지금도 아파트가 가진 매력 중 하나는 바로 도시 공간을 위에서 내려다보는 조망이다. 땅 위로 높이 올라가는 '상승'은 우리를 도시의 구속과 거리 생활의 열광적인 행동으로부터 들어올려준다. 그 상승은 "사람을 매혹시키고 사로잡아, 세상을 사람들의 눈앞에 놓인 텍스트로 변화시킨다."[200] 서울의 변화에 대해 비판적인 준구조차 아파트에서 서울을 내려다볼 때만큼은 애정을 지니고 도시를 전체적으로 조망할 수 있다.

소설의 결말 부분에 이르러서도, 준구는 다리를 다쳐 아파트에서 꼼

짝하지 못하는 신세가 되자 또다시 서울을 조망한다. 아파트에서 내려다보는 도시는 "의젓하고 상냥스런 기"는 전혀 없이 암세포가 번져가듯, 하늘로 치솟는 고층 건물과 밖으로 뻗어나가는 길과 그곳을 가득 채우는 집들을 여실히 보여준다.

정월 한 달을 준구는 삔 다리 때문에 외출을 못 하고 지냈다. 바다 밑 바위 모서리에 가라앉은 조개처럼 그는 방에서 웅크리고 지냈다. 가끔 다리를 끌고 창가에 서서 내다본다. 겨울의 맑은 날 집들은 잔뜩 웅크리고 추위 속에 몰려선 피난민들처럼 보였다. (중략) 저기 저렇게 서 있는 집들이, 전봇대가, 거리가 모두 어디서 금방 실려 온 피난민 같이만 보이는 것이었다. (중략) 그저 낌새—어떤 낌새가 그랬던 것이다. 낌새—부연 고층 건물과, 달리고 보자는 듯이 뻗친 길과 아귀아귀 뻗어가는 교외의 이 언저리의 북새판 같은 주택 붐과. 이 모든 것들. 뻗치는 삶의 힘이란 게 이런 것일지. 그러나 어딘가 의젓하고 상냥스런 기가 있어야 옳은 힘이 아니겠는가. 힘으로 친다면야 암세포가 번식하는 것도 하기사 힘이다. 이것은 제가 저를 다스리지 못하는 힘이다. 저 피난민 수용소에서 배급날마다 벌어지던 수라장 난장판─프티 부르주아의 체면이 걸레처럼 찢겨 나가던 그 판이 아닌가. 이십 년이 지났는데도 꼭 그 낌새가 그 낌새라니. 어찌 된 노릇인가. 규모가 좀 커지고 차례가 좀 번거로워지면 피난민이 피난민이 아니라는 말인가. 그렇지 않을 것이었다. 없이 살고 세상 알지 못하고 살아와서 무식하기는 할망정 이건 아무래도 틀려먹었다. 더러워서 못 살겠다. 그게 이 도시의 선線에, 색깔에 보이는 것이었다. 그런데 딱히 어느 선에 어느 색깔이라고 잡을 수가 없다. 과연 미술이라는 방법으로 이 느낌의 정체를 잡을 수 있는 것인가. 그런 생각만 하게 된다. 그래서 그림 한 장을 그릴 수 없다(97~98쪽).

이 인용문은 서울은 규모와 격식이 커진 피란민 수용소에 불과하다는 생각을 담고 있다. 교외에 집들이 늘어서 서울은 점점 더 커져가고 고층 건물도 늘어서 길과 도로는 뻗어가지만, 그의 말대로 "의젓하고 상냥한 기" 같은 것은 없다. 이 도시의 선線과 색깔에 서울이 자기 통제력을 상실하고 번식하는 피란민들의 난장판 같은 것이 담겨 있다는 것이, 준구가 서울의 도시 경관을 조망하여 얻어낸 성찰의 결과다. 화가가 "그림 한 장 그리기 위해서도 문명비평가가 돼야 하는 이 나라 서울의 이 밤"(72쪽)을 보내면서 내린 결론으로는 너무나 비관적이지만, 무질서하고 무장소적인 경관으로 채워져가는 서울에 대한 정확한 통찰이기도 하다. 이 생각을 그림으로 표현하려는 준구의 의지 앞에서 와우아파트 붕괴사건이 일어나는 것이다.

와우아파트 붕괴와 정인숙 피살사건

〈하늘의 다리〉의 준구는 화가로서 자신이 살고 있는 도시 서울의 이미지를 캔버스 위에 표현하고자 한다. 그가 생각하는 서울 이미지의 집약은, 자신이 서울 거리를 걸을 때마다 종종 보는 환상이다. 밤하늘에 허벅지부터 잘려져 있는 여자의 다리 하나가 하늘을 향해 거꾸로 서 있는 그의 환상은 기괴하다. 그러나 그것은 서울의 삶과 경관을 가장 잘 표현해줄 수 있는 화가의 알레고리다.

준구는 스승의 딸인 성희를 만난 다음부터 예전보다 보아오던 그 환상 속의 다리가 성희의 다리라고 생각한다. 단정한 여대생이 되어 있을 줄 알았던 은사의 딸이 "비어홀에서 술을 따르는 것을 보았을 때, 그는 슬프다기보다는 그로테스크하다는 느낌을 받았다"(75쪽). 고결했던 선생은 "그러저러하게 괴롭기도 할 부르주아의 삶이 있는 지붕들"에서 벗어나지 못했고, 그의 딸은 그 하위 단계인 '판잣집'보다 아래로 떨어졌다(70쪽). 그의 표현을 따르자면, 고상한 집안의 딸이 "술집 작부"가 되어버린 현실은 "같은 계급의 일원의 몰락" 이상의 느낌, 다시 말해 원래 알던 것이 전혀 다른 것으로 '변신'하는 것을 목격한 데서 오는 "괴담과 같은 무서움"을 준다. 성희의 몰락은 서울을 가득 채운 피란민과 상경민들이 겪는 변신이다.

몸통도 없고 다른 한 짝을 잃어버린 불구의 다리가 하늘로 올라가 거꾸로 허공을 밟고 있는 형상이 나타나는 것은, 그가 도시에서 버려진 "죽은 쥐들과 짓밟은 말과 허송한 시간들은 하늘로 올라가 다리가 되었기"(90쪽) 때문이라고 느끼기 때문이다. '하늘의 다리'는 서울의 어둡고 무용한 배출물들이 떠올라간 형상이다. 그래서 '하늘에 떠 있는 다리'는 서울의 밑바닥으로 떨어진 성희의 다리와 같지만, 그것은 하늘을 딛고 거꾸로 서 있다. 준구가 그리는 그림은 "하늘에 다리 하나가 걸려 있다. 다리는 허공을 밟고 있다. 그 밑에 멀리 도시가 있다. 도시의 하늘에 허벅다리 아래만 있는 다리 하나가 걸려 있는 그림이다. 그 다리가 성희의 것이다"(99쪽).

그러나 그림은 쉽게 그려지지 않는다. 그림이 현실을 따라갈 수가 없기 때문이다. "다리 아래 펼쳐지는 도시의 지붕은 수풀처럼 뭉치게 할 수 있었다. 그리고 그 위에 있는 하늘도 집들의 지붕과 닿아 있게 하는 것도 어려울 것이 없다. 그런데 다리만은 그 공간에 들어앉지 않는다"(100쪽). 억지로 다리를 하늘 속에 밀어넣으려 해도, 다리는 환상 속에서 본 것처럼 매끈하게 절단면 없이 하늘을 밟고 서지 못한다. 그림과 예술의 초현실적 환상성이 현실의 환상성을 따라잡지 못하기 때문이다.

준구는 그림 속에 표현하지 못한 은사의 딸 성희의 다리를 현실이 완벽하게 재현하고 있음을 확인시켜주는 두 가지 사건을 발견한다. 1970년 3월 어느 날 신문을 도배한 한강변 살인사건의 사진을 보고, 그는 자신의 그림도, 신문 속의 어떤 말도 "그날의 신문 삼면이 넘치게 찍혔던 그 사진 한 장 속의 다리——어둠의 문처럼 열린 자동차의 공간에 내던져졌던 다리의 느낌을 제대로 전하지는 못하고 있음을 느낀다"(110쪽). 이 사건은 그 유명한 '정인숙 피살사건'으로, 유명 정치인들이 대거 연루되어 정치스캔들로 비화한 사건이다. 그녀의 오빠 정종욱이 살인범으로 잡혀 형을 살았지만 여전히 결백을 주장하고 있는 미스터리 사건 중의 하나다. 당대에 드문 권총살인이었던 이 사건을 보도하는 과정에서, 코로나 승용차 뒷좌석에 누운 채 두 허벅다리를 훤히 드러낸 정인숙의 시체는 여과 없이 게재되었다. 준구는 호스티스가 된 은사의 딸과 억울한 죽음으로 생을 마친 정인숙 피살사건을 등치시킨다.

예술보다 더 강력한 현실의 환상성과 인위성은 정인숙 피살사건으로부터 한 달이 채 지나지 않은 4월 와우아파트가 붕괴하면서 폭발적으로 드러난다.

사월에 들어서 준구는 또 한 번 그의 캔버스가 찢어지는 소리를 들었다. 마포에 있는 아파트가 무너진 사건이 일어났던 것이다. 그가 살고 있는 아파트에서 멀리 바라보이는 곳인 관계로 준구는 실감을 가지고 사건을 받아들였다. 신문에서 또 여러 소리를 하고 여러 사람이 의견을 말했다. 다 옳은 말이었다. 이 사건을 자기 그림과 연결시킨 것은 그의 그림의 구도 때문이었다. 밤하늘에 다리가 걸려 있고 그 아래로 도시의 집들이 있다. 그것이 무너져 내린 일은 어떤 오싹함을 느끼게

〈사진 58〉 1970년 4월 8일 와우아파트 붕괴 현장(출처: 박강현, 《100년을 견뎌내는 집 내가 짓는다》, 멘토프레스, 2017, 147쪽).

하는 것이었다. 아마 모든 사람의 느낌이나 마찬가지였다. 우리는 보통 사람이 죽는다거나 집이 무너진다고는 생각하지 않고 산다. 사람은 언제까지나 살고 아는 사람들은 늘 주변에 있겠거니 하고, 눈 익은 집은 늘 그 자리에 있는 것으로 알고 산다. 캔버스 밖에 있는 사람의 다리가 그림보다 더 환상적이고, 캔버스 밖에 있는 집이 그림보다 더 쉽사리 뭉개지는 것을 보고 불쌍하고 무능한 환쟁이는 질려버린 것이었다. 사람과 집을 그렸다 지웠다 하는 어느 보이지 않는 손. 이름 없는 화가. 보이지 않는 붓. 준구는 상대가 안 되는 화가와 그만 맞닥뜨리고만 것이었다. 안개의 저편에 있는 노래 같은, 소금장수 귀신처럼 얼굴 없는 이 익명의 예술가. 이런 공간 배치(110~111쪽).

화가이자 서울 관찰자인 준구에게, 와우아파트 붕괴는 사람과 집을 쉽게 그리고 지우는 보이지 않는 힘을 눈앞에 보여준 것이나 다름없다. 그 힘은 자그마한 캔버스가 아닌 거대한 현실 속의 풍경과 공간에 사람의 다리를 그렸다가 싸늘한 피살체로 나타나게 하기도 하고, 하늘 아래 수많은 집을 그렸다가 무너지게도 한다.

그래서 서울을 그려내는 '얼굴 없는 익명의 예술가'는 차라리 "비의적"인 힘에 가깝게 느껴진다. 준구는 "전류 같은 것이 성희와 피살 시체와 하늘의 다리 사이에 흐르는 것을 보았다. 그들이 준구 몰래 가맹하고 있는 음모의 공간 같은 것. 그것은 물리적인 공간도 아니었다. 그리고 미술적인 공간도 아니었다. 아마 비슷한 것이 있다면 바빌론의 벽에 나타나던 글씨와 그 손 사이에 있던 공간--비의秘儀의 공간 같은 것을 느꼈다." 준구는 그 비의적 힘을 파악하기 위해 직접 와우아파트가 무너진 현장에 가본다(사진 58).

> 옆으로 이어진 속에서 그 한 동만 빠진 것은 노천극장의 무대같이 보
> 였다. 높은 지대에 우뚝 솟은 그 건물들의 모습이 꼭 타고 남은 구공탄
> 깍지처럼 보였다. 같은 크기로 이어진 창문과 칠을 한 푸석한 느낌이
> 그렇게 보이는 것이었다. 거대한 어느 아궁이에서 타고 남은 구공탄을
> 이 산비탈에 집게로 집어 사뿐 얹어놓은 것같이 보였다. 그중의 한 개
> 가 부서졌다는 것이었다. 집게로 집어서 거기 갖다놓은 그 거대한 집
> 게의 흔적은 있을 리 없었다(111쪽).

무너진 와우아파트는 마치 타고 남은 연탄처럼 되어버렸지만, 연탄
을 그 자리에 갖다 놓은 힘인 '집게'는 붕괴 현장에서는 보이지 않는다.
화가의 캔버스보다 초현실적인 현실이라는 캔버스 위에 집을 그렸다가
지우는 "얼굴 없는 이 익명의 예술가"는 단순한 권력의 힘을 가리키는
것이 아니다. 와우아파트를 건설한 것은 전시행정을 겨냥한 국가권력
의 힘일 수도 있지만, 그것을 무너뜨린 것은 권력의 무능함과 부실함을
증명하는 또 다른 힘이다. 성희와 같은 밑바닥 계급이 생겨나는 것은
일정 정도 국가권력이 행사한 힘과 정책의 결과이겠지만, 그것은 동시
에 서울을 잘 사는 도시로 만들려는 국가권력의 의도를 벗어나는 결과
이기도 하다.

서울이 현대도시로 변모해가는 과정에 작용하는 힘들의 총합은 이를
초과하는 힘이다. 외적으로 가장 눈에 띄는 것은 국가권력의 하향적 힘
이지만, 그보다 더 큰 것은 서울에 모여든 사람들이 만들어내는 힘이

다. 서울의 산등성이에 퍼져가는 집들을 만든 것은 서울에 모여든 피란
민들이며, 그들 또한 서울의 도시 경관과 풍경을 만들어내는 힘이다.
"모든 것을 자신의 뜻대로 한 박정희 대통령조차 마음대로 하지 못한
것은 서울의 인구 조절과 그에 따른 정책"이라는 농담이 있었을 정도
로, 그들의 삶은 의도하지는 않았지만 국가정책을 무력화하거나 그것
을 초월하는 힘을 지니고 있었다. 그것은 사람들이 생존을 위해 만들어
내는, 함부로 파악하거나 이해할 수 없는 힘이다.

〈하늘의 다리〉는 호스티스로 몰락한 여성, 억울한 죽음을 맞이한 여
성, 어처구니없이 무너진 아파트 잔해 속에서 죽어간 사람 등 스스로
말하지 못한 자들의 존재를 부각시킴으로써, 예술을 압도하는 현실의
환상성과 그 현실 속에서 사라져가는 사람들의 원한들을 드러낸다. 이
소설에서 서울은 화가의 초현실적 작품보다 훨씬 환상적인 일이 일어
나는 곳이다. 서울의 변화와 그것을 대변하는 피란민의 몰락을 예술적
으로 표현하려는 화가의 노력은, 피살사건의 사진과 실제로 하늘이 무
너지는 아파트 붕괴사건으로 번번이 좌절된다. 현실을 도저히 해독할
수 없는 비의적이고 불가해한 공간으로 그리는 "얼굴 없는 익명의 예
술가"에게 화가가 굴복하는 것은, 도시 공간의 변화를 예술적으로 포
착할 수 없는 무력감을 그대로 나타낸다. 그것은 예술가로서 현실을 관
찰하고 파악하는 의식을 스스로 반성하는 과정이자, 서울의 도시 변화
가 의식의 차원에서 어떻게 수용되는지 보여주는 것이다.

철거민들의 집단 난민촌

1966년 이후 서울시가 판잣집들을 철거하고, 도시빈민들을 서울 외곽의 변두리로 강제이주시키면서, 사당동, 도봉동, 염창동, 거여동, 하일동, 시흥동, 봉천동, 신림동, 창동, 쌍문동, 상계동, 중계동 등지에 소위 '달동네'라고 불리는 집단 거주지가 생겨났다. 서울시는 1960년대 초반 구로동에 대규모 주거단지를 건설했던 경험을 토대로 삼아, 화곡동 30만 단지와 개봉동 60만 단지를 건설했다. 그리고 현 성남시 자리인 경기도 광주군에 위성도시를 조성하여 수만 명의 철거민들을 집단적으로 이주시켰는데, 이들은 결국 1971년 8월 유명한 '광주대단지 폭동사건'으로 정부의 정책에 항의하게 된다.[201]

1966년 9월 발표된 박태순의 〈정든 땅 언덕 위〉[202]는 '외촌동'이라는 허구적 공간을 통해 대규모 집단 거주지에 사는 도시빈민들의 삶과 감정을 묘사한 수작이다. 이 소설은 서울 변두리에 인위적으로 형성된 난민촌을 공간적 배경으로 삼고 있다. 작가는 이 소설을 쓸 당시 '신림동 낙골'이라는 빈민촌에 잠입했다고 밝힌 바 있다(사진 59). 이곳의 배경은 "정확히 말해 신림 1동 1635번지와 1636번지 일대"[203]라고 하는데, 1984년에 "승리촌"으로, 2008년에는 신원동으로 명칭을 바꾼 곳이다. 현재는 신림동부아파트가 있는 단지로 바뀌었지만 2000년대까지도 서울의 마지막 달동네로 남아 있었다. 소설 속 배경인 '외촌동'은 당시 낙골과 같은 집단 이주지를 토대로 재구성된 공간이라고 봐도 좋을 것이다.[204]

이 소설은 외촌동이 형성된 배경과 그곳의 모습, 제반 시설 등을 생생하게 보여주는 것으로 시작한다.

외촌동外村洞은 지난 봄철에 급작스럽게 생긴 동네였다. 서울시 도시
계획에 따라 무허가 집들을 철거한 시 당국은, 판자촌에서 살던 사람
들을 위하여 새로 이 동네를 만들어 증정했던 것이다. 시 당국은 '재건
토목주식회사'에 청부를 맡겨서 날림으로 공영주택을 지었다. 적당히
블로크로 간을 막아 가면서 닭장 짓듯이 잇달아 지은, 겉으로 보자면
기다란 엉터리 강당과 같은 모습이었다. 또는 반듯하게 죽어 있는 기

〈사진 59〉 1967년 신림동 집단 난민촌 풍경.

다란 뱀과 같은 형국이었는데, 그렇게 본다면 형형색색의 비늘을 가지고 있는 이 뱀은 세 마리가 될 것이다. 즉 세 줄의 '가동家棟'이 개울 이쪽을 달리고 있었는데, 뱀의 비늘이라고나 할 가동의 옆구리에는 먼저 복덕방이라든가, 막걸리집, 상점들이 들어차기 시작했다. 그 내부를 볼 것 같으면, 방의 골격을 갖춘 것 세 개마다 부엌 형태가 하나씩 달렸고 그것이 엉성하게 하나의 가옥 형태를 이루고 있었다. 그리고 가옥 형태의 안쪽에 일련번호가 매겨져 있어서 그 번호가 217호까지 나갔다. 즉 217호의 세대가 살게끔 되어 있었는데 이 숫자는 또한 모든 면에서 이 신식 동네 주민들의 개성을 나타냈으니, 예를 들자면, '74호 복덕방'이라든가, '193과부댁 술집'이라든가, '55상회'라든가 식으로 이웃사람들을 호명하는 데 사용되었던 것이다. 너나없이 억척스럽게 가난했기에, 그리고 우물과 변소를 같이 써야 했기 때문에 주민들의 사이는 우선 좋다고 할 수밖에 없었다. 그것은 틀림없이 확실하다. 우물은 대략 30여 미터의 사이를 두고 하나씩 만들어져 있고, 그리고 공중변소는 대략 45미터 정도의 간격을 두고 마치 초소인 양 세워져 있었다.[205]

　다소 길지만, 이 인용문은 당시 새로 만들어진 "공영주택 단지"의 모습을 가장 생생하게 묘사한 구절이다. 판자촌에서 서울시에 의해 강제 이주된 주택단지는 블로크로 적당히 칸을 만들어 지은 강당 같은 건물로 이루어져 있어서, 판잣집보다 튼튼할지는 모르지만 임시 거주처라는 느낌을 주기는 마찬가지다. 또한 '닭장'처럼 칸막이가 되어 일렬로 들어선 구조가 도심의 성냥갑 건물보다 더 획일화되어 있고, 할당된 번호가 사람들의 생활에 지대한 영향을 미치고 있다. 그러나 외촌동에 세워진 방과 집의 모습은 빈민가답게 해학적이고 활기차다. "변소간의 너덜거리는 썩은 나무 판대기"에 앉아 낙서를 보면, "어린이의 고추가 말방울처럼 삐져나와서 그리고 말방울처럼 명랑한 음향을 연주하고 있음을 듣게 된다. 그리고⋯⋯이 동네 전체에서 무어랄까 生의 요란스런, 그리고 점잔빼지 않는 낯설은 음향이 들려오고 있음을 알게 된다"(14쪽).

신림동에는 1966년 당시 1만 7천여 명이 사는 7개의 난민촌이 있었던 것으로 알려져 있다. 1966년~68년 사이에 신림동으로 이주한 사람들은 매우 다양했다. 서울 용산역 광장 방공호 주민 396명, 한강 주변 빈민 9천여 명이 천막과 땅을 배분받고 이주한 것을 비롯하여, 남산 화재로 살 곳을 잃은 이재민, 그리고 공덕동, 동부이촌동, 대방동, 구로동 등지에서 불시에 철거된 주민들이 신림동으로 강제이주되었다. 그리고 동대문구 전농동의 588창녀촌과 판잣집에서 철거된 사람들도 신림동 난민주택 단지로 옮겼다.[206] 박태순이 재현한 외촌동은 이렇게 만들어진 신림동 난민촌의 모습을 반영하고 있다.

외촌동은 1960년대 중반 이후 서울의 도시계획이 "주거지를 단순히 필지 분할하는 방식에서 벗어나 주거지 내에 각종 생활활동을 수용하였다는 점에서 이전의 주택지 계획과는 차별되는" 공간으로 보인다. 1961년 천막수용소에 살던 철거민들이 입주한 첫 번째 공영주택 단지는 구로동이었는데, 이곳은 당시만 해도 "아무런 부대시설도 없었고 버스도 통하지 않는 허허벌판"이었다.[207] 그러나 이 소설을 보면, "버스 노선이 외촌동에까지 들어왔다. 버스 앞 차창에다가 '외촌동' 표지를 달고 시내를 질주했으니 외촌동은 이제 어느 동 못지않게 서울의 중요한 동네의 이미지로서 서울 시민의 뇌리에 부각되었는지 모른다." 1966년 즈음에는 정착지 조성사업으로 만들어진 공영주택 단지들까지 적게나마 교통편이 마련되었던 것으로 보인다.

그리고 "외촌동의 발전을 위해서 반드시 해결해야만 할, 저 외촌교 다리공사도 끝이 났다. 그리고 전기공사가 끝이 나서 엉터리 강당과도 같은 각 방으로는 전등이 켜졌다. 그리고 앰프시설도 구비되어 있어서, 시설비 이백 원에 매달 사십 원씩만 내면, 날마다 열두 개의 연속방송을 사람들은 들을 수 있었다. 그리고 세 개의 약방이 생겼고, 두 군데의 정육점, 양복점도 하나 생겼고, 이발소 두 개, 미용소 세 개가 들어찼다"(26쪽)고 서술되어 있다. 파출소가 세워지지 않은 대신 자체적으로 "야경대"가 조직된 것처럼, 가게들도 상가가 제대로 조성되어서 생긴 것이라기보다 각자의 집에서 돈을 벌기 위해 임시방편으로 만들어진 것으로 보인다. 이들은 노인회, 중년부인회도 자발적으로 만들어 일종의 공동체도 형성한다. 이러한 환경은 당시 강제적으로 만들어진 집단 난민촌들의 공통적 특성이었다고 봐도 무방하다.

외촌동에 사는 사람들은 다양하다. 경상도 말씨를 쓰는 "영곤이 엄마"와 전라도 말을 쓰는 "193호 과부댁", 유리병마개 공장을 다니는 열여섯 살 영곤이, 술집에서 일하는 스물한 살 미순이, 대학물도 먹어보고 버스노선을 끌어들이는 운동에도 나섰던 스물여섯 살 나종열, 정의도를 짝사랑하는 처녀 나종애, 독일에 광부로 일하러 간 아들이 보내준 돈으로 고리대금업을 하는 변 노인, 우물가에 모여서 수다를 떠는 "쪼글쪼글한 아주머니"들에 이르기까지, 외촌동 도시빈민들의 출신, 직업, 연령대는 매우 다양하다. 이들의 공통점은 이곳에 오기 전까지 서로 몰렸던 사이라는 점뿐이다.

1966년 집필된 〈정든 땅 언덕 위〉의 난민촌은 "생의 요란스런, 그리고 점잖빼지 않은 낯선 음향이 들려오고" 있는 마을로 묘사된다. 김승옥의 〈역사〉처럼, 빈민가를 생의 활력과 희망이 넘치는 곳으로 묘사하고 있는 작품인 것이다. "판자촌 마을은 흔히 축제 분위기를 담는다. 왜냐하면 그렇게 많은 사람이 '인포멀'한 집단을 형성하고 보면 생기 있는 대화가 나오기 마련이다."[208] 그러나 빈민가에 대한 이러한 태도는 조만간 사라진다. 박태순이 1971년 작 〈무너지는 산〉에서 광주대단지를 묘사할 때는 "빈민촌 특유의 활기라고나 할까, 떠들썩함이라고나 할까, 가난한 사람들로 버스 속처럼 만원이 되어버린 그러한 지대에 잠겨 있는 악에 바친 듯한 소란스러움이 없었다"[209]고 쓰게 된다. 여성에 대한 폭력과 착취, 돈을 버는 데 혈안이 된 사람들의 비도덕성 등을 도시빈민들의 건강함으로 인식하는 태도는 사실 매우 순진한 것이다. 다만 빈민들의 노골적인 억척스러움이 도시의 점잖은 태도 뒤에 숨겨진 교활함보다 더 나은 것이라고 믿는 인식은 도시에 대한 반감을 감추는 이주민들의 정서를 보여주는 것이다.

광주대단지사건의 발생

서울시가 도심의 빈민들을 집단이주시킨 난민 정착지는 여러 곳에 형성되었지만, 그중에서도 가장 유명한 것은 바로 광주대단지였다. 김현옥 서울시장은 1968년 6월 10일 서울 도심의 무허가 판잣집들을 철거하고, 그 대신 경기도 광주군 중부면 205만 평 일대에 도시빈민들의 새로운 정착촌을 만들겠다고 발표했다. 바로 직전까지 판잣집 양성화를 공언해오다가 6월 8일 총선이 치러진 지 이틀 만에 나온 기만적인 발표였다. 서울 변두리 곳곳에 철거민들의 정착지를 만들어 방치해온 서울시는 이때만 해도 광주대단지가 서울 도시개발의 파국을 보여주는 발화점이 될 것이라고 상상하지 못했을 것이다.

도시빈민들의 집을 철거한 뒤 도시 변두리에 집단이주시키는 정착지 사업은 1960년대 초반부터 실시되었지만, 광주대단지는 이전과 약간 달랐다. 그 이전의 철거민 정착지들은 모두 서울 행정구역 내의 변두리에 있었던 반면, 광주대단지는 유일하게 서울 바깥에 만들어진 정착지였다(사진 60). 이곳이 성남시로 승격하게 되는 것은 1973년 7월이지만, 사실상 1968년에 최초로 서울 바깥에 신도시를 만들겠다고 선언한 것이나 다름없었다. 그러나 서울시는 청계천과 서울역 주변의 빈민들을 강제이주시켜놓고도, 신도시를 건설하는 데 응당 따라야 할 후속정책을 마련하지 않았다. 물론 계획상으로는 "인구 이십만 이상이 살 수 있도록 대단지화해서 주택도시로 개발하되 단지 안에 경공업 시설을 갖춰 단지 내 주민들에게 일자리를 주며 복지시설 문화시설 교육시설 등을 고루 갖춰 단일생활권을 형성케 한다"[210]는 발표가 있었으나, 이 중에 제대로 실현된 것은 없었다.

1971년 당시 광주대단지의 비참한 실상을 가장 잘 보여주는 글은 두 소설가가 광주대단지사건 직후 직접 방문하여 취재한 결과를 담은 르포르타주다. 각각 《월간중앙》과 《창조》의 1971년 10월호에 실린 박태순의 기사 〈광주단지 4박5일〉과 신상웅의 취재기 〈광주대단지〉는, 같은 달《신동아》에 실린《동아일보》기자 박기정의 〈광주대단지〉와 함께 이 장소에 대한 가장 중요한 역사적 기록의 하나로 손꼽힌다. 광주대단지사건을 폭동, 소요, 봉기, 시위, 항쟁 중에서 어떤 명칭으로 부를 것인가에 대한 논란이라든가[211] 시위 주체의 역할과 성과에 대한 문제제기[212]는 여전히 이어지지만, 이 글들이 아직도 광주대단지에 대해 이해하는 관문이라는 점에 대해서는 의문의 여지가 없다. 두 소설가의 현장 취재 기사는 그 자체가 한국문학사에서 소설가가 드물게 남긴 기록문학이다. 이 글들은 그곳의 참상을 목격한 후 "개인으로 느낀 것이야 무슨 가치가 있겠는가? 다만 자기가 써야 하는 글이 무겁고 무섭다는 것을 깨달아버린"[213] 상태에서 쓰였기 때문에 자신들에게 육박해오는 현실의 압도적인 무게를 그대로 반영하고 있다.

1971년 8월 10일 억수같이 쏟아지는 비를 뚫고 수많은 사람들이 모여 소요를 일으키게 된 경위는 이 글들에 소상하게 설명되어 있다. 서울에서 집단이주되어 온 철거민들은 20여 평 땅을 분양받았는데, 이 분양지는 원래 평당 500~2000원에 불과하여 이주 후 3년 뒤부터 5년 상환으로 지불하게 되어 있었다. 이 땅은 원래 평당 100원에 매수한 땅이었으니, 서울시로서는 남는 장사였다. 그러나 일자리를 찾을 수 없었던 철거민들은 분양지의 '딱지'를 팔고 다시 서울로 돌아가는 경우가 많았다. 이 철거민의 딱지를 사서 광주대단지에 들어온 사람들을 전매입주자라고 불렀다. 3년 여 세월이 흐르는 동안 어느새 철거민을 위한 광주단지가 아니라, 사실상 전매입주자들이 사는 광주단지가 되어버렸다. "철거민의 5할 이상은 '딱지'를 팔고 떠났고, 전매입주자가 전재민의 과반수를 훨씬 넘게 되었던 것이다."[214] 그런데 서울시가 전매입주자들

〈사진 60〉 광주대단지 천막촌의 모습.

〈사진 61〉 광주대단지 1971년 8월 10일 시위 장면(출처: 성남시청).

이 전체 주민의 2할 정도밖에 되지 않는다고 판단하고 독단적으로 전매 금지를 시행하고 토지 매각을 강행하자, 전매입주자들은 토지를 구입할 수 없는 상황에 처했다.

설상가상으로 서울시는 높은 분양가를 기반으로 가옥취득세를 책정해 세금납부서 통지를 강행했다. 4월 말 대통령 선거와 5월 말 국회의원 선거가 끝난 다음해 광주대단지를 대대적으로 개발할 듯하던 약속은 잊은 채 갑자기 불하가격을 평당 8천 원부터 1만 6천 원으로 대폭 올려 납부 통지서를 보냈다. 게다가 이 공지가 7월 14일에 배송되었는데, 7월 말까지 이 돈을 일시불로 내지 않을 경우 6개월 이하의 징역이나 30만 원 이하의 벌금에 처한다는 경고까지 내보냈다. 명령에 복종하리라 예상되었던 주민들은 극심한 생활고에 시달리고 있었기 때문에 극렬하게 반발했다. 소요사건 이전에도 여러 차례 시위를 벌였고, 분신자살 소동까지 벌이기도 했다. 주민들은 시정책을 요구해도 전혀 받아들여지지 않자 '광주단지 불하가격 투쟁위원회'(후에 대책위원회로 개칭)를 결성했다. 8월 6일 서울시 부시장과 도시계획관이 와서 투쟁위원회가 담판을 벌였지만, 분위기만 험악했을 뿐 이견을 좁히지 못했다. 결국 8월 10일 서울시장이 직접 와서 다시 협상을 하기로 했다.

1971년 8월 10일 약속했던 시간인 11시에 6만 명이 성남출장소 앞에 모였다. 그러나 약속된 시간이 지나도 서울시장은 나타나지 않았다. 교통 문제로 양택식 서울시장이 늦었다는 이야기가 있지만, 사정을 몰랐던 주민들은 분노하기 시작했고 40여 분이 지난 뒤 '폭동'이라고 불리는 큰 사건이 일어났다(사진 61). 주민들은 출장소 본관과 별관 등 3채의 건물을 불태우고, 토지와 세금 관련 서류들도 태워버렸다. 사업장의 관용차 등에 불을 질렀고, 지나가던 시영버스와 트럭까지 탈취해 시내를 행진하며 "백 원에 매수한 땅 만 원에 폭리 말라"는 구호를 외쳤다. 서울의 기동경찰 천여 명이 뒤늦게 출동했지만, 주민들은 몽둥이를 휘두르며 이들과 격렬한 투석전을 벌였다. 뒤늦게 서울시장이 모든 요구를 수용하겠다고 약속하여 해산하기까지, 이들은 관공서 건물과 여러 대의 차량을 불태웠다. 아마도 쏟아지는 비가 없었다면 더 많은 사람들이 모였을 터이고, 주유소와 다른 시설들에 불을 지르려는 시도가 비 때문에 좌절되지 않았다면 더 큰 규모의 화재로 이어졌을 것이다. 거의 '민란'을 방불케 하는 대규모의 격렬한 시위였기 때문에, 이 사건의 충격은 매우 컸다.

도대체 왜 이런 일이 벌어진 것일까. 우선적으로는 광주대단지를 만들어놓고 상황을 제대로 파악하거나 대처하지 못한 서울시의 안이함 때문이었다. 기반시설을 조성해야 한다는 생각도 없었지만, 이곳에 전체 인구는 몇 명이며 전매입주자나 철거민이 얼마나 되는지 제대로 파악하지도 못했다. 당시 광주대단지를 보도하는 기사들은 전체 인구를 20만, 17만, 14만, 10만 등으로 다양하게 추산했다. 박태순은 주민들의 얘기를 듣고 전매입주자가 전체의 60퍼센트 정도라고 했지만, 《동아일보》 8월 11일자는 30퍼센트 정도로 파악하고 있으며, 관청은 대략 20퍼센트 정도로 생각했다. 아무도 광주대단지의 정확한 실상을 파악하지 못한 것이다. 주민들이 어떤 천막에 살고 있으며 어떻게 생계를 유지해나가는지도 알지 못했기 때문에, 선거가 끝나자마자 광주대단지 내 무허가 건물을 철거하겠다는 계고장을 날리고, 무지막지한 불하가격과 지방세를 통고하기까지 한 것이다.

광주대단지사건은 십 년간 서울 곳곳에서 지속되어왔던 무허가 정착지 사업의 폭력성을 폭로했다. 실제로 광대한 땅에 도로, 수도, 화장실 등 기반시설은 거의 갖춰지지 못한 상태에서, 광주대단지에서는 20만 명 정도의 사람들이 대책 없이 살고 있었다. 서울시는 입주 당시 일자리를 약속했지만, 1970년 주변에 유치하여 가동되고 있던 3개의 공장만으로 그 많은 사람들의 생계를 책임질 수는 없었다. 물자를 사고 팔 수 있는 가게 같은 건 주민들이 자신들의 집이나 다름없는 천막을 이용해서 만들었다. '서울시 광주대단지 사업소'와 '경기도 성남지구 출장소'는 이 많은 사람들을 다룰 행정력을 갖추기에는 역부족이었다. 소요사건이 일어나기 전까지 경찰도 39명에 불과했으니, 광주대단지 주민들은 사실상 방치되어 있던 것이나 다름없었다. 광주대단지를 다룬 신상웅의 소설 〈만가挽歌일 뿐이외다〉는 이곳을 "인간쓰레기장"이라고 불렀다. 박기정 기자가 만난 주민들은 "쓰레기를 내다버리듯 차에 실어다 황무지에 버린 것"이라고 생각하고 있었다.[215]

가장 근본적인 원인은 서울시가 주도하는 땅 장사와 투기 조장이었다. "토지매매 '붐'의 조작에 의하여 광주단지는 이때껏 유지되어왔다"[216]고 해도 과언이 아니었다. 광주대단지가 "연일 신문에 보도가 되고, 세인의 관심을 호화롭게 집중시킨 것도 '토지 붐'에 대한 흥미 때문"이었다. 미디어는 광주대단지의 비참한 현실에는 눈을 돌리지 않은 채 "서울시청에서 새로 나오는 화려한 계획백서에만 관심을 보여왔다." "황무지에 사람을 무턱대고 철거, 이주시켜놓고 나서, 실현성 여부는 제쳐놓고 화려한 계획과 공약을 나열하여 세인의 관심을 집중시켜놓는 것이 당국의 난민촌 건설방식"이었다. "민간인은 민간인의 차원에서,

당국은 당국 나름으로, 한갓 벽촌의 임야 전답이었던 땅이 껑충껑충 뛰어오르도록 용심하는 데 주력하게 된다. 그리하여 관민 협력이라고나 할까, 매일매일 엉뚱한 땅값이 매겨지게 된다."[217] 서울시는 말뿐인 공약으로 지가 상승과 투기를 부추겼다. 그리고 아예 자리가 좋은 땅은 철거민에게 분양하지 않고 '유보지'로 남겨두었다가 비싼 가격에 입찰했는데, 이런 땅이 투기꾼들이 가장 탐내는 땅이었다.

철거민들에게 나눠주는 입주증이 거래되는 방식은 "땅값 노다지"를 노리는 땅장사들의 관심을 불렀다. 20평의 땅을 토지 구획만 된 상태에서 받은 입주증에는 지번이 없었으므로 '무딱지'라고 불렀다. 그리고 광주단지에 들어온 뒤 지번을 추첨하여 입주증을 받게 되면 이것이 '딱지'였다. 입주증을 거래하는 것은 불법이었으나, 이미 시민아파트 건설 때부터 철거민들의 딱지 거래를 막지 못했다. 박태순이 주민의 증언을 토대로 딱지가 거래되는 풍경을 묘사한 구절을 보면, 평안도 사투리를 쓰는 두 명의 중년부인이 "딱지 팔 사람 소개나 하세요. 구전은 두둑히 줄 테니까"라며 접근하는 장면이 나온다. "딱지를 팔려는 철거민은 한두 사람이 아니었다. 딱지 한 장을 가져다주었더니 구전으로 5천 원을 줬다. 말이 좋아 5천 원이지 내 처지로는 여간 거액이 아니었다. 도무지 믿어지지 않아 '이 돈을 정말 가지라는 거요?' 하고 묻기까지 했다. 그래 본격적으로 딱지를 소개했다. '살 수 있는 데로구나' 하는 실감이 비로소 들기 시작했다."

가난한 사람에게 흥정을 붙여주고 그 보수로 받는 돈인 구전口錢이 이 정도 액수였고, 직접 딱지를 팔 수 있는 입주증을 가진 사람이 받는 돈은 4만 원까지 올랐다. 깡패들은 아예 땅을 추첨하는 장소에서 기웃

거리다가 철거민들의 딱지를 낚아채고 튀기도 했다. 철거민의 입장에서는 서울에서나 광주대단지에서나 어차피 천막이나 판잣집에 살 거라면, 딱지를 팔고 일자리가 풍부한 서울로 돌아가는 편이 훨씬 더 나았다. 딱지를 사고 들어온 전매입주자들에게는, 어차피 여기저기 쫓겨 다니며 판잣집에 살 바에는 이곳에서라도 내 땅과 내 집을 마련하고 정착할 수 있으리라는 꿈이 있었다. 이들은 어찌 보면 "조작된 호경기의 사기성 돌풍에 휘말린 사람들"이었다.[218]

1971년 8월 광주대단지 소요사건은 1970년 4월 시민아파트 붕괴에 이어 서울의 폭력적이고 안이한 도시개발 계획이 맞이한 두 번째 파국이었다. 도시계획을 거의 방치하다시피 한 서울시의 안이하고 무책임한 태도는 투기를 조장하는 정책과 맞물려 거대한 파국을 불렀다. 서울의 도시 미관을 정비한다는 구실로, 판잣집을 철거하여 가난한 사람들을 변두리나 도시 바깥으로 추방하는 방식은 한계에 달했다. 광주대단지사건은 최초의 도시빈민 봉기이자 박정희 정권기 최초의 폭력시위로서, 도시빈민들이 몰려 있는 정착지는 정권의 안정에 최선을 기해야 하는 정부에게 요주의 대상이 되었다.

광주대단지사건 이후 1960년대 초반부터 계속되어 온 무허가 정착지 조성사업은 거의 사라졌다. 물론 무허가 판잣집의 철거는 계속되었으나, 더이상 일정한 규모의 땅을 집단적으로 불하해주는 일은 없었다. 철거민들을 강제이주시켜 한 곳에 모아두는 일을 꺼리게 된 것이다. 철거민들이 집단적으로 모여 있는 지역이 정치적 위협이 될 수 있다는 사실을 깨달은 결과였다. 따라서 철거민들에게 경제적 사정으로 감당할 수 없는 입주증만 주고 다른 대책 없이 철거만 해버리는 일이 벌어지기 시작했다. 심지어 1980년대에는 서울시가 1960년대에 지정해서 이주시킨 정착지들을 용역 깡패까지 동원해 폭력적으로 철거하기 시작했다. 어떤 대책을 마련하기보다 대규모 시위를 막는 것이 우선이었던 정부의 정책이었다. 광주대단지사건은 이후 도시빈민들이 계급의식을 형성하고 조직적인 저항을 표출하는 데 도화선이 되는 상징적인 사건이 되었다.

광주대단지 빈민들의 고통

박태순과 신상웅은 당시 취재했던 광주대단지에 대한 짙은 인상을 소설로 남겼는데, 1972년 작 〈무너지는 산〉과 1973년 작 〈만가挽歌일 뿐이외다〉라는 소설이 바로 그것이다. 그러나 두 소설은 모두 1971년 8월 10일의 소요사건의 현장을 직접적으로 다루고 있지 않다. 〈무너지는 산〉은 소요사건으로부터 나흘이 지난 뒤 광주대단지의 주변부 풍경을 주로 그리고 있고, 〈만가일 뿐이외다〉는 시간적 배경이 명확하게 제시되어 있지 않지만 철거 지역 푯말이 붙고 말미에 철거꾼들이 몰려오는 상황을 고려했을 때 사건이 일어나기 전의 상황을 담고 있는 것으로 보인다. 소요사건이 직접 등장하는 것은 1977년에 발표된 윤흥길의 〈아홉 켤레의 구두로 남은 사내〉인데, 이마저도 6년 후를 회고하는 것이다. 이러한 특성들은 이 소설들이 소설가의 렌즈를 통해 굴절된 상태로 광주대단지 문제와 직면하고 있음을 드러낸다.

우선 박태순이 1972년 《창작과비평》에 발표한 〈무너지는 산〉은, 광주대단지라는 집단 난민촌의 상황에 대해 가장 사실적인 묘사를 남겼다. 이 소설에 등장하는 '별촌동'과 '무촌동'이라는 지역은 〈정든 땅 언덕 위〉에 등장하는 '외촌동'의 연장선상에 있다. 별촌동과 무촌동은 신림동의 난곡이라는 집단 정착지를 토대로 1966년에 허구화된 공간 외촌동의 발전단계를 그대로 반복하는 곳이기 때문이다. 〈무너지는 산〉은 아예 무촌동이 외촌동의 초기 정착단계와 비슷하며, 별촌동은 그나마 사람들로 북적거리는 단계로 진화한 후기 외촌동의 상태와 비슷하다고 묘사하고 있다. "외촌동은 이제 문안 동네처럼 되어버렸으니 세월의 변모를 느끼게 하는"데, "이삼 년쯤 지나자 외촌동은 어느 정도 안정이 되었다." 조독수가 "별촌동에서 그러한 외촌동의 재판을 보게 되는 것은 그때보다 규모는 커졌지만 시 당국의 난민촌 건설방식이 너무도 닮았기 때문이었다." 이에 반해 "무촌동은 아직 바야흐로 개척단계에 있다는 것을 첫눈에 알 수 있을" 정도였다.[219]

판잣집과 가난의 기색이 가득한 별촌동에 대한 묘사는 외촌동이나 다른 판자촌의 모습과 크게 다르지 않다.[220] "원래 시 당국이 한 가구당 열다섯 평씩 균등하게 대지를 끊어서 분배했으므로 크기는 일정하였으나, 이곳에 제대로 집을 지어서 정착해보고자 생각하는 사람들은 거의 없었으므로 모든 집들은 나무판자를 이어 붙이고 값싼 블로크를 적당히 이겨 바른 허술하기 짝이 없는 가건물에 불과하였다. 담장마저 제대로 둘러치지 아니한 방들의 문이 열려져 있어서 그 어두컴컴한 속에 누워 있거나 앉아 있는 사람들의 궁기 끼인 모습을 엿볼 수 있었다." 이러한 묘사는 여러 작품에서 매우 익숙하게 반복되는 것이다.

별촌동은 광주대단지에서도 가장 붐비는 지역이었던 단대리와 탄리를 토대로 허구화한 공간이다. "한 집 건너 구멍가게, 연탄가게, 그리고 우동집, 막걸리집, 보신탕집, 생사탕生蛇湯집들이 계속되고 있는 그곳 일대는 그런데 상가가 아니라 이른바 주택지라고나 해야 할 곳이었다"는 묘사는, 그래도 집을 활용한 각종 가게 또는 시장이 줄지어 있는 번화가라고 해야 할 것이다. 이곳은 광주대단지로 들어가는 관문에 해당하기 때문에 취재기자들이 가장 먼저 방문하는 곳이기도 했고, 8월 10일 소요사건의 중심지이기도 했다.

그러나 별촌동의 묘사에서는 외촌동을 삶의 활력이 넘치는 곳으로 그려내던 해학적인 방식은 더이상 존재하지 않는다. "나흘 전에 태풍처럼 한바탕 소동이 지나갔으므로 발악하듯 활기차던 이곳이 이상하게 풀이 죽고 주눅이 들었던" 것이다.

> 별촌동의 번화가를 빠져서 사열이나 하듯 천천히 걸어가면서 조독수는 나흘 전 그 사건의 규모와 그 결과를 전체적으로 느끼고 깨달아 알 수 있었다. 분화구는 한번 폭발되었다가 더욱 차가운 재만을 남긴 채 식어버렸고, 별촌동 사람들은 뚱딴지 같은 표정을 틀어서 시무룩한 체 하며 마음속에 화산을 숨겨두는 것이었다. 이제 절실하게 확인되는 것은 지나간 소요가 아니라 바로 그들이 당장 해결하지 않으면 안 될 호구지책과 생활의 핍박성, 그것임에 틀림없었다. 그 언저리에 고여 있는 것은 당장 어떻게 먹고살아야 하느냐고 누구에게든 묻고 싶으나 그래봤자 핀잔을 들을 수밖에 없기 때문에 울먹울먹한 기분으로 참아두고 있는 듯한 그런 표정이었다(177쪽).

나흘 전 여러 건물과 승용차, 서류들을 불태우고, 각종 차들을 탈취하고 행진하던 주민들의 과격성은 순식간에 사라졌다. 분명히 서울시장이 주민들의 모든 제안을 받아들이겠다고 하면서 한나절 싸움에서 승리한 것 같았는데, 어느새 시위 주동자들은 잡혀가서 처벌을 눈앞에 두고 있고, 남아 있는 사람들은 사회에서 폭력적이고 위험한 사람들로 낙인이 찍혔다. 외면적인 성공에도 불구하고 급박한 가난에 몸을 숙여야 하는 굴욕적인 심정만이 이들의 표정에 어려 있을 뿐이다. 아마도 이것은 오로지 시위의 '성과'에만 주목하고 싶었던 심정적 동조자들이 보고 싶었던 표정은 아닐 것이다. 그러나 "화산" 같은 분노는 숨겨둔 채 또다시 굴욕적인 삶을 이어가야 하는 것이야말로 냉혹한 현실 그 자체였다.

그러나 뒤이어 보겠지만, 아무 일 없었다는 듯 화를 눌러가며 현실로 돌아올 수 있는 것 자체가 광주대단지 내에서는 특권이었는지도 모른다. 박태순과 신상웅의 소설이 포착한 가장 중요한 사실은 단지 내에서도 경제적 능력에 따라 분화된 공간들이 균질하지 않았다는 것이다. 원주민은 토지매매 붐에 따라 광주대단지 일대의 땅값이 올라가는 것을 환영하고 있었을 것이고, 분양증을 가진 전매입주자들은 서울시가 애초 약속대로 토지 불하가격을 인하해주기만 하면 되었을 것이다. 그러나 무작정 광주대단지로 흘러들어와 천막을 친 이주민들, 무허가 판잣집에 세든 이주민들, 땅이 있어도 집을 지을 만한 돈이 없었던 철거민은 사정이 달랐다. 광주대단지에는 처지에 따라 이해관계가 다른 사람들이 공존하고 있었다.

죽어야 말할 수 있는 사람들

박태순의 소설 〈무너지는 산〉의 특이한 점은 대규모 소요사건이 일어난 별촌동 못지않게 무촌동에 더 관심을 보인다는 점이다. 주인공 조독수는 부동산업자 진종만을 찾아 별촌동에 왔다가 소녀의 안내로 무촌동에 가게 되는데, 별촌동을 통과해가는 그의 시선에는 거리감마저 느껴진다. 그는 별촌동보다 아직 소란스러운 분위기에 싸여 있는 무촌동에 더 애정을 표현한다. 박태순은 취재 당시부터 광주대단지의 진실은 단지의 주변부에 있다고 생각했다. 그는 이 지역의 번화가인 '단대리'와 '탄리' 지역을 우선 방문하지만, 단대리 위쪽의 '가수용소假收容所'와 '우마차군 동네', '모란단지'도 방문했다. 후자의 동네를 "가보지 않으면 광주단지가 어떤 곳인지를 알 수 없다는 얘기를 들었기 때문"이다.[221] 그 동네들을 토대로 만들어진 무촌동이라는 허구적 공간은 난민촌이 별촌동처럼 되기 전인 개척단계의 모습을 그대로 간직하고 있다.

> 무촌동은 아직 바야흐로 개척단계에 있다는 것을 첫눈에 알 수 있었다. 오른쪽으로 벌거숭이 야산이 가로막혀 있어서 그 저쪽은 잘 볼 수 없었지만 그곳 산허리의 나무들이 완전히 베어지고 풀잎들이 뽑히어져서 그야말로 황토가 드러나고 있었는데, 집을 지을 수 있게끔 땅을 평평하게 다져놓기도 전에 우선 급한 대로 거기에 바라크와 천막 같은 것들이 들어차고 있는 중이었다. 벌거숭이 야산의 아래쪽, 약간 밋밋한 둔덕을 이루며 전개된 분지에는 그야말로 소시장 같은 것이 서고 있는 것이 아닌가 착각케 했다. 그렇지만 황소처럼 얼른 얼른 보이는

것이 바로 바라크이거나 천막을 고정시켜 만든 움막이었다. 의당 잡초가 무성해야 할 둔덕에 별안간 바라크와 움막들이 빡빡하게 들어차 있다는 것이 아무래도 무슨 실수이거나 돌발적인 오류인 것처럼 보이는 것은 그 풍경이 도저히 사람들이 몰려와서 사는 곳이 될 수 있는 곳으로 보여지지 않기 때문이었다. 그 아래 배수로가 제대로 뻗은 논두렁에도 바라크들이 세워져가고 있었는데, 그것은 마치 둔덕에 지어놓았던 움막이 비바람에 아래쪽으로 떨어져서 그렇게 거기에 서 있는 것처럼 보이는 것이었다.[222]

이 소설의 제목이 왜 〈무너지는 산〉인지 짐작할 수 있게 하는 구절이다. 얼핏 보면 흔한 판자촌의 일반적인 모습 그대로인 것으로 보이지만, 땅을 다지기도 전에 둔덕 위에 자리 잡은 천막들의 모습은 위태롭다. 비가 와도 무너지고, 철거하면 더 손쉽게 무너진다. 작가의 후기에 따르면, 무촌동은 '모란단지'를 토대로 형상화되었으며, "광주단지 소요사건은 아무 것도 아니고 그 밑구멍에는 더욱 아득한 비참이 도사려 있음"을 보여주는 곳으로 설정되었다.[223] 개고기 시장으로 유명했던 성남 모란시장이 있는 그곳에서, 5·16 직후 경기도 광주군수를 지낸 김창숙이 도시빈민들의 돈을 횡령하여 달아난 사건이 발생했다. 박태순은 당시 모란단지가 "비록 대단지의 관할구역이 아니지만" 광주대단지 문제에 관련되어 있다고 생각했다. 분양받은 땅이 없어서 무허가지대로 흘러들어온 사람들이 있는 가수용소와 우마차군 동네와 마찬가지로, 입주증을 샀다가 사기를 당해 쫓겨날 운명에 처했던 빈민들이 집중된 모란단지는 "다시 쫓겨난 이중의 철거민"[224]들이 사는 곳이기 때문이다(사진 62).

  이 "이중의 철거민"들은 땅 20평을 분양받거나 입주증 딱지를 산 후 그 땅에 집을 지을 수 있었던 광주대단지의 전매입주자들과도 처지가 달랐다. 서울시장으로부터 '토지 불하가격 인하'와 '취득세 면제'라는 요구사항을 받아낸 대책위원회의 성공은 입주증을 사고 집을 지을 만 한 경제적 여력이 있던 사람들만을 위한 편향적인 성공이었다. 철거민 들은 8월 10일 시위에 참여하여 승리를 이끌어내는 데 동참했으나, 그 열매는 광주대단지 내에서도 경제적 위계에서 상층부에 있던 사람들인 전매입주자들에게 돌아갔다.[225] 광주대단지의 진실은 광주대단지의 주

〈사진 62〉 1970년대 광주대단지 천막촌 모습(출처: 성남시청).

변부인 무허가 판자촌에 있다는 박태순의 판단은 정확했다. 소요사건 발생 나흘 후 무허가 판잣집과 천막들을 철거한 것은 서울시와 대책위원회의 합의사항에 전혀 위반되지 않았다. 광주대단지 내에서도 경제적 상층부에 있던 사람들의 재산권만을 보호하는 것으로 소요사건은 마무리되었던 것이다. 그래서 무촌동이라는 허구의 공간은 승리의 성과와 냉혹한 현실 사이에서 표정을 관리하고 있는 별촌동과 다르게 철거 직후 모든 것이 무너져내린 현장을 그대로 담고 있다.

> 그는 그곳 일대에도 바라크와 움막집들이 다닥다닥 들어차 있을 것이라고 막연히 예상하고 있었다. 하지만 그의 눈앞에 나타난 것은 너무 삭막하고 황폐된 모습이었고, 그는 발걸음을 멈추고 멍청하게 허전하게 우두커니 서 있었다. 그것은 바로 몇 시간 전에 지진이라도 만나서 모든 것이 파괴되어버리고 만 것만 같은 폐허 그 자체였다. 제 모습을 간직하고 있는 것은 아무 것도 없었다. 여기저기 좁다란 천막이 무질서하게 제멋대로 널브러져 있었는데, 자세히 보니 어찌된 것이 그 천막들은 형편없이 자빠져 있고 뒤집혀져 있었다. 그 어구에는 솥, 냄비, 땔감, 가마니, 신발, 푸대 자루, 소주병, 라면박스, 신문지, 조각들이 함부로 흩어져 있었다. 눈에 잡혀오는 비탈 전체에 그렇게 천막과 지저분한 가재도구들이 쓰레기처럼 뒤헝클어져 있었다.[226]

철거 직후 경찰들이 늘어서 있는 상황이기 때문에 조독수는 "이 일대에서 무슨 일이 터진 것만은 확실하다"고 짐작할 뿐이다. 그를 안내한 여자애조차 당황하여 "전엔 이렇지 않았어요"라고 말한다. 이곳은 왜 이렇게 철거당해 무너져 있는 것일까. 무촌동 천막촌에 사는 주민들은 입주증을 샀으나 사기당해 땅과 돈을 모두 날린 상태의 주민들이다. 따라서 이곳 주민들이 대립하는 대상은 경찰이 아니다. 비슷한 피해자인 동시에 원래 땅의 임자들이었던 원주민들과 대치 중이다. 천막촌을 뒤집어엎은 것도 경찰이 아니라 새치마을 원주민이다. 박태순이 그리고 있는 것은 자신을 지키기 위하여 국가권력도 아닌 이웃과 대치해야 하는 사람들의 이야기인 것이다.

신상웅의 소설 〈만가일 뿐이외다〉는 광주대단지 안에서도 주민들 간의 경제적 차이를 인식하고 있었음을 더 직접적으로 드러내고 있다. 이 소설에서 정임은 멀리 소양강댐으로 일하러 간 남편과 아들을 그리워하며 광주대단지에 혼자 남아 있다. 병으로 죽어가는 정임은, 서울 용두동 판잣집에 세들어 살던 시절을 떠올린다. 그 판잣집 주인마누라를 광주대단지에서 다시 마주친 적이 있기 때문이다. 그 주인마누라는 남편이 바람나서 떠난 뒤 혼자서 자식들을 키워야 했던 데다가 이제는 술장사에서 내놓을 오이 하나를 가지고 대판 싸움을 벌이는 모습으로 등장한다. 그러나 정임은 그 억척스러운 주인마누라마저 부러워한다. "정 씨 마누라는 그래도 좋은 대우를 받고 있는 셈이 아닌가. 판잣집을 허는 대신에 이 자유촌 82단지에 열다섯 평짜리 대토代土를 분양받았으니 말이다."[227] 정임 같은 세입자는 분양증을 가진 사람들과 처지가 달랐다. "눈 싹 닦고 봐도 그들에게 흙 한 줌 주라는 법조문을 찾을 수 없다." 관리사무소 사람들은 "세입자는 구제할 길이 없어요, 미안해요"라고 말할 뿐이다.

광주대단지에 대한 신상웅과 박태순의 르포르타주와 소설은 소요사건과 승리자 중심의 역사 서술에서 지워진 사람들을 부분적으로나마 복원해둔 기록이다. 〈무너지는 산〉은 시위의 대가를 쟁취하지 못한 채 나흘 후 원주민들인 지주로부터 속절없이 철거당한 천막촌 주민들에 대한 기록이며, 〈만가일 뿐이외다〉는 어떤 법으로도 구제할 수 없는 무허가 판자촌의 세입자들에 대한 기록이다.[228] 이러한 의미에서 "광주대단지사건에서 철거민들은 도시 하층민으로 '말하지 않는 자' 또는 '말할 수 없는 자'였으며 1970년대 한국 사회의 하위주체"였고, "사회로부터의 격리와 배제가 심화되어가는 속에 더욱 숨죽이고 몸을 사려야 하는 존재들"이었다는 지적은 되새겨볼 만하다.[229]

　박태순의 〈무너지는 산〉의 후반부에는 자식의 죽음으로 인해 더이상 물러설 데가 없다고 결의를 다지는 사람들이 나오지만, 신상웅의 〈만가일 뿐이외다〉는 죽어야만 비로소 말할 수 있는 사람들을 이야기하고 있다. 철거꾼에게 저항조차 못한 채 병에 걸려 죽어가는 연약한 여성인 정임의 말은 아무에게도 들리지 않는다. "우리 다 나서지유, 못 나가겄다구"라는 그녀의 말은 아무런 힘이 없다. 그러나 그녀가 죽고 "시체가 길바닥까지 나와 누운 뒤" 그녀의 몸은 저항의 수단이 된다. 정임의 이웃들이 그녀의 '죽음을 헛되이 하지 않기 위해서' 나선 후, 다시 말해 세입자들이 정임의 시체를 둘러싸고 철거꾼들과 대치하는 장면에 이르러서야, 정임은 시위에 참가하게 된다. 그녀는 죽은 뒤에야 비로소 하고 싶었던 말을 하게 된 것이다.

　스스로 말할 수 없는 사람들, 그래서 죽어야 말할 수 있는 사람들이 있다. 전태일이 살아 있을 때는 "근로기준법을 준수하라"는 말은 사회에 들리지 않았지만, 스스로 몸을 불사른 뒤에야 "우리는 기계가 아니다"라는 그의 목소리가 들리기 시작했던 것처럼. 정임이 전태일처럼 적극적인 저항을 선택하지 않았다 하더라도 그 의미는 마찬가지다. 정임은 죽음을 통해서만 비로소 목소리를 낼 수 있었던 것이다.

살아남은 자의 죄책감

광주대단지를 다룬 소설 중에서 가장 유명한 텍스트는 윤흥길의 〈아홉 켤레의 구두로 남은 사내〉다. 이 소설은 광주대단지사건을 직접 취재했으며 사건으로부터 큰 시차를 두지 않고 쓰인 박태순과 신상웅의 소설과 달리, 당시 사건을 어느 정도 거리감을 두고 되돌아볼 수 있게 된 1977년에 이르러서야 발표된 소설이다.[230] 광주대단지사건의 폭풍이 지나간 후인 1973년부터 성남시에서 실제로 교사생활을 했던 윤흥길의 체험이 이 소설을 쓰게 하는 데 중요한 역할을 했을 것이다.

이 소설은 광주대단지를 권 씨의 회고 속에서 등장시키는 액자식 구성을 취하고 있을 뿐만 아니라, 시간이 흐른 후 그 사건의 주역이었던 사람의 심리와 그들을 바라보는 소시민의 윤리의식을 중요한 주제로 취급하고 있다. 이러한 주제의식은 광주대단지사건이 일어나게 된 근본적 원인을 파악하고자 했으며 하층민들의 처참한 삶에 분노하던 박태순과 신상웅의 동시대적 감각과 분명한 차이를 보인다.

윤흥길의 소설이 광주대단지사건의 참여자이자 피해자로 형상화한 '권 씨' 또한 박태순, 신상웅의 소설에 등장하는 인물들과 많이 다르다. 박태순과 신상웅이 각각 사기당해 쫓겨나는 천막촌 철거민과 아무것도 가진 것 없는 세입자를 등장시켜 광주대단지 내부의 가장 밑바닥을 주목한 데 반해, '권 씨'는 "당시 형편으로는 거금에 해당하는 20만 원을 변통해서 복덕방 영감장이를 통하여 철거민의 입주 권리를 손에 넣었던" 전매입주자다. 그는 "지상낙원이 들어선다는 소문"을 듣고 "차제에 내 집을 마련할 수 있다는 유혹의 손에 덜미를 잡혀 서울에서 통근거리 안에 든다는 그 이점을 너무 과대평가한 과오의 결과"라고 자책한다(502쪽). 전매입주자는 광주대단지 시위의 성과를 가져간 집단인데, 권 씨는 어쩌다 이렇게 더 몰락한 것일까. 그가 "뻐스 꼭대기에도 올라가 있고 석유 깡통을 들고 있고 각목을 휘둘러대고 있던" 시위주동자였기 때문이다(507쪽). 실제로 소요사건이 끝난 뒤 23명의 시위주동자들이 구속되어 처벌을 받았으며, 권 씨는 그 전과자들 중 한명으로 설정되어 있다.

그런데 권 씨는 원래 적극적인 시위가담자가 아니었다. 1971년 6월 10일까지 보름 만에 "전매소유한 땅에 집을 짓지 않으면 불하를 취소하겠다"는 당국의 통지서에 순응하여 부랴부랴 돈을 변통하여 집을 지은 뒤 "서둘러서 집을 짓도록 명령한 당국에다 외려 감사해야 할 판"이었다고 느끼던 사람이다. 토지취득세 부과 통지서를 받은 후 어쩌다 "대책위원과 투쟁위원을 고루 역임"하게 되지만, 그는 "여전히 광주단지 사람이 아니며 어디까지나 서울 사람이라는 생각 때문에 맡고 싶지도 않았고, 그래서 뻔질나게 열리는 회의에 한 번도 참석치 않았다." 8월 10일 시위가 열리던 날에도 시위에 참가하고 싶지 않아서 방안에 숨어 있다가 "마누라를 시켜 벌써 출근했다고 거짓말을 하게 했다." 권 씨는 한사코 시위로부터 도망가려 하는 자신을 발견하고 스스로 깜짝 놀란다. 그러나 "정작 자기는 뛰어들 의사가 없으면서도 남들의 힘으로 그 일이 성취되는 순간이 오기를 기다리는 기회주의의 자세를 가졌다"는 부끄러움을 확인한 후에도, 그는 서울로 가는 버스만 찾다가 결국 택시까지 타고 광주대단지를 빠져나가려 하다가 택시 유리창을 깨버린 다른 시위자에게 붙들려 나온 것이다(505쪽).

어찌 보면 권 씨는 그를 관찰하는 중산층 '오 선생'과 비슷한 소시민 의식을 가진 정신적 쌍둥이처럼 그려져 있다. "저들의 어려움을 마음으로 외면하지 않는 그것이 바로 배운 우리들의 의무이자 과제"임을 알고 있지만, 사실은 "자기 자신을 상대로 사기를 치고 있다"는 것을 자각한 오 선생의 의식을 공유하고 있다(499~498쪽). 윤흥길의 소설은, 위험해 보이는 시위주동자도 알고 보면 우리와 별로 다르지 않은 보통사람이라는 점을 가르치려든다는 점에서, 사후적 평가에 뒤따르는 인정주의를 답습하고 있다. 권 씨가 알고 보면 위험한 사람이 아니듯 오 선생도 알고 보면 양심을 지닌 선량한 소시민이라는 구도는, 광주대단지로 흘러들어온 사람들의 계급적 차이를 '살아남은 자의 죄책감'을 공유한 사람들의 평등주의로 무화시킨다. 이 소설은 시종일관 권 씨에 대해 온정적이고 우호적인 태도를 유지하고 있음에도 불구하고, 사건 이후 일상생활에 순응해서 살아가야 하는 사람들이 죄책감을 느낀다는 사실 자체만으로 스스로에게 면죄부를 제공하는 것 이상으로 나아가지 못한다.

그러나 이 소설은 바로 사후적이기 때문에, 광주대단지 도시빈민들의 밑바닥만을 강조했던 박태순, 신상웅의 소설과 다른 지점을 반성하게 만든다. 권 씨가 시위를 피해 다니다가 갑자기 주동자로 돌변하게 되는 유명한 장면을 보자.

삼륜차 한 대가 어쩌다 길을 잘못 들어가지고는 그만 소용돌이 속에 파묻힌 거예요. 데몰 피해서 빠져나갈 방도를 찾느라고 요리조리 함부로 대가리를 디밀다가 그만 뒤집혀서 벌렁 나자빠져버렸어요. 누렇게 익은 참외가 와그르르 쏟아지더니 길바닥으로 구릅디다. 경찰을 상대하던 군중들이 돌멩이질을 딱 멈추더니 참외 쪽으로 벌떼처럼 달라붙습디다. 한 차분이나 되는 참외가 눈 깜짝할 새 동이 나버립디다. 진흙탕에 떨어진 것까지 줏어서는 어적어적 깨물어먹는 거예요. 먹는 그 자체는 결코 아름다운 장면이 못 되었어요. 다만 그런 속에서도 그걸 다투어 주워 먹도록 밑에서 떠받치는 그 무엇이 그저 무시무시하게 절

〈사진 63〉 광주대단지사건 때 시영버스를 탈취하여 올라간 시위대의 모습(출처: 서울역사아카이브).

〈아홉 켤레의 구두로 남은 사내〉의 권 씨가 자신도 모르게 버스 위에 올라갔다가 경찰에게 사진을 찍히게 된 모습과 유사하다.

실할 뿐이었죠. 이건 정말 나체화구나 하는 느낌이 처음으로 가슴에 팍 부딪쳐 옵디다. 나체를 확인한 이상 그 사람들하곤 종류가 다르다고 주장해 나온 근거가 별안간 흐려지는 기분이 듭디다. 내가 맑은 정신으로 나를 의식할 수 있었던 것은 거기까지가 전부였습니다(507쪽).

시위를 멈추고 진흙투성이 참외를 다투어 주워 먹는 사람들로부터 나체를 확인하자 그는 갑자기 정신을 잃고 시위대의 맨 앞에 나서게 된다(사진 63). '나체화'란 인간이 모든 사회적 의례와 품위를 내려놓고 동물로 돌아가는 순간이다. 이 소설에서 '나체'는 사실 세 번 등장한다. 첫 번째는 오 선생의 아들 동준이 던진 흙 묻은 과자를 주워 먹는 단대리 빈민 아이에게서, 두 번째는 위의 장면에서, 세 번째는 아내의 수술비를 거절당한 후 "연방 휘청거리면서 내딛는 한 걸음 한 걸음마다 땅을 저주하고 하늘을 저주하는 동작으로" 내려가던 권 씨의 뒷모습에서. 배고픔에 자신을 내주는 것이나 죽어가는 생명을 구할 수 없다는 분노와 좌절을 통제할 수 없게 되는 것이나 하나같이 '나체'의 모습으로 묘사된다는 점에서, 이 소설은 이성적인 지식인의 관점을 유지하고 있다. 그러나 이 장면에서 중요한 것은 "먹는 그 자체"를 상징하는 '참외'보다 "다만 그런 속에서도"를 상징하는 '진흙'이다.

단칸방 형편에 어울리지 않게 아홉 켤레나 되는 구두를 언제나 반들반들 윤이 나게 닦아대고, 행여나 구두가 더러워질까 싶어 바지 자락으로 문지르는 권 씨의 행동은 광주대단지의 환경과 떼놓고 생각할 수가 없다. 광주대단지가 어떠한 곳이었던가. 〈무너지는 산〉에서는 '무너지는 벌거숭이 산'에 자리 잡고 있어서 "흙탕물이 어떻게 흘러 내려갔는지 그 흔적을 알아볼 수 있었"던 곳이고,[231] 〈만가일 뿐이외다〉에서는 비가 오는 날 넘어지면 "흙탕이건 똥통이건 웬 놈이 상관할 것도 아니라고" 할 만큼 진창에 자빠지는 꼴이 된다.[232] 이런 곳에서 구두코에 흙먼지 하나 묻히지 않고 산다는 것은 불가능하다. 광주대단지를 다루는 르포와 소설마다 진흙탕이 등장한다. 즉, 진흙으로 범벅이 된 신발은 광주대단지에 산다는 증거인 것이다.

권 씨가 광주대단지사건 이후 열 켤레의 구두를 언제나 반질반질하게 유지하려 애쓰던 모습은 '나체' 상태를 벗어나려는 노력으로 읽힌다. 권 씨의 구두는 흔히 '자존심'의 표상처럼 해석되었지만, 이 자존심은 가난한 형편에 어울리지 않는 허세 섞인 자존심과는 차원이 다르다. 바꿔 말하면, 언제나 반짝거리는 권 씨의 구두는 동물적 생존욕구에 함몰된 광주대단지 주민들과 거리를 두려는 노력이다. 권 씨는 원래 "안동 권 씨" 집안의 자손이자 "이래 뵈도 대학까지 나온" 소시민이기 때문에 주민들과 다른 것이 아니라, 언제나 신발에 진흙을 묻히지 않으려는 노력 때문에 다르다. 그것은 스스로 밑바닥으로 떨어지지 않고 '인간의 품격'을 지키려는 노력이다.

1970년대 '민중'에 대한 숱한 논의들은 민중의 전형을 만들어왔다. 불결하지만 건강하고, 좌절하지만 저항하는 사람들로서의 민중. 더럽고 남루한 환경에서 살지만 누구보다 정 많고 활기차며, 적절한 시기에 다다르면 저항의식을 드러내는 민중이란 사실상 실체가 없이 상상된 허구의 관념이다. 고향을 떠나 서울의 빈민가를 굴러다니다 광주대단지까지 흘러들어온 밑바닥 인생이라면, 으레 가져야 하는 품성과 의식이 있는 것처럼 말이다. 이어지는 연작인 〈직선과 곡선〉에서 자살에 실패한 권 씨가 만나는 창녀가 마치 황석영의 〈삼포 가는 길〉의 백화와 유사하게 그려져 있고 끝내는 권 씨가 저항적 지식인으로 거듭나는 작위적인 서사는, 이러한 민중론에 포박된 결과다.

그러나 〈아홉 켤레의 구두로 남은 사내〉의 권 씨는 저항의식 덕분에 비로소 고귀함을 가지게 되는 전형적인 민중상을 벗어나 전혀 불필요해 보이는 아홉 켤레의 구두로 '인간의 품격'을 가지게 되는 인물로 그려졌다. 광주대단지사건의 철거민들과 적극적으로 연대하지 못했다는 죄책감을 가진 지식인의 손길에 의해 사후적으로 가공된 한계 때문이지만, 역설적으로 바로 그 때문에 전형적인 민중의 형상에 갇히지 않은 인물이 탄생한 것이다. 따라서 열 켤레의 구두 중 한 켤레만 신고 사라진 권 씨가 남긴 아홉 켤레의 구두가 말하고 있는 것은, 도시빈민, 철거민, 피해자, 불순분자 등으로 낙인찍힌 사람들이 우리의 편견과 관습으로 재단할 수 있는 전형들이 아니라 있는 그대로 존중해야 하는 사람들이라는 사실이다.

05

야간 통행금지,
도시의 시간을
규율하다

야간 통행금지와 도시 공간의 특권화

1960~70년대 서울의 도시 공간을 이야기할 때 빠질 수 없는 주제인데도 매번 간과되는 것이 바로 야간 통행금지다. "도시는 공간뿐만 아니라 시간상에서도 존재한다"는 사실은 자주 상기되지 않는다. 그러나 장소들은 이용자들의 수, 계급, 취향뿐만 아니라 그들이 이용하는 시간에 따라 새롭게 규정되면서, '시간의 공간화'와 '공간의 시간화'를 동시에 겪는다.[233] 박정희 정권 시기에 진행된 도시 공간의 강제적 위계화는 위로부터의 도시개발뿐만 아니라, 공간의 시간적 규율에 의해서도 지배되었다. 공간의 시간적 사용을 규제하는 시스템은, 국가권력이 이 시기 서울의 삶과 도시 공간을 시간적 규율을 통해 통치하고 있었다는 증거다. 이를 보여주는 제도가 바로 야간 통행금지제도다.

사실 야간 통행금지는 이 시기에만 시행되었던 것이 아니다. 밤 12시부터 새벽 4시까지 통행을 제한하는 제도는, 원래 해방 이후 남한을 임시 통치하게 된 미군정이 사회질서를 유지한다는 명목으로 실시한 임시조치였다. 미군정은 비슷한 경우였던 일본에서는 시행하지 않은 이 제도를 남한에서만 실시했다. 1945년 9월 미군정은 서울과 인천에 한정하여 밤 10시부터 아침 5시까지 통행을 금지했다. 이 제도는 한국전쟁과 5·16군사쿠데타를 거치면서 여러 차례 시간이 조정되고 전국으로 확대되어 박정희 대통령의 통치기간 내내 실시되었다. 1950년대부터 1980년대 초반까지 야당이나 언론이 야간 통행금지를 해제하자는 제안이나 문제제기를 하지 않은 것은 아니었다. 자유로운 밤의 통행에 대한 기억이 완전히 사라지지 않았던 시기인 1950년대에 더 많은 비판이 제기되었다. 그러나 사람들에게 익숙해지고 이 제도는 예상외로 큰 반발 없이 지속되었다. 그리고 전두환 정권이 유화책으로 통금 해제를 결정한 1982년 1월 5일까지 무려 36년간 계속되었다.

'국가안보'와 '범죄예방'이라는 명목으로 전시戰時도 아닌 시기에 내려진 야간 통행금지 조치는 지금까지도 세계적으로 유례가 없는 권위주의적 정책으로 평가된다.[234] 통금 해제를 강력히 주장했던 1965년의 한 기사는 "전쟁하는 라오스, 콩고에도 없는 제도"라고 비판하면서, "우리는 20년간 줄곧 야간 통금을 당해야 할 만큼 비문화적이고 비자치적이었단 말인가?"라고 질문한다.[235] 사람들은 범죄율을 낮춘다는 핑계로 유지되는 야간 통행금지가 분단체제의 산물이자 반공주의를 일상 속에서 가동시키는 동력이었다는 점은 충분히 의식하고 있었으나, 이 제도가 서울의 도시 공간에 끼친 영향에 대해서는 주의를 기울이지 않

았다. 심야에 주로 운영되는 유흥업소와 문화시설은 자연히 위축되었
고, 수많은 경찰력이 통행금지 단속을 하느라 낭비되었으며, 자정이 넘
기 전에 사람들을 집 근처까지 데려다줄 수 있도록 버스는 급하게 달렸
다(사진 64).

박정희 시기에는 밤 12시가 넘어서 거리에서 사람이 발견되면, 1955
년 제정된 경범죄처벌법에 의해 바로 붙잡혀 인근 경찰서나 파출소로

〈사진 64〉 야간 통행금지로 인적이 사라진 세종로와 통행금지 바리케이트(출처: 경향신문사).

인도되었다가 새벽 4시가 지나야 풀려날 수 있었다. 통행이 금지된 밤 시간에 나갈 수 있으려면 통행증이 필요했다. 이 통행증을 받을 수 있는 사람들은 언론사 기자, 의사, 장관과 차관 같은 고위 공무원 등이었다. 대부분의 경우 이 통행증은 매우 강력한 권력을 상징했으므로 만인의 부러움을 샀다. 이호철의 《서울은 만원이다》를 보면, 심지어 고위층의 승용차를 운전하는 운전수까지도 부러움의 대상이었다. 야간 통행 금지는 사실상 밤의 도시 공간을 특권적으로 사용할 수 있는 권리를 일부 상류층에게만 제공한 제도라 해도 과언이 아니었다.

그래서 박정희 정권은 야간 통행금지 해제를 가끔씩 특혜의 카드처럼 만지작거렸다. 1962년 5월에는 5·16 1주년을 맞아 16일 동안 야간 통금을 풀었고, 같은 해 연말에는 12월 24일부터 31일까지 이례적으로 야간 통행금지를 풀어주었다. 1964년에는 관광산업을 진작시킨다는 명목으로 제주도와 울릉도에서 야간 통행금지가 해제되었다. 그리고 1965년 충청북도 일대의 야간통행 금지가 해제되었는데, 명목상의 이유는 이 지역이 치안이 좋아서였지만, 실제 이유는 바다와 접하지 않은 내륙 지방이라서 야간에 간첩이 침투할 염려가 없다는 이유였다. 해마다 석가탄신일과 크리스마스, 그리고 몇 년에 한 번 있던 대통령 취임식 날도 야간 통행금지가 해제되었다. 야간 통행이 가능해진 12월 24일 크리스마스 이브의 밤거리가 언제나 사람들로 가득할 수밖에 없는 이유였다.

외국인들도 1966년부터 야간 통행금지로부터 해제되었다. 그러나 그들이라고 해서 이 제도의 영향을 완전히 비켜갈 수는 없었다. "관광 온 외국인들은 밤마다 울리는 통금 사이렌 소리를 듣고 파자마 바람으로 호텔 방에서 뛰어나와 '무슨 공습경보냐'고 오인, 피란 준비를 서둘렀다"는 이야기도 있다.[236] 사람 하나 없는 캄캄한 서울의 밤거리를 보면서, 혹은 밤 12시가 넘었다고 경찰에게 잡혀가는 사람들을 보면서, 외국인들은 어떠한 생각을 했을까. 그들은 박정희 정권과 서울시가 도시개발의 방향을 도시빈민의 철거와 추방, 한국의 전통적인 도시 경관과 동떨어진 무장소적인 고층 건물의 난립으로 잡게 된 데 큰 영향을 미쳤던 사람들이다. 그러나 그토록 중요했던 외국인들의 시선과 상관없이 야간 통행금지는 계속되었다.

박정희 정권에게는 이 제도가 너무나 편리한 보호막이었다. 예컨대 1965년 한일회담 반대가 한창이던 때, 또는 비준안이 국회를 통과할 무렵 서울의 통행금지 단속은 그 자체가 시위 억제 효과를 가지고 있었다. 시위를 하다가도 통행금지 단속에 걸리면 순순히 파출소로 잡혀가는 게 일반적이었던 시절이기 때문이다. 게다가 인적이 없는 밤 시간에는 더러운 일을 은밀하게 처리할 수도 있었고, 통행금지 단속에 동원된 경찰력이 닿지 못하는 상황을 이용할 수도 있었다. "일반 국민의 발이 묶인 시간에 신문사 간부의 집이 폭파되고, 방송국 간부가 테러를 당하고, 야당 정치인 집이 폭풍에 휩쓸린 다음, 경찰의 수사가 또한 발이 묶이다시피 되어버린, 그동안의 경위가 말해주는 것"이다.[237] 야간 통행금지는 정권의 보호와 권력의 무단행사에 필요한 장치였다.

이처럼 야간 통행금지제도는 이 장에서 다루는 1966~72년 사이에 국한된 제도도 아니고, '서울'에 한정된 사실도 아니다. 그러나 이 고압적 제도에 대한 비판이 문학작품 속에 등장한 것은 바로 이 시기 최인훈의 소설뿐이기 때문에 언급하지 않을 수 없다. 그것은 바로 앞에서도 다룬 1966년 작 〈크리스마스 캐럴 5〉와 1969~72년 사이에 발표된 《소설가 구보 씨의 일일》 중 1971년 가을에 발표된 제8장 〈팔로군 좋아서 띵호아〉다. 〈크리스마스 캐럴 5〉가 밤 12시만 되면 겨드랑이가 가려워지는 인물을 등장시킨 뒤 스스로 환자라는 핑계로 통행이 금지된 밤거리를 활보하게 했던 것은 야간 통행금지에 대한 신랄한 비판을 토대로 삼고 있다. 야간 통행금지에 대한 최인훈의 비판은, 5년의 시간이 흐른 뒤 《소설가 구보 씨의 일일》에서 더욱 본격적이고 노골적인 방식으로 다루어진다.

밤이 사라진 한국소설의 비애

서울의 주인은 서울에 사는 사람들인데, 《소설가 구보 씨의 일일》에서 말하듯 "주인의 밤의 행동이 하나도 묘사되지 않는 당대 소설의 모습이 우리를 슬프게 한다"(169쪽)는 한탄을 왜 지금까지 별로 생각해보지 않았을까. 1960~70년대 소설에는 밤 12시가 되기 전에 부지런히 헤어지는 사람들, 자정을 알리는 사이렌이 울리면 불을 끄고 이불 속으로 들어가는 사람들, 어둠 속에서 잠결의 대화를 나누는 사람들만 나온다. 왜 이 시기의 한국소설은 밤의 주인들이 거리를 활보하고 영화를 보거나 차를 마시고 자유롭게 사랑을 나누는 장면들을 쓸 수 없었을까. 최인훈의 소설이 단연 눈에 띌 수밖에 없는 것은 이러한 이유 때문이다.

물론 도시의 밤은 이따금 소설들에 예찬 대상으로 등장한다. 김승옥의 〈서울 1964년 겨울〉(1966)의 대학원생 '안'은 "낮엔 그저 스쳐지나가던 모든 것이 밤이 되면 내 시선 앞에서 자기들의 벌거벗은 몸을 송두리째 내놓고 쩔쩔맨다"(210쪽)고 하면서 밤을 예찬했지만, 그 일행은 통행금지 시간이 되자 얌전히 여관에 들어갔다. 박태순의 〈서울의 방〉(1966)에서도 높은 곳에서 서울의 야경을 내려다보이는 장면이 나오지만, 밤 12시가 되면 그 장면을 볼 수 없다는 사실에 대한 불평은 나오지 않는다. 그러나 야간 통행금지는 사실 밤의 자유를 가로막고 있다. 김승옥의 〈무진기행〉에서 통금 사이렌이 울리는 장면을 보자.

내가 이불 속으로 들어갔을 때 통금 사이렌이 불었다. 그것은 갑작스럽게 요란한 소리였다. 그 소리는 길었다. 모든 사물이 모든 사고가 그 사이렌에 흡수되어갔다. 마침내 이 세상엔 아무것도 없어져버렸다. 사이렌만이 세상에 남아 있었다. 그 소리도 마침내 느껴지지 않을 만큼 오랫동안 계속할 것 같았다. 그때 소리가 갑자기 힘을 잃으면서 꺾였고 길게 신음하며 사라져갔다. 내 사고만이 다시 살아났다(142쪽).

통행금지 사이렌은 모든 사물을 흡수하고 사고를 정지시키는 장치다. 무진 같은 시골에 이르기까지 전국에 울려 퍼지는 큰 소리의 사이렌은 생각의 흐름을 중단시킬 뿐만 아니라 하루의 시간을 강제로 정지시킨다. 통행금지가 해제될 때도 사이렌은 꿈꾸던 사람들의 잠을 강제로 중단시키고 깨어 있는 사람들의 사고도 또다시 정지시킨다. 이 인용문에서 첫 문장과 마지막 문장을 제외한 모든 문장은, 새벽 4시에 통금 해제의 사이렌이 울릴 때 똑같이 다시 반복된다. 〈무진기행〉처럼 미문으로 촘촘히 조직된 소설에서 통금 사이렌의 효과를 가리키는 이 문장들이 반복되는 것은 우연이 아니다. 방안에 혼자 생각에 잠겨 있는 도시인 윤희중의 의식에는 끊임없이 사회적 의무와 통제를 상기시키는 신호음들이 잠입하여 자유로운 사고를 방해하고 있는 것이다.

사실 '밤'이라는 시간은 시골보다 도시에서 더 특별하다. 자연적 시간을 따라 낮에 일하고 밤에 쉬도록 되어 있는 농어촌과 달리, 도시를 세운 문명의 힘은 사람들이 밤에도 활동을 할 수 있게 해주었고 또 도시의 생활은 시간에 구애받지 않는 경우가 많다. 밤에 도시 공간을 활보할 수 없다는 사실은, 서울 시민들의 일상생활뿐만 아니라 서울이라는 도시 공간에 영향을 미치는 요소다. 가로등과 네온사인, 빌딩의 불빛

〈사진 65〉 1962년 2월 5일 서울 최대의 유흥가였던 명동의 밤 풍경(출처: 국가기록원).
명동 유흥가는 직장인, 대학생, 예술가들이 모이는 서울 최대의 유흥가이자 유행의 거리였으나, 자정이 가까워지면 간판과 네온사인의 불빛들이 모두 꺼졌다.

등으로 환하게 밝혀진 도시의 야경이 도시와 처음 마주한 사람들에게 가장 인상적인 풍경인 것은, 단순히 화려해서가 아니라 하늘과 자연을 가리고 사람이 만들어낸 건물과 문명의 설비들만을 고스란히 드러내기 때문이다. 세련된 도시인들이 화려한 불빛이 비추는 밤거리에서 만남과 유흥을 즐기는 문화가 도시문화의 상징처럼 되어버린 것은 우연이 아니다(사진 65). 최인훈의 분신인 소설가 구보 씨는 이 장면들을 자유롭게 즐길 수 없다는 사실을 이렇게 풀어낸다.

> 밤 속에 있는 무수한 유혹들. 사람들이 들끓던 낮에는 얼굴을 수그리고 숨을 죽이던 도시의 집들이 무엇인가 뜻 있는 낯빛으로 서 있는 밤의 거리. 가끔 오가는 사람의 그림자가 운명처럼 섬뜩한, 그리하여 타인의 존재가 인식되고, 이 세상에는 나 말고도 숱한 사람이 살고 있다는 비의적인 사실을 깨닫게 하는 밤의 거리. 행복한 사람들이 잠자리에서 그들의 아내와 자식들과 함께 잠들었을 때 교만하게 이 도시의 불결한 거리를 걸어볼 수 있는 자유가 빼앗긴 밤. 그 밤 속에 있는 것들이 어찌 이뿐이랴. 갈 곳이 없는 가난한 애인들이 다리가 아파 지치도록 거리를 헤매는 가능성의 환상이 우리를 슬프게 한다(169쪽).

'가능성의 환상'이 차단당한 밤에 대한 구보 씨의 비판이다. 원래 도시의 밤에는 지치도록 헤매고 걸을 수 있는 자유가 있고, 사람들에게 손짓하는 다양한 유혹과 욕망이 있다. 그래서 밤의 서울 거리는 환한 대낮에 보이지 않던 건물들의 의미를 드러내게 하고, 타인의 존재를 인식하게 한다. "사람들이 끓는 낮에는 사람들은 사람을 유심히 보지 않는다. 도시에서는 서로가 모르는 사람이기에 쓸데없이 나에게 관심을 가지면 고단하기만 하다. 그래서 사람은 많아도 사람은 없는 것과 같다. 밤에는 그렇지 않다. 사람들이 없어진 밤의 거리에서 건물들은 비로소 존재하기 시작한다"(168~169쪽). 도시의 밤은 자연을 가리고 인공적인 조명을 통해 사람과 건물만을 비춘다. 그런데 박정희 정권은 도시의 고유성이자 특권인, 온갖 사물들이 자신의 실체를 드러내는 시간인 밤의 활동을 방안에 가두어버렸다.

야간 통행금지는 밤의 활동 전체를 제약한다. 밤에 잠이 깨어 하숙집 마루에 나와 걸터앉은 구보 씨는 달빛으로 환한 뜰을 바라보다가 "문득 신발을 신고 걸어보고 싶은 생각이 들었다. 그러나 그렇게는 하지 않았다. 밤중에 마루에 나앉은 데까지는 괜찮아도 뜰을 걸어 다닌다는 것은 어딘지 조심스러웠다"(167쪽). 모두가 거의 반강제적으로 잠이 들게 되는 조용한 시간에는 혼자 뜰을 걸어 다니는 것조차 다른 사람이 하지 않는 기이한 행동을 하는 것이다. 야간 통행금지는 방안에서 혼자 잠드는 〈무진기행〉의 윤희중의 의식을 간섭했던 것처럼, 집의 뜰 안에서 혼자 걷는 구보 씨의 자유도 억압한다. 그러니까 야간 통행금지는 사실상 밤 12시부터 새벽 4시까지 거리의 통행만 억압하는 제도가 아니라, 도시의 일상생활 전체에 관여하는 국가 통치술인 셈이다.

우리를 슬프게 하는 야간 통행금지

최인훈의 소설은 야간 통행금지제도가 서울의 도시 공간에 어떠한 영향을 미쳤는지 탐구하는, 매우 드문 텍스트다. 〈크리스마스 캐럴 5〉에서는 통행금지 시간마다 겨드랑이에 통증을 느끼는 주인공의 상황이 희화적으로 표현되었다면, 《소설가 구보 씨의 일일》 제8장인 〈팔로군 좋아서 띵호아〉는 매우 직접적인 방식으로 고충을 토로한다. '소설가 구보 씨'가 통행금지 시간마다 느껴야 하는 괴로움을 자신이 쓴 원고를 그대로 인용하여 드러내고 있기 때문이다.

구보 씨는 이 원고에서 통행금지가 산술적으로 하루의 6분의 1에 해당하는 4시간에 적용되는 것이 아니라, 사실은 통행금지 바로 전후의 두 시간을 합친 8시간, 아니 밤으로 불리는 절반의 시간에 영향을 미치고 있음을 이야기한다.

> 12시부터 4시까지, 네 시간 동안이지만 실은 그렇지 않다. 밤에 거리에 나간 사람이면 10시쯤부터 벌써 바빠진다. 10시 이후의 두 시간은 온전한 두 시간이라 할 수 없는 것이다. 4시 이후의 두 시간도 또한 자연스런 시간이 아니다. 통행금지가 '방금' 끝난 시간이기 때문이다. 따라서 그 두 시간도 온전치 못하다. 이렇게 해서 실지 금지되는 네 시간은 앞뒤로 두 시간씩, 먹물처럼 번져서 결국 여덟 시간이 된다. 이십사 시간의 3분의 1이 이렇게 '금기'의 시간이다. 그뿐이랴. 숫자만 따지면 이십사 시간 가운데 팔 시간은 3분의 1임에 틀림없지만 생활하는 사람에게는 반드시 시간이란 이렇게 '양'적인 것만이 아니다. 우리는 시간을 '밤'과 '낮'으로 가른다. 이것이 보통사람의 생활의 시간이다. 이것은 시간을 '질質'로 따진 나눔이다. 여기서는 통행금지는 3분의 1의 시간에 행하여지는 것이 아니라 2분의 1에 해당하는 것처럼 느껴진다.

이 '느낌'은 실지로 생활에 압박을 준다(168쪽).

무엇보다도 한국전쟁 때 월남한 피란민 구보 씨에게 통행금지제도는 일상 속에서 '전쟁'을 끊임없이 상기시키는 역할을 한다. "통행금지가 가까워지면 모든 사람이 조급해진다. 어디론가 떠나려는 사람들, 빨리 집으로 돌아가려는 사람들이 서로 교통의 순서를 다툰다. 택시는 금방 난폭해진다. 모든 서비스가 거칠어진다. 피란민들이 마지막 열차에 매달리는 풍경이다. '막차' 그렇다. 이리하여 6·25의 얼굴은 밤마다 사람들에게 모습을 드러낸다. 전쟁의 기억이 사라져가고 있다는 소리가 들릴 때마다 나는 웃음이 나온다. 하도 전쟁 속에서 오래 살았기 때문에 전쟁을 평범한 것으로 알게끔 취해버린 것뿐이 아닌가"(168쪽). 이 논리에 따르자면, 무엇이든 '빨리빨리' 해야 하는 한국 사회의 습성은 통행금지제도에서 비롯된 것이며, 더 깊게 파고들면 그 기원은 전쟁에 있다. 이는 도시 공간을 이용하는 개인의 행적들이 하루 단위로 끊어지는 시간의 배급 속에서 그려지는 동시에, 과거의 시간으로부터도 영향을 받고 있다는 의미다.

그는 자신의 냉소적인 시각을 좀 더 분명히 표현하기 위해, 1960~70년대 내내 베스트셀러였던 안톤 슈낙Anton Schinack의 감상적인 산문 〈우리를 슬프게 하는 것들〉을 패러디한다.

야간통행 제한이 우리를 슬프게 한다. 밤의 시간. 삶의 절반을 몰수당한 우리의 시간이 우리를 한없이 슬프게 한다. 늦은 시간에 오십 원의 휴식처에서 우리를 몰아내는 찻집 여자의 어쩔 수 없는 거칠음이 우리를 슬프게 한다. 홀연 피난 열차의 차장처럼 오만해지는 12시 가까운 시간의 운전수들의 강요된 난폭성이 우리를 슬프게 한다. 슬픈 도회의 그렇지 않아도 슬픈 11월의 한밤중 문득 잠에서 깨어 까닭 모를 노여움은 가슴에 복받쳐 아무데고 거리를 쏘다니고 싶을 때 힘없이 주저앉아야 하는 밤의 금기가 우리를 슬프게 한다. 그리하여 스물 몇 해가 지나도 전쟁의 어수선한 악몽의 그림자가 떠나지 않는 밤이 우리를 슬프게 한다. (중략) 꿀벌처럼 금기의 시간 속에서 벌통살이를 하는 밤이 우리를 슬프게 한다. 원시인처럼 금기를 의심하지도 않고 배급된 시간 속에 살면서 '전후戰後'는 지났다고 말하는 사람들이 우리를 슬프게 한다. (중략) 이름 모를 사람들이 독점하고 있는 우리들의 것이어야 할 밤이 우리를 슬프게 한다. 언제든지 쩨쩨한 우리들의 소시민을 떨쳐버리고 잠깐 동안의 김립金笠이 되어볼 수 있는 시간을 빼앗긴 삶의 초라함이 우리를 슬프게 한다. 천부시간天賦時間의 한가운데 철의 장막처럼 드리운 금기의 횡격막이 우리를 슬프게 한다. 그리하여 암 세포처럼 빈 언어 속에서 번식하는 상상력이 급기야 우리들의 젊음을 죽여버리는 우리들의 시간이 우리를 슬프게 한다. 외국인들과 그들의 창부들에게만 열려진 밤이, 의화단원들이 미워한 자금성의 밤처럼 우리를 슬프게 한다(169~170쪽).

통행금지제도는 일종의 시간 "배급"이다. 국가는 대부분의 사람들에게 밤의 거리를 쏘다닐 수 있는 자유를 제한하는 동시에, 몇몇 사람들에게는 야간 통행권을 주었기 때문이다. 병원의 야간 근무자, 국가 중요시설의 야간 근무자, 신문사, 방송사, 통신사 등에 근무하는 언론인,

외국 관광객을 상대하는 기업체의 몇몇 종사자 등등이 거기에 해당했다.[238] 또한 외국인들은 통행금지 제재를 받지 않았기 때문에, 서울의 밤은 "외국인들과 그들의 창부들에게만 열려진 밤"이 될 수밖에 없었다. 이를 다시 생각해보면, 시간의 배급은 곧 공간의 배급이 된다. 밤의 도시 공간이 허가를 받은 특정인에게만 열리기 때문이다.

최인훈이 〈크리스마스 캐럴〉 연작이나 《소설가 구보 씨의 일일》, 〈하늘의 다리〉와 같은 소설에서 연이어 크리스마스 풍속에 대해 주목하는 것은 이 때문이다. 일 년 중 통금이 해제되는 몇 안 되는 날 중에서도 특히 크리스마스는 하룻밤 동안 대중들의 카니발을 야기한다는 점에서 가장 큰 이슈였다. 해방 이후 크리스마스는 "예수교도와 관계없이 모든 한국사람들의 날이 되었다. (중략) 한 해 동안 하루 만은 밤 시간에 나닐 수 있다는 것은 큰 해방감을 준다. 그래서 이날은 실상은 서양 풍속으로 치면 카니발이 된다. 이날에는 한국 사회의 모든 심층 사회 심리가 한 덩어리가 되어 소용돌이친다"(217쪽). 그래서 "환상의 아나키즘, 환상의 서양 취미, 환상의 성적 자유, 환상의 해방, 깨고 나면 더욱 씁쓰레한 광란을 아마 해방 후에 십대를, 이십대를 보낸 사람들은 모두 기억 속에 가지게 된다"(218쪽). 한국의 대중에게 크리스마스는 종교적 의미를 소거한 채, 통제로부터의 일시적 해방과 자유를 선사하는 시간적 의미를 가지게 된 것이다.[239]

이와 같은 시간의 제한적 배급은 공간적 차원에서도 여러 가지 영향을 미쳤다. 서울의 변두리로 밀려난 가난한 사람들에게 통행금지가 다가오는 시간은 도심 부근에 사는 사람들보다 훨씬 더 촉박하고 빠듯하게 느껴진다.[240] 중산층이 교외와 강남으로 이동하는 현상이 나타나기 이전이었던 이 시기에, 이러한 상황은 도심 바깥으로 밀려난 가난한 사람들에게 시간과 공간의 사용이 좀 더 제한되어 있다는 것을 뜻한다. 또한 밤샘 영업을 하는 술집과 댄스홀에 출입할 수 있는 사람과 그렇지 않은 사람의 시공간적 사용이 달라질 수밖에 없다. 소위 밤새 춤을 추고 놀 수 있는 '나이트클럽'이 외국인을 주로 상대하거나 고급 호텔에 있는 경우가 많았기 때문이다. 그래서 소설가 구보 씨는 통금이 해제되는 크리스마스의 광란이 차츰 가라앉는 현상도 탐탁지 않게 여긴다.

"불탄 자리에 판잣집이 들어섰던 서울에 지금은 이십 층 넘는 높은 집

〈사진 66〉 야간 통행금지 해제 이후 서울극장 앞에서 심야영화 광고를 보고 있는 여성들 (출처: 경향신문사).

이 들어서게끔 되었다. 이 도시에는 어느 사이에 살림 규모가 서로 다른 집단이 이루어져 있다. 구태여 크리스마스라는 하룻밤 아니고도 얼마든지 성풀이할 수 있는 시설과 그것을 이용할 수 있는 층이 생기고 이날 하루 떠들어봤자 결국 아무것도 아니라는 것을 느끼게 된 층이 생겨났다. 이렇게 되면 크리스마스도 볼 장 다 본 것이다"(218쪽). 하룻밤을 밖에서 광란으로 보낼 수 있는 크리스마스의 카니발적 의미조차, 경제적 여유가 있는 계급에게는 더이상 문제가 될 것이 없는 상황이 온 것이다. 그것은 시간의 배급과 그에 따른 공간의 사용이 계급적 차이에 따라 달라졌음을 의미한다.[241] 상시적인 통행금지제도와 크리스마스의 임시 해제는 서울이라는 도시 공간에서 계급적 차이를 가시화시키는 계기가 되었다. 이는 서울 도심 재개발과 변두리 확장에 따른 공간적 계층화와 보조를 같이하는 현상으로, 도시 공간이 시간적 차원에서 어떠한 방식으로 불평등하게 개인들에게 이용되고 있었는지 보여주는 것이다.

야간 통행금지제도는 군사쿠데타로 정권을 장악한 전두환 정권의 유화책으로 해제되었다. 1980년과 81년에 연이어 1986년 아시안게임과 1988년 서울올림픽을 확정지은 후였기 때문에, 외국인 관광객 유치를 위해서라도 반드시 필요한 조치였다. 1982년 1월 5일에서 6일로 넘어가는 역사적인 밤에 야간 통행금지 해제를 축하하는 사람들이 서울의 밤거리에 쏟아져나왔다. 한 달 후 첫 심야영화로 에로영화의 대명사 〈애마부인〉이 상영되었을 때도 사람들은 극장으로 몰렸다. 밤의 산책을 36년 동안 금지당했던 사람들의 욕구가 분출된 것이다(사진 66). 그제야 야간 통행금지제도는 전차나 물장수보다 더 믿기지 않는 과거의 기억이 되었다.

1978

977

3
[부]

서울,
강남 개발과
중산층의 시대가 도래하다
(1972~1978)

974

01

신개척지 강남이
부상하기
시작하다

강남 개발을 위한 초석들

1972년부터 1978년까지 서울은 중대한 변화를 겪었다. 그중 가장 중요한 변화는 '강남의 탄생'이라는 한 마디로 요약될 수 있다. 강남은 왜 개발되었을까. 여기저기서 언급된 바에 따르면, 포화 상태에 이른 강북 인구를 분산시킬 신시가지가 필요했기 때문일 수도 있고, 전쟁이 나면 또다시 한강을 건너지 못하는 시민들이 생길까 걱정했던 대통령의 충정 때문일 수도 있으며, 부동산 투기를 통해 개발자금과 정치자금 등을 마련해야 했던 권력층의 은밀한 요청 때문일 수도 있다. 모두 다 타당성 있는 이유일 것이다. 강남 개발은 어느 한 가지 이유만으로 추진하기에는 너무 어마어마한 사업이었다. 사업 추진자들조차 반신반의했던 이 초대형 프로젝트를 통해 한국 사회 전체를 선도하는 변화의 중추가 탄생하리라고 예상했던 사람은 거의 없었다. 그러나 당시까지 '남서울' 또는 '영동'이라는 이름으로 불리던 신개척지 강남은 이후 서울의 문화, 경제, 생활의 지형도를 완전히 바꿔놓았다.

이미 1966년 김현옥 서울시장의 취임과 함께 서울의 도시 공간은 질풍노도 같은 변화를 겪었지만, 그 변화는 주로 강북 지역에 한정되어 있었다. 현대도시에 걸맞게 도시 공간을 변화시키려는 노력은 강북의 전통적인 도심에 집중되었고, 새롭게 개발되는 변두리 지역들은 논밭에서 서민들의 주택가로 변신한 정도였다. 그런데 1972년 이후 강남에서 단계적으로 진행된 변화는 그 이전과 완전히 성격을 달리했다. 넓은 대로가 바둑판처럼 구획된 강남의 신시가지는 업무지구, 아파트 단지, 주택가, 녹지를 적절히 배분한 계획도시의 실험장이었다. 여의도도 비슷한 시기에 비슷한 형태로 개발되어 국회의사당과 방송국 등 정치와 언론의 기능을 할당받았지만, 경제, 문화, 일상생활의 혁신이 집약된 강남처럼 한국 사회 전체의 향방을 좌우하는 상징적 역할을 떠맡지는 못했다. 그 시작에 1972년부터 1978년까지 이어지는 강남 개발이 있었다.

1972년은 제3차 경제개발계획이 시작된 해이기도 하고, 10월 유신헌법의 제정 및 공포로 정치적 암흑기가 시작된 해이기도 하다.[242] 그러나 서울의 역사만 놓고 볼 때 이 해가 강남의 탄생에서 중요한 의미를 가지는 것은 다른 이유들 때문이다. 강남은 이미 1966년부터 개발의 조짐이 보이기 시작했고 여러 차례 개발계획이 공표된 곳이었지만, 1971년까지 진척 속도는 매우 느렸다. 소문만 무성하고 실제 진척이 늦어진 데에는 여러 이유가 있었다. 구상과 설계에 많은 시간이 걸렸으며, 당시 김현옥 시장이 여러 일에 매진하느라 강남 개발에는 거의 관심이 없었던 것도 큰 이유였다. 개발의 예감만 무성하게 피어오르던 5~6년 동안 권력층들이 이 지구 내 토지를 매점했다. 장차 상공부를 비롯한 산하 단체들이 이전하여 자리 잡는다는 명목으로, 암암리에 이 지역의 매점이 이루어진 것이다.[243]

그래도 1966년부터 강남 개발의 초석이 되는 작업들이 조금씩 이루어졌다. 1966년 신청된 영동지구 토지구획사업은 1968년 사업인가가 이루어진 뒤 영동 제1지구를 중심으로 사업이 진행되었다(사진 67). 영

동 제1지구는 주로 제3한강교에서 말죽거리에 이르는 경부고속도로 주변의 땅이었다. 덕분에 제3한강교가 1969년 12월 25일 개통되었고, 이 다리는 1985년 한남대교라는 이름으로 개칭되었다. 그리고 1970년 7월 7일 경부고속도로가 완전 개통되어 강북의 도심이 제3한강교를 거쳐 부산까지 이어지게 되었다.[244] 경부고속도로가 개통된 달부터 오늘날 강남구의 대부분에 해당하는 영동 제2지구 토지구획사업도 본격적으로 진행되기 시작했다. 그리고 1971년 3월, 그동안 비밀에 부쳐져 있

〈사진 67〉 영동지구 토지구획정리사업 조감도.

던 영동지구 사업계획이 공표되었다. 1966~71년 사이에 여러 사업이 진행되었지만, 바꿔 말하면 여러 계획의 공표, 구획정리, 택지조성만 계속되었던 1971년까지 강남은 여전히 허허벌판이었다는 뜻이다.

1972년부터 조금씩 눈에 띄는 변화들이 일어났다. 1971년이 다 끝나가는 12월 28일 완공된 논현동 공무원아파트에 1972년부터 사람들이 입주하기 시작하면서 강남으로의 순차적 이동이 시작되었다. 1972년에는 영동지구 시영 단독주택 단지 중 10개 단지가 우선적으로 준공되었고, 1973~74년에는 당시 '남서울아파트'라는 이름으로 불렸던 반포 주공아파트도 지어졌다. 1975년 10월 1일 당시까지 '성동구'였던 이 지역이 드디어 '강남구'로 분리되었고, 1976년 반포, 압구정, 잠실 등 강남 지역과 여의도 등을 중심으로 11개의 아파트 지구가 선정되었다. 여전히 주거 지역으로서는 인기가 없던 강남이 아파트 지역으로 변할 채비

〈사진 68〉 현재 경기고등학교(오른쪽 흰 건물)의 1977년 모습과 주변 풍경(출처: 전대원).

를 갖춘 것이다. 1972년 발표된 경기고등학교의 강남 이전계획이 1976년 완료되어 경기고등학교가 현재의 삼성동 자리로 옮긴 점도 중요하게 작용했다. 강남에 거대 아파트 단지와 명문 고등학교들을 거점으로 인구가 본격적으로 증가하기 시작한 것은 1970년대 후반의 일이었다(사진 68).

또한 1972년 4월 서울시가 강남을 발전시키기 위하여 강북을 특정시설 제한구역으로 설정한 것은 강압적이지만 효과적인 조치였다. 서울시는 도심부 인구 분산계획의 일환으로 종로구 및 중구 전역, 용산구와 마포구의 기존 시가지 전역, 성북구와 성동구의 강북 지역에 백화점, 도매시장, 공장 등의 신규 시설을 불허했다. 1973년 한 가지 조치가 뒤따랐다. 종로구, 중구 등의 도심 지역이 재개발지구로 지정되면서 이 지역 일대 건물의 신축, 개축, 증축이 금지된 것이다. 또한 1972년에는 1978년 12월 31일까지 6년간 유효했던 '특정지구 개발촉진에 관한 임시조치법'이 제정되어, 1973년 강남 지역이 개발촉진지구로 선정되었다. 그래서 수많은 상업시설이 아무런 규제도 없고 특별법에 의해 취득세, 재산세 등이 면제되는 강남으로 옮겨졌다.[245] 1972년에 모든 작업이 다 끝난 것은 아니었지만, 이 해부터 도시 공간의 개발에 선행하는 법적·제도적 조치의 초석들이 하나씩 차례로 놓이기 시작한 것이다.

1970년대는 부동산 투기가 대중화된 시기였지만, 사람들이 상상하듯 갑자기 모두가 강남을 선망하고 강남으로 몰려간 것은 아니었다. 서울시와 정부는 강남 개발을 장려했지만, 강남은 1970년대 중반까지도 집을 찾는 사람들에게 매력적인 장소가 아니었다. 지금도 정부가 아무리 국토의 균형발전을 외쳐도 사람들이 돈과 일자리, 기회와 가능성이 있는 땅 서울을 떠나려 하지 않듯이, 서울시가 앞으로 강남을 개발할 것이라고 주장해도 넓은 논밭에 건물과 주택들이 드문드문 세워진 곳으로 선뜻 이주하는 사람들은 없었다. 사람들은 앞으로 강남이 뜬다는 소문도 알고 있었지만, 아직 더 익숙하고 편리한 강북을 떠나려 하지 않았다. 그래서 강남이 서울의 새로운 중심으로 탄생하는 과정은 서서히 단계적으로 진행되었다. 서울시가 계획성 있게 준비하고 실행했기 때문이 아니라, 서울로 모여든 그 수많은 사람들이 쉽게 강남으로 이동하지 않아서 각종 유인책을 하나씩 써나갔기 때문이었다.

1978년은 그 정책들이 효과를 발휘해서 일종의 정점에 달한 해였다. 1973년 닥쳐온 제1차 석유파동을 1974~75년에 무난히 넘기자, 1976~78년 동안 한국의 경제성장률은 해마다 10퍼센트가 넘었다. 게다가 중동 특수로 유입된 오일머니가 부동산에 쏠리면서, 1977년 하반기부터 1978년 상반기까지 서울의 주택 건설은 전에 경험하지 못했던 엄청난 호황을 맞이했다. 1980년대 후반 3저호황 때 자주 사용되던 "단군 이래 최대 호황"이라는 말도 이 시기에 처음으로 등장했다. 이 호황의 최대 수혜지는 물론 건설 경기가 한창이던 강남이었다. 중동 특수와 강남 개발 덕분에 건설회사의 주식은 하늘 높은 줄 모르고 치솟아 1977년 건설회사들의 주가상승률은 175퍼센트에 달했다.

이 호황은 1978년 하반기부터 잠시 하락세로 돌입했다. 6월 28일 증권거래세를 신설하고 시가발행제도를 도입하는 등 잇단 규제정책이 시행되었고, 8월 8일에 발표되어 '8·8조치'라고 불리는 '부동산 투기억제 및 지가안정을 위한 종합대책'과 추가대책이 나왔다. 1977년 말부터 조사에 들어갔던 압구정동 현대아파트 특혜 의혹이 1978년 6월 30일 언론에 의해 터진 것도 한몫했다. 대상승을 경험하던 건설 경기도 1978년 하반기 이후 대폭락을 경험했으니, 이른바 건설주 파동이었다. 설상가상으로 1979년에는 제2차 석유파동이 일어났다. 1973년 제1차 석유파동이 일본을 비롯하여 세계 경제에 큰 타격을 안겼던 반면, 아직 중화학공업이 크게 성장하지 못했던 한국에는 큰 영향을 미치지 못했다. 그러나 1979년 제2차 석유파동 때는 사정이 달랐다. 경제적 위기에 이어 10·26박정희 대통령 암살사건이 이어지면서 경제성장률이 하락하기 시작했다. 1980년 이른바 '서울의 봄'은 곧 끝났고, 이후 광주항쟁과 군사쿠데타로 이어지는 정치적 불안 때문에 한국 경제는 처음으로 마이너스 성장을 기록했다.

물론 이 하락세는 서울의 역사에서 몇 년간의 숨고르기에 불과했다. 1981년부터 조금씩 살아나 경제성장을 재시작한 한국 경제는 서울에 다시 개발의 활력을 제공했다. 1981년 처음으로 신규 주택 중에서 아파트 수가 단독주택 수를 추월하면서 아파트시대가 본격적으로 시작되었다. 1986~88년 '3저호황'이 도래할 때까지 지속되었던 강남 개발, 아파트 증가, 중산층 확대는 사실상 1972~78년 사이에 만들어졌던 성장 동력이 다시 본격화한 것이었다. 1980년대에 이르러 1970년대 초중반과 같은 강남 기피, 단독주택 선호 같은 현상은 사라졌으며, 본격적으로 중산층이 주도하는 대중소비사회가 도래했다. 1980년대에 이러한 서울의 모습이 만들어질 수 있었던 것은 그 이전의 기반이 있었기 때문이었다. 이러한 의미에서 1972~78년은 서울이 오늘날과 같은 현대도시로 바뀌는 토대가 만들어진 시기였다고 할 수 있다.

강남 가서 땅을 사면 돈을 번다, 소문과 예감

1960년대까지 강남은 행정구역상으로만 서울시에 편입되어 있을 뿐 거의 대부분이 논밭 상태였다. 조금 더 이른 1963년 말 강남의 행정상황과 인구수에 대한 설명을 보면, "당시 신사리, 압구정리, 학리, 논현리 등 4개의 법정 동을 묶은 행정동이었던 사평동은 563가구에 인구수 3,225명이었고, 삼성리, 청담리, 대치리를 묶은 수도동은 526가구에 인구수 3,175명이었다. 서빙고 나루나 한강진 나루에서 나룻배를 타고 이 일대를 가보면 길은 겨우 우마차 한 대가 지날 수 있을까 하는 정도로 협소했고, 보이는 것은 전답과 배나무 과수원뿐이었다. 여기저기 낮은 언덕이 있었고 그 언덕 기슭에 초라한 초가집 몇 채만 보이는 한없이 한적하고 평화로운 마을의 연속이었다."[246] 1963년 당시 현재의 강남구에 해당하는 이 지역의 행정동이 단 2개였으며, 인구는 전부 합해서 6,700명 정도였다는 것이다.

이 논밭 지역의 땅값이 지금의 시각에서 보면 어처구니없을 정도로 저렴했기 때문에, 오늘날 많은 사람들이 '내가 만약 그때 강남에 땅을 샀더라면' 하고 후회를 하곤 한다. 그러나 그 당시 강남에 도래할 변화를 예측할 수 있는 사람이 과연 얼마나 있었을까. 물론 문학 텍스트에는 강남의 변화를 막연하게 예견한 장면이 있다. 앞에서 여러 번 등장했던 이호철의 단편 〈서빙고 역전 풍경〉은, 서빙고역 근처의 한강변에서 한강 건너편인 남쪽을 바라보면서 서울의 미래를 무심하게 논의하는 장면을 담고 있다.

"앞으로 서울은 이쪽으로 뻗는다던데요. 벌써 돈 있는 사람들은 저 건
너 땅을 무더기로 사두었다던데요."

"암튼 제3한강교가 서겠지."

"여기 사는 사람들은 어떻게 되지요?"

"어떻게 되겠지."[247]

　지금 읽으면 너무 당연하게 들려서 무심히 지나치기 딱 좋은 대화지
만, 사실 이 장면은 자세히 따져보면 말이 되지 않는다. 이 소설은 1965
년 《한양》 5월호에 발표되었으니 최소한 1965년 3~4월 이전에 집필되
었을 터인데, 역사적 기록과 증언을 뒤져봐도 이 직전까지 강남 개발을
예견할 만한 자료는 거의 없기 때문이다.

　강남 개발이라는 아이디어를 처음으로 떠올리고 추진한 것은 박흥식
이라는 인물이었다. 일제하에 유명한 화신백화점의 소유주였던 박흥식
이 개발계획을 1963년부터 서울시와 상의하다가 구상을 끝낸 것이
1965년 9월이었다.[248] 그러나 이 계획은 박흥식 개인의 꿈으로 사라졌
다. 서울시는 관료들을 찾아다니며 개발을 촉구한 박흥식의 구상을 묵
살한 채 1966년 1월 갑작스럽게 '남서울계획'을 발표했다. 그러나 이것
은 "엉성하기 짝이 없는 것"으로 "계획이니 구상이니 할 단계 이전의
상태"였다. "정확히 말하면 신도시계획이나 신시가지계획이라는 걸 세
워본 일이 없었다. 다만 제3한강교 가설공사에 앞서 그와 같은 교량공
사가 왜 필요한 것인가를 합리화하기 위해 부랴부랴 그림을 그려서 발
표한 것"이었다.[249] 1966년 8월 '새서울백지계획', '대서울 도시기본계
획'이 발표되었으나, 이 역시 시민의 여론을 듣기 위해 구상을 발표한

것에 불과했다. 1966년 여름까지 앞으로 강남을 개발하겠다는 생각은 있었으나 시행된 정책이 전혀 없었다는 것이다.

제3한강교는 훗날 소위 '말죽거리 신화'의 시발점으로 거론되곤 하는데, 이 다리는 윤치영 시장 시절인 1966년 1월 19일 가설공사가 시작되었다(사진 69). 손정목에 따르면 이 다리는 당시 한국 사회와 서울의 경제적 상황 때문에 건설된 것이 아니었다고 한다. 서울 시민 대부분이 강북에 살고 있으니, 전쟁이 일어날 경우에 대비해 한강을 건널 다리가 더 필요했기 때문이라는 것이다. 상식적으로 생각해도 강북 도심에 3백만 명이 넘는 사람들이 살고 있는 상황에서 6,700여 명을 위해 엄청난 공사비가 들어가는 다리를 지을 이유는 없었다. 게다가 어느 신문도 이 착공 사실을 보도하지 않을 정도로 언론이나 시민이나 관심이 없었다고 한다. 그렇다면 "이 다리가 착공될 때 서울 시민은 거의 알지 못했고 우연히 알게 된 사람도 별 관심을 두지 않았다"는 손정목의 증언은 과연 사실일까.[250]

〈서빙고 역전 풍경〉의 대화 장면은 1960~70년대 서울 역사의 가장 중요한 기록자인 손정목의 증언과 배치되는 사실을 보여준다. 소설 속 두 사람은 아직 가설공사도 시작하지 않은 '제3한강교'를 잘 알고 있다. 신문에서 제3한강교가

〈사진 69〉 1966년 4월 13일 제3한강교 공사 모습(출처: 서울역사아카이브).
허허벌판이었던 강남의 모습이 보인다.

처음 등장하는 것은 1963년 서울시의 행정구역이 확장되기도 전인 1962년 9월 12일이다.[251] 1965년 초에도 제3한강교가 건설될 것이라는 계획이 보도되었는데, 그 이유는 '서울 시민 유사시 도강용'이 아니었다. 서빙고 나루에서 나룻배로 건너야 하는 불편함, 그리고 배를 타고 건너다니다 수시로 생기는 인명 사고, 강북에서 말죽거리까지 배치된 버스와 합승 등이 몇 대에 불과해 겪고 있는 '교통난 해결'이 주요 이유였다.[252] 그리고 1965년 1월 제2한강교(양화대교)의 개통식에 참석한 박정희 대통령이 앞으로 제3, 4한강교를 건설해야 한다고 역설한 사실도 보도되었다.[253] 손정목의 말대로 제3한강교 가설공사 자체가 당장 보도되지 않았다 해도, 두 사람이 언젠가 이 다리가 완공되리라고 예상했을 법하다.

두 사람이 저런 대화를 하는 근거는 '소문'이다. 어디선가 들은 이야기를 전하는 화법으로, "벌써 돈 있는 사람들은 저 건너 땅을 무더기로 사두었다던데요"라고 말하기 때문이다. 소문이라는 것이 언제나 그렇듯이, 사실과 정확하게 부합하지는 않는다. 왜냐하면 현재 강남구 지역의 땅값이 많이 올랐던 첫 계기는 제3한강교 건설 때문이라기보다 1963년 이 지역이 서울로 편입되었던 데 있었다. 특히 나중에 삼호건설을 창업하는 조봉구가 역삼동, 도곡동 일대의 토지를 매점하기 시작한 것도 1963~65년이었다.[254] 그러나 손정목은 돈 있는 사람들이 무더기로 강남 땅을 사두는 현상이 본격화된 것도 1966년 이후라고 증언하면서, 1966년 이전 강남의 변화는 거의 서술하지 않았다.

아마 손정목의 기록은 소설보다 훨씬 더 사실에 부합할 것이다. 그러나 소문의 의미는 사실과의 일치라는 데에 있지 않다. 소문이란 "반드시 사실이 아닐지도 모르는, 어떤 상황 설명만으로 많은 이들에게 그럴 싸하게 여겨지기 때문에 확산되는 것"이며, "자기 손 안에 있는 정보를 갖고 합리적으로 행동한 결과 생기는 현상"이다.[255] 이 소설에 등장하는 소문은 대중들이 가진 합리적인 예감에 가깝다. 대중들의 소문이 현실이 되는 것은 우연이지만, 그러한 소문들이 생길 만한 정황들을 감지하는 사람들이 있었다는 것이다. 이호철의 소설은 서울의 변화를 도시 계획과 정책, 권력의 지배와 통치라는 측면에서만 살펴보면, 보이지 않는 대중의 역사적 감각을 보여준다.

이 소설 속 대화는 1960년대 후반 제3한강교(한남대교)가 개통되고 서울에 강남시대가 열릴 것임을 예고하지만, 무기력하게 정체된 서빙고 지역에 살던 사람들이 이후 벌어질 서울의 엄청난 변화에 보폭을 맞출 수 있을지 자신하지 못한다. "어떻게 되겠지"라는 말은 낙관적 전망이 아닌, 체념에 가까운 독백처럼 들린다. 이 소설에 묘사된 서빙고역 주변의 황량하고 낙후된 판자촌 풍경만 보면, 이곳 사람들에게 희망이 없으리라는 예측은 타당해 보인다. 그러나 서빙고 역전을 배회하던 사람들의 삶이 어떻게 되었는지는 함부로 단언할 수는 없다. 1970년대 초반부터 서울에 도래한 강남 개발 붐은 어떤 사람들에게 몰락과 좌절을 안겨준 동시에, 또 다른 사람들에게는 이전에는 상상할 수 없었던 인생역전의 가능성도 제공했기 때문이다.

내가 만약 그때 강남에 땅을 샀더라면

'내가 만약 그때 강남에 땅을 샀더라면'이라는 가정법 문장은 오늘날 우스갯소리처럼 자주 회자되는 말이다. 강남이 앞으로 뜰 거라는 소문에 관심을 가져봤던 사람이 아니더라도, 강남 땅값이 상승하는 추이를 사후적으로 지켜보면 누구나 한 번쯤 할 만한 탄식이다. 그런데 과연 그렇게 생각하는 사람들은 그때 강남에 땅을 살 수 있었을까? 이호철의 〈서빙고 역전 풍경〉의 두 인물은 정말 강남이 개발될 것을 알았는데 단지 수중에 돈이 없었다는 이유로 미래를 태평하게 관전하고 있었던 것일까?

박태순의 소설 중에는 강남의 땅값이 오르기 전에 땅을 산 사람의 이야기가 있다. 고려대 농과대학을 나온 친구 '주황'은 "출세를 하려고 서두르는 같은 나이의 젊은이들과는 성격이 달라서 의뭉스럽고, 사변적이며, 은둔자적"인 "괴상한 친구"다. 비참한 어린 시절을 보낸 고아 출신의 이 친구는 눈치가 빨라야 세상을 쉽게 살 수 있다고 말하곤 하지만, 실제로는 "자기 스스로의 인생 거처에는 별 신경을 쓰지 않는" 사람이다. 그런데 아무것도 하고 싶은 의욕이 없는 이 친구가, 선거운동원 노릇을 해주고 어쩌다 생긴 돈으로 덜컥 강남에 땅을 샀다. "그는 돈 씀씀이가 헤펐지만 무슨 생각이 들었는지 말죽거리에서 과천 쪽으로 오 리쯤 나가 있는 그런 곳의 땅을 이백 평쯤 사두었다."[256] 추정해보면 서초동의 땅 이백 평이다.

오늘날의 독자들은 정말 선견지명이 있는 친구라고 감탄할지 모르겠지만, 이 소설에서 친구 '주황'은 전혀 그렇게 그려져 있지 않다. 이 친구는 "뭉텅뭉텅 시간을 허비해가면서, 아무런 구체적인 일감을 갖지 않고 이 세상의 모든 것에 관해서 생각하고 고민하고 절망하는 데" 모든 시간을 쓰는 사람이다. 심지어 그는 "자기 자신을 아주 추하게 생각하는 것이었고 자기가 나쁜 짓을 많이 했으며 걸레조각 같은 인간이며, 도저히 살 만한 값어치가 없는 그런 인간이라고 열등감을 가지기 시작했다"고까지 서술되어 있다. 이런 그가 "말죽거리 근처 이백 평 땅에 집을 짓고 버섯을 재배하겠다"니, 이게 무슨 황당무계한 소리인가. 그래서 이 소설의 제목은 "도깨비 하품 같은 소리"나 지껄이는 그를 조롱하는 의미에서 〈도깨비 하품〉이다.

> 주황은 친구들로부터 자취를 감추었다. 그는 자기가 사놓은 땅이 있는 말죽거리로 들어갔다. 목재와 슬래브를 사가지고 자작 조그만 집을 하나 지었다. 돈이 생기면 더 늘리기로 하고 우선은 방 하나에 구공탄 아궁이, 부엌, 마루를 지어놓았다. 그는 짐 보따리를 전부 그곳으로 날라다놓았으며 그리하여 그의 새 생활이 시작된 것이었다. 워낙 게으른 성격이므로, 하루 종일 이불을 뒤집어쓰고 드러누워 보내는 것이었다.

이 소설의 시간적 배경은 대략 3·15부정선거가 끝난 지 얼마 안 된 1960년대 초반의 몇 년이며, 소설이 발표된 시기는 1968년이다. 땅값이 오르기 한참 전에 말죽거리에 땅을 사고 집을 짓고도 원래 대책 없는 이 친구는 할 일이 없다. 앞으로 벌어들일 돈을 생각해서 무위도식하는 것이 아니라 그냥 게으르고 공상적이기 때문이다. '주황'도 소설의 시간적 배경이 1960년대 중반으로 진행되면서 말죽거리 주변 지역

에서 벌어지는 변화를 감지하지만, 그 변화는 황금알을 낳는 거위로의
변신이 아니라 판자촌과 재건주택이 들어서는 빈민촌으로의 변화였다.

　　그가 사는 곳의 풍경도 많이 바뀌게 되었으니, 끊임없이 주택이 들어
차기 시작하였다. 시내에서 품을 팔아 지내던 가난한 사람들은 밀리다
못해, 그가 사는 땅까지 도피해 내려왔다. 어제까지만 해도 야산이었
으며 논이었고 밭이었던 땅들에 마을이 생기고 상점이 생기고 고속도
로가 생겼으며 시영버스가 노선을 만들어 들어왔다. 듬성듬성 서 있는
초가집들을 멸시하듯 재건주택이 들어차기 시작하여 새로운 빈민가
를 만들고 있었다. 그는 창문으로 새로 생긴 동네를 굽어보면서 명상
의 대상을 발견하는 것이었다. (중략) 바로 저 사람들이야말로 양송이
버섯과 같은 생리를 지니고 있다, 하고 그는 빈민촌을 굽어보면서 생
각했다. 저 사람들은 현실 따위의 양지, 또는 그러한 상태에서 살 수
없게 되었다. 사람들 또한 햇빛을 견디어내지 못하며, 습도가 육십 퍼
센트 이하인 곳에서는 살 수가 없게 되어 있다. 그래서 사람들은 밀리
고 밀리어 이런 곳에까지 오게 되었는지도 모른다.

　도시의 중심에서 더이상 버틸 수 없어 외곽까지 밀려온 밑바닥 인생
들은 '버섯'의 속성을 가지고 있다. 친구 주황은 강남으로 이주해 온 빈
민들이 원래부터 버섯처럼 햇빛과 습기가 충분히 갖춰진 양지에서 살
수 없는 사람들이라고 생각한다. 가난이 숙명이라도 되는 것처럼, 빈민
들에게 태생적인 잘못이라도 있어서 도심에서 변두리로 추방된 사람처
럼 생각하는 것이다. 그러나 박태순이 빈민들을 묘사한 다른 소설들이

그러하듯이, 주황도 이 소음 가득한 빈민촌에서 참다운 인생의 모습을 찾고자 한다.

그래서 그곳에 뿌리를 박고 살겠다는 일념으로 주황은 '집 장사'를 시작한다. "다음에 가보니까 주황은 집 장사를 하고 있었다. 그가 사놓았던 이백 평의 대지 위에다가 여섯 채의 집을 지을 계획을 세우고 있었다. 우선은 돈이 달려 터만 닦아놓았고, 그중 두 채를 먼저 지을 생각으로 그 공사를 시작하고 있었다." 그런데 주황은 이 집 장사가 성공하면 또 다른 집을 지을 생각을 하기보다 "성공하면 다음으로는 다시 버섯을 재배해봐야겠다"고 생각한다. 그의 집 장사계획은 돈벌이보다 농과대를 나온 사람의 농사계획에 가까운 것이다.

주황이 지은 집이 무허가 집이더라도 다른 빈민가의 집들처럼 국공유지에 지은 것도 아니고 자기가 소유한 땅 위에 지었으니 철거당할 위

〈사진 70〉 1970년대 초반 삼성동 일대 풍경(출처: 청계천박물관).

험성이 거의 없다. 오히려 이런 집은 나중에 개량하여 '양성화'되면 어엿한 집으로 등기될 가능성이 크고, 그는 순식간에 자기 집까지 포함해 일곱 채 집의 소유자가 되는 것이다. 게다가 그는 욕심이 없어서 자기 땅을 당장 팔 생각도 없었으니, 그가 산 땅은 시간이 흐를수록 더 큰 이익을 가져왔을 것이다. 이렇게 주황은 우연하게도 계속해서 돈을 더 벌 수 있는 방향으로 움직인다. 그런데도 이 소설이 강남땅에 집 일곱 채를 소유하게 될 친구 주황을 시종일관 "도깨비 같은 인간", 즉 대책 없는 몽상가쯤으로 서술하고 있으니, 역사의 반전을 느끼지 않을 수 없다.

소설 〈도깨비 하품〉이 말죽거리에 땅 이백 평을 산 친구 주황을 공상적이고 한심한 실패자 정도로 묘사하고 있는 것은, 강남이 기회의 땅처럼 여겨지기 얼마 전인 1968년에 쓰였기 때문이다(사진 70).[257] 만약 박태순이 2~3년 후 이 소설을 썼다면, '주황'은 의도치 않게 일확천금을 획득한 사람 또는 앞으로 그렇게 될 행운아처럼 그려지지 않았을까. 그리고 이 소설은 인간의 운명이란 알 수 없는 것이며 쉽게 단정지으면 안 된다는 방향으로 흘러가지 않았을까. 아니, 박태순 자신이 이런 소설을 쓰기 전에 강남에 땅을 샀다면 더이상 소설을 쓰지 않게 되지 않았을까. 그러나 이러한 가정은 모두 소용없는 것이다. 누구든 만약 그때 강남에 땅을 샀더라면 시쳇말로 '대박'을 쳤을 테지만, 그 기회는 아무에게나 오는 것은 아니었기 때문이다.

1960년대 후반에 강남에 땅을 사는 일은 이 소설에서 말해주듯 허황된 꿈에 불과했다. 그래도 포기할 수 없다면, 이렇게 상상해보자. 만약 내가 그때 강남에 땅을 사겠다고 했다면, 사람들이 '도깨비 하품 같은 소리'는 더이상 하지 말라고 말렸을 것이다. 그럼에도 불구하고 만약 내가 그때 강남에 땅을 샀더라면, 이 소설의 친구 '주황'처럼 아무 데다 땅을 사는 "멍청스런 사내" 또는 빈민촌에서 헤어나올 길 없는 인생의 실패자처럼 여겨졌을 것이다. 그러고도 만약 내가 그때 강남에 땅을 사고 일이 년이 지났다면, 더이상 빈민촌에 살기 싫어서 일찌감치 탈출했을 것이다. 만약 내가 그때 강남에 땅을 사고 몇 년이 지나도록 버텼다면, 땅값이 오르는 것을 보고 좋아서 팔아치우고 강북에 더 좋은 집을 사서 이사를 갔을 것이다. 이것이 대부분의 사람들이 1970년대 초반까지 강남에 땅을 샀더라면 벌어질 만한 일이었다.

개발의 광기, 폭력의 예감, 에틴저 마을

〈도깨비 하품〉의 친구 주황이 산 말죽거리 땅은 부동산 상승의 신화가 시작된 곳이다. 현재의 양재역 부근을 가리킨다는 옛 이름에서 따온 '말죽거리 신화'라는 말은 정작 그 당시에는 사용되지 않았고 1990년대 후반에 만들어진 조어다. 말죽거리라는 대유법은 현재의 강남구, 서초구, 송파구를 가리키는 강남 지역 부동산 가격 상승의 신화를 가리키기엔 매우 협소한 지역만 가리키는 것처럼 들린다. 그러나 강남 개발의 신호탄이 1969년 한남대교 개통과 1970년 경부고속도로 완전 개통에서 시작되었다는 평가를 떠올려보면 수긍이 가는 명칭이기도 하다. 1968년까지도 이곳으로 이사하는 일이 허황된 일처럼 보였지만, 1970년 경부고속도로 개통 이후 상황은 조금씩 달라지기 시작했다.

박태순의 〈도깨비 하품〉이 쓰인 지 약 2년 반 후 발표된 최인호의 〈미개인〉²⁵⁸은 그 기간 동안의 변화를 보여주는 소설이다. 1971년 가을 발표된 이 소설만큼 경부고속도로가 건설되던 동네들의 상황을 잘 보여주는 텍스트는 없다. 소설 〈미개인〉의 배경인 'S동'은 "한참 뻗어가는 남서울 근처 어디쯤으로 최근에야 서울시에 편입된 곳"이다. "한편에서 불도저가 왕왕거리며 산턱을 깎아내리면서 단지를 조성하고 있었고, 그런가 하면 한쪽에선 농촌 특유의 분뇨 냄새가 풍겨지고 있는" 곳으로 묘사되어 있다. 개발 때문에 옮겨야 하지만 아직 이장이 끝나지 않은 묘지, 거리 양옆에 들어선 간이막사 같은 건물들, 다방과 주유소가 있는 시골 읍내 같은 풍경이다. 그러나 아직 농촌의 냄새가 남아 있는 이 변두리 지역에 개발의 광풍이 몰아치기 시작한다.

거리 옆으로는 고속도로가 개통되었다. 시원하고 넓은 고속도로 위로 매끈한 차들이 씽씽이며 대전으로, 부산으로 달리고 있었다. 때문에 땅값이 뛰고 있었다. 유난히 질퍽거리다가는 유난히 먼지가 피어오르는 거리로, 납작한 세단들이 소달구지를 피해가면서 이곳에 거의 매일이다시피 와서 쑥덕이는 흥정을 하고는 사라져버리곤 했다. 이곳 주민들은 모두 하룻밤 자고 일어날 때마다 뛰어오르는 땅값에 반쯤 혼이 나가서 모두들 앞니 빠진 유아 같은 얼빠진 표정을 하고 있었다. 그래서 그들은 어제까지의 밭을 갈지 않고, 그곳에 대신 벽돌공장을 세우거나 그것도 아니면 복덕방으로 전업을 해버리고 말았다. 처음에 그들은 혹 다음날이면 이 미친 듯이 뛰어오르는 땅값이 수그러들지 모른다는 불안으로 얼마만큼씩 땅을 처분했었으나 이제는 오히려 그저 쥐고 있는 것만으로도 충분히 돈이, 재산이 불고 있다는 사실을 터득하고 있었다. 버스의 노선은 연장되었다. 그것은 당연한 일이었다. 새로운 소형 문화주택이 밭 가운데 서기 시작했다. 거리거리에 살아간다는 사실이 남의 일이 아니라 바로 우리들 자신의 일이라는 것을 확신이나 하는 듯한 시끄러운 동요動搖가, 아우성이 물결치고 있었다. 이 추세로 보면 그들은 모두 신흥 재벌이 될 판이었다. 다행스러운 호경기가, 간밤에 달을 먹는 꿈을 꾸고 주택복권을 사서 일등에 당첨되었다는 조간신문의 기사가, 먼 곳의 일이 아니라 바로 곁에서 진행되고 있는 판이었다(690쪽).

이 묘사에서 세부적인 사항은, 바로 아래에서 얘기할 이 소설의 소재가 된 실제 사건이 일어났던 1969년 4~5월과 딱 들어맞기보다는 소설이 집필된 1970년의 체감도를 반영하고 있다. 1968년 1월 기공한 경부고속도로 구간 중 한남대교 남단에서 수원 나들목에 이르는 구간이 처음 개통된 것이 1968년 12월이고, 고속도로 위의 차들이 대전과 부산으로 달릴 수 있게 된 것은 경부고속도로가 완전 개통된 1970년 7월 이후였기 때문에 실제 사건이 일어났던 시기보다 더 이후의 상황을 담고있다. 물론 최인호는 소설 속 공간이 실제와 혼동되지 않도록, 실제 사건의 배경인 내곡동이라는 이름을 버리고 "S동"이라는 이름을 새로 붙여서 허구적 공간을 창조했다. 그리고 묘사의 사실 부합 여부와 상관없이, 이 구절은 당시 경부고속도로 건설과 함께 형성되기 시작한 개발의 예감과 분위기를 생생하게 묘사하고 있다.

1969~71년 당시 경부고속도로 인근의 영동지구는 결코 지금의 강남처럼 부를 축적한 특권층이나 중산층들의 지역이 아니었다. 1971년까

지도 택지조성을 위해 불도저가 산을 깎아내리고 땅을 파헤치고 있었을 뿐이니 당연한 소리일 것이다(사진 71). 기껏해야 낯선 사람들이 "납작한 세단"을 타고 등장해 아직도 소달구지가 다니는 땅을 얼마에 살 것인지 흥정을 하고 사라질 뿐이었다. 원래 이 지역에서 살고 있던 가난한 사람들만이 땅값이 오르고 있는 것을 실감하면서 다른 지역으로 이동하지 않고 거주하고 있었다. 그러나 땅값이 계속 오르는 것을 확인하는 것만으로도 부자가 될지도 모른다는 설렘과 흥분이 모락모락 피어올랐다. 경부고속도로의 건설과 강남에 들이닥친 부동산 투기의 광풍이 원래 그 지역에 살고 있던 사람들에게 실감 있게 다가오기 시작했고 마을의 분위기도 바뀌기 시작했다. 그것은 경제적 수혜를 입게 된 지역들이 배제와 폭력으로 치닫는 광기에 사로잡히게 되는 변화였다.

그 변화의 핵심을 보여주기 위해, 소설 〈미개인〉은 당시 유명했던 실제 사건을 소재로 삼았다. 1969년 4월 양재동의 동편 내곡동에서는 대왕국민학교 재학생 8백여 명과 학부형들이 당시 내곡동 안에 있던 나환자촌 에틴저Ettinger 마을의 미감아들과 함께 공부할 수 없다고 등교 거부를 했던 사건이 있었다[259](사진 72). '미감아'란 한센병 환자인 부모로부터 태어났을 뿐 실제로는 병에 걸리지 않은 아이들을 말한다. 그런데도 당시 내곡동 대왕국민학교 학부형들은 자식들을 미감아들과 같이 공부를 시킬 수 없다고 등교 거부를 한 것이다. "문화인이 문둥이와는 어울릴 수 없습니다"(695쪽)라고 자처하면서 경부고속도로 인근 영동지구 주민들이 미감아들을 마을에서 추방하려는 과정을 다룬 소설 속 이야기는, 중산층 이상의 지역이 각종 혐오시설을 비롯하여 임대아파트 건설이나 장애인학교 건립까지 반대하는 요즘의 세태와 많이 닮아 있다.

〈사진 71〉 1970년 말죽거리 근처의 경부고속도로
공사 현장(출처: 서울역사아카이브).

〈사진 72〉 학교에 가지 못하고 부락에서 노는 내곡동
에틴저 마을의 미감아들(출처: 경향신문사).

이 소설에서 '문둥이'는 사회적 약자들의 상징이다. 조세희가 《난장이가 쏘아올린 작은 공》에서 '난장이'를 법의 보호를 받지 못하는 나약한 철거민들의 이미지로 상징화시킨 것처럼, 최인호의 '문둥이'는 사실상 거리를 떠도는 부랑자와 걸식거지들처럼 법의 보호 바깥에 존재하는 하층민들을 상징한다. 마을의 아이들은 "문둥이촌 아이들"이 공포스럽고 불안해서 욕지거리를 하지만, 실제로 공포를 유포시키는 것은 "조용히 아무런 동요도 일으키지 않는" 나환자촌의 미감아들이 아니라 그들을 무서워하는 12명의 평범한 아이들이다. 이 아이들의 부모인 평범한 주민들은 자발적으로 적대적 갈등과 폭력적 상황을 조성하며, 더나아가 배제와 추방의 폭력을 행사하기 위해 학교에 모여 마을 집회를 열고 '대의 민주주의' 절차까지 이용하는 모습을 보여준다.

이 도시 공간에서 무엇 때문에 개발의 흥분이 배제와 추방의 폭력으로 전이되는 것일까. '최 선생'은 자신이 부임하자마자 발견한 "이 마을 속에 흐르고 있는 이상스런 공통된 광기는 혹 건너 마을의 문둥이 부락 때문이 아닐까" 하고 조심스럽게 관찰한다. 그러나 그는 곧이어 나환자촌은 광기와 "아주 무관한 먼 곳"이라는 사실을 알게 된다. 오히려 "이 마을에 일관된, 누룩처럼 끓어오르는 광란의 예감이 어디서 기인된 것인가를 찾아내려 든다면, 그것은 까부수고 뭉개는 자들에게서 흔히 볼수 있는 집요한 의지 같은 데서 오는 것이 아닐까 하는 느낌"(210쪽)을 가지게 된다. 이 느낌은 최 선생과 그의 동료 '정 선생'의 대화에서도 확인된다. 두 사람은 "새로운 주택단지를 형성하기 위해" "분묘 이장공고 기일이 지난 후 주인 없는 분묘를 불도저가 깎아내리는 것"을 보면서, "저것은 파괴일까, 아니면 건설일까" 질문한다. 그리고 "이 마을에 일관된 흔들거리는 광기는 바로 저렇게 무너뜨리고 죽은 자를 디디며 산 자가 일어서는, 죽은 자들 무리에 뿌리를 내리고 새 나무가 자라나는, 무덤자리 위에 산 자의 거실이 목욕탕이 꽃밭이 정지되는, 어제의 것은 산자에 의해서 사라져가는 그런데서 기인된 것"이라는 결론을 내린다 (692쪽). 두 사람은 그 광기가 경제적 이윤추구를 위해 과거를 파괴하고 땅을 파헤치는 자본주의의 발전 이데올로기 내부에서 온 것임을 감지한다.

"지금까지만 해두 우리의 적이란 것은 일본놈이라든가, 빨갱이라든가, 하는 뚜렷한 대상이 있는 상태"였지만, 땅값 상승의 신화 이후 "이제 우리는 서로가 서로를 잠식하고 있는 것 같은" 상태에 들어선다. 마을 전체가 문둥이촌이 될 것이라는 악다구니를 치고, 사람들은 미감아들이 자신들의 부락으로 건너갈 배를 없애면서 미감아들의 편을 드는 선생까지 쓰러뜨린다. 이 비관적인 소설 〈미개인〉이 지적하는 것은, 우리가 "오로지 까뭉개고 부수고 가진 것을 박살 만들어버리는 시대"(699쪽)"에 살고 있다는 것이다. 이 소설은 개발 이데올로기에 편승하여 너도 나도 잘 살아보겠다는 개인들의 경제적 욕망의 팽창이, 사회적 약자들을 폭력적으로 축출하고 배제하는 작업과 함께 이루어지리라는 것을 불길하게 예감하고 있다.

이 소설에서 묘사된 근대화와 발전 이데올로기에 발맞춰 사회 전체가 폭력적으로 변해가는 상황은, 개인의 이윤추구 및 경제적 풍요를 향한 욕망이 공동체의 안녕과 질서를 명분으로 삼아 폭력으로 발현되는 과정이다. 그것은 경부고속도로 건설과 함께 시작된 강남 개발의 광풍 속에서 우리가 겪어온 부끄러운 과정이었다.

02

강남, 서울의 지형도를 바꾸다

부동산 투기의 대중화

1972~78년 강남의 본격적 개발이 낳은 대표적 결과는 주지하다시피 지가地價 앙등과 부동산 투기 열풍이었다. 사실 부동산 투기는 이미 일제하에도 있었다. 이태준이 1937년에 발표한 소설 〈복덕방〉에는, 황해 연안에 항구가 생길 예정이니 미리 땅을 사라는 충고를 따랐다가 나중에야 사기를 당했음을 알고 자살한 안 초시의 이야기가 등장한다. 안 초시가 박희완 영감의 말에 속은 것은, 조선 땅에 부동산 투기로 떼돈을 번 벼락부자들에 대한 이야기가 퍼져 있었기 때문이다. 실제로 1932년 함경북도 나진이 만주 길림에서 출발하는 철도의 종단항으로 선정되자, 그곳에 미리 땅을 사둔 가난한 농민 출신의 김기덕과 홍종화는 순식간에 엄청난 벼락부자가 되었다. 이 이야기는 금광을 발견한 사람

들의 이야기와 함께, 희망 없는 식민지 현실에서 출세를 꿈꾸던 조선인들을 현혹시켰다.

하물며 전쟁의 폐허에서 무사히 탈출해 하루가 다르게 인구가 늘고 물가·집값이 뛰던 1960년대의 서울에서 땅을 사면 돈을 번다는 이야기는 매력적이지 않을 수 없었다. 이미 1960년대 초반 강북 지역에도 토지 투기의 조짐이 보이고 있었다. 1963년 1월부터 새롭게 서울시로 편입된 지역들 대부분은 땅값이 뛰었다. 전체적으로 "1960~69년에 서울의 토지가격 상승률은 연평균 27.6퍼센트"[260]에 달했으니, 서울의 지가가 크게 올랐다는 사실을 부정할 수 없다. 그러나 각 시기마다 인기를 끌었던 지역들은 조금씩 달랐고, 기복도 심했다. 부동산 가격은 한강다리 건설, 도로 건설, 정부정책 발표, 정치적 안정과 불안에 따라 오르락내리락 했기에 일관되게 오른 것도 아니었다.

1965년 제2한강교(양화대교)가 개통될 때 마포, 합정 일대의 가격이 뛰었고, 제3한강교가 개통되자 강남 못지않게 한남동, 이태원동, 서빙고동 등 강북 지역의 땅값이 뛰었다. 1966년 김현옥 시장이 취임할 당시 땅값이 가장 많이 뛴 지역은 뚝섬과 면목지구였으며, 수유지구, 김포지구, 불광지구, 소사지구도 올랐다. 1963년 서울 편입 후 한동안 가격이 올랐던 강남지구와 한남지구는 1966년 당시 오히려 가격이 떨어지기도 했다.[261] 1968년 최고의 인기 지역은 불광동, 갈현동 지역이었으며, 경부고속도로 주변에서는 어떤 지역들이 종잡을 수 없이 오르고 어떤 지역들은 내리기도 했다.[262]

1970년대 초반까지는 대체로 대중이 경제적 이익 창출을 위해 직접 집과 땅을 사지는 않았다. 일부 특권층과 브로커들이 결탁하여 부동산

가격을 올리면서 투기를 하는 시대였고, 대부분의 사람들은 언론을 통해 부동산 투기에 대한 보도와 소문을 들었다. 주택 구입자금을 마련하고 은행 대출을 감당할 만한 신용을 갖춘 중산층이 성장하지 않았기 때문이었다. 성실하게 살던 서민들이 부동산이 황금알을 낳는 거위라는 사실을 체감할 기회가 있었다면, 그것은 1966년부터 시작된 도시개발의 여파였다. 이호철이 1971년에 쓴 〈여벌집〉은 변두리의 골칫거리 여벌집이 서울시 도시계획에 포함되자 하루아침에 고마운 재산으로 바뀌는 일화를 다루고 있다. "여벌로 있는 그 재산은 갈수록 말썽만 부렸다." 그러나 어느 날 갑자기 이 집이 새 길을 내려는 도시계획의 선에 딱 걸리게 되자, 이들에게 "삼층 빌딩쯤은 넉넉할 것"이라는 꿈이 눈앞에 다가온다. 서민들에게 큰돈을 만질 수 있을 거라는 새로운 희망과 가능성이 아른거리게 된 것이다.[263]

1960년대까지 부동산 투기를 주도한 사람들은 일반 대중보다는, 기업가, 고위 관료, 토지브로커 등 특수한 계층에 한정되어 있었다. 강남과 강북을 가리지 않되 직접 보지도 않고 지적도만 보고 브로커를 통해 땅을 사들이던 투기의 주인공들은, 정치자금을 마련해야 했던 정부와 서울시, 정보를 미리 쥐고 있던 고위 관료, 자금력이 풍부한 기업, 일부 상류층 등이었다. 앞에서 언급한 이호철의 1964년 작 〈등기수속〉을 다시 떠올려보자.

ICA주택이 건설되리라는 소문을 듣고 불광동에 미리 산 땅을 등기수속하러 다니는 이야기는,[264] 얼떨결에 토지 매수에 참여한 주인공의 무지와 미숙함을 보여줌으로써 1960년대 중반의 부동산 투기가 아직 사회적으로 확산되지 못한 상황을 역설적으로 보여준다. 그러나 1973

년 발표된 박완서의 소설 〈부처님 근처〉를 보면, "친척들과 친구들의 관심은 땅을 도봉지구에 사두는 게 더 유리한가 영동지구에 사두는 게 더 유리한가에 있는" 시대가 시작되었다.[265] 흔히 강남 개발과 함께 "단군 이래 처음으로 이 나라 안에 토지 투기가 시작"되었다는 평가가 나오지만,[266] 사실 강남 개발로 인해 시작된 것은 '부동산 투기' 자체가 아니라 '투기의 대중화'였다.

1970년대 중반부터 한국 사회에 정착한 중산층은 부동산 투기를 순식간에 대중화시켰다. 목돈을 마련할 수 있는 중산층이 성장하고, 자영업자나 일용직 노동자의 수보다 매달 월급이 들어오는 고용 노동자의 수가 증가하자, 은행에서 대출자금을 빌릴 여력이 생기기 시작했다. 부동산이 가장 좋은 투자처라는 사실은 점점 대중의 상식이 되었다. 인구가 늘어나니 집을 지어야 할 토지의 수요도 늘어나는데 토지 공급은 한정되어 있으니 가격이 올라갈 수밖에 없었다. 더구나 1960~70년대 내내 인플레이션이 심했기 때문에 현금을 쥐고 있는 것보다 저절로 가격이 오르는 부동산을 사는 것이 훨씬 더 유리했다. 각종 도시계획과 개발사업이 미친 듯 진행되던 시기에 부동산 가격의 상승률은 물가상승률보다 훨씬 더 높았다. 게다가 1970년대 초반까지 주로 '토지'에 집중되어 있던 투기는 1970년대 중반부터 '아파트'와 '주택'으로 옮겨가기시작했다. 아파트나 주택은 대출을 받아 구입하면 세입자들에게 은행이자보다 높은 월세금이나 전세금을 받을 수 있는 좋은 투자처였다.

1970년대 초반까지 강북 지역도 투기 대상이었지만, 1970년대 중반에 이르면 투자 대상으로서 강남을 따라잡을 수 없었다. 1960년대 중반까지 부촌이었던 중구 신당동의 평당 가격은, 1963년 2만 원, 1970년

20만 원, 1979년 50만 원으로 뛰었다. 같은 시기에 강남구 압구정동의 평당 가격은 1963년 4백 원, 1970년 1만 원, 1979년 35만 원으로 올랐다. 강남의 지가가 강북을 추월하는 것은 1980년대의 일이며, 1979년 당시까지만 해도 신당동의 지가가 압구정동보다 여전히 높았다. 그러나 1963년의 가격을 기준으로 상승률을 살펴보면, 신당동은 250배가 뛰었고, 압구정동은 875배가 뛰었다.[267] 그러니 실제 지가가 아닌 투자의 측면에서 강북은 강남의 비교 대상이 될 수가 없었다.

특권층과 토지브로커가 주도한 부동산 투기에서 일반 중산층 대중이

〈사진 73〉 1966년 말죽거리 복덕방들(출처: 경향신문사).

가세한 부동산 투기로의 전환은 서울을 새로운 방향으로 이끌었다. 1970년대에 일어난 강남 개발과 이로 인한 부의 축적은, 원래 부자였던 사람들뿐만 아니라 그 이전까지 일반 서민에 불과했던 사람들의 삶까지 변화시키기 시작했다(사진 73). "세상은 점점 좋아지고 있어. 사람들이 오늘 다르고 내일 다르게 잘살게 되거든. 젠장, 우리만 빼놓고 말야."[268] 이 구절은 박완서의 소설 〈서글픈 순방〉(1975)에 나오는 남편의 한탄이다. 부동산 투기로 인해 부자가 되는 사람들에 대한 동경의 시선이 사회적으로 얼마나 확산되어 있는지 보여주는 동시에, 부의 축적 대열에 재빠르게 합류하지 못한 자의 불안과 초조함도 보여주는 한탄이다. 1970년대 문학이 그로 인한 사회변동과 일상생활의 변화, 중산층의 삶과 병리를 집중적으로 탐구하기 시작한 것은 당연한 결과였다.

황무지에서 황금알을 낳는 거위로

박완서의 〈낙토의 아이들〉은 부동산 투기 붐이 절정에 달한 1978년 초 발표된 소설이다. 이 소설에서 가상의 공간으로 설정된 '무릉동'은 도연명의 《도화원기》에 나오는 전설의 낙원을 연상시키는 이름에서 알 수 있듯이, 낙토의 공간을 상징한다. 황무지에서 아파트 단지로 변신한 이 공간은, 1970년대 이후 강남에 벌어진 공간적 변화의 의미를 보여주는 장소로 형상화되어 있다. 강남 개발 초기부터 1970년대 후반에 이르기까지 일반 서민층의 부동산 투기 양상이 상세하게 그려져 있는 이 소설에서, 무릉동의 초창기 모습은 우리가 아는 그대로 황무지의 모습이다.

> 우리가 이 고장에 제일 먼저 들어선 평민아파트에 입주 신청을 할 때
> 만 해도 신청이 분양 가구 수에 미달돼 무추첨 당첨이 될 만큼 이 고장
> 은 살 만한 고장이 못 됐다.
> 더군다나 입주 시기가 겨울이어서 매운 북풍이 온종일 강가의 모래를
> 실어다가 황량한 들판에 뿌렸다. 평민아파트에서 바라보이는 거라고
> 얼어붙은 들판과 모래바람과, 그 모래바람을 삼면에서 막고 서 있는
> 민둥산뿐이었다. 뭐 하나 정붙일 만한 거라곤 없었다.
> 나는 결혼하고 삼 년 만에 겨우 이런 사람 못 살 고장에 이십 년 연부
> 年賦의 평민아파트 한 채 마련하는 게 고작인 내 미약한 경제력이 아
> 내에게 미안해서 어쩔 줄을 몰랐다. 그러나 아내는 하루하루 생기발랄
> 해지고 당당해졌다. 그것은 이 고장 땅이 벼 포기나 감자 알맹이를 배
> 반하고 엉뚱한 야망을 품으면서 내뿜기 시작한 이상한 활기하고도 닮
> 은, 기분 나쁘고도 걷잡을 수 없는 활기였다.[269]

이 소설의 '나'가 황무지의 평민아파트조차 겨우 마련할 수밖에 없었
던 것은 그가 대학의 시간강사라는 불안정한 직업을 가지고 있기 때문
이다. 밖에서는 교수처럼 보일지 몰라도 사실은 박봉에 시달리는 시간
강사가 선택할 수 있는 최선이었다. 그러나 바로 이 강변의 모래바람이
날리는 황무지에서 '나'가 학문에 몰두하는 동안 아내는 새로운 가능성
을 발견한다. 그리고 부동산 투기에 재능을 보인 아내와 '나'의 관계는
역전된다.

순수학문에 몰두하는 '나'는 처음에는 아내와 그녀의 동업자인 탁 사장을 황당하게만 바라본다. "지도 상으로는 엄연히 상업단지의 오십 미터 도로변으로 돼 있지만 현실적으로는 모래바람이 휘몰아치는 황량한 들판의 한줌 흙에 불과한 백 평 미만의 땅을 사서, 천막을 치고 부동산 중개업을 개업한 탁 사장의 모습은 초라할 뿐더러 그 자리에 삼 년 안에 십 층짜리 빌딩을 세우리라는 그의 장담 때문에 허황한 허풍선이 대접을 면치 못했다. 아내만이 그를 선견지명이 있는 젊은이로 대접했다." 아내가 탁 사장의 정보를 믿고 투자하는 솜씨는 매우 과감하다. "배짱 좋게 빚까지 얻어 남아도는 아파트를 한꺼번에 서너 채나 계약할" 정도다. 이것을 시작으로 아내는 "평수 큰 호화아파트"를 사기도 하고 곧 "우리 네 식구가 오십 평의 맨션아파트로 이사하고 나서도 그 사업을 계속할 수 있을 만큼 돈도 벌었다." '나'의 눈에 허황되고 위험하게만 느껴졌던 아내의 신념과 배짱이 없었다면, 이 정도의 재산 증식은 어림도 없었을 것이다.

박완서가 이 냉소적인 소설에서 무릉동이 어떻게 '황금알을 낳는 거위'로 변화하는지 묘사한 구절들은, 여러 과정을 축약하고 있지만 매우 정확하고 간결해서 강남의 부동산 투기의 역사를 남김없이 보여줄 정도다. 소설이 발표된 지 몇 년 후인 1981년 잠실아파트로 이사했지만 1970년대까지 강북의 단독주택에 살고 있던 작가가 공들여 조사하지 않았다면 쓸 수 없는 묘사다.

교량이 완공되고 아파트 단지가 꽉 들어차면서 부동산 붐은 강풍을 탄 불길처럼 위세를 떨치며 상업단지와 주택단지 쪽으로 인화됐다. 아내가 그 붐에 앞장을 섰던 건 말할 것도 없다. 단지의 택지는 눈부시게 전매에 전매를 거듭하면서 당초 시에서 매각한 값의 열 배 내지 스무 배도 넘게 된 후에야 비로소 실수요자에게로 넘어가 집을 짓게 되었다. 그 열 배, 스무 배의 폭등을 부채질하는 게 아내와 탁 사장과 그 밖의 무수한 그들의 동업자들이 하는 일이었다.

오로지 내 집 장만의 꿈을 위해 십 년, 이십 년 애면글면 모은 목돈을 꾸려들고 무릉동이 변두리란 약점 하나만 믿고 싼 땅을 구해 이곳을 찾아온 가난뱅이가 있다면 우선 그 엄청난 땅값에 기절초풍을 할 것이다. 그리고 그렇게 되기까지 마음껏 농간을 부린 땅 장수들을 원망하며 돌아설 것이다. 무릉동의 땅은 그런 가난뱅이와 인연을 맺기엔 너무도 도도하게 길들여져 있었다.

그런 의미로 땅 장수들이야말로 무릉 신시가지 발전사에 길이 기억될 공로자들이었다. 왜냐하면 호화주택일수록 비싼 땅에 자리 잡기를 소망하니까. 변두리 중에서도 유독 무릉만이 호화주택 많기로 이름난 일급 주택지로 발전한 것은 시의 집중 투자 덕도 있겠지만 땅 장수들의 농간의 덕을 무시 못 할 것이다(308~309쪽).

한강변 고급아파트 지역인 무릉동을 '변두리'로 묘사하고 있는 것은 아파트 단지와 논밭이 공존하고 있던 당시의 강남 풍경을 생각하면 충분히 납득할 만하다. 이 인용문을 따르자면 한마디로 교량공사를 비롯한 정부의 정책과 투자, 정보를 먼저 얻는 부동산 중개업자와 투기꾼들의 발 빠른 움직임과 가격 올리기 작전이 결합하여 강남의 지가 앙등이 시작된 것이다. 그렇게 오른 집과 땅의 가격은 십 년, 이십 년 모은 돈으로도 살 수 없게 된다. 수십 년이 흐르는 동안 몇 번의 부침이 있었지만, 이 과정은 거의 변하지 않는 공식처럼 되어버렸다.

이 신랄하고 냉소적인 소설 〈낙토의 아이들〉에서 흥미로운 것은, 부동산 중개업자와 투기꾼들을 강남 개발의 '공로자'라고 표현하는 것이다. 아마 현재 강남에 살고 있는 것을 자랑스러워하는 사람들에게든, 강남 부동산의 신화를 부러워하는 사람에게든, 중개업자나 전문 투기꾼에게 공의 일부를 돌려야 한다는 생각을 하는 사람은 없을 것이다. 그러나 사실 강남 개발의 숨은 역군은 황량한 황무지에서 아파트를 건설한 노동자들이 아니라 부동산 중개업자와 투기꾼들일 것이다. 정부와 서울시는 숨은 공로자가 아니라 그것을 노골적으로 조장한 사람들이었다. 박완서의 소설은 그 과정에 동참한 사람들 모두가 공로자 또는 공범자라고 이야기하고 있다. "이 고장에 초기에 자리 잡은 주민치고 많든 적든 땅 재미 못 본 사람이 없었으니 미력하나마 무릉동 발전에 이바지 안 한 사람도 없는 셈이었다. 그래 그런지 무릉동의 주민들은 하나같이 부유했고, 무릉동의 주민이란 프라이드 또한 대단했다"(309쪽). 강남의 부동산 신화는 서울시, 관료, 투기꾼, 중개업자, 주민 모두의 합작품이었다. '강남 신화'는 현대 한국 사회의 모든 욕망이 집결될 때 어떤 결과가 나올 수 있는지 보여주는 척도일 뿐이다.

경제적 공간 감각의 확산

강남의 부동산 투기가 낳은 것은 토지와 집값의 폭발적인 상승만이 아니었다. 1970년대 중반부터 본격화된 이 현상은, 도시인들이 그때까지 집을 바라보고 땅을 생각하던 관점을 근본적으로 변화시켰다. 1960년 대까지도 서울에서 사람이 몸을 뉘일 수 있는 방 한 칸만 있으면 안정된 거처를 가진 것처럼 생각했다. 나무도 없고 집도 없는 황량한 땅들은 무허가 집을 짓는다면 모를까 그다지 가치가 없었다. 그런데 지가 앙등의 신화를 거치면서 사람들은 땅에서 이전과 다른 의미의 기회를, 가능성을, 미래를 따지기 시작했다. 그저 서울에서 살고 교육을 받을 수만 있으면 자신의 자식 세대가 스스로 새로운 미래를 개척할 수 있을 것이라는 기대의 시대는 지나갔다. 자식 세대를 바라보기보다 스스로 불로소득을 통해 재산을 일굴 수 있는 기회가 보였다. 부동산이 계급 상승의 사다리라는 것을 깨닫기 시작한 것이다(사진 74).

박완서의 〈낙토의 아이들〉에서 말하듯, "무릉동이야말로 낙토였다. 이곳의 땅은 시시하게 벼 포기나 감자 알맹이 따위를 번식시키진 않았다. 직접 황금을 번식시켰다. 그 황금은 그 땅을 땀 흘려 파는掘 사람의 것이 아니라 파는賣 사람의 것이었다"(309쪽). 황금이 나오는 땅은 파는 dig 곳도 아니고 사는live 곳이 아니며, 바야흐로 사는buy 곳이 되었다. 강남 개발이 도시 공간에 대한 사람들의 인식에 미친 영향 중 하나는, 전통적으로 거주와 생활의 측면에서 평가되던 공간이 경제적 이익 산출의 관점으로 평가되게 만들었다는 점이다.

〈낙토의 아이들〉에서 '나'의 직업이 '지질학'을 다루는 대학 시간강사로 설정되어 있는 것은, 아내와 공통으로 '땅'이라는 관심 대상을 가지고 있지만 그것을 다루는 시각이 전혀 다르다는 것을 보여주기 위한 것이다. 물론 '나'는 부동산 투기로 엄청난 돈을 벌어오는 아내의 일에 대해서 아무 간섭도 하지 않을 뿐 아니라 때로는 "황홀한 관객"(309쪽)이기도 하다. 그러나 '나'와 '아내'는 똑같은 '민둥산 황무지'에 대해 전혀 다른 반응을 보인다. 대학강사인 '나'에게 '무릉동'은 사람 살 만한 곳이 못 되는 황무지일 뿐이다. 이와 반대로 그의 아내에게 이 황무지는 무한한 경제적 가치를 내장하고 있는 황금의 땅이다.

이러한 시각의 차이, 더 나아가 이익 창출의 관점에서 땅을 바라보는 관점이 학문적 관점을 압도하고 있음을 보여주는 것은 바로 '답사'라는 말이다. '나'는 아내가 "답사 갔다 올게요"라고 말할 때마다 자신의 순수한 학문적 활동에 사용되는 "답사"라는 용어가 "땅 장사"들의 전문 용어가 된 데 대해 수치심과 모욕감을 느낀다. 그는 "칫솔은 같이

〈사진 74〉 1977년 아파트 분양 현장에 늘어선 줄(출처: 경향신문사).

쓸망정 답사란 말을 아내하고 같이 쓰기는 싫어지는" 상태에 이르고, "며칠 바람이나 쐬고 오리다"라는 말로 답사 다녀온다는 말을 대체한다. 그가 땅의 형질이나 구조, 역사를 탐색하기 위해 다녀오던 답사는 이제 땅의 투자가치와 효율적인 사용을 평가하기 위한 답사에게 우위를 빼앗긴다.

그러니 새로운 변화에 적응하지 못하는 '나'가 부동산학이라는 게 생겨나는 것을 보고 놀라워하고 기분 나빠하는 것은 자연스러운 수순이다.

> "내가 얘기 안 했던가요. 이번에 탁 사장이 석사학위 받은 거."
> 나는 탁 사장이 석사학위를 받았단 소리에 웃긴다고 생각하면서도 웃어지지 않고 안면근육이 초라하게 경질하는 걸 느꼈다.
> "언제? 어디서?"
> "며칠 전 신흥대학 후기 졸업식에서요."
> "흥, 복덕방학이라는 거라도 생겼나 보지."
> "왜 아니래요. 바로 부동산학 석사과정을 마쳤다나 봐요."
> "부동산학?"
> "네, 아주 전도유망한 학문이라나 봐요. 신흥대학에만 그 과가 있었는데 내년부턴 그 과를 신설할 대학이 여럿 생긴다나 봐요. 탁 사장한테 강의 맡아달라는 교섭이 지금부터 쇄도한다니까요."
> "웃기고 있네"(324쪽).

이미 국내에 다수 존재하는 부동산학과의 관계자들은 이러한 편견에 상당히 기분 나빠할 것이다. 1970년대 대학원 과정에 부동산학이 개설된 경우가 여럿 있었지만, 그래도 낯선 실용학문이었다. 박완서는 이 소설을 쓰던 1977년 말에 앞으로 이 학과가 높은 취업률과 실용적인 지식으로 환영받으리라는 것을 전혀 예상하지 못했을 것이다.

'나'가 충격을 받은 것은 지질학만 배웠을 뿐 부동산학이라는 것을 한 번도 생각해보지 못했기 때문이다. 이렇게 과거의 지식체계와 가치에 얽매여 있는 사람이니 부동산 투자는 생각조차 할 수 없었을 것이다. 실제로 '나'는 매우 우유부단하고 시대에 뒤떨어진 사람, 강남의 환경에 적응하지 못하는 사람처럼 그려져 있다. 뿐만 아니라 '나'는 "답사라는 것에 흥미를 잃어가는 것과 더불어 학문에 대한 정열도 식어가는" 것을 느끼게 된다. 그는 이미 "내가 택한 학문을 되게 끗발 없는 학문으로 판단"하고 있으며, "아내와 나의 능력 차에서 생기는 그것의 효용의 차이를 너무도 명확하게 비교당하는 걸 두려워하고" 있다. 그의 직업이 가치가 있다면, 아내가 밖에서 "교수 부인"으로 행세할 수 있다는 것뿐이다.

시대의 변화는 이 소설의 화자인 '나'보다도 아내에게 더 잘 감지된다. 아내가 부동산 중개업자인 탁 사장을 훌륭한 동업자로 대우하기 때문만은 아니다. 이 소설에서 '나'와 '아내'는 도시 공간을 바라보는 차별화된 관점을 대표하는 인물이다. 지질학 전공자인 '나'는 딱히 학문적 관점을 고수하는 것도 아니고, 자신이 살아야 하는 곳을 주거지로서의 적절성 여부에서 판단하는 일반인들의 관점을 가지고 있을 뿐이다. 반면에 '아내'는 도시 공간을 오로지 경제적 이익의 창출 여부만 따지는 경제적 관점에서 바라보고 있다.

1970년대가 공간 감각을 혁신적으로 변화시킨 것은, 도시 공간을 경제적 이익 창출, 그중에서도 부동산 투기의 관점에서 바라보는 태도가 소수의 사람들에게 한정된 것이 아니라 전업주부인 소설 속 '아내'처럼 평범한 대다수 사람들에게 확산되었다는 데 있다. 이것은 강남이라는 한 지역의 개발을 넘어서서 공간을 바라보는 관점에 일어난 큰 전환을 상징한다. 오늘날 서울에서 집을 찾고 사고파는 사람들은 얼마간 투기꾼의 관점을 가지고 있으며, 매일 인터넷에서 부동산 시세 기사를 보고 있는 대다수 국민이 이러한 재산 증식의 감각을 상식처럼 가지고 있다고 해도 무방할 정도다.

결론적으로 말해 강남 개발로 상징되는 새로운 중심의 형성은, 도시 공간을 거주와 생활의 공간이 아닌 경제적 가치를 창출하는 부의 원천으로 바라보게 하는 공간적 관점의 변화를 낳았다. 뒤에서 다시 언급하겠지만, 이러한 관점에 내포된 경제적 공간 감각은 공간에 대한 인식에서 역사적 기억을 소거하는 태도와 맞물려 있다. 역사와 전통은 더이상 서울에서 중요하지 않다. 이는 서울의 여러 지역과 공간을 식민지시기의 역사적 기억에 의존하여 바라보던 1960년대 초중반의 감각과 매우 달라진 것이다. 1970년대에 이르러 도시 공간을 부의 원천으로 바라보는 경제적 공간 감각이 대중적으로 확산된 상황은, 도시 공간을 바라보는 인식과 태도뿐만 아니라 공간을 이용하는 방식이 전 사회적으로 변화하는 시초였다.

복부인, 똑똑한 여성들의 슬픈 초상

박완서의 〈낙토의 아이들〉에서 부동산 투기의 주체가 남편이 아닌 아내로 나와 있듯이, 당시 부각되었던 사회 현상 중의 하나는 '복부인'이라는 존재의 등장이었다. 이 용어가 처음 생긴 것은 단군 이래 최대의 부동산 호황이라는 말이 나돌았던 1978년 초였다. 물론 투기 현장에 여성이 등장한 것은 이때가 처음이 아니었다. 부동산 투기 현장에 여성들이 나타난다는 이야기는 이미 1970년대 초반부터 심심치 않게 등장했다.

1970년 강남의 청담동, 삼성동, 대치동의 부동산 투기 현장을 묘사한 기사에는 "이 일대에 지난주 갑자기 자가용차가 몰려들고 대지 브로커, 돈보따리를 든 아주머니들이 들이닥쳤으며 순식간에 10여 개의 복덕방이 난립했다"[270]고 했고, 같은 시기 다른 기사에도 "계 아주머니들"이 나온다.[271] 박태순의 르포에서 주민 김이득이 증언한 1971년 광주대단지 투기 현장의 묘사에는 가감이 없다. "하루는 평안도 사투리를 쓰는 두 명의 중년부인을 만났다. '아저씨 나 좀 봐요' 해서 다가갔더니 '우린 서울에서 땅 사러 온 사람들이요' 하였다.[272] 딱지 전매에 뛰어든 이 두 명의 중년부인을 비롯하여, 1970년대의 수많은 기사들에 등장하는 이 투기 전문 여인들은 누구였을까.

앞서 말한 것처럼, 1970년대 초반까지도 부동산 투기의 주체는 정부와 서울시, 고위 관료층, 상류층, 기업, 부동산 중개업자들이었다. 그런데 '브로커'라 불리는 부동산 중개업자를 제외하면, 이들 대부분은 겉으로 정직, 근면, 성실을 외치는 엄숙주의적 프로파간다 덕분에 투기의 전면에 나설 수 없었다. 특히 개인적으로 정보를 먼저 입수할 수 있던 관료, 재벌, 교수 등은 공직사회의 기강, 상류층의 모범, 지식인의 책무 등을 중시하는 사회분위기 때문에 더더욱 그러했다. 그래서 사회적 지탄이 두려운 고위층과 상류층이 택한 방식은 가장 믿을 수 있는 존재인 부인이나 딸을 투기 현장으로 보내는 것이었다. 때로 이들은 발각이 쉬운 부동산 투기 대신 보석, 고가의 그림 등 다른 종목으로 눈을 돌리기도 했다.[273] 이 부인들에 대한 소문은 1970년대 내내 반복되면서 조금씩 확산되었다.

사실 집안 살림을 전담하던 주부가 부동산 투기로 돈을 날리거나 범죄를 저지르면 비난할 만한 일이었지만, 돈을 크게 번 경우는 오히려 칭송의 대상이 되었다. "복부인인 아내를 자랑스럽게 생각하는 남편족도 있고, 남편의 체면을 떨어뜨린다고 규탄하는 남편족도 있다."[274] 박완서의 또 다른 소설 〈서글픈 순방〉[275]에는 능력 있는 복부인 아내를 부러워하는 남편이 있다.

> 누구는 자기하고 같은 월급쟁인데도 아내의 살림 솜씨가 어찌나 짭짤한지 결혼 삼 년 만에 벌써 집 장만을 했다든가, 누구는 아예 아내가 시집올 때 시민아파트를 하나 가지고 와서 그걸 요리조리 잘 요령 있게 굴려 지금은 한강변의 삼십육 평짜리 맨션아파트 주인이라든가, 누구는 아내가 계 오야 노릇을 해서 목돈을 만들어 변두리에 사놓은 땅이 껑충 뛰어, 그걸 팔아 싼 땅을 사면 또 껑충 뛰고, 사는 족족 이렇게 뛰기를 몇 차례 되풀이하고 나더니 이젠 으리으리한 양옥집 주인에다가 변두리에 땅도 몇 백 평 갖고 있는 알부자라든가, 뭐 이런 얘기를 어디서 잘도 알아들었다(408쪽).

남편의 부러움은 아내에 대한 불만과 한 쌍이다. 정작 아내는 "버젓하게 옷 한 가지 맞춰 입어본 적도, 내 입에 넣자고 계란프라이 한 번 부친 적도 없는" 검소한 사람이다. "그런데도 그 소리가 꼭 나를 원망하는 소리로 들렸고, 실제로 남편은 나를 원망하다 못해 요즈음 들어서는 경멸까지 하고 있었다"(408쪽). 아내는 "이런 얘기를 모욕으로 알아듣고 발끈하는 대신 가슴이 짠해지기만" 하는데, 이것은 집안에서 살림을 도맡았던 주부들에게 주어진 새로운 압박감이었다. 맞벌이까지는 아니더라도 훌륭한 재테크 능력을 가진 전업주부의 모습이 전통적인 현모양처의 상에 추가된 것이다. 이들의 투기 동기는 "남편의 수입으로는 날로 치솟는 물가고에 따라 가계를 꾸려나갈 수 없고, 자녀의 과외비를 지불할 수 없다는 열녀적 모성적 입장에 있지만, 점차 돈을 쉽게 벌어보자는 데 집착하게 된다."

부동산 투기 현장에서 여성들이 독자적으로 판단하여 돈을 불리기도 하고 날리기도 하게 된 것은 1970년대 중후반의 일이었다. 1978년에 연이어 쏟아지는 복부인 관련 기사를 보면, 일부는 남편 몰래 투기를 한 경우도 있었지만, 일부는 몇 번 투기가 성공한 다음 남편에게 털어놓고 묵인하에 계속했으며, 일부는 알뜰살뜰 번 돈을 어떻게 불릴 것인지 남편과 매일 상의하여 투자를 감행한 경우도 있었다. 이들이 본격적으로 비난의 대상이 된 것은, 1977~78년 연이어 터진 사취와 살인사건 때문이었다. 1977년 부산의 고위 검사의 부인이 20억 원을 사취한 사건, 1978년 투기에 실패한 사장 부인이 빚쟁이에게 독약을 먹여 죽인 사건 등은 큰 사회적 물의를 일으켰다. 둘 다 남편 몰래 저지른 일이었다.[276] 이 사건들의 사회적 반향이 컸던 것은 복부인의 범죄라는 이유였다. 남성들이 이러한 범죄를 저지른 경우가 더 많은데도 이 정도 물의가 된 적은 없었다. 사장 부인 최순분이 이미 전과 3범이었다는 사실이나 가난에 시달리던 검사 부인 이창숙이 국무총리 비서관까지 지낸 아버지 이봉우의 조종을 받은 것[277]은 중요하지 않았다.

복부인들의 외관은 정형화된 패턴을 가지고 있었기 때문에, TV드라마와 영화 등에서도 종종 조롱거리로 희화화되었다. 이들을 묘사한 칼럼에 따르면, "복부인의 연령구조는 30대, 40대가 가장 많고 양장층이 대부분이다. 사철 테가 크고 굵은 안경을 즐겨 끼고 다니는 것이 특징이며 의외로 학력이 높아 중졸 이하는 거의 없다. 복부인은 5백만 원을 다섯 장이라고 표현하며 약간은 콧소리를 내는 듯하고 삿대질을 곧잘 하며 자신만만한 팔자걸음을 흔히 걷는다. 복부인의 경제적 수준은 당초부터 상층에 속하며 남편의 사회적 지위도 상층에 속한다. 특히 사회 유명인사, 지도자층에 속하는 '사모님'족에서도 상당수가 복부인이다."[278] 굵은 안경테와 선글라스는 아마도 얼굴을 가리기 위해 착용하기 시작한 것일 테지만, 오히려 이들을 더 눈에 띄게 만들었고, 복부인들을 천박하고 허영심에 가득 찬 인물로 그리는 여성혐오를 확산시키는 데 적절했다(사진 75). CIA나 마피아의 실제 모습이 영화를 모방하여 닮아간다는 말이 있듯이, 이러한 외관은 미디어가 확산시킨 이미지를 복부인들 스스로 그들만의 집단적 정체성을 유지하기 위해 다시 차용하는 것처럼 보인다.

자신만만하고 과장된 모습보다 눈길을 끄는 것은, 이들이 학력이 높고 원래부터 상층에 속하는 사람들이라는 점이다. "중졸 이하는 거의 없다"는 진술은 복부인들이 당시로서는 상당한 고등교육을 받은 똑똑

한 여성들이었다는 것을 의미한다. 1978년을 기준으로 볼 때 동일연령
대의 여성 중 대학 진학자는 3.4퍼센트이며, 인문계 고등학교 진학자는
21.6퍼센트, 실업계 고등학교 진학자는 13.8퍼센트였다. 복부인들이 갓
서른 살이 되었다고 가정한다면, 성별 진학률 조사가 처음으로 이루어
진 1966년은 이들이 고등학교에 다녔던 시절일 것이다. 이 해에 여성의
인문계 고등학교 진학률은 10.7퍼센트, 실업계 고등학교 진학률은 3.1
퍼센트였다.[279] 복부인을 다루는 기사들마다 이들이 '여고 동창들의 계
모임'을 통해 목돈을 마련했다는 언급이 자주 나오는데, 이들은 당시

〈사진 75〉 복부인들의 전형적인 모습을 담은 임권택 감독 영화 〈복부인〉의 한 장면(자료제
공처: 한국영상자료원).

최소한 상위 15퍼센트 안에 드는 똑똑한 여성들이었다. 1970년대 후반 40대였던 복부인은 1950년대에 고등학교를 다닌 여성들로, 추측컨대 상위 5퍼센트 안에 드는 사람들이었을 것이다.

유복한 가정에서 자라서 당시 흔하지 않은 고등교육을 받았고 유복한 집안으로 시집간 이 여성들은 왜 복부인이 되었을까. 1978년 당시 복부인이 등장한 배경을 놓고 YMCA에서 벌어진 논의는 이에 대해 생각해볼 계기를 준다. 차경수 교수는 "기계부품 역할에 지나지 않게 된 남성들과는 대조적으로 가정을 주로 한 주부들의 자율성 독립성이 커져서"라면서, 여성들이 합리적 사고를 할 수 있도록 주부들이 대학에서 단과 교육을 받을 수 있어야 한다고 말했다. 그러나 진인숙 교수는 "지금도 현모양처를 이상으로 삼는 여성이 절대 다수"라고 진단하면서, "오로지 여성의 인종 대가로 유지돼온 남성 절대우위 사회의 사고가 아직도 지속돼 작가에게도 여류를 붙이고 남성들이라면 아무렇지도 않는 도박, 밀수를, 주부도박 주부밀수라 하여 대서특필하는 등 남성전횡은 여전하다"고 비판했다. 또한 정말 돈을 많이 버는 사장들이 수입 전체나 기업, 사업 전체를 여성에게 주지 않는 것처럼, "남편이 월급을 몽땅 아내에게 주는 것은 생활유지의 책임을 아내에게 전가하는 셈으로 남성의 '전권 위임'이 아니라 '현실도피'라고" 보았다.[280] 즉, 가부장적 남성들이 살림의 책임을 회피한 상황에서 전업주부가 재산 증식이라는 주부의 역할과 사회활동 참여에 대한 욕망 충족이 부정적인 방식으로 나타난 것이 복부인인 셈이었다.

여성들의 사회 진출이나 취직이 원활하지 못한 상황에서 고등교육을 받고도 집안의 현모양처들로 주저앉아야 했던 주부들 중 일부는 "가계

보충의 책임을 떠맡은" 상황에서 자의든 타의든 집 바깥에서 할 수 있는 일을 찾았다. 이 주부들은 때로 절약과 저축이 아닌 다른 방도를 스스로 찾아나서야 하는 상황이 결코 달갑지 않았지만, 일단 한번 시작하면 친구들을 만나고 바깥바람을 쐬면서 자신이 가정에 쓸모 있는 존재라는 자각을 할 수 있었다. 복부인들의 부동산 투기는 일종의 자기확인이기도 했지만, 남편의 뒷바라지와 자녀교육 지원이라는 아내의 전통적 역할이 비정상적인 방식으로 집 밖으로 튀어나온 것이었다. 고등교육을 받은 상위 15퍼센트 이내의 여성들이 선택한 길이 현모양처가 아니면 겨우 부동산 투기이거나 도박, 밀수 같은 범죄였다는 사실은 1970년대 한국 여성의 슬픈 초상이 아닐 수 없다.

교육과 명문학교, 8학군의 기원

현모양처 여성들이 담당해야 하는 역할은 근검절약을 통한 집안 살림의 유지 또는 재산 증식의 능력을 발휘하는 복부인 중의 양자택일에 한정되지 않았다. 당시 주부들에게 가장 중요한 임무 중의 하나는 육아와 교육이었다. 특히 교육은 계급 상승의 사다리이자 상층계급 유지의 수단으로 중요했기 때문에, 부모 모두의 역할이 필요했다. 입시에 필요한 고급정보를 얻는 게 어머니의 역할이라면, 좋은 상급학교를 보낼 수 있는 지역에서 살 만큼 경제력을 갖추는 것은 아버지의 능력이자 역할이기도 했다. 1970년대 강남 개발에서 가장 중요한 유인책으로 종종 거론되는 것이 바로 이와 연관된 명문 중고등학교의 강남 이전이었다.

"4·19혁명과 한일국교정상화 반대운동에서 학생들의 힘을 경험했던 권력집단에게 사대문 안에 옹기종기 모여 있던 주요 고등학교들과 서울대학교도 신경 쓰이는 부분이었기 때문"[281]에 학교들을 분산시켜야 했다는 정치적 이유가 있었다는 얘기도 있지만, 기본적으로 이 정책은 강북 지역의 과밀성장을 억제하고 인구를 분산하기 위한 정책이었다는 얘기가 정설이다.

1970년대 후반까지도 강북의 부촌 집값이 강남보다 비쌌으며 강남 이주가 지금 상상하듯 폭발적이지 않았던 중요한 이유 중 하나는 교육이었다. 서울시는 강남 개발을 위해 대법원, 검찰청, 한국전력 등 주요 정부기관들의 이전도 추진했지만, 더 중요한 것은 명문 학교들을 강남으로 옮기는 것이었다. 1969년 중학교 입시 폐지와 1974년부터 시작된 고교 평준화 정책의 단계적 실시가 없었다면, 명문학교 이전도 불가능했을 것이다. 1970년 곳곳에 흩어져 있던 단과대들을 모두 모은 서울대 종합캠퍼스 부지가 신림동으로 확정되었고, 1975년 마침내 서울대학교의 이사가 시작되었다. 또한 1972년 강남 이전계획을 밝힌 지 4년 만인 1976년 경기고등학교가 현재의 정독도서관 건물에서 삼성동으로 이사하였다(사진 76). 매우 상징적인 시범 사례 이후, 1978년에는

〈사진 76〉 경기고등학교가 강남으로 이전한 후 1977년 정독도서관으로 개관한 모습(출처: 서울역사아카이브).

휘문고와 정신여고가 대치동과 잠실동으로 이전했고, 명문 학교들의 강남 이전은 1990년대까지 이어졌다. 경복고, 중앙고, 이화여고 등 몇몇 학교는 끝내 강북에 남았지만, 결국 1980년대에는 공립과 사립을 막론하고 경기고, 서울고, 휘문고, 배재고, 숙명여고, 정신여고, 창덕여고, 경기여고 등이 강남으로 이전했다.[282]

고교 평준화가 시행되었다 해도 명문 공립·사립 고등학교들에 대한 선망과 동경이 남아 있던 상태에서 전통의 명문 학교들의 강남 이전은 여러 가지 변화를 야기했다. 이 학교들은 이전까지 거의 대부분 종로구와 중구에 위치해 있었기 때문에 학생들의 통학 시간이 직장인들의 출퇴근 시간과 겹쳐 심각한 교통지옥의 원인이 되었었는데, 그러한 교통 문제를 어느 정도 해결할 수 있게 되었다. 또한 학생들의 학교를 따라 가족들 전체가 강남으로 이사하면서 강북 도심에 몰려 있던 인구를 강남으로 분산시키려는 정책이 효과를 보기 시작했다. 실제로 거주하지 않으면서 투기를 위해 강남의 부동산만 샀다 팔았다 하던 사람들이 강남으로 이사하기 시작한 것이다.

아쉽게도 강남으로 이전한 고등학교 문제를 다룬 소설은 없다. 그러나 박완서의 소설 〈낙토의 아이들〉은 고등학교가 아닌 지금의 초등학교인 국민학교를 다루면서도, 강남의 학교들이 우수한 학력수준을 바탕으로 안으로는 자부심을 생산해내고 밖으로는 질투심을 불러일으키는 원인이 되고 있음을 보여준다. 무릉국민학교를 묘사한 다음의 인용문은 이를 특히 잘 표현한 구절이다.

교장 선생님은 일제시대의 사범학교 출신이라는 걸 특별히 자랑스러워하는 분으로, 어린이들한테 왜라는 의문의 여지를 주지 않는 철저한 주입식 교습법을 교사들한테 강조하고 실행시키고 있었다. 왜라는 의문이야말로 완전학습의 능률을 저하시키는 사고의 낭비요, 청소년의 이유 없는 반항이나 불온의 싹이요, 좀 더 긴 안목으로 탄탄한 출셋길에 가로걸리는 돌부리 같은 거라는 거였다.

이렇게 길들여진 아이들은 딴 국민학교 아이들보다 월등히 높은 학력 수준을 갖고 있는 것으로 교장 선생님은 물론 선생님이나 아이들도 자부심이 대단했다. 구시가로부터 진학해오는 아이들은 누구나 당분간은 지진아 노릇을 해야 한다는 사실이 그걸 구체적으로 증명했고, 각종 경연대회에서 단연 두각을 나타내는 것으로도 그건 증명됐다. 중고등학교까지 평준화된 마당에 새삼스럽게 특수 국민학교가 웬 말이냐고 구시가 사람들의 질투 섞인 불평은 대단했다(314쪽).

여기서 특수 국민학교란 대학부설 초등학교와 사립 초등학교를 말한다. 국민학교가 1950년대에 의무교육으로 지정되고 1962년 과밀학급을 해소하기 위해 사립 국민학교들이 인가를 받았는데, 이 특수 학교들은 종종 사회 문제가 되었다. 1964년의 한 기사에 따르면, 대부분의 국민학교가 "아동 수가 넘쳐 한 반에 90명에서 1백 명 이상을 수용하면서도 하루 오전, 오정, 오후 등 3부제까지 실시하고 있는 실정"이었기 때문에, "대학의 부속국민학교나 비교적 적은 인원을 상대로 충실한 교육을 실시하는 사립학교"는 부유층들의 전유물이자 특권의식의 상징이 되었다.[283] 이 사립 국민학교들은 갖가지 찬조금을 받아 설립자들의 개인적인 부를 축적하는 한편, "교내 텔레비전 방송시설은 물론, 어린

이 풀장, 피아노교실 등 공립학교에서는 엄두도 못 낼 호사스런 시설"을 확충하고, "색다른 제복과 제모는 물론, 체육복, 우의, 책가방, 신까지 규격화하여"[284] 다른 사람들 눈에 확연히 띄었기 때문에 계급적 위화감을 불러일으켰다. 사립 국민학교들은 학생들의 통학을 위한 스쿨버스를 운영하는 경우가 많았지만, 당시로서는 호화스러운 자가용 등교도 많아서 더욱 논란이 되었다.

박완서 소설의 무릉국민학교는 이 초등학교들을 '귀족학교'라고 부르던 풍조를 비꼬고 있다. 이 묘사는 사실과 정확하게 부합하지는 않는다. 현재 강남으로 이전한 학교도 있지만, 1970년대까지 경기, 경복, 리라, 계성 등 유명 사립 국민학교는 거의 다 강북에 있었기 때문에 이 특수학교 이야기는 강북의 사립 국민학교에 대한 이야기를 강남에 적용시켜 허구적으로 만들어낸 것이라고 봐야 한다.

> 그 후 말썽 많은 구시가 사람들은 무릉국민학교를 시체 귀족학교라고 야유조로 부르게 되었지만 교장 선생님은 수재학교라고 자칭하면서 더한층 '완전한 학습'과 '완전한 질서'를 강화해갔다. 현대의 수재는 태어나는 게 아니라 부모의 물질적인 뒷받침과 학교에서의 가장 정선된 지식의 가장 기술적인 주입에 의하여 만들어지는 거기 때문에, 자기처럼 유능한 교육자와 골고루 있는 집 자식들로만 된 학생이 만난 자리인 무릉국민학교야말로 수재교육의 행복한 온상이라는 거였다(316~317쪽).

무릉국민학교는 "중고등학교까지 평준화된" 상황에 맞지 않을 만큼 특수한 학력수준을 자랑한다. 교장 선생은 학교교육이 "좀 더 긴 안목으로 탄탄한 출셋길"을 마련해야 한다는 신념을 가지고 있다. 교장의 교육방침은 자식들에게 부를 세습할 수 있는 방법으로 학벌을 생각하는 강남 학부모들의 생각과도 일치한다. 부르디외의 표현을 따르자면, 이는 '경제자본'을 획득한 사람들이 '학력자본'까지 더 쉽게 갖출 수 있음을 알려주는 것일 터이다. 학벌은 "유능한 교육자"와 "골고루 있는 집 자식들로만" 구성된 학교를 통해서 만들어진다는 생각은, 훗날 '강남 8학군'에 대해 비판적 시선이 나오게 된 이유다. 이러한 교육을 받은 학생들이 무조건 훌륭하기만 한 것은 아니다. 명문 무릉국민학교를 염두에 두고 이사를 감행한 아내의 선견지명에 탄복하는 '나'조차, 무릉동의 아이들을 보면서 불안감과 어색함을 느낀다.

나는 능숙하고도 권태롭게 칼질을 하는 아이들을 물끄러미 바라보면서 내 아이나 남의 아이나 어딘지 좀 이상하다고 생각했다. 아이들이 하나같이 어른을 고대로 축소해놓은 것 같아 보여서였다. 엄마나 아버지를 닮았다는 것하고는 다른 의미로 아이들은 하나같이 작은 어른이었다. 마치 성장을 억제해서 키운 분재의 나무하고 묘목하고 다른 것처럼. 옷 입은 것도 그렇고 하는 태도도 그렇고 작은 어른이지 조금도 아이들답질 않았다. 특히 아이들다운 호기심이 없는, 타협적이면서도 깔보는 듯한 표정이 결정적으로 아이들을 아이들답잖게 만들고 있었다. 이 거리의 아이들이 아이들답지 않다는 발견이 새삼스러운 건지 케케묵은 건지 그건 잘 모르겠다. 아무튼 난 새삼스럽게 그 발견을 갖고 불안해하고 있었다(326~327쪽).

'나'는 무릉동의 어린아이들은 별로 아이답지 않다고 생각한다. "아이들다운 호기심이 없는, 타협적이면서도 깔보는 듯한 표정"으로부터, 이미 이 아이들이 어른들을 학습하여 자신들이 사회적 위계질서의 상층부와 안전망 속에 위치해 있음을 알고 있음이 드러난다. 타자의 고통에 대한 감각이 없는 사람들이 이러한 강남의 학교에서 배타적으로 재생산되고 있다는 우려는 박완서만의 우려는 아니었다. 특정 지역에서 자란 사람들을 모두 다 문제가 있는 한 부류의 사람들로 묶어버리는 이 소설의 묘사는 편견일 수도 있지만, 사실 이러한 생각은 현재도 널리 퍼져 있다. 오히려 이러한 검열이 있기 때문에 부유층에서 자란 사람들이 모두 다 소설에 묘사된 아이들처럼 자라지 않을 수 있다. 박완서의 소설은 어느새 교육의 특권화가 강남의 특권화와 맞물려 있음을 지적하려는 것이었다.

1976년부터 1990년대까지 이어진 명문 고등학교들의 강남 이전은 1980년대에 이르러 소위 '강남 8학군'을 형성했다. 1974년 고교 평준화 정책과 함께 처음 6개로 나뉜 학군제가 도입되었을 때, 서울시내 고등학교의 절반 이상이 몰려 있던 강북 도심은 거주지와 관련 없는 '공동학군'이었다. 그 이전까지 학생들은 중구와 종로구에 집중되어 있던 학교로 먼 거리를 감수하며 통학해왔기 때문에, 거주 지역과 학력의 관련성은 크지 않았다. 그러나 1980년 2월 거주지 중심의 완전학군제가 실시되고 그 첫 세대가 대학에 진학한 1984년이 되자 강남 지역 고등학교들의 높은 명문 대학교 진학률은 사람들에게 충격을 안겨주었다. 강남에 자리 잡은 고학력 인텔리들과 부자들이 학력자본과 경제자본을 대를 넘어 재생산하기 위해 노력한 덕분에, 강남으로 이사 간 전통의 명문학교뿐만 아니라 8학군에 신설된 학교들까지 저절로 신흥 명문학교로 부상했다. 교육이 계층 이동의 수단처럼 간주되는 이 사회에서, 뛰어난 학력수준을 만들어내는 중·고등학교의 교육체제는 강남의 '경제적 자본'을 세습하고 '학력자본'과 '사회자본'[285]을 집중적으로 형성할 수 있는 차별적 수단으로 등장했다. 고교평준화, 명문학교의 강남 이전, 완전학군제로 이어지는 교육제도는 강남의 특권화에 가장 중요한 기반이었다.

'위생'의 지리적 분할선, 한강

박완서의 〈낙토의 아이들〉은 강남의 공간적 차별화를 보여주는 항목으로, 학벌주의를 재생산하는 명문학교 외에도 '위생'을 들고 있다. 그리고 위생적인 지역과 비위생적인 지역을 가르는 경계로 한강이 등장한다. 원래 위생은 근대와 전근대, 문화와 비문화, 발전과 낙후를 구분하는 지표이자, 후자에 속하는 사람들과 공간들에 대한 경멸과 혐오를 표시하기 위한 수단이었다. 예컨대 박완서의 다른 소설 〈어떤 야만〉[286]에서는 화장실 하나가 발전된 일본과 낙후된 한국을 구분하는 지표로 드러나 있다.

소설 〈어떤 야만〉의 배경이 되는 동네는 계를 통해 살림 장만하기를 좋아하는 모범주부들과 착실한 월급쟁이 남자들이 사는 평범한 동네다. 아직 수세식 화장실이 마련되지 않은 이 동네에 "똥냄새로 얼굴을 찡그리고 비위를 상해하는 같잖은 여편네는 한 사람도 없었다"(46쪽).

이 소설의 화자인 '나'는 "아침마다 화장실이 아닌 뒷간에서 똥을 누고 주간지를 찢어서 밑을 씻을" 시인을 생각하면서, 그 시인이 "어깨라도 툭툭 치며 친해질 수 있는 이웃사람처럼" 느끼는 사람이기도 하다(45쪽). 그러나 철이 엄마가 일본에서 오는 친척을 맞이하기 위해 변소를 수세식으로 고치는 공사를 하면서, 이 동네의 화목함과 평화는 깨져버린다.

갑자기 수세식 변소를 자기 집에 설치하게 되었다는 이유만으로, "철이 엄마가 지금 딴사람처럼 고상하게 굴고 있었다. 이맛살을 곱게 찌푸리고 입술을 뾰족하게 오므리고 있는 게 제법 귀부인다웠다. 똥뒷간에 쭈그리고 앉아 똥 누다가, 화장실에 흰 사기의자에 앉아 일보게 됐다고 세상에 사람이 단박 저렇게 달라질 수가 있을까"(48~49쪽). 게다가 "아침이면 철이네 식구들이 먼저 우리 뒷간을 다녀가는데 미안해하고 고마워하기는커녕 식구마다 코를 쥐고 불쾌한 표정을 하고 나가는 건 정말 아니꼽고 더러워서 못 참아주겠는 광경이었다(49쪽). 수세식 화장실을 가지게 되었다는 이유 하나로, 일상생활과 문화의 위계화가 이루어지고 있다. 심지어 "사람이 똥을 누는 모습과 장소의 차이로 인격의 차이까지 나 보인다"(50쪽).

〈어떤 야만〉에서 수세식 화장실과 재래식 뒷간을 둘러싸고 벌어지는 차별화는, 〈낙토의 아이들〉에서 약간의 다른 모습으로 변주된다. 다음의 인용문은 한강을 경계로 강남과 강북이 서로 가지고 있는 거리감과 함께, 강북을 더럽고 탁한 곳으로 바라보는 강남 사람들의 시선을 보여주고 있다.

나의 넓은 서재에 딸린 화장실 변기에 앉으면 작은 북창으로 멀리 퇴
락하고 조잡한 구시가가 안개 같기도 하고 먼지 같기도 한 불투명한
잿빛 속에 잠겨 있는 게 보인다. 그리고 흐르고 있는 건지 정지하고 있
는 건지 분명치 않은 탁한 강이 보인다. 차의 왕래가 빈번한 튼튼하고
드넓은 다리가 탁한 강의 이쪽과 저쪽을 이어주고 있지만 구시가에 대
한 친근감은 거의 없다. 막연한 혐오감이 있을 뿐이다. 무릉동 사람들
이 썩은 강이라 부르는 강이 그런 거리감을 만들어주고 있는지, 구시
가에 대한 혐오감이 멀쩡한 이름 있는 강을 썩은 강이라 천대하게 됐
는지 그것까지는 확실하지 않다.

아무튼 무릉동 사람들은 아이들이 강가에 가서 노는 걸 막기 위해 아
이들에게 미리 강에 대한 호기심 대신 공포를 가르쳐야 했다. 강은 구
시가의 공장에서 버리는 독이 있는 물과, 구시가의 가난뱅이네 구식
뒷간에서 직접 흘러내리는 똥오줌 때문에 썩었노라고 죽었노라고, 거
기 손이나 발을 담그는 일은 똥통에 손발을 씻는 것만큼이나 비위생적
인 일이라고 가르치고 또 가르쳤다. 그래 그런지 강가의 모래사장이나
풀밭에 아이들이 나와 노는 걸 본 일이 없다(317~318쪽).

이 인용문은 무릉동이 한강변에 있는 동네라는 사실과, 강남과 강북
을 가르는 경계인 한강이 두 지역을 단절시키는 역할을 하고 있으며 그
기준이 위생이라는 것을 보여준다. 이 무릉동 아파트의 집은 서재에 따
로 화장실을 갖추고 있는데 정황상 "구식 뒷간"이 아닌 수세식 화장실
로 추측된다. 깨끗한 화장실을 사용하는 강남의 아이들이 "퇴락하고 조
잡한 구시가"에 접근하는 것을 막기 위하여, 한강은 "썩은 강"이라는

가정교육이 시행된다. 실제로 1960년대 중반까지 서울 시민들이 여름에는 수영하고 겨울에는 스케이트를 타면서 놀던 한강은, 공해와 오염 때문에 1970년부터 입수가 금지되었다. 그러나 한강이 더러워진 것은 강북 사람들 때문이 아니라 서울 전체의 도시화와 산업화 때문이다. 거기서 나온 돈으로 개발된 강남 지역 사람들은 어느덧 한강은 "구시가의 가난뱅이네 구식 뒷간에서 직접 흘러내리는 똥오줌 때문에 썩었노라고 죽었노라"고 가르치게 되었다. 한강은 그저 물리적인 경계가 아니라 계급과 문화적 차별화가 이루어지는 분할선이다(사진 77).

박완서의 소설은 강남과 강북을 가르는 한강이라는 지리적 경계 외

〈사진 77〉 한강변의 강남 아파트 단지와 강북을 가르는 한강의 모습(출처: 국가기록원).

1960년대까지만 해도 한강은 나룻배나 보트로 건너 다니거나, 넓은 백사장에 사람들이 모이고, 피서철마다 서울시민들이 수영을 하던 친숙한 공간이었다. 그러나 한강 개발 당시 모래 채취로 수심이 깊어지고 공장 및 생활 폐수로 인해 수질오염이 심각해지면서 한강 입수가 금지되었으며, 강변도로 건설로 인해 접근하기도 어려워졌다. 시민들로부터 멀어진 한강은 강남과 강북의 분리를 더욱 공고하게 만들었다. 1970년대 중반 이후 한강변에 대규모로 조성된 아파트 단지들은 한강변의 조망을 사유화시키는 결과를 낳았다.

에도, 위생이라는 기준이 경제적 수준에 따른 계급적 차이를 가르고 비교하는 기준이 되어 있음을 보여준다. 한강은 빈민들이 비위생적인 방식으로 살고 있는 강북과 깨끗하고 위생적인 강남을 가르는 선이기도 하다. "퇴락하고 조잡한 구시가", "막연한 혐오감", "구시가의 가난뱅이네 구식 뒷간" 같은 표현들은 이제 강북이 낙후되고 지체된 공간처럼 여겨지기 시작했음을 보여준다. 강남과 강북의 이러한 대조는, 서울의 도시 공간 내에서 불과 몇 년 전까지 강북이 가지고 있던 절대적 우위가 역전되었음을 보여준다. 서울에 산다는 것이 곧 강북에 산다는 것을 뜻하던 60년대와 달리, 강남과 강북이라는 두 공간 사이의 위계질서가 완전히 전복된 것이다.

물론 1970년대 초반까지 강북의 전통적인 도심이 지닌 경제적 위용이 완전히 사라진 것은 아니었다. 그러나 이 시기의 몇몇 소설은 화려한 강남을 기준으로 삼아 기존의 강북 도심을 평가하고 있다. 예컨대 이문구의 소설 〈우산도 없이〉는 강북의 건물들이 지저분하고 낙후되고 정체되어 있는 곳으로 묘사한다. 이 소설에서 상경민 '장식'이 수위로 일하게 된 "중부빌딩"에 대한 묘사가 그것이다. "중부빌딩은 청계천 3가에 우중충하게 자리 잡고 있는 7층짜리 중고품 건물이었다. 난방시설은 돼 있으나 엘리베이터가 없으니 중고품이랄 수밖에 없다."[287] 엘리베이터가 없는 건물을 은근히 폄하하는 이 구절은, 강남에 새로 세워지는 고층 빌딩들이 건축법에 의해 자동난방 시설과 승강기를 의무적으로 설치하게 된 사정과 관련이 있다. 청계천에 세워진 빌딩들이 강남의 건물들과의 비교 속에서 낙후된 건물들로 묘사되고 있는 것이다. 강남에 새로 세워지는 서구식 건물들을 기준으로 주거 공간의 문화적 위계질서가 만들어지고 있기 때문이다.

박완서의 〈낙토의 아이들〉과 〈어떤 야만〉에서 공간적 구별짓기의 기준으로 등장하는 위생적인 '화장실'과 지저분한 '뒷간'의 차이는, 단순히 명칭의 차이가 아니라 계급적 차이와 문화적 차이를 드러내는 기제가 된다. 그리고 이 기준을 좇아 강남과 강북을 대조적인 방식으로 묘사하는 방식은, 서울에서 강북이 지니고 있던 중심으로서의 위상이 강남으로 이동했음을 보여주는 것이다. 불과 5년 만에 강북 도심이 소설 속에서 다르게 묘사되는 것은, 그만큼 개발의 무게중심과 도시를 바라보는 기준이 강남으로 이동했으며 기존의 위계질서가 전복되었다는 점을 명확하게 보여준다. 강남을 다른 지역과 차별화시키는 공간적 구별짓기의 시스템이 도시 공간의 위계질서를 새로운 방향으로 이끌었으며, 이 위계화는 종종 더 낙후되었다고 생각되는 공간에 대한 차별과 멸시로 이어졌다.

03

아파트와
중산층의 시대가
열리다

도시 중산층의 등장

한국 현대사에서 중산층이라는 집단이 처음으로 등장한 것은 1970년
대였다. 이미 1960년대 중반부터 중산층은 한국 경제를 성장시킬 주요
동력으로 상정되어 있었다. 그 근저에는 제2차 세계대전 이후 중산층
을 중심으로 경제적 풍요를 구가하던 1950년대 미국 사회를 모델로 삼
는 아메리카니즘이 놓여 있었다.

대학교육을 받은 부부가 교외의 집에서 자동차, 텔레비전, 세탁기,
청소기 등 문명의 이기를 누리며 살아가는 미국의 중산층 가족모델은
'풍요한 사회'의 상징이었다. 언젠가 자신들이 이러한 중산층이 될 수
있으리라는 환상은 1960~70년대 내내 재생산되고 증폭되었다. 그 시
작은 1965년 방한했던 미국의 경제학자 로스토우가 아직 가난하게만

느껴졌던 한국이 이미 경제발전의 '도약take-off' 단계에 진입했다는 진단을 내려준 데 흥분하던 반응이었다. 이듬해 앞으로 1970년대 후반이면 한국이 대중소비사회에 도달하리라는 목표를 설정한 대통령 연두교서는 그 환상에 본격적인 불을 당겼다.

박정희는 1966년 연두교서를 통해 "70년대 후반 제3차 경제개발 5개년계획이 끝날 무렵에는 '소비는 미덕'이란 새로운 표어가 등장하는 대량생산 대량소비의 '풍요한 사회'를 건설하자"[288]면서, 1970년대 한국사회가 도달하려고 하는 목적이 중산층 중심의 대중소비사회에 있음을 명확히 했다. '저축은 국력'이라는 표어와 근검절약이 강조되던 시대에 어울리지 않게 '소비는 미덕'이라는 표어가 1960년대의 대표적 유행어가 된 것은 언젠가 도래할 풍요한 사회에 대한 장밋빛 환상 때문이었다. 그 사회의 모습은 "고속도로를 마이카로 달리는 골프족이 늘어나는" 사회였다.[289] 이렇게 풍요한 대중소비사회가 도래하려면 경제적 안정을 바탕으로 소비를 주도하는 중산층이 광범위하게 형성되어야 했다. 고도 경제성장이 시작되는 시작점이었던 1966년 한국 경제의 성장을 위해 중산층 육성이 필요하다는 인식과 논쟁이 진행된 것도 이 때문이었다.[290] 그리고 1970년대 중반에 이르러 중산층이 주도하는 대중소비사회의 도래는 미래의 꿈이 아니라 현실이 되기 시작했다.

특정 연도를 기점으로 잡을 수는 없지만 1970년대 중후반 한국 사회에서 중산층이 형성되기 시작했음을 단적으로 보여주는 것은 1971년, 그리고 1978~79년 약 7년의 간격을 두고 두 번에 걸쳐 진행되었던 대중사회 논쟁이다. 한국이 미국과 같은 대중사회인가 아닌가를 처음으로 논의했던 1971년 논쟁은 한국은 아직 대중사회가 아니라는 의구심과 반발을 불러일으키며, 한국 사회의 중산층에 대한 논의는 거의 하지 못한 채 종결되고 말았다.

그러나 1978~79년 진행된 논의들에는, 한국 사회가 이제 중산층 중심의 대중사회에 도달했다는 자신감이 드러났다. 지식인들은 아직 대중사회화가 충분히 완료되지 못한 영역이 존재한다 해도 그것은 지엽적인 문제이며, 중산층의 소비문화와 대중문화가 사회 전반에 확산되는 것은 시간문제일 뿐이라고 생각했다. 누구도 눈치 채지 못한 사이에 첫 논쟁이 일어난 지 불과 7~8년만이었던 1970년대 후반 한국 사회는 중산층이 대중문화를 향유하고 소비를 주도하는 대중사회에 도달했다는 사실을 자연스럽게 받아들이게 되었다.[291]

1970년대 중후반 중산층의 출현에는 1970년대 중반 석유파동을 이겨내고 1978년까지 지속된 고도 경제성장, 중동 진출로 인한 오일머니의 유입, 1977년 수출 100억 달러 달성 등 여러 경제적 요인들이 전제되어 있었다. 제4차 경제개발 5개년계획(1977~1981)의 첫 번째 해였던 1977년이 끝나가던 무렵 박정희 정권은 수출 100억 달러와 1인당 국민총생산GNP 1000달러가 달성되었다고 대대적으로 홍보했다. 일본에 이어 아시아에서 두 번째로 수출 100억 달러를 달성한 나라임을 자축하기 위해, 광화문 등에 대형 아치가 세워졌고 여러 기념행사가 열렸다[292](사진 78). 이것은 세계 경제가 제1차 석유파동 때문에 1퍼센트의 성장률을 기록하는 데서 벗어나 1976, 77년에 각각 5퍼센트, 4.1퍼센트 정도 성장하는 전반적인 호황으로 돌아서고, 이와 함께 한국 경제도 연 10퍼센트에 달하는 가파른 경제성장률을 기록한 데 따른 것이다.[293] 이러한 호황세는 1978년 12월 시작된 제2차 석유파동의 여파로 1980년 마이너스 성장을 기록할 때까지 계속되었다. 1977년 겨울 초입부에 달성된 수출 100억 달러와 1인당 GNP 1000달러의 효과는 1978년 소비의 활성화로 나타나기 시작했다. 이 과정에서 등장한 중산층은 당연히 경제발전의 주역이자 수혜집단이었다.

물론 1970년대 한국 사회의 새로운 주도계층으로 등장한 중산층이라는 집단을 소득수준, 소비양상, 직업 종류 등과 같은 객관적인 기준에 따라 규정하는 것은 거의 불가능에 가까운 일이다. 사회마다 그리고각 시기마다 중산층으로 분류할 수 있는 기준들은 계속 달라질 뿐만 아

〈사진 78〉 1977년 수출 100억불 돌파를 기념하여 광화문 사거리에 설치된 대형 아치. 광화문의 아치는 정부의 홍보수단으로 종종 사용되는 장치였다.

니라, 경계와 실체가 불분명한 이 집단의 의미와 역할도 끊임없이 변화한다. 따라서 이 다양하고 이질적인 사람들로 구성되어 있는 중간계급의 존재를 드러낼 때 중요한 기준으로 항상 제시되는 것은, 스스로 중산층이라고 생각하는 주관적 귀속의식의 문제다.

1978년 2월 발표된 자료에 따르면, 1977년 10월 조사 당시 생활수준이 5~6년 전보다 나아졌다고 생각하는 사람이 72.6퍼센트에 달하고, 스스로 중산층이라고 생각하는 사람들도 86.8퍼센트에 달했다.[294] 이러한 계층적 귀속의식이 실제 소득수준의 분포와 부합한다고 볼 수만은 없다. 그러나 자신이 중산층에 속한다고 생각하는 사람들은 실제 소득수준과 상관없이 중산층에 적합하다고 생각되는 주거 공간을 선택하고 소비생활을 영위한다는 점에서, 이 계층적 귀속의식은 중산층 문제에서 가장 중요하다.

현재 한국 사회에서 중산층이 '위기'와 '몰락'의 맥락에서 문제시된다면, 1970년대 중산층이라는 단어는 먹고살 만큼 경제적으로 안정된 계층에 진입했다는 의미가 강했다. 당시 세금, 부동산 등과 관련된 정부의 정책이 대부분 '서민'과 '중산층'을 묶어서 다루고 있다는 사실이 보여주는 것은, 저소득층을 벗어나 안정된 가계를 꾸리는 일반 대중을 중산층으로 생각했다는 점이다. 이것은 아직 형성되지 않은 미래의 이야기처럼 보였던 1960년대의 중산층의 의미와도 다르지만, 1980년대 이후 형성된 중산층의 함의와도 다르다.[295] 1980년대의 중산층은 진보와 보수 중 어느 쪽으로도 향할 수 있다는 정치적 양면성 때문에 공적 논의의 장에서 이전보다 훨씬 중시되었으며, '안정'을 넘어서 '경제적 여유'를 가진 계층으로 상상되었다. 1970년대의 중산층이 TV, 세탁기, 전화기, 전축 같은 가전제품을 소유한 서민에 가까웠다면, 1980년대의 중산층은 아파트, 자동차, 골프채를 소유한 여유 있는 계층이었다. 그러나 1970년대는 처음으로 중산층이 처음 형성되어 한국 사회의 주요 집단으로 처음 인정받은 시대라는 점에서 의미가 있다.

1970년대 중반 이후 공간에 대한 경제적 감각이 확산되고 부동산 투기가 대중화되기 시작한 것도, 경제호황에 따라 중산층이 사회발전의 주역으로 등장했기 때문이다. 경제발전의 수혜는 도시, 그중에서도 서울로 집중되었으며, 핵가족 모델에 따른 화이트칼라 부부들을 중심으로 도시 중산층이 형성되기 시작했다. 이들은 강남 지역을 중심으로 한 부동산 호황을 이끌었을 뿐만 아니라 한국 사회의 생활양식을 선도하는 집단으로 서서히 모습을 드러내기 시작했다. 그것은 고도 경제성장을 통해 경제적 자본이 축적됨에 따라 사람들의 생활수준이 향상되고 문화 향유에 대한 욕구가 증가하면서, 중산층 중심의 소비, 문화, 취향 등의 문제가 사회적 이슈로 전면화된 결과이기도 했다. 서울은 예나 지금이나 한국 사회의 모든 자본과 인구, 욕망 등을 빨아들이고 첨단문화를 전파시키는 핵의 역할을 담당하고 있었으며, 한국 사회 전체에 도시 중산층의 새로운 문화를 확산시키는 출발점으로서 새로운 의미를 부여받게 되었다.

중산층 아파트와 서민층 아파트

1970년대 중반 이후 서울의 도시 경관을 변화시킨 가장 거대한 원동력은 아파트로 상징되는 새로운 주거 공간에 대한 열망이었다. 그 전까지 서울의 주택은 대부분 단독주택이었다. 아파트가 1960년대 중후반부터 건설되기 시작했지만, 지금처럼 대중화되지도 못했고 환영받지도 못했다. 앞에서 말했듯이, 1964년 마포구 도화동에 완공된 최초의 아파트 단지 마포아파트도 처음엔 사람들이 입주를 꺼렸다. 1960년대 후반~1970년대 초반 서민들을 위해 시민아파트들이 지어졌지만, 마포 와우아파트가 지어진 지 넉 달 만인 1970년 4월 8일 붕괴하면서 아파트에 대한 부정적인 인식을 누그러뜨리지 못했다. 1970년대 초반까지 아파트는 많이 지어지지도 않았고 중산층 이상의 계층이 환영할 만한 주거 공간도 아니었다.

1973년 주택공사가 서울 서민의 생활상을 조사하여 발표한 바에 따르면, "원하는 주택형"으로는 "단독주택이 66.4퍼센트로 가장 많고 아파트는 6.6퍼센트, 연립주택은 4.7퍼센트"로,[296] 아파트보다 단독주택을 원하는 사람이 열 배나 많았다. 1976년의 조사를 보면, "단독주택 입주자는 거의 전부인 97.4퍼센트에 달하고 있으며 아파트 등 공동주택 거주자는 1.7퍼센트, 연립주택은 0.4퍼센트"인데, 흥미로운 것은 "단독주택을 원하는 경향은 공동주택 입주자에서도 동일하게 나타나고 있"다는 점이다. 즉, 아파트 입주자 중에서도 "63퍼센트가 단독주택을 원하고 있으며 계속 공동주택 입주를 원하는 가구는 35퍼센트" 정도였다.[297] 아파트에 살아본 사람들이 계속 아파트에 살기를 원하는 비율이 매우 높기는 하지만, 여전히 단독주택을 희망하는 사람들의 절반 정도에 불과했다. 1979년 조사에서도 단독주택을 원하는 경우는 전체의 92.5퍼센트, 아파트를 원하는 경우는 6.5퍼센트, 연립주택을 원하는 비율은 0.8퍼센트로 나와 있다.[298] 3년마다 이루어진 이 조사를 확인해 봐도, 1970년대 내내 단독주택에 대한 선호도는 크게 달라지지 않은 것으로 보인다.

박완서의 소설 〈포말의 집〉에는 "이 아파트 단지의 주민들은 거의 개인주택을 원하지 않는다. 개인주택에 살던 시절을 지긋지긋해 하지 않는 사람은 하나도 없다. 좀 더 나은 생활에 대한 꿈은 더 큰 아파트 아니면 더 호화로운 아파트지 개인주택하곤 상관이 없다. 아파트라는 첨단의 주택의 주민들은 이 첨단의 주택에 지극히 만족하고 이 첨단의 주택을 사랑했다"[299]는 구절이 있다. 아파트에 살아본 사람이 계속 아파트에 살고 싶어 하는 비율이 높은 것은 사실이지만, 이 구절을 사실과 부합한다고 믿어서는 안 된다. 소설 속의 문장들은 어떤 인물이 말하는가에 따라 다르게 판단해야 하기 때문이다.

상반된 생각을 하는 인물이 등장하는 다른 소설을 보자. 박완서의 다른 소설 〈닮은 방들〉에는, 아파트에 살게 되면서 이 신식 주거 공간이 얼마나 편리한지 발견했지만 아파트 생활로부터 탈출할 날만을 꿈꾸고 있는 주부 '나'가 등장한다. 그녀는 이웃집 철이 엄마가 주택복권을 몰래 사고 있는 것을 발견한 뒤부터, 철이 엄마가 "당첨금 팔백만 원을 타면 곧 이곳에서 떨어진 공기 좋고 아름다운 전원도시의 언덕 위에 땅을 사고 말 거"라는 상상을 하기 시작한다. "마당에는 잔디를 깔고, 장미를 심고, 라일락도 심고, 그리고 철이와 난이의 밭도 따로 만들겠지"라고 생각하자, "나는 너무 분해서 숨이 찼다."[300] 돈이 있으면 아파트보다 아름다운 정원이 딸린 단독주택으로 가는 것이 마땅하다는 인식이 퍼져 있었기 때문에, 이러한 상상과 질투가 가능했다.

아파트에 대한 인식 변화는 매우 더디게 진행되었고, 1980년대에 가서야 아파트는 비로소 중산층이 환영하는 주거 공간이 되었다. 그 출발점에는 1970년대 초반부터 서울 곳곳에서 확산되기 시작한 아파트 단지들이 있었다. 1970~71년부터 중산층 이상과 외국인들의 거주를 목표로 대형 평수의 아파트들이 지어졌는데, 한강변 이촌동에 완공된 공무원아파트, 외국인들을 위한 외인아파트, 한강맨션아파트 등은 다른 아파트들과 달리 부유층들이 서구식으로 생활하는 거주 공간으로 사람들에게 알려졌다(사진 79). 단지 안에 학교, 공원, 놀이터, 상가 등 각종 편의시설을 갖춘 이 아파트들을 광고하면서 대대적인 광고와 모델하우스를 통한 마케팅 전략이 동원되자, 아파트에 대한 이미지는 변화하기 시작했다. 아파트가 서구적 생활양식을 누릴 수 있는 현대적 공간으로 표상되기 시작한 것이다.

1971년 12월 나란히 준공된 여의도 시범아파트와 논현동 공무원아파트도 빼놓을 수 없다. 논현동 공무원아파트가 강남 지역 아파트의 시초였다면(사진 80), 김현옥 시장이 만든 한강 매립지 위에 지어진 여의도 시범아파트의 성공은 아직 매력적이지 못했던 아파트 단지가 매력적인 투자처임을 기업과 대중에게 알린 첫 사례였다. 여의도 시범아파트는 한국 최초로 10층 이상으로 건축된 고층 아파트 단지로서, 기름보일러식 중앙난방 시설, 야외 수영장, 엘리베이터 등을 갖춘 호화로운 단지로 성공을 거두었다[301](사진 81). 넓은 도로, 잘 준비된 상가, 광장과 편의시설 등을 갖춘 여의도는 특수학군제로 운영되면서 서울 안의 섬처럼 주변 지역과 다른 정체성을 형성한 곳이었다. 아파트 단지들은 서로 비슷한 구조, 외관, 근린시설을 갖추고 있어서 입주자들이 유사한

〈사진 79〉 1970년 촬영된 한강맨션아파트 전경(출처: 국가기록원).

〈사진 81〉 1974년 촬영된 여의도 시범아파트(출처: 서울역사박물관).

〈사진 80〉 1971년 촬영된 논현동 공무원아파트.

생활양식을 가지게 만들기도 했지만, 역설적으로 각각의 아파트 단지별로 주변 지역과 구별되는 폐쇄적인 문화가 형성되는 계기이기도 했다. 여의도는 주변의 영등포, 노량진 등과 확연히 구분되는 문화를 가지게 된 것은, 지리적으로 작은 섬이기 때문이 아니라 주변 지역들과 처음부터 다른 공간으로 설계되었기 때문이다.

1970년대 중후반에는 강남 일대의 한강변에 대규모 아파트 단지들이 들어서면서, 아파트가 본격적으로 중상류층들의 집단적 주거 공간으로 인식되었다. 그중에서도 1971년 착공하여 1974년 완공된 반포 주공아파트 단지는 강남 개발의 신호탄을 울린 대단위 아파트 단지로서, 분양이 시작되자 엄청난 인파가 장사진을 이루었다. 1976년 완공된 압구정동 현대아파트 단지는 각종 특혜 의혹과 비리에도 불구하고 성공하면서 아파트는 상류층의 거주지로 각광받기 시작했다.[302] 1975년부터 1980년대 중반까지 잠실에는 1만 세대가 넘는 초대형 아파트 단지가 조성되었다. 이 성공 사례들은 정부와 건설사들에게 대규모 단지들을 건설할 용기를 안겨주었고, 그 계획은 계속적인 성공으로 이어졌다. 오늘날 흔히 볼 수 있는 성냥갑 모양의 이 아파트 단지들은 1980년대 서울 곳곳에 형성된 아파트 단지들의 모범이 되었다.

그러나 1970년대까지도 아파트에 대한 인식이 완전히 개선되었다기보다는, 기존의 서민층 아파트와 별개로 중산층 아파트가 탄생하고 있다는 인식이 형성되고 있었던 것으로 보인다. 특히 1970년대 초반에 지어진 동부이촌동의 아파트들과 1976년 아파트 지구로 지정되어 건설된 강남 지역 아파트들은 기존의 아파트들과 다른 수준으로 간주되었다. 아파트가 늘어날수록 아파트 수준의 격차가 본격적으로 시야에 들어오기 시작한 것이다. 박완서의 〈낙토의 아이들〉은 그 현상을 '맨션아파트'와 '평민아파트'의 대립으로 드러낸다. 이 소설에는 교과서를 무상분배 받을 가난한 아이들을 추려내기 위해 거주 공간을 따지게 되는 에피소드가 담겨 있다.

> 사건의 발단은 교과서 무상배부에서 비롯됐다. (중략) 교장 선생님은 직원회의를 열어 교사들과 누구에게 그 교과서를 거저 줄 것인가를 의논했지만 도대체가 무릉동엔 구시가에서 말하는 소위 극빈자라는 게 살고 있질 않다는 거였다. 결국 무릉동 신시가에 맞는 새로운 상식의 극빈자를 조작해낼 수밖에 없다는 데 의견의 일치를 보았다. 그래서 급히 조작해낸 극빈자가 바로 가장 평수가 적을뿐더러 그 이름도 겸손한 평민아파트의 주민들이었다. 당시만 해도 평민아파트 입주자들은 맨션아파트 입주자들보다 일률적으로 가난하기보다는 식구가 단출해서 작은 평수를 택한, 이를테면 식구와 집의 크기와의 관계를 몸과 옷의 크기와의 관계와 같이 생각한 순진 소박한 사람들이었다. 그런데 어느 날 그들의 자녀가 구시가에서 극빈자의 자녀나 받는 교과서 무상분배 대상이 되었으니 노발대발 안 할 리가 없었다. 그들 역시 자존심 높은 무릉동 주민임에는 틀림이 없었으니까. (중략) 이런 소동과 함께 평민아파트 값이 낭떠러지를 구르는 속도로 하락했다. 너도 나도 평민아파트를 내놓고 공주니 왕자니 궁전이니 하는 이름이 붙은 맨션으로 옮겨가려 했기 때문이다(315~316쪽).

이 소설에서 '평민아파트'는 사실 서민아파트라고 봐야 할지 애매하다. 평민아파트에도 "손가락마다 있는 대로 보석반지를 끼고 와 얼굴을 가리고 그 원통함을 온종일 통곡한" 가족이 있으니, 그곳에 사는 사람도 역시 무릉동으로 상징되는 강남의 중상류층일 것이다. 그러나 맨션아파트에 비하면, 분수에 맞게 작은 평수를 선택한 "순진 소박한 사람들"이니 서민층이 아니라고 확언하기도 어렵다. 그러나 분명한 것은 편의적으로 교과서를 무상분배하겠다는 조치를 취할 만큼 평민아파트와 맨션아파트 사이에는 이름을 넘어선 간극이 있다는 사실이다. 가장 중요한 차이는 아파트의 '평수'인데, 실제로 서민층 아파트와 중산층 이상의 아파트를 구분하는 가장 핵심적인 기준은 '평수'였다. 일반적으로 서민층 아파트는 10평 이하도 많았고 넓어봤자 10평대에 불과했던 반면, 중산층 이상의 아파트는 최소 30평 이상에서 60평 이상의 넓은 면적이나 복층 구조로 지어졌다. 아마 소설 속 교장과 교직원들은 현실에 따른 합리적인 결정을 했다고 생각했을 법하다.

박완서의 소설 〈낙토의 아이들〉이 보여주는 상황은 1970년대보다 1980년대 이후 전개될 상황을 예고하는 것이나 다름없었다. 이 소설에서 무릉동에 사는 강남 사람들은 맨션아파트에 살든 평민아파트에 살든 가난과 관련된 꼬리표를 무조건 거부한다. '평민아파트' 사람들도 무릉동에 산다는 이유만으로 자신들을 더이상 평민으로 생각하지 않는다. 아파트가 대중화될수록, 아파트에 사느냐 아니냐보다 어느 지역의 아파트에서 사는가가 중요해진다. 또한 비슷한 아파트들이 우후죽순으로 생겨날수록 어떤 이름의 아파트에서 사는가도 중요해진다.

소설 속에서 평민아파트는 그 후 "독신자 맨션으로 개명"을 해서 새로운 인기를 얻는데, 한국 사회에서 이름은 아파트의 가치를 결정짓는 기준 중 하나가 되었다. 삼성, LG, SK, 현대, 롯데, 대우, 대림 등 대기업의 브랜드를 이름으로 삼은 아파트들이 생겨난 것은 1990~2000년대 이후의 일이지만, 브랜드 아파트의 등장 이전에 이미 아파트의 이름은 아파트의 경제적 가치 생성에서 중요한 위치를 차지하고 있었다. 1970년대 중후반 이후 아파트의 성공은 아파트라고 해서 다 같은 아파트가 아니라는 점을 인식시키고, 지역과 이름에 따라 아파트들의 서열화가 진행되는 현상을 정착시키게 된 계기였다.

젊은 세대가 선호하는 아파트와 현대적 생활

1970년대 중후반 이후 아파트 단지의 확산은 '지역'과 '이름'에 따른 차이 외에도 세대 간의 차이를 발생시켰다. 아파트는 기성세대의 부정적 인식과 젊은 세대의 선호가 맞부딪치는 곳이었다. 서구식 생활을 선호하는 젊은 세대의 선호는 중산층을 대상으로 하는 아파트들의 건설 못지않게 아파트의 성공에 매우 중요한 영향을 미쳤다. 이 차이를 잘 보여주는 것은 앞에서 잠깐 등장한 박완서의 소설 〈닮은 방들〉이다. 이 소설은 아파트라는 새로운 일상생활 공간의 의미를 파헤친 대표적인 텍스트로, 소설의 화자 '나'는 퇴근해서 돌아올 때마다 소심하게 처가의 초인종을 누르는 남편을 위해서 아파트로 독립하기로 결정하면서 의견 차이를 겪게 된다.

처음 갖는 집을 아파트로 하느냐 단독주택으로 하느냐엔 올케와 어머니의 의견이 대립했다. 올케는 아파트 편이었다. 첫째 난방에 신경을 쓸 필요가 없으니 구공탄을 가는 구질구질한 일을 면할 수 있고, 부엌 등 모든 시설이 편리하니 식모가 필요 없고, 잠그고 외출할 수 있고, 이웃과 완전히 차단된 독립성이 보장돼 있고 등등이 아파트를 편드는 이유였다. 그러나 어머니는 바로 이 독립성이라는 걸 겁내고 있었다. 어머니의 이론대로라면 이 나라에선 살인사건은 꼭 아파트에서만 일어나는 것으로 봐야 할 판이었다. (중략) 올케와 나는 마주 보고 눈을 찡긋했다. 나는 올케 편이었다. 나는 이웃사촌이 철저히 지켜지고 있는 이 구舊 동네가 싫었다. 도대체가 남의집 일들에 너무 관심들이 많았다. 뉘 집 아들이 일류 대학이나 일류 고등학교에 들어갔다 하면 서로 제 일처럼 신이 나고, 떨어진 집엔 심란한 얼굴로 위로를 하러 몰려가고 노인네들 생일엔 서로 청해서 먹고 노는 것까지는 좋았으나 남의집 내막을 알아내서 풍기고 흉을 보는 데도 선수들이었다.[303]

아파트는 난방, 살림, 외출과 관련된 편리성이 단독주택보다 우월하고 사생활의 독립성이 보장되는 공간이라는 인식이 올케와 '나'라는 젊은 세대에게 형성되어 있다. 그것은 젊은 세대의 긍정적 인식이 어머니로 대변되는 부모세대의 부정적 인식을 앞으로 잠식하리라는 것을 시사한다. 게다가 "두터운 콘크리트 벽으로 차단된 세대 간의 그 독립성이란 게 암만해도 못마땅해서" 아파트로의 이사를 반대하던 어머니조차, 막상 이사를 하고 보니 "아래 상가에 가구점이랑 커튼센터랑 없는 게 없다"는 사실을 알게 되고, "아파트란 참 너희 올케 말짝으로 편한 데로구나" 하면서 좋아하는 반전이 일어난다. 누구나 경험해보면 알게 되는 아파트의 편리성은 이웃 간의 소통과 교감을 당연시하던 세대의 감각까지 손쉽게 무너뜨린 것이다. 어머니가 "남의 속도 모르고 내가 돈이 모자라 아파트로 가려는 줄로만 알고 안쓰러워했다"는 점을 떠올려보면, 젊은 세대에게 아파트는 개인주택보다 저렴한 가격으로 생활의 편리성과 독립성을 획득할 수 있는 수단이었다.

박완서의 소설이 생활의 실감이라는 차원에서 아파트를 그리고 있다면, 최인호의 다른 소설들은 아파트 단지가 가진 이미지를 드러낸다. 아파트의 병리학을 가장 잘 드러낸 것으로 평가받는 그의 대표작 〈타인의 방〉은 시종일관 아파트에 대한 새로운 묘사들을 쏟아내고 있다. 이 소설은 신혼부부인 것 같지는 않지만 아내와 단둘이 살고 있는 가족 구성과, 몇 년 동안 얼굴도 보지 못한 사내와 여인이 갑자기 문을 열고 나타나는 복도식 아파트의 구성을 여실히 드러낸다.

집에 들어와 코트, 넥타이, 와이셔츠를 벗는 아파트 생활자는 안방과 마루 대신 새롭게 "침실"과 "거실"이라는 이름을 부여받은 공간을 오간다. 아파트에는 "문 앞에 프레스라고 쓰인 신문 투입구"도 있고, 타일 바닥이 깔린 욕조가 있는 욕실에는 "키 큰 맨드라미처럼 우울하게 서서 그를 노려보고 있는 샤워기"도 있으며, 거실에는 피곤한 몸을 뉘일 수 있는 소파가 있다. 이 소설의 디테일들은 아파트의 거주 공간이 서구식 생활의 이미지를 덮어쓰고 있다는 점을 잘 보여준다.[304]

'도시의 작가'답게 최인호는 도시의 불모성과 병리학을 다룬 또 다른 연작소설 《잠자는 신화》를 발표하는데, 그 두 번째 단편인 〈전람회의 그림 II〉는 아파트 단지에서 일어나는 기이한 소문들을 소재로 삼아 일탈에 대한 욕망을 다루면서, 아파트에 대한 당시의 인식을 드러내고 있다.

대부분 우리 아파트에 살고 있는 사람들은 오랜 전세방을 뛰쳐나온 서민층이나 갓 결혼해서 주책 없게도 대낮에 창문 열어 놓고 키스를 입이 부서져라 해대는 신혼부부들로, 그래도 자기들은 책깨나 읽고 음악깨나 듣는 인텔리로 자처하고 있는 사람들이었다. 잘 아시겠지만 요즈음의 아파트는 꽤 인기 있는 살림처로, 뭐랄까 저녁녘이면 슬리퍼를 끌고, 자기 애를 유모차에 태우고, 오르락내리락 아파트 앞 공터를 오가는 어설픈 외국 영화 흉내를 내고 싶어 하는 젊은이들에게 환영받기엔 아주 안성맞춤으로 만들어져 있었던 것이다.[305]

이 구절은 아파트가 아직 "서민층"의 공간이기는 해도 젊은 세대, 중산층, 인텔리들에게 환영받는 주거 공간이 된 이유를 보여준다. 젊은이들은 아파트를 애정생활, 육아, 살림, 교양 등에서 서구식 일상생활의 영위가 가능한 차별적 공간으로 인식하고 있었다. 아파트는 외국영화에서나 보던 서양식 주거문화에 대한 동경과 젊은 세대의 개방성, 지적 허영심의 추구를 모두 만족할 수 있는 차별화된 공간이었으며, 이들이 계속 성장하고 나이를 먹는 한 이 흐름을 막을 수 있는 방법은 별로 없었다.

1970년대 한국의 아파트가 베란다를 장독대로 활용하고, 욕실의 욕조를 배추를 절여 김장 담그는 도구로 사용하는 주부들이 여전히 살던 곳이라는 사실은[306] 어쩌면 중요하지 않았다. 인구밀도가 높은 서울에서 아파트는 좁은 면적에서도 많은 사람들이 살 수 있게 해주는 주거공간이라는 신화가 만들어졌는데, 이것은 사후적으로 주입된 것이다. 미국처럼 단독주택들을 중산층이 거주하는 넓은 교외의 주택처럼 개량하는 것은 아파트 건설과 분양을 통해 막대한 이익을 남길 수 있는 건설사들이 선택한 방식이 아니었다.

한국에서 아파트의 성공은 현대적 삶의 이미지를 활용한 상품화와 밀접하게 관련되어 있었다. 다시 말해 "아파트를 현대성의 유일한 상징으로 만드는 경향"은, 아파트가 대변하는 "'서구식 모델'이 누리는 권위에서 나온다"고 볼 수 있다.[307] 그것은 서울의 최고 인기상품인 주택을 팔아야 하는 건설사들의 홍보전략과, 한국의 전통적 관습에서 더 손쉽게 벗어날 수 있는 젊은 세대의 취향, 생활의 편리성 등이 결합된 결과로 보인다. 더욱이 '고층화'된 현대도시에 대한 선호는 고층 아파트의 인기를 더욱 가속화했다. 이것은 "한국에서 아파트의 성공 요인은 현실로서의 아파트가 인기를 끌었다기보다는 한국인들이 '현대적 주택'에 대해 만들어낸 이미지가 인기를 끈 결과"[308]라는 지적과도 상통한다.

아파트의 삶, 유행과 모방

1970년대 아파트에 투사된 현대적 삶에 대한 문화적 욕구들은, 중산층이 응당 누릴 수 있는 삶의 이미지였을 뿐만 아니라, 더 상위의 계층을 모방함으로써 계급적 구별짓기를 무화하려 하는 서민층에게도 매력적인 이미지였다. 1960년대 중반부터 계속된 고도 경제성장은 서울을 상품소비를 통해 문화적 욕구를 해결할 수 있는 공간으로 만들어주었다. 경제적 안정을 갖추기 시작한 사람들이 상류층을 따라 상품을 소비하기 시작하면서 전사회적으로 일깨워진 소비 욕망은 국가의 근검절약

구호와 충돌했지만, 대중들의 소비욕을 쉽게 꺾을 수는 없었다. 1970년대에 '집'으로서의 아파트는, 중산층 이상의 계층과 인텔리들이 하위 계급과 선명하게 구분되는 문화적 욕구와 독립성에 대한 요구를 만족시키는 차별화된 주거 공간이었던 동시에, 서민층이 그것을 쫓아가려는 욕망을 실현하려는 공간이었다.

박완서의 소설 〈꿈과 같이〉는, 명문대학을 졸업했지만 무직으로 지내다 이제 막 취직해서 첫 월급을 타게 될 남편과 국민학교 선생인 아내로 구성된 서민층 가족의 꿈을 담고 있다. 남편은 월급을 타면 사고 싶은 것이 너무나 많은 아내를 바라보면서, 아내가 그동안 억압해온 소비 욕구가 얼마나 컸는지 깨닫는다.

> (아내는) 언제 따귀 맞았더냐 싶게 밝고 싱싱한 표정으로 월급 타면 사고 싶은 것을 차례차례 늘어놓기 시작했다. 그녀의 실크원피스와 나의 춘추복, 그녀의 핸드백과 나의 구두, 전기 프라이팬과 소파, 냉장고와 세탁기, 전화와 텔레비전, 홈세트의 법랑냄비. (중략) 아내가 사고 싶은 것들은 밤새도록 주워섬겨도 그 밑천이 딸릴 것 같지 않았다.
> 나는 그 소리에 귀 기울이며 우리가 얼마나 안 가진 게 많나, 아내는 그동안 수없이 작은 욕망들을 얼마나 감쪽같이 챙기고 살았나를 신기하게 생각했다.[309]

첫 월급으로 사고 싶은 것들은 사실 현재의 눈으로 보면 사치품도 아니다. 여분의 옷과 가방과 구두는 논외로 쳐도, 아내가 사고 싶은 가전제품이나 살림살이들은 이제 어지간한 사람들에게는 생활필수품들이다. 저 상품들이 당시 서민층이 원했던 소비 대상이라는 것은, 당대의 소비수준을 보여줄 뿐만 아니라 서민층의 소비 욕망이 당시 국가적 프로파간다가 주장하는 것처럼 허례허식이나 사치풍조는 아니었다는 사실이다. 아마도 문제는 남편을 바라보면서 자신이 사고 싶은 물품들을 주워섬기는 아내의 욕망이, 사실 다른 사람들이 이미 가지고 있는 상품들을 자신도 가지고 싶다는 욕망에 근거해 있다는 점일 것이다. 이 소비를 통한 소유의 욕망은 타인과의 정보교환이나 대중매체 등을 통해 사회적으로 학습된 것이며, 다른 사람들과의 경쟁을 통해서 끝없이 확장되고 언제나 충족되지 않은 상태로 남는다.

1970년대 아파트의 소비문화 심리를 가장 잘 그리고 있는 텍스트는 박완서의 소설 〈닮은 방들〉이다. 어머니의 반대를 무릅쓰고 18평 아파트로 이사 간 '나'는 다른 주부들과 모든 것을 공유하고 닮아가기 시작한다. 앞집 여자의 집을 구경하고 나니 "나는 꼭 ㄱ 여자네 방처럼 꾸미고 싶었다." "나는 그 여자네 방보다 더 멋있게 꾸미려고 별렀으나 꾸며 놓고 보니 가구의 배치나 커튼의 빛깔까지 비슷한 것이 되고 말았다. 내가 그 여자네 방에서 받은 첫인상이 너무 강렬해서 내 기호가 어느 틈에 그 여자를 흉내 내고 있었는지도 모른다"(280쪽). 같은 아파트에 사는 이 여성들은 서로 음식재료, 요리법, 가전제품까지 서로 닮아간다.

> 비슷한 여편네들이 비슷한 형편의 살림을 하고 있었다. 우리 방과 철이네 방이 닮은 것만큼 우리의 상하좌우의 방들은 닮아 있었다. 물론 어느 집은 딴 집이 안 가진 세탁기가 있고 어느 집은 딴 집보다 먼저 피아노를 들여놓고 그 정도의 차이는 있었으나, 그 정도의 우월감조

차 오래 누리지를 못했다. 곧 누가 그것을 흉내 내고 말기 때문이다. 서양 여자들이 체중을 줄이기 위해 다이어트를 하듯이 이곳 아파트의 여자들은 남의 흉내를 내기 위해 순전히 남을 닮기 위해 다이어트를 했다. 나는 이런 닮음에의 실증으로 진저리를 쳐가면서도 철이네만 있고 우린 없는 세탁기를 위해 콩나물과 꽁치와 화학조미료와 철이 엄마 식 요리법만 가지고 밥상을 차리고, 철이 엄마는 내가 살림 날 때 올케 한테서 선물로 받은 미제 전기 프라이팬을 노골적으로 샘을 내더니, 오로지 그녀의 요리법 하나만 믿고 형편 없는 장보기를 하고 있었다 (283~284쪽).

아파트의 삶이란 누군가 고유성과 차이를 만들기 위해 피아노나 세 탁기를 산다 해도 다른 사람이 모방 소비로 좇아감으로써 동일화되는 패턴을 가지고 있다. 소설 〈닮은 방들〉의 '나'가 모방으로 서로 닮아가 는 상황에서 점점 좌절을 느끼고 탈출하려는 소망을 가지게 되는 것은 당연하다. 박완서의 다른 소설 〈여인들〉에서도 상황은 비슷하다. 아무 리 다른 사람을 따라 해도 "나는 소원 성취한 승리감은커녕 차츰 비참 한 열패감에 빠져들고 있었다. 그것은 토끼와 경주에 임해야 하는 거북 의 열패감과도 흡사한 것이었다. 그리고 그런 열패감은 내 속에서 우러 난 일시적인 감정이라기보다는 내가 내 인생을 사는 동안 줄창 걸머져 야 할 운명같이만 여겨졌다."[310] 박완서 소설 속의 아파트 여성들은 성 취감보다 이길 수 없는 경주에 뛰어들었다는 느낌에 사로잡힌다. 그러 나 경제적 부와 그것의 향유를 추구하는 욕망은 언제나 욕구불만의 결 과로 되돌아온다.

앞에서 중상류층 이상을 대상으로 지어졌다고 언급한 한강맨션아파트는 그 유명세 때문에 많이 거론되는데, 그중에는 번쩍거리는 한강변 아파트의 외관을 묘사한 조해일의 소설 〈뿔〉[311] 외에도 1975~79년 사이에 연재된 박완서의 장편소설 《도시의 흉년》이 있다. 이 소설에서 첫째 딸 수희 언니는 사법고시를 패스한 부잣집 아들과 결혼하면서 "한강맨션"에 살게 되는데, 시어머니와 "실내장식가"가 함께 찾아와 신혼집 꾸미는 일을 상의하게 된다. 그 실내장식가 미스터 남은 "외국의 인테리어 전문지의 화보를 언니 앞에 펼쳐놓고" 하이센스와 유행하는 침실에 대해 논하면서 이렇게 주장한다. "아파트라는 획일적인 공간의 주민들이 가장 힘겹게 소중하게 지켜야 할 게 있다면 바로 개성이니까요. (중략) 과연 높으신 안목이십니다. 다만 제가 말씀드리고 싶었던 건 저속한 의미의 유행이 아니라 특수 고급층의 고상한 취미의 흐름에 대해서죠. 더욱 개성적이기 위해선 당대의 하이패션을 우선 알아야 하니까요. 어제 신혼여행에서 돌아오신 6동의 재벌의 따님 내외 침실도 이 식으로 해드렸고요, 이번 토요일에 식을 올리는 전직 장관의 아드님 내외분의 침실도 이 식으로 지금 작업 중이거든요."[312] 이쯤 되면 외국의 인테리어 화보를 모방해서 똑같이 작업하는 상류층 아파트의 인테리어가 과연 개성을 추구한 것인지, 유행을 따라 획일적인 공간을 노골적으로 쫓는 것인지 불분명해진다(사진 82).

서민층이 아닌 상류층 주부들의 생활을 그린 박완서의 다른 소설 〈주말농장〉은 이를 더욱 냉소적으로 묘사한다. "동은 다르지만 같은 아파트에 살고, 같은 인근 사립 국민학교의 자모끼리고, 또 같은 A여대의 동창인 화숙, 난주, 현정, 효순, 성희, 혜란"은 주위의 가난한 시인이 주말농장을 마련했다는 것을 알고, 그것을 흉내 내기 위해 야유회 약속을 잡는다. 그런데 그 야유회는 단순히 놀러가기 위한 것이 아니라, 서로의 부를 과시하기 위한 자리가 된다.

> 남편이 자주 외국을 드나드는 게 자랑인 효순은 외제 등산기구를 총동원해 야외 취사 준비를 하는가 하면, 아이들의 귀족적인 까다로운 식성이 자랑인 난주는 복숭아에 참외가 한창인데도 바나나니 미제 깡통 주스, 미제 초콜릿을 사모으기에 바빴고, 짭짤한 고급품 세간살이를 가진 현정은 보온병에 퍼컬레이터에 샐러드 세트까지, 양잡화상에서 사모아 쓰지 않고 넣어둔 찬장 세간살이들을 총동원하려 들었고, 생김새가 화려하고 멋쟁이인 성희는 명동에 나가 자기 옷을 맞추랴 아이들 옷을 사랴 주말 농장 백 평 값도 넘는 돈을 아낌없이 날렸다. 흡사 전시회를 앞둔 예술가처럼, 내일의 전투 준비로 서슬 퍼런 칼을 갈고 또 가는 전사처럼, 그녀들의 야유회 준비는 무시무시하고 정열적이고 당사자 외엔 아무도 이해할 수 없는 그야말로 미친 지랄이었다.[313]

이 인용문에 나온 상품들은 당시로 치면 매우 고가의 품목들이다. 외제 등산기구나 커피를 끓이는 기구인 퍼컬레이터 등은 두말할 나위 없이 사치품이고, 당시 초콜릿, 주스를 포함하여 미제 통조림 상품들은 신선한 채소들보다 더 고급의 식품들이었으며, 지금은 흔하고 값싼 바나나도 귀하고 비싼 과일이었다. 엄마들과 자식들만 참가하는 야유회 준비에 엄청난 돈을 쓰는 상류층의 행태는 매우 과시적이다. 야유회 준비에서 가장 과시적인 것은 아주 야한 비키니 수영복을 구하는 것이었는데, 다른 사람들이 쉽게 입지 않는 수영복을 주말농장이 있는 계곡에서 입겠다는 발상도 다른 사람들의 눈을 의식한 것이다.

1970년대 아파트가 중산층 이상의 아파트와 서민층 아파트로 나뉘어져 있었기 때문에, 아파트에서의 삶을 일률적으로 평가하는 것은 옳지 않을 것이다. 그러나 아파트에서 사는 것이 현대적이고 서구적인 삶을 사는 것으로 상상되면서, 경제적 격차에도 불구하고 그 방향은 이미 유행과 모방의 방식을 통해 정해져 있었다고 볼 수 있다. 부르디외의 말대로 하위계급들은 경제적 자본뿐만 아니라 문화자본, 학력자본 등

〈사진 82〉 현대적 삶을 구가하는 아파트 거실의 이상적인 모습(출처: 《주택건설》, 1976년 10월호).
아파트는 젊은 세대에게 현대적 라이프스타일을 영위할 수 있는 공간으로 여겨졌다. 사진은
당시 이상적으로 간주된 서구식 문화를 구현한 아파트 거실의 모습이다.

여러 상징자본을 갖춘 상위계층의 라이프스타일을 모방함으로써 계급적 구별짓기가 낳는 차이를 따라잡고자 하는 경향을 지니고 있다. 그 경향성에 충실한 행동들을 1970년대 한국 사회의 위선적인 욕망으로 판단할 수는 없을 것이다. 박완서의 소설은 아파트의 과시적이고 모방적인 삶을 비판하면서도 그 소비의 욕망을 인정하고 실현하는 여성들을 그리고 있다는 점에서 이중적이다.

아파트, 소외와 획일성의 불모지

박완서 소설이 냉소적으로 그리고 있는 모방과 추종의 소비문화를 보면, 아파트 거주자들은 서로를 관찰하고 흉내 내면서 살고 있는 것처럼 보인다. 그러나 아파트를 그린 이 시기의 문학 텍스트들이 가장 중요하게 견지한 것은, 아파트라는 낯선 공간을 동경하면서도 소외와 고독을 초래하는 상징처럼 간주하는 이중적 관점이었다. 서로 단절되어 "사람 사는 동네"(《닮은 방들》) 같지 않은 삭막한 주거 공간이라는 이미지는 아파트에 끈질기게 따라붙었다. 마침 유행하던 '군중 속의 고독'이라는 현대 사회의 상징과 이어지는 아파트의 고독한 이미지는, 서울에서 도시의 생존경쟁을 이어가던 사람들에게 호소력을 가지고 있었다.

　최인호의 소설 〈타인의 방〉이 이를 가장 상징적으로 보여주는 소설로 유명하다. 며칠 만에 집에 돌아온 사내가 아파트 현관문 앞에서 문을 두드리는 도입부는, 시끄러움을 느끼고 문 밖으로 나온 이웃집 사람들의 반응을 그리고 있다. 특히 이 집의 주인이라고 밝히는 사내의 말에 "뭐라구요?"라면서 의심스럽게 그를 노려보는 여인이나, "우리는 이 아파트에 거의 삼 년 동안 살아왔지만 당신 같은 사람을 본 적이 없소"라는 이웃집 남자의 반응은 대표적이다. 삼 년을 살아도 서로 알지 못하는 이웃이라는 배경 설정은, 집안에서 익숙한 사물들을 낯설게 느끼는 환상적인 장면들의 묘사를 통해 배가된다. 이 유명한 소설은 지금까지 아파트의 고독과 소외로 상징되는 도시의 병리학을 가장 잘 보여주는 것으로 해석되어왔다.

박완서의 소설들도 구체적인 체험의 차원에서 아파트 공간의 의미를 탐색하고 있다. 〈타인의 방〉의 '그'가 옆집 사람도 알아보지 못하는 이방인으로서 아파트 안에서 사물과 환경으로부터 극단적인 소외감을 경험한다면, 박완서 소설 속의 인물들은 아파트를 서로 대립되는 이중성이 공존하는 공간으로 인식하는 경향이 있다. "아파트 생활이란 참 묘한 데가 있다. 다닥다닥 좌우상하로 수많은 이웃을 가졌으면서도, 어쩌다 전화의 "쓰――" 소리만 안 들려도 고도에 유배된 듯한, 지독스레 절망적인 단절감에 시달리는 반면, 늘 엿보이는 듯, 도청당하는 듯, 창은 물론 두터운 벽에서까지 뭇 눈과 귀를 의식해야 하는 괴로움이 있다."[314] 여기서 아파트라는 공간은, 집단적 거주가 가능하면서도 도리어 공동체적 의식과 연대감을 제거한 공간, 단절과 고립감을 안겨주면서도 끊임없이 타인을 의식하게 만드는 공간으로 인식되어 있다. 박완서의 여러 여성 인물이 계속해서 전화기를 붙잡고 다른 사람들과 잡담을 나누는 것조차 이러한 단절감을 상승시키는 역설적인 장면으로 보인다.

이러한 논리에 따르자면, 개인에게 독립된 생활 공간을 제공하는 것처럼 보였던 아파트는 전체주의에 자발적으로 순종하는 시스템을 제공하는 공간이 된다. '나'는 이 획일성의 공간에서 끔찍한 혼란과 권태를 느낀다.

> 나는 따분한 낮 동안 커튼을 젖히고 마주 보이는 13동의 방들을 세어 보고, 거기다가 이곳 아파트 단지의 아파트 총동수를 곱해 보고 하다가, 고만 눈이 아물아물해지면서 머리가 뒤죽박죽이 되고 만다. 그럴 때 나는 이상하게도 내 쌍둥이 아이들이 싫어진다. 그 애들이 쌍둥이라는 사실이 견딜 수 없어진다. 그리곤 눈앞이 어질어질해지면서 그 애들을 구별할 수 없게 된다. 누가 형이고, 누가 아우인지를 못 알아보게 되는 것이다. (중략)
> 그 후에도 내 생활은 여전히 끔찍하게 따분했다. 나는 내 이웃의 무수한 닮은 방들이 끔찍했고 내 쌍둥이 아들을 구별 못하는 일이 끔찍했고 무엇보다도 한 눈을 애꾸를 만들어 가지고 콩알 만한 유리 조각을 통해 퇴근한 남편의 얼굴을 확인하는 일이 끔찍했다. 천장에 달라붙은 이십 와트 형광등 불빛 밑에서 비인간적으로 창백하고 냉혹해 보여 자기 남편을 아파트 살인범으로 착각해야 하는 일이 끔찍했다(287~288, 295쪽).

'나'는 '닮은 방들'이 켜켜이 쌓인 아파트 단지에서 염증과 어지럼증을 느끼다 못해, 심지어 자신의 '쌍둥이' 아들들이 닮았다는 사실에 대해서조차 혐오감을 느낀다. 그녀는 현관문 렌즈를 통해 피로에 찌든 남편의 얼굴을 보면서 '아파트 살인범'으로 오인하기도 한다. 아파트 공간에서 느끼는 이러한 염증과 불안은 〈주말농장〉의 화숙이 느끼는 심정과 유사하다. "도대체 이런 것들이 퇴락해가거나 변모해가는 일이란 좀처럼 없을 것 같다. 그것들은 그렇게 견고하고 완고해 보인다. 페츄니아의 꽃무더기조차도. 화숙은 이런 풍경에 느닷없이 진저리가 나며 이유 모를 불안감에 사로잡힌다. 이런 때의 불안감이란 꼭 가려운 곳이 분명치 않은 가려움증 같아서 미칠 지경이다"(112쪽). 화숙과 〈닮은 방들〉의 '나'는 모두 '닮음에 대한 싫증' 때문에 "권태"와 "공허"에 허덕이지만, 이 공간에서 빠져나갈 출구를 쉽게 찾지 못한다.

〈닮은 방들〉의 '나'는 철이 엄마가 어느 날 "미칠 듯한 희열을 감춘 듯이 살갗은 반들대고 눈은 번들대는" 모습으로 나타나자 그녀가 혼자 "이곳의 무수한 닮은 방으로부터 놓여날 수 있는 가능성을 가졌다"고 생각하고 질투를 느낀다(286쪽). 그 비밀은 전원주택으로 이사 갈 주택복권을 사는 일로 드러났지만, 결국 '나'는 철이 엄마의 남편인 "그 '짐승 같은 새끼'와 간음을 하고 말 것 같은 예감"으로부터, 이 권태로운 획일성과 몰개성의 공간을 탈출할 수 있는 가능성을 발견한다. '나'는 철이 아빠와의 동침에 성공하는데, 정작 같은 침대에 누운 이웃집 남자는 옆의 여자가 자신의 아내가 아니라는 사실도 알아차리지 못하고 섹스를 끝낸다. 어차피 남편과 아내는 서로 닮아 있기 때문이다. 다소 충격적인 이 이야기 밑에는 아파트의 삶에 대한 그녀의 생각이 담겨 있다.

그의 섹스는 신경질적이고 허약한 주제에 가학적이다. 당하는 쪽의 기분을 공중변소처럼 타락시킨다. 그의 속살은 쇠붙이에서 풍기는 것 같은, 사람을 밀어내는 기분 나쁜 냄새를 지니고 있다. 그런 모든 것이 내 남편과 너무도 닮아 있다. 나는 내가 간음하고 있다는 느낌조차 가질 수 없다. 나는 내 남편에 안겨 있는 동안에도 간음하고 있는 것으로 공상을 하는 못된 버릇이 있었는데 정작 간음을 하면서도 그것조차 안된다. 죄의식도 쾌감도 없다. 일을 끝낸 그는 더 깊이 잠들고 나는 여기가 정말 철이넨가 그것조차 믿어지지 않아 아이들이 자고 있는 이층 침대로 가서 자는 애들을 더듬어본다(297쪽).

'나'의 간음은 자신의 고유성을 잃어버린 상황 속에서 "야성"을 일깨우고 자신의 본능을 일깨우려는 일종의 탈출구다. 아파트의 삶으로 표상되는 문명과 동일성 대신 "짐승 같은 새끼"와의 동침을 택했기 때문이다. 그녀는 사회적 금기에 대한 위반과 일탈을 통해 '닮은 방들'로 상징되는 획일화로부터 벗어나려 했지만, 이러한 시도가 성공적이었는지는 의문이다.

그녀는 이웃집 남자와의 관계를 끝낸 후, 자신이 새로 태어난 '처녀'라고 느낀다. "거울 속에 내가 있다. 생전 아무하고도 얘기해 본 적도 관계를 맺어 본 적도 없는 것같이 절망적인 무구無垢를 풍기는 여자가 거기 있다. 나는 이상하리만큼 해맑고 절망적인 기분으로 나를 처녀처럼 느낀다. 십 년 가까운 남의 아내 노릇에 두 아이까지 있고 방금 간음까지 저지른 주제에 나는 나를 처녀처럼 느낀다. 그런 처녀는 끔찍하지만 그렇게 느낀다"(298쪽). 행복한 연애를 하고 결혼하여 두 아이를 낳은 여성이 간음 후에 발견하는 자신의 모습이 결국 "생전 아무하고도 얘기해 본 적도 관계를 맺어 본 적도 없는 것같이 절망적인 무구"라면, 그것은 결국 건강한 야성의 세계를 회복한 것이 아니라 아파트의 삶과 현대문명에 잠식당해 타인과의 어떤 관계도 불가능할 정도로 황폐해진 불모지의 상태를 발견한 것이라고 할 수밖에 없다. 그런 점에서 이 결말은 남성의 생식기가 박제되어 박물관에 전시되어 있는 현대의 상황을 그린 최인호의 소설 〈전람회의 그림 I〉과 유사한 문제의식을 담고 있다.

아파트의 현대적인 삶에 대한 선호와 동시에 발견되는 이 거부감은 아직 자연에 대한 향수를 가지고 있던 1970년대 기성세대의 전형적인 반응이다. 1970년대에 이르러 아파트 단지들은 경제적 여유를 갖춘 중산층들이 서구적 생활문화를 마음껏 누릴 수 있는 상징으로 부상했지만, 그것은 어렸을 때부터 가져온 꿈이라기보다 어느 순간 자신들의 삶 속에 주입된 환상이었다. 따라서 최인호와 박완서의 소설을 비롯한 여러 문학 텍스트가 아파트에서 '스위트 홈'을 가꾸려는 중산층 판타지의 허구성을 폭로하는 데 주력하는 것은 당연해 보인다.

이들의 소설은 아파트와 그곳에서의 일상생활을 매우 멋지고 화려하게 묘사하면서, 동시에 그곳으로부터 일탈하고 싶어 하는 욕망의 정당성을 보여준다. 이제 자연으로 돌아가면 불편함 투성이라는 것을 알고 있는 현대의 독자들에게는 상투적인 비판처럼 보일 수도 있는 이야기들이지만, 1970년대 문학이 그리고 있는 아파트의 삶에 대한 이중적인 태도가, 불과 십여 년 만에 판잣집 골방 안에서 신음하던 우울한 1960년대 청년들의 세계로부터 얼마나 멀리 이동해왔는지는 확인할 수 있을 것이다.

강남의 새로운 도시 경관

1970년대 당시 아파트가 새롭게 대중화되던 주거 공간인 만큼 여러 반응이 나오는 것이 당연하지만, 그에 못지않게 새로운 공간에 아파트 단지와 신도시가 형성된 강남에 대한 반응도 나오기 시작했다. 국가권력에 의해 새롭게 창출된 강남 지역은 단지 기존의 중심이 담당하던 기능과 역할을 새로운 공간에 옮겨놓은 것이 아니라, 새로운 도시 경관과 일상생활의 양식을 선보였다는 점에서 대중들이 새롭게 지향하는 경제적·문화적 가치의 집약 공간이 탄생했다는 의미를 지니고 있다. 강남에 조성된 도시 경관은 새로운 도시문화의 형성을 보여주는 새로운 척도였으며, 이후 전국적으로 도시개발의 모델이 될 만한 파급력을 지니게 되었다.

1971년 3월 그동안 비밀에 붙여졌던 영동지구의 사업계획이 공표되었을 때, 놀란 것은 일반인보다 전문가들이었다고 한다. 이 지역의 구획정리사업이 일반적인 도시전문가들의 상식에서 벗어나 있을 만큼 엄청나게 넓은 지역을 포괄하고 있기도 했지만, 동시에 거의 완전에 가까운 격자형 도로계획을 구상하고 있었기 때문이다. 격자형 대로로 구획된 이 공간에는 종전까지의 다른 구획정리지구에 비해 월등히 많은 공원, 학교용지 등이 배치되었으며, 이는 도시계획상 매우 획기적인 일이었다. 정부는 이 지역에 1971년부터 아파트를 세웠고, 1976년 반포지구, 압구정지구, 청담지구, 도곡지구 등에 일반 아파트들을 세워, 주민을 유치하는 정책을 시행했다(사진 83).

새롭게 계획도시 공간으로 탄생한 강남의 도시 경관은, 사람들에게 낯설고 새로운 공간문화를 제시하는 공간으로 받아들여졌다. 일직선으로 뻗은 도로와 바둑판처럼 질서정연하게 정리된 주택가, 똑같은 모양의 집들이 줄지어 서 있는 아파트 단지의 모습은, 당시까지 사람들이 알고 있던 도시의 번화함에 대한 이미지를 변화시켰다.[315]

1970년대의 문학 텍스트 중에서 새로운 도시 공간 강남의 도시 경관과 문화를 재현하고 있는 대표적인 소설은 중산층의 일상생활과 그 이면의 허위의식을 고발한 박완서의 소설이다. 앞에서 언급한 박완서의 소설 〈낙토의 아이들〉은 "아파트 단지와 고급 주택단지와 상업단지와 교육행정 단지로 엄격하고도 편리하게 구분되어 있는 이 무릉武陵 신시가지"(305쪽)의 모습을 묘사한다. 용도별로 구획된 도로들은 편리한 근린시설들의 밀집으로 계획적인 신도시의 모습을 하고 있었다. 아파트에서 내다보면 "초가을의 햇빛이 눈부신 아파트 주차장에 낯익은 파란 승용차가 멎어 있다"(304쪽)는 묘사는 지금 보면 너무 익숙한 풍경이지만, 아파트도 승용차도 지금처럼 많지 않던 1970년대라는 점을 감안하면 당시로서는 새롭게 펼쳐지는 바깥 풍경이었다.

박완서의 다른 소설 〈주말 농장〉(1973) 역시 강남에 인공적으로 조성된 도시 경관의 면모를 가감 없이 묘사하고 있다. 다음의 구절은 강남에 새롭게 건설된 대규모 아파트 단지들이 잘 가꾸어진 조경, 밝고 깨끗한 느낌을 줄 수 있도록 조성된 상가, 내부를 투명하게 드러내는 과시적 경관을 가지고 있음을 보여준다.

여름날 아침의 아파트 광장은 어지럼증이 나도록 환하다. 그리고 익숙한 풍경이 방금 세수라도 하고 난 것처럼 선명하다. 그녀는 잘 다듬어진 잔디와 군데군데 붉은 맷방석을 던져 놓은 듯이 무리져 피어 있는 페츄니아의 떨기와 건너쪽 상가의 쇼윈도에 진열된 알록달록한 상품과 부동산 소개소와 커튼센터와 또 부동산 소개소와 전화상과 부동산 센터와 이런 것들이 잘 닦은 유리창을 통해 내부를 깡그리 노출한 채 한결같이 놀랍도록 정결한 것을 망연히 굽어본다.[316]

이 구절은 강남의 새로운 아파트 단지가 얼마나 화려하고 깨끗하며 투명한지 생생하게 묘사하고 있다. 이곳을 화려하게 만드는 것은 잘 가꾸어져 있는 조경과 쇼윈도에 진열되어 있는 갖가지 상품이다. 게다가

〈사진 83〉 1970년대 후반 잠실아파트 공사 현장(출처: 서울역사박물관).

강남의 도시 경관 중에서 특징적인 것은, 모든 것이 다른 사람들에게 잘 보일 수 있도록 투명하게 노출되어 있다는 사실이다. 특히 한 집 건너 하나씩 있는 것처럼 자주 보인다고 묘사된 부동산 중개업소의 화려함과 정결함은 예전의 낡고 촌스러운 복덕방과 완전히 다른 낯선 풍경이다.

박완서의 소설은 강남의 경제적 힘이 도시 경관을 통해 나타나는 모습을 보여주기 위하여, 여타 지역과 전혀 다른 모습을 과시하는 강남 '부동산'의 모습에 주목한다. 다른 고급 상점들 못지않게 깨끗하고 정결한 '부동산'의 모습은 강남의 치솟는 땅값과 투기 붐을 상징할 뿐만 아니라, 이곳이 토지와 관련된 거래가 성사되고 거액의 돈들이 움직이는 장소라는 점에서 다른 곳과 강남을 경제적 관점에서 구별짓게 해주는 역할을 담당하고 있다.

강남 지역 부동산에 대한 묘사는, 〈낙토樂土의 아이들〉에서도 잘 나타난다. 다음은 이 소설의 남성 화자인 '나'가 강남의 상가를 바라보는 시선을 보여주는 구절이다.

> 상업단지의 번화가엔 없는 게 없다. 양장점, 양품점, 실내장식점, 표구점, 골동품점, 양가구점, 고전가구점, 약방, 식료품점, 양식집, 일식집, 한식집, 통닭집, 케이크집……그러나 뭐니 뭐니 해도 가장 광범위하게 분포돼 있는 건 부동산 사무실이다. 반투명의 청색 유리를 통해 엿볼 수 있는 그 내부는 유한마담의 응접실처럼 퇴폐적이고 유혹적이다. 무슨 구실이라도 붙여서 들어가 쉬고 싶게 쾌적해 보일뿐더러 청결해 보이기도 하다. 꽤 세련되고 호화롭게 실내장식을 해놓은 곳도 적지 않

다. 이 단지에서 가장 높은 건물은 증권회사 건물이다. 여러 증권회사의 무릉출장소가 한데 모여 있는 건물이니만큼 거대하다. 금속성인 광택을 지니고 하늘 높이 예리하게 솟아 있는 걸 그 꼭대기까지 쳐다볼라치면 아뜩하면서 현기증이 난다.[317]

이 인용문은 부동산 사무실마저 "퇴폐적이고 유혹적"인 "유한마담의 응접실"처럼 보이는 강남의 모습을 지적하고 있다. 뿐만 아니라 이곳에 몰려든 경제적 자본의 규모와 힘을 증권회사가 몰려 있는 고층 건물을 통해 보여주고 있으며, 모든 상업시설을 한군데에 집약시켜 하나의 단지로 조성하는 계획도시의 특성을 설명하고도 있다.

강남에 신설된 상업단지들은 강남의 문화적·경제적 폐쇄성을 낳는 원인이다. 한 장소에서 일상생활의 여러 요구와 욕구들이 해결될 수 있기 때문에, 다른 지역으로 이동할 필요성과 가능성이 줄어들기 때문이다. 자본의 순환과 축적이 이 공간을 벗어나기 힘들어지는 것이다. 인공적으로 조성된 이러한 환경은 지질학도인 화자에게 현기증을 불러일으킬 만큼 정서적으로나 이성적으로나 따라잡기 힘든 것으로 묘사되긴 하지만, 그에게 황금이 번식하는 이 동네의 매력을 거부할 수 있는 힘은 없다. 그가 고백하듯이 "내 생활의 안일은 내 마음의 불편을 더운물이 눈 녹이듯 흔적도 없게 만들어버리기"(319쪽) 때문이다.

강남과 아파트 단지를 중심으로 실현된 계획도시의 면모는 당시로서는 매우 새로운 것이었다. 흔히 현대도시를 연상할 때마다 거대한 인구, 다양한 상품의 유통과 소비, 효율적으로 구획된 공간과 도로, 빠르고 편리한 교통체계, 고층 건물로 가득 찬 도시 경관 등을 떠올리게 된다. 모더니티의 원리에 따라 만들어진, 인구, 자본, 물류의 블랙홀이자 거주, 이동, 소비에 최적화된 거대 공간이 곧 현대도시인 것이다. 1966년부터 개발되기 시작한 서울의 강북 도심이 이러한 요건들을 채우지 못한 것은 아니지만, 1970년대 이후 새롭게 건설된 강남은 이 조건들을 더 충실하게 충족한 공간일 뿐만 아니라 순수하게 이 요건에 따라 만들어진 공간이다. 좋고 나쁨의 가치평가나 호오의 취향을 떠나, 강남은 서울, 더 나아가 한국 사회 전체가 나아가는 방향의 최전선에 나서 있을 수밖에 없다.

강남의 이질감과 차별화

1970년대 아파트의 삶에 대한 비판이 이중적인 것처럼, 아파트 단지가 몰려 있고 새롭게 조성된 강남이라는 공간에 대한 문학 텍스트들의 태도 역시 이중적이다. 강남이라는 광활한 도시 공간은 자신을 다른 장소들과 차별화시키는 시스템을 가지게 된다. 물론 현재 강남이 발휘하는 공간적 구별짓기의 가장 큰 척도는 어마어마한 아파트 가격과[318] 경제적 여유가 있는 집단의 결집이다. 그러나 강남과 다른 지역을 구분하는 공간적 '구별짓기'의 시스템은 훨씬 더 다양한 요소들이 복합적으로 맞물려 작동한다. 이 시기의 문학 텍스트들은 이 새로운 공간이 번화하고 편리한 공간이라는 이미지만을 지니고 있었던 것은 아니었다. 문학 텍스트들은 강남을 시각적으로 낯설고 정서적으로 생경한 공간처럼 느끼는 태도를 보여주면서, 이 새로운 공간에 대한 거리감을 표시하고 있기 때문이다.

박완서의 단편 〈포말의 집〉은 학교에 갈 자식에게 '보리 혼식' 도시락을 싸줘야 하지만 집안에 보리가 없다는 것을 알고 새벽부터 아파트 단지에 있는 가게로 나선 주부의 모습을 그린다. 그러나 아침 일찍 문을 연 상가는 없고, 다시 집으로 돌아오는 길에 길을 잃는다. "나는 이번엔 내 아파트를 찾아 달음질치며 몇 번이나 길을 잃었다. 매연 같기도 하고, 안개 같기도 한 어둠이 서서히 엷어지는 속에 무수히 직립한 아파트와 그 사이로 난 널찍널찍한 보도는 거기도 여기 같고, 여기도 거기 같은 모습으로 나를 혼미시켰다. 설사 내 아파트가 내가 찾아오기 쉽게 잠시 역립逆立을 하고 나를 기다려준대도 사정은 마찬가지였을 게다. 아파트는 성냥갑처럼 아래위가 없었으니까."³¹⁹

그녀가 겨우 자신의 집을 찾았다고 생각한 순간, 그 집 또한 잘못 찾아든 집임을 알게 된다. "도어 위에 문패를 보니 404호였다. 내 집은 406호인데. 그러니까 나는 우리 동의 셋째 번 문으로 들어와 계단을 올라야 하는 건데 둘째 번 문으로 들어온 모양이다"(66쪽). 여기서 "시범아파트"와 "공무원아파트" 사이를 방황하며 상가에 열린 가게를 찾고 있는 것으로 보아, 여의도와 논현동을 상상적으로 합쳐놓은 공간이거나 또는 시범아파트와 공무원아파트가 같이 있던 이촌동을 생각하고 쓴 것으로 보인다. 여기서 거대 아파트 단지는 자신의 집조차 찾지 못할 정도로 획일화되어 있는 몰개성의 공간으로 간주되고 있는 셈이다.

아무런 개성과 차별성이 없는 아파트 단지의 외관을 비판하는 이 장면은, 사실 새로운 것이 아니다. 1956년에 발표된 김광식의 소설 〈213호 주택〉은 술에 취해 귀가한 남자가 자기 집을 찾지 못해 다른 집으로 잘못 들어갔다가 도둑으로 몰리는 남자의 일화를 그린 바 있다. 그 배경은 상도동에 지어진 대규모 공영주택 단지인데, 골목길과 자기 집의 외관이 헷갈릴 정도로 똑같은 모습으로 규격화된 집들의 모습은 시대를 막론하고 비판의 대상이었던 모양이다. 달라진 점이 있다면, 김광식 소설의 주인공은 다음날 아침 문앞의 현관문과 디딤돌에 표시를 해놓아야 한다는 점이고, 박완서의 주인공은 문에 달린 숫자만 확인하면 된다는 점이다.

박완서의 다른 소설 〈서글픈 순방〉은 부동산업소의 낯선 모습을 묘사하면서, 그것이 가져다주는 문화적 괴리감까지 더불어 묘사하고 있다. 이 소설에서 강남에 집을 구하기 위해 영동 신시가지로 향한 한 주부는, 강남의 화려하고 예쁜 모습에 반한다. "제3한강교 건너 영동 신시가지란 곳엔 참 예쁘게 생긴 집도 많았다. 모양이 어찌나 오밀조밀하고 아기자기하고 색스러운지, 집 같지가 않고 고급 양과점 진열장 속의 데커레이션 케이크 같았다. 나는 설레는 기분으로 이런 예쁜 집들 사이의 잘 포장된 골목길을 걸었다"(411쪽). 그러나 이 설렘은 생소한 부동산의 경관을 보고 난 후 좌절되고 만다.

그런데 이 동네엔 가도 가도 그 흔한 복덕방이란 게 안 보였다. 하긴 이만저만 염치가 없지 않고서야 이 빤빤한 동네 어디다가 그 후줄근한 현수막을 늘어뜨릴 수 있을 것인가. 그러면 저 예쁜 집을 보금자리로 삼고 있는 복 많은 이들은 맨 처음 무엇으로 저 예쁜 집을 열 최초의 열쇠로 삼았을까. 궁금증이 체증처럼 내 뱃속엔 충만했다. 이런 걸 물어 보려면 구멍가게가 제격인데 이놈의 동네엔 그 흔한 구멍가게조차 없었다. 나는 빙빙 돌고 돌아서 결국은 내가 처음 버스를 내렸던 큰길로 돌쳐 오고 말았다.

그리고 큰길가 양쪽에 즐비한 빌딩의 아래층이 모조리 부동산 소개소라는 것을 그제서야 알았다. 한신부동산이니 강남부동산이니가 바로 복덕방을 의미한다는 걸 알아차린 것이다. 그걸 알고 나서도 나는 그 앞에서 주저했다.

그 앞엔 재벌 회사의 주차장보다 더 많은 고급 승용차가 대기해 있었고 아무리 내부를 기웃대도 복덕방 영감 비슷한 늙은이도 눈에 안 띄었다. 젊고 민첩하고 영리해 뵈는 젊은 신사들과 교양도 돈도 있어 뵈는 귀부인들이 꽉 차게 들어앉은 사무실 속은 내가 이해할 수 없는 열기와 생기가 함께 넘치고 있었다. 나는 괜히 겁이 났다. 그래서 기웃대기만 하고 그대로 지나치기만 되풀이하다가 겨우 늙수그레한 신사가 혼자 하품을 하고 있는 한가한 사무실을 한 군데 발견할 수 있었다. 그도 늙었다는 점 하나만 빼고는 내가 알고 있는 복덕방 영감다운 특징을 하나도 갖추고 있지 않았다.[320]

이 주부는 구멍가게조차 없는 이 동네에서 '복덕방' 대신 쓰이기 시작한 일본식 단어 '부동산'이라는 말을 알지 못하기 때문에, 집을 구하러 다니는 데 애를 먹는다. 강남의 부동산은 후줄근한 현수막을 늘어뜨리고 사람들을 기다리는 곳이 아니라, 새로 지은 빌딩에서 귀부인과 신사를 맞이하는 화려한 사무실이다. 이 부동산 사무실에서 그녀가 받은 대접은 비웃음과 무시다. 영동 신시가지에서 "구십만 원짜리 독채 전세를 얻겠다"는 그녀의 꿈은, "아니, 작은 것 한 장도 못 되는 돈 갖고 이

바닥에서 독채 전세를 얻겠다고?" 질문하면서 "발작할 것 같이" 비웃
는 부동산업자 때문에 무너지고 만다. 그녀는 결국 "이 아름다운 신흥
주택가에 앙심을 품고" 떠나게 된다(411쪽). 장식품처럼 아름다운 집들
과 투명하고 화려한 부동산의 모습이, 이곳에 출입조차 할 수 없게 만
드는 경제적·정서적 거리감을 만들어내는 폐쇄적 도시 경관의 일부로
묘사되고 있는 것이다.

다시 말해 새롭게 떠오르는 강남의 신흥주택가와 아파트 단지들을
다룬 최인호와 박완서의 소설은, 강남의 화려하고 번화한 모습뿐만 아
니라 황무지처럼 낯설고 적응할 수 없는 측면 또한 동시에 그리고 있는
셈이다(사진 84). 강남의 화려한 모습은 자본과 경제력이 모두 이곳에
모여 있음을 상징한다. 그러나 이곳을 처음 방문한 사람들이나 부동산
붐이 가져다주는 경제적 "활기"를 따라갈 수 없는 사람들에게, 강남은
황무지 위에 세워진 낯설고 기분 나쁜 공간에 불과하다. 이는 강남의
주택가와 아파트 단지들이 경제적 수준이 비슷한 동질적 집단만을 수
용하고 있었음을 암시한다. "강남의 주택 또는 토지의 소유 여부에 따
라 사회적 계층을 구분할 수 있게" 된 것이다.[321]

강남은 일부 사람들에게 황금이 저절로 축적되는 공간이자 화려하고
세련된 동경의 대상이었다. 이 시기의 문학 텍스트들에서 강남은 더이
상 미개척된 황무지가 아니라, 다른 지역들에 세련된 서구적 생활양식
과 문화를 과시하고 전파하는 일종의 전시장처럼 묘사되기 시작했다.
부족한 게 없을 만큼 자족적으로 구성된 강남의 도시 공간과 아름답게
장식되고 투명하게 내부를 드러내는 건물들이 만들어내는 과시적 도시
경관은, 새로운 도시문화의 첨단으로 형상화된다. 1960년대에 갓 상경

한 사람들에게 도시문화의 상징이 현란한 네온사인으로 뒤덮인 밤의 거리, 성적 욕구의 배설이 가능한 종삼鐘三, 문화적 욕구를 충족시키는 다방 등이었다면, 1970년대에 이르러 도시문화의 상징은 강남의 아파트 단지에서 다른 지역의 비위생성이나 불편함과 차단된 채 서구식 생활을 영위하고 대중매체를 마음껏 즐기는 삶으로 바뀌었다. 새롭게 조성된 계획도시 강남이 서울 내부에서도 특화된 공간이자 경제적·문화적 동경의 대상으로 설정되기 시작한 것이다.

〈사진 84〉 1973년 촬영된 이촌동 로얄맨션아파트 상가(출처: 국가기록원).

각종 편의시설과 가게들을 한곳에 모은 아파트 상가는 주민들이 편리한 생활을 누릴 수 있도록 해준 동시에 아파트 주민들만의 폐쇄적인 영역을 만드는 데 일조했다.

04

안과 밖의 위계화,
계급 갈등이
대두하다

공간의 다층적·적대적 위계화와 철거민

1970년대는 강남과 강북 사이의 위계질서가 전복된 시기일 뿐 아니라, 1960년대 중반부터 진행된 서울의 광역화와 계층적 위계화 현상이 한 층 더 심화된 시기였다. 이 시기에 일어난 변화는 이전보다 더 넓은 지역에서 훨씬 더 빠르게 진행되었다. 강남 지역처럼 황무지에서 고급 주택가 또는 아파트 단지로 변신한 지역도 있고, 서울 변두리에 편재해 있던 논밭 지역들이 새로운 판자촌으로 변신하기도 했으며, 기존의 빈민지대는 중산층의 신흥주택가에 의해 침식당하고 분리되었다. 또한 서울 바깥에 위성도시들이 생겨나고 오늘날과 같은 거대한 수도권이 탄생하는 발판이 마련되면서, 서울 안팎의 공간적 역학관계도 변화하기 시작했다. 그 결과 서울의 도시 공간은 이전 시기보다 더욱 적대적인 계급의식이 형성되는 장이 되었다.

이 양상은 단순히 가진 자와 못 가진 자의 이분법적 양극화가 아니라, 다층적인 위계화이자 적대적인 위계화로 요약될 수 있다. 요컨대 강남과 강북의 격차 심화, 서민들의 신흥주택가와 도시빈민들의 판자촌 분리, 단독주택가와 아파트 단지의 차별화와 동시에, 서울과 시골 및 다른 도시들의 위계화, 더 나아가 서울과 새로 형성되는 위성도시들과의 위계화는 이전보다 훨씬 더 복잡하게 진행되었다. 사회적 공간의 이러한 다층적 위계화는 경제성장과 부동산 투기 덕분에 자본을 축적한 상류층과 중산층, 서민층과 도시빈민들의 경제적 차이가 더 부각되고 상호 간의 계급적 적대의식이 형성되기 시작했다는 사실과 대응한다.

서울의 인구 증가는 1970년대 이후에도 계속되었고, 무허가 불량주택이라고 불리는 판잣집들은 여전히 서울의 가장 큰 골칫거리 중 하나였다. 이것은 무허가 판잣집을 철거하여 도시빈민들을 외곽으로 추방하는 기존의 정책이 큰 실효를 거두지 못했다는 것을 의미한다. 1970년대 초반까지도 외곽에 강제이주된 철거민들은 서울시가 마련해준 토지를 전매하고 일자리가 가까운 도심지로 다시 되돌아가는 경우가 태반이었다. 대중교통이 더 확대된 이후에는 서울 변두리의 무허가 정착지가 있는 "사당동, 도봉동, 염창동, 거여동, 봉천동, 신림동, 창동, 쌍문동, 중계동 등"[322]은 더 큰 빈민지대로 변하기 일쑤였다. 이러한 결과는 여전히 서울로 무작정 이주해오는 사람들이 많은 상황에서 강제적인 철거 및 이주정책만으로는 비용만 소모될 뿐 판자촌을 없앨 수 없다는 깨달음을 안겼다. 게다가 1971년 8월 10일 광주대단지에서 일어난 봉기는 도시빈민들이 강제철거와 집단이주로 한 곳에 결집하면 더 큰 사회 문제가 일어날 수 있음을 각성시켜주는 계기가 되었다.

1972~73년 이후 도시개발은 이전과 약간 다른 방식으로 전개되었다. 물론 그 중심은 강북의 낡은 도심을 재개발하고 강남의 미개척지를 개발하는 두 가지 방향이었다. 이미 그 전해인 1971년 대대적으로 개정한 도시계획법에 따라 도심 재개발 정책이 적극적으로 추진될 예정이었다. 기억해둘 것은 이 시기의 도시개발에 1966년 당시처럼 서구인의 시선뿐만 아니라 다른 요인이 추가되었다는 점이다. 1972년 7월 7·4남북공동성명이 발표되고 남북적십자회담이 개최되면서 남북한의 인사들이 서울과 평양을 오가게 되자, 서로 발전한 도심의 모습을 보여주고 싶어 했던 것은 당연한 이치였다.[323] 즉, 이전까지 전시 피난을 위한 한강 남쪽 개발, 방공호로 쓰일 수 있는 남산 터널 착공, 활주로를 대신할 수 있는 여의도광장 설계 등 도시개발의 여러 정책이 주로 '안보'의 측면에서 전개되었다면, 1972년 이후 도시개발은 '도심 재개발'을 중심으로 '체제 경쟁'의 측면에서도 중시되었다. 냉전체제하의 남북 대립이 서울의 도시개발에 미치는 영향의 양상이 변화한 것이다.

아울러 1973년 3월 제정되어 1981년 12월까지 유효했던 〈주택개량 촉진에 관한 임시조치법〉은 이 시기 도시빈민들에게 중요한 법적 조치였다. 서울시는 이 법에 따라 재개발지구를 지정하고 주민들의 자발적인 주택개량을 장려했으며, 재개발을 위해 국공유지를 무상양여하는 방식을 통해 무허가 불량주택의 합법화를 일부 추진했다. 1967년 선거당시 유권자들의 환심을 사기 위해 양성화 정책을 일시적으로 실시한적이 있기는 하지만, 1972~73년부터는 주변의 공공시설도 함께 개량하면서 더 본격적이고 자조적인 개량정책이 추진되었다. 이 법을 제정하기 몇 달 전에는 1972년 11월 항공사진을 찍고 그 이전에 지어진 판잣집에 대해서는 소유권을 인정한다는 발표도 했다.

이 정책 이후 서울에 즐비하던 판잣집들 상당수가 사라졌다는 사실을 인정하는 사람들이 있다. 그러나 여전히 1970년대 내내 주민들의 자조적 재개발보다 더 많이 실시된 것은 철거 재개발이었고, 도시빈민들의 생존에 대한 위협이 여전했다는 점 때문에 회의적으로 보는 시각도 있다. 실제로 이 시기에 도시빈민들은 아파트 입주권이나 이주보조금을 지급받고 그동안 살던 판잣집을 철거당하는 장면을 지켜봐야 했다. 분명한 것은, 도시빈민들은 서울 도심의 판자촌을 떠나면서 변두리로 이동해 새로운 빈민지대를 형성했다는 점이며, 이는 당시까지 논밭에 불과했던 서울 전역의 경관을 변모시키는 효과를 낳았다는 점이다.

도심과 가까웠던 기존의 판자촌 중 많은 지역들이 중산층과 서민층의 아파트 단지나 신흥주택가로 변모되었다. 물질적 여유를 가지게 된 사람들이 늘어나고 서울의 변두리까지 국가권력의 개발정책이 확대되면서, 도시빈민들의 거주지가 분포해 있던 변두리가 개발되어 신흥주택가가 생성되고 빈민지대를 침식하기 시작한 것이다. 신흥주택가에 사는 중산층은 그들의 지척에 공존하는 기존의 도시빈민들에 대해 계급적 우월감을 느끼면서 거리감을 표시하게 되었다. 절대 다수가 가난했던 시절에서 벗어나 경제성장의 혜택이 사람들에게 불평등하게 분배되기 시작하자, 서울의 공간적 위계질서가 계급에 따라 새롭게 재편되는 것은 당연한 일이었다.

또한 1970년대는 서울 안팎에서 공간의 역학관계가 새롭게 정립된 시기였다. 1971년 광주대단지사건 이후 1973년 1월 '시'로 승격한 성남

〈사진 85〉 수도권 전철시대를 연 1974년 8월 15일의 지하철 1호선 개통식(출처: 서울역사아카이브).

을 필두로, 부천, 안양 등이 주거 기능과 공업 기능을 분담하는 서울의 위성도시로 성장하게 되고, 이후 1980년대에는 광명, 동두천, 구리, 시흥, 군포, 의왕, 하남 등이 모두 시로 승격되었다. 1974년 서울에 최초로 개통된 서울역–청량리 구간의 지하철은, 인천과 수원으로부터 서울역까지, 청량리역에서 의정부까지 기존 철도가 연결됨으로써 수도권 내의 대량 대중교통시대를 열게 한 계기였다(사진 85). 이 도시들 역시 서울에 대한 경제적·심리적 종속으로부터 자유로울 수 없었다.[324] 이는 서울이 주변의 위성도시 위에 군림하는 또 다른 의미에서의 중심으로 기능하기 시작했음을 의미한다.

1970년대의 문학 텍스트들은 서울의 도시 공간의 안팎에서 벌어진 이러한 변화들을 성실하게 기록하고 있다. 개발된 지역과 낙후된 지역 간의 분리와 갈등, 경제적 우월감을 가진 중산층의 공간적 구별짓기 의식, 철거민과 노동자들의 적대적 계급의식이 표출되는 양상, 서울중심주의가 강화되는 과정에 대한 문학적 재현들은, 이 변화가 각 계층에게 어떻게 실감되고 받아들여졌는지 보여주는 역사적 증언이었다.

철거민 '난장이' 가족이 목격한 서울

1970년대 서울의 판자촌과 철거민들의 상황에 대해서 우리는 아주 유명한 문학사적 성취를 가지고 있다. 바로 1975~78년 사이에 여러 지면에 연재되었던 조세희의 연작소설 《난장이가 쏘아올린 작은 공》[325]이다. 한국 현대문학사의 대표작이자 스테디셀러인 이 유명한 소설은 동화처럼 아름다운 장면을 끔찍하고 처절한 이야기들과 뒤섞은 기묘한 소설이다. 1970년대 서울의 도시 공간을 둘러싼 적대적 계급의식을 가장 실감나게 표현한 이 소설은, 도시 재개발, 철거민들의 삶, 상류층의 위선, 서울 주변 공업도시의 황폐화에 이르기까지 실로 서울과 관련된 다양한 주제들을 포괄하고 있는 텍스트다. 따라서 이 소설을 거치지 않고 1970년대 서울 도시 공간의 적대적 위계화에 대해서 말할 수 없을 것이다.

그 중심에는 '난장이'라는 상징이 있다. 이 연작소설에는 주인공이 따로 없을 정도로 많은 인물들이 등장하지만, 제목에도 부각된 '난장이'는 그 이미지 하나만으로 1970년대 서울의 밑바닥에서 신음하던 사람들을 상징하기에 충분하다. "키가 백십칠 센티미터, 몸무게는 삼십이 킬로그램"인 난장이의 몸은 이 세상을 감당하기에는 너무나 작다. 세상의 모든 사물은 가진 자들의 규모에 맞게 만들어져 있기 때문에 하루하루 살아가는 것 자체가 버거울 수밖에 없다. 난장이는 이 사회에서 정상적으로 성장할 수도 없다. 태생적으로 부과된 '난장이'라는 신체적 조건은 도시빈민의 고된 삶이 출생의 순간부터 짊어진 운명처럼 보이게 만들고, 극복할 수 없는 비극처럼 느껴지게 한다. "푸른 녹이 낀 놋수저"를 끌고 가다 지쳐서 놋수저 안에서 오므라드는 난장이가 등장하는 큰아들 영수의 꿈은 난장이가 생계의 고통에 짓눌린 도시빈민의 표상이라는 점을 잘 알려준다.

《난장이가 쏘아올린 작은 공》에 등장하는 인물들보다도 흥미로운 것은, 허구적으로 만들어졌거나 실제 상황을 반영한 여러 공간이다. 그 공간들이 1970년대 서울의 무허가 정착지와 철거 현장에 대한 진실을 적실히 드러내고 있기 때문이다. 연작소설의 첫 번째인 〈뫼비우스의 띠〉는, 앉은뱅이와 꼽추가 철거 현장을 찾아가 자신들의 입주권을 16만 원에 사갔다가 22만 원을 더 받고 넘긴 거간꾼의 돈을 되찾고 거간꾼이 탄 승용차까지 태우는 장면으로 시작한다. 그들의 배경에는 새로 들어서는 아파트가 있다. "그의 시야를 아파트 건물들이 가렸다. 벌판 서쪽 끝에서 동쪽 끝까지 잔뜩 들어선 아파트의 골조들이 시꺼먼 모습으로 서 있었다"(16쪽). 앉은뱅이와 꼽추가 빼앗긴 집터 위에 들어선 아파트들은 도시빈민들이 쫓겨난 자리가 어떻게 변하는지 보여준다. 쫓겨난 그들은 어디로 갈까. "내일 삼양동이나 거여동으로 가자구. 그곳엔 방이 많아. 식구들을 안정시켜놓고 우린 강냉이 기계를 끌고 나오면 되는 거야"(22쪽). 그들이 말하는 삼양동과 거여동은 1960년대 후반에 도심의 철거민들을 집단이주시킨 무허가 정착지들 중 하나로, 1970년대 중반까지도 도시개발에서 밀려난 빈민들이 가야 했던 서울 변두리의 가난한 동네들이었다.

난장이 가족들이 사는 가상의 동네에는 "낙원구 행복동"이라는 반어법적 이름이 붙어 있다. 허구적으로 만들어진 이 동네는, 작가 조세희가 당시 현저동에 속했던 현재의 무악동과 면목동 철거 현장을 취재한 후 만든 가상의 공간이다. 작가의 말에 따르면, 작은 무허가 주택들이 다닥다닥 붙어 있는 풍경은 현저동에서 가져온 것이고, 개천과 방죽, 굴뚝이 있는 풍경은 면목동에서 빌려와 조합한 것이다.[326] 현저동은 그 후 박완서의 〈엄마의 말뚝 1〉에서 또 다른 문학적 생명력을 얻은 공간이 되었지만, 면목동은 한국문학사에서 잘 등장하지 않는 동네다. 면목동은 작가 자신이 살아보았던 동네이기 때문에 당시 공장 굴뚝과 방죽이 있던 중랑천 주변의 풍경이 가공되어 들어온 것이다.

그러나 난장이 가족이 살던 낙원구 행복동은 철거와 함께 말끔해지기 시작했다. 난장이의 집이 쇠망치를 든 사람들에게 철거당하던 날, 아침식사를 하기 전에 그들이 본 풍경에 그 변화가 드러나 있다. "형과 나는 시멘트 담 앞에 서서 밖을 내다보았다. 집들이 다 헐려 곧바로 동사무소가 보였다. 그 너머로 밝고 깨끗한 주택가가 보였다. 그 바른쪽은 슈퍼마킷이 있는 큰길이다. 영희가 한때 일한 빵집이 보였다. 형과 내가 유리창 밖에서 본 영희는 정말 예뻤다. 아무도 영희가 난장이의 딸이라는 것을 믿으려고 하지 않았다"(94쪽).

철거된 판잣집들 너머에는 바로 새로 조성된 주택가가 있으며, 아마 속절없이 무너진 난장이네 집 자리도 그렇게 변할 것이다. 그곳에서 일하던 사람이 난장이의 딸 영희처럼 도시빈민이었다는 사실조차 믿는 사람이 없다. 모든 게 사라질 것이기 때문이다. 철거 후 수일 만에 다시 돌아온 난장이의 딸 영희가 발견한 것은 아무것도 없는 상태였다. "우리집이, 이웃집들이, 온 동네의 집들이 보이지 않았다. 방죽도 없어지고, 벽돌 공장의 굴뚝도 없어지고, 언덕길도 없어졌다. 난장이와 난장이의 부인, 난장이의 두 아들, 그리고 난장이의 딸이 살아간 흔적은 거기에 없었다. 넓은 공터만 있었다"(108~109쪽). 판잣집의 철거는 그곳에 살던 삶의 흔적과 기억을 모두 지워버렸다(사진 86).

이 소설이 당시 판잣집 철거와 재개발 정책의 허구성에 대해 묘사한 장면을 보자.

그때 아버지에게 허리를 굽혀 인사한 사람은 개천에 다리를 놓고 도로를 포장하고, 우리 동네 건물을 양성화시켜주겠다고 말했다. 우리는 어른들을 따라 크게 크게 손뼉을 쳤다. 다음 사람은 먼저 사람이 다리를 놓고, 도로를 포장하겠다고 하니 구청장으로 보내고, 자기는 이러이러한 나랏일을 하겠으니 그 일을 하게 해달라고 말했다. 어른들은 또 손뼉을 쳤다. 우리도 따라 쳤다. 커서까지 나는 그때 일을 종종 생각하고는 했다. 두 사람의 인상은 아주 진하게 나의 머릿속에 남았다. 나는 그들을 증오했다. 그들은 거짓말쟁이였다. 그들은 엉뚱하게도 계획을 내세웠다. 그러나 우리에게 필요한 것은 계획이 아니었다. 많은 사람들이 이미 많은 계획을 내놓았다. 그런데도 달라진 것은 없었다. 설혹 무엇을 이룬다고 해도 그것은 우리와는 상관이 없는 것이었을 것이다(69~70쪽).

1967년 무허가 불량주택 양성화 공약이든, 1973년 주민들의 자조적 재개발을 장려한 임시조치법이든, 그 결과는 도시빈민들의 삶을 위한 것은 아니었다. 난장이의 딸 영희는 입주권 시세를 알아보러 잠실까지 직접 다녀오지만, 가격이 더 내려갈 수도 있어서 더이상 버티기를 포기하고 25만 원에 입주권을 팔아버린다. 작가가 직접 취재했던 현저동 철거민들도 소설 속 난장이 가족들

〈사진 86〉 1970년대 철거 현장에서 철거된 집의 잔해를 바라보는 사람들 (출처: 경향신문사).

처럼 실제로 '잠실 주공아파트 입주권'을 받았지만, 그곳에 실제로 입주할 수 있던 사람은 거의 없었다.[327]

이 소설에서 반복되는 철거 장면의 끔찍한 묘사들은, 생존을 위협받는 도시빈민들의 상황을 처절하게 묘사하고 있지만, 그 시대만의 면모를 분명하게 보여준다. 철거계고장이 나온 뒤 "행정 대집행법에 따라" 철거를 집행하면서 철거민들에게 맞기도 하는 몇몇 공무원의 모습은 1980년대에 사라졌다. 1983년 시행된 '합동재개발법'은 토지소유권을 가진 사람들이 재개발조합을 결성하고 건설업체와 협력하는 방식으로 불량주택 재개발의 방법을 변화시켰다. 재개발조합과 건설업체의 알력 속에서 행정적 책임이 있던 국가와 공무원들은 뒤로 빠지고 소위 "용역"으로 불리는 깡패들이 철거 현장에 투입되게 된 계기였다. 국가와 경찰과 공무원이 깡패들의 불법적 폭력행위를 용인해주는, 민주주의 국가에 어울리지 않는 기이한 철거방식은[328] 1983년 이후부터 지금까지 서울 곳곳의 재개발 현장을 뒤흔들고 있다.

증오가 가른 도시, 계급투쟁의 장

《난장이가 쏘아올린 작은 공》에 재현된 도시 공간은 안과 밖 혹은 못 가진 자와 가진 자가 분리된 공간이다. 〈궤도회전〉에서 보듯 율사의 아들 윤호가 이사 간 곳은 울타리가 쳐져 있는 동네다. 마치 '게이티드 커뮤니티gated community'처럼 입구에는 경비실이 있고 경비원들이 차를 세워 동네로 들어가는 사람들의 신원을 확인한다. 전혀 다른 세계처럼 거리는 깨끗하고 집들은 그림 같았다. 봄이 되면 동네는 향기로 가득 차고, 수많은 나무들이 꽃을 피우며, 벌들이 잉잉 소리를 내며 난다. 거기 사는 사람들은 겨울에도 반팔 옷을 입고, 목욕을 하고 싶으면 언제나 자기 방에 딸린 목욕탕에서 목욕을 하고, 잠을 자다 춥고 배고파서 깨본 적도 없다. 〈내 그물로 오는 가시고기〉에서도 은강방직 회장의 아들은 "푸울, 호움 바, 에스컬레이터" 시설을 가진 호화롭고 안락한 주택에 살고 있다. 풍족한 사람들은 이렇게 아름다운 동네에 따로 분리되어 살면서 가난한 사람들의 삶을 상상해본 적도 없다(사진 87).

반면에 난장이로 상징되는 도시빈민들은 정해진 공간 밖으로 한 발짝도 나갈 수 없는 상황이다. "우리는 보이지 않는 보호를 받고 있었다. 남아프리카의 어느 원주민들이 일정한 구역 안에서 보호를 받듯이 우리도 이질집단으로서 보호를 받았다. 나는 우리가 이 구역 안에서 한 걸음도 밖으로 나갈 수 없다는 걸 깨달았다." 말하자면 이곳은 가난한 사람들이 캄캄한 '안'에 갇혀 있고, 가진 자들은 밝은 '밖'에서 자유롭게 사는 이항대립적 공간이다. 물론 "사람이 인정하든 안 하든 하나의 큰 덩어리에 묻혀 굴러가는" 사회에서, 안과 밖의 구분은 분명히 존재하면서도 보이지 않는다. 이것은 첫 번째 연작소설의 제목 '뫼비우스의 띠'가 상징하는 것이기도 하다. 이 기하학적 개념은 안과 밖이 서로 연결되어 있어서 구분되어 보이지 않는 사회, 아무리 앞으로 나아가도 탈출할 길이 보이지 않는 닫힌 공간에 대한 비유다.

이 소설은 공간적인 이분법과 닫힌 사회에 대한 상상력을 계급적 증오로 표출하고 있다. 가진 자와 못가진 자 사이에 놓여 있는 깊은 대립을 형성하는 것은 바로 증오다. 영희만 살의와 적개심이 번뜩이는 증오를 느끼는 것이 아니라 영수와 영호도 비슷한 감정을 느낀다. 난장이를 비웃는 사람들이 다니는 길에 영호는 지뢰를 심겠다고 하고, 영희는 "마음속 큰 증오로 얇은 입술을 떨었다." 경훈을 둘러싸고 "누렇고 모가 진 얼굴에 유난히 눈만 살아 움직이는 듯한 아이들"이 부르는 노래의 가사는 더욱 섬뜩하다. "우리 회장님은 마음도 좋지. 거스름돈을 쓸어 임금을 준대." 앞에서 언급한 앉은뱅이와 꼽추의 잔인한 행위도 이러한 증오의 격렬한 표출 형태에 지나지 않는다.

《난장이가 쏘아올린 작은 공》에서 앉은뱅이와 꼽추가 살인과 방화라는 폭력적인 방식으로 그들이 아파트 입주권을 팔았던 돈을 되찾아온

〈사진 87〉 아파트 단지와 판잣집이 공존하던 풍경(출처: 경향신문사).

다면, 난장이의 딸 '영희'는 아파트 입주권을 되찾으러 가족들이 모르는 사이에 철거반원들과 함께 집을 부수러왔던 사나이를 따라가 동거한다. 영희는 때를 기다려 그 사내의 금고 속에 들어 있는 난장이 가족의 아파트 입주권을 되찾아올 계획이었다. '그'의 정체는 명확하지 않지만, 입주권을 사 모으는 전문적인 투기꾼이자 아버지의 사업을 물려받을 부잣집 아들로 묘사되어 있다. '그'는 당연히 영동, 즉 현재의 강남에 산다.

그의 아파트는 영동에 있었다. 사무실도 영동에 있었다. 나는 그의 사무실에서 주택에 관한 신문기사를 오려 스크랩북에 옮겨 붙였다. 날마다 같은 일만 했다. 주택에 관한 기사가 없을 때는 일반 기사를 읽으며 소일했다. 그의 광고도 신문에 날마다 났다. 〈잠실은 우리 모두의 관심입니다. 잠실 아파트에 대해 상담하실 분은 지금 곧 전화를 하세요. 은아는 당신의 성실한 부동산 안내자입니다─은아 부동산〉. 주택 분양 광고도 났다. 〈신천호대교, 잠실지구, 강남 1로에 붙은 급속도 발전 지역. 꿈이 깃든 주택을 염가 분양 중이오니 이 기회를 이용하십시오─은아주택〉. 그는 무서운 사람이었다. 스물아홉에 못 하는 일이 없었다. 우리 동네에서 사온 아파트 입주권은 오히려 적은 편이었다. 그는 재개발 지구의 표를 거의 몰아 사들이다시피 했다. 영동 일대에 잡아 놓은 땅도 많았다.
그의 집은 부자였다. 지금 자기가 하는 일은 작은 훈련에 지나지 않는다고 나에게도 말했었다. 그는 아버지 회사로 들어가 더 큰 일을 해야 할 사람이었다. 밤에 아파트로 돌아오면 집으로 전화를 하고는 했다.

그 전화선 저쪽 끝에 그의 아버지가 앉아 있었다. 그는 아버지에게 자기가 한 일을 보고하고 자문도 구했다. 그는 거의 차렷 자세로 아버지에게 전화를 걸었다. 전화가 끝나면 그의 고용인들이 정리한 대장을 하나하나 검토했다. 그는 우리 동네에서 사온 아파트 입주권을 사십오만 원에 팔았다. 그 이하로는 팔지 않았다. 상상도 못 했던 일이다. 나는 미리 사 두었다가 일이만 원 정도 더 받고 넘기겠지 했었다(100~101쪽).

영희는 이 사내와 동침하고 그를 안심시킨 후 금고 안에서 입주권을 빼오는 데 성공한다. 그리고 강남에 있던 주택공사로 되돌아가 아파트 임대 신청서까지 작성한다. 난장이 가족의 집은 이미 헐리고 없기 때문에, 신애 아주머니의 집으로 가서 앓아누운 뒤에야 가족을 다시 만난다. 영희가 입주권을 찾아서 되돌아오는 장면에서 느끼는 증오는 살벌하다.

그와 마주친다면 나는 그를 죽일 생각이었다. 그는 아직까지 한 번도 죽음에 대해 생각해 본 적이 없을 것이다. 인간이 갖는 고통에 대해서도 그는 아는 것이 없다. 절망에 대해서도 모를 것이다. 빈 식기들이 맞부딪치는 소리, 손과 발, 무릎, 그리고 이가 추위에 견디지 못해 맞부딪치는 소리를 그는 들어본 적이 없을 것이다. 그가 원할 때마다 알몸으로 그를 받아들이며 삼킨 나의 신음 소리도 듣지 못했을 것이다. 그는 벌겋게 달군 쇠로 인간에게 낙인을 찍는 사람들 편이었다. 나는 가방을 열어 칼을 만져 보았다(108쪽).

영희가 가족을 다시 만난 장면에서 나온 대화는 아마도 이 소설에서 가장 유명한 대사일 것이다. "아버지를 난장이라고 부르는 악당은 죽여버려"(110쪽). 이 소설은 이 증오를 해소할 길을 찾아 사랑을 제시하기도 하고, 난장이의 아들 영수의 살인행위를 보여주기도 하며, "황금색의 별세계"인 달나라와 흑성의 이야기를 제시하기도 한다. 그러나 이 소설에서 못 가진 자의 저항은 실패한다. 낭만적이고 환상적이기도 한 이 소설은 권선징악의 동화가 아니라, 이루어질 수 없는 꿈을 상상의 차원으로 보여주면서 도시빈민의 어둠과 아픔을 더욱 아름답게 드러낸 텍스트다.

조세희의 소설은 적대적 계급의식을 토대로 서울 내부의 공간적 분리에 대해 새로운 재현방식을 제공하고 있다. 이 텍스트들은 서울의 빈민지대를 계급투쟁의 장으로 묘사함으로써, 서울을 새로운 정치적 의미를 지닌 사회적 공간으로 상징화한다. 특히 가진 자와 못 가진 자의 이항대립을 극한으로 몰고나가는 방식은, 가진 자들이 전유하는 공간을 사회적 인식의 차원에서 '재획득'하려는 의식의 소산이다. 왜냐하면 중산층이 성장하던 당시의 한국 사회는 이 소설이 재현하고 있는 것처럼 단순히 빈부격차가 심해지는 사회가 아니라 다수가 더 잘 살게 되는 다이아몬드형 사회이기 때문이다. 문학적 재현과 사회적 담론상으로는 양극화와 빈부격차의 심화를 이야기하는데, 실제 현실 속에서 중산층이 성장하고 있다는 것은 서로 들어맞지 않는다. 결국 조세희의 소설은 사회적 행동을 발생시키는 공간을 문학 텍스트 내에서 능동적으로 창조해냄으로써, 이미 사회적으로 형성된 계급 분화와 착취의 공간들에 저항하는 상징적 투쟁의 공간을 문학 텍스트 내부에 재생산하고 있는 것이다.

구 동네와 새 동네, 빈민과 중산층의 분리

서울의 빈민지대를 계급 갈등의 장으로 묘사함으로써, 서울의 도시 공간에 새로운 정치적 의미를 부여하는 작가는 조세희뿐만이 아니다. 최일남의 소설 〈노새 두 마리〉(1974)[329]는 기존의 변두리에 침투한 신흥주택가의 중산층과 도시빈민들 사이의 계급적 차이를 주제로 삼고 있다. 이 소설에서 아버지의 연탄배달을 돕는 생계수단인 노새는 다양한 상징적 역할을 담당한다. 배달 중 힘겨워 언덕 위에 멈춰 서도 아무도 도와주지 않거나 교통수단이 발달한 이후 계속 배달 주문이 줄어들고 사람들에게 잊혀져가는 노새의 상황은, 자본주의의 성장 뒤에 방치된 도시빈민들의 상황에 대한 우회적인 비유이다.

이 소설에서 흥미로운 것은 계급 분화가 '구 동네'와 '새 동네'의 대립처럼 공간적 갈등으로 나타난다는 데 있다. 이 소설의 배경이 되는 동네는 원래 낙후된 변두리였으나, "2, 3년 전부터 아직도 많은 빈터에 집터가 다져지고, 하나 둘 문화주택이 들어서더니 이제는 제법 그럴 듯한 동네 꼴이 잡혀갔다. 원래 있던 허름한 집들과 새로 생긴 집들과는 골목 하나를 경계로 하여 금을 긋듯 나누어져 있었는데, 먼 데서 보면 제법 그럴싸한 동네로 보였다. 일단 들어와 보면 지저분한 헌 동네가 이웃에 널려 있지만, 그냥 먼발치로만 보면 2층 슬라브집들에 가려 닥지닥지 붙인 판잣집 등속이 보이지 않았으므로 서울의 변두리에 흔한 여느 신흥부락으로만 보였다"(77~78쪽). 그런데 이 "새 동네"와 "헌 동네"는 서로 경계하면서 섞이지 않는다.

동네의 모습이 이처럼 달라지기는 했어도 구 동네와 새 동네 사람들이 서로 어울리는 일은 없었다. 너는 너, 나는 나 하는 식으로 새 동네 사람들은 문을 꼭꼭 걸어 잠그고 누가 다가오는 것을 거절하고 있었다. 다만 그들이 들어옴으로 해서 구 동네 사람들의 사는 모습이 조금 달라지기는 했는데 아무도 그걸 입에 올리지는 않았다. 아버지는 배달일이 늘어나서 속으로는 새 동네가 생긴 것을 은근히 싫어하지는 않는 눈치였지만 식구들 앞에서조차 맞대놓고 그런 내색을 하지는 않았다 (78~79쪽).

이 동네는 원래 도시빈민들이 거주하는 하나의 마을이었지만, 신흥주택가가 들어서면서 원래의 빈민지대를 침식하게 된 지역이다. 그 후 원래 하나였던 두 동네 사이에 보이지 않는 심리적·경제적 장벽이 생기게 된다. 빈민들과 자신들을 분리하려는 '새 동네' 중산층의 자발적 배제 때문에 생겨난 장벽이지만, 일단 눈에 보이지 않는 분리선이 형성된 이후에는 '구 동네'의 빈민들 역시 골목 하나로 나뉜 그 선을 넘으려 하지 않는다. 예컨대 신흥주택가 덕분에 도로가 포장되는 등 여러 생활 편의가 제공된다 해도, 그들 때문에 얻게 된 혜택이나 이득을 발설해서는 안 된다. 어린 화자의 아버지도 새 동네 덕분에 연탄배달이 늘어났지만, 그것을 밝히는 것은 계급적 공동체 의식을 위반하는 행위가 되기 때문에 함부로 내색하지 못한다.

계급적 분리에 대한 의식은 어린아이들 사이에서도 그대로 나타나는데, 아이들 역시 자신들의 집이 위치한 동네가 계급적·문화적 차이를 유발하는 공간임을 알고 있기 때문이다. 그래서 새 동네 아이들은 밖에서 싸움질과 욕질을 하면서 노는 구 동네 아이들을 아무 말 없이 피한다.

나는 사실 새 동네 아이들을 그리 좋아하지 않았다. 걔네들은 집 안에서 무얼 하는지 도무지 밖에 나오는 일도 드물었는데, 나온다 해도 저희네끼리만 어울리지 우리 구 동네 아이들을 붙여 주지 않았다. (중략) 우리 구 동네 아이들이야 학교 가는 시간을 빼고는 내내 밖에서 노는데, 놀아도 여간 시망스럽게 놀지 않았다. 걸핏하면 싸움질이요, 걸핏하면 욕질이었다. 말썽은 어찌 그리도 잘 부리는지 아이들 싸움이 커진 어른 싸움도 끊일 날이 없었다. 그러자니 구 동네 아이들은 자연히 새 동네 골목까지 진출했다. 같은 골목이라도 새 동네는 조금 널찍한 데다가 사람들의 왕래도 그리 잦지 않아서 놀기에 좋았다. 그렇다고 새 동네 아이들이 텃세를 부리지도 않았다. 그들은 저희끼리 놀다가도 우리들이 내려가면 하나 둘씩 슬며시 자기네 집으로 들어갔다. 그런 아이들이었으므로 나는 평소에 데면데면하게 대했는데 이들이 우리 노새를 보고 놀라거나 칭찬할 때만은 어쩐지 그들이 좋았다(80쪽).

아이들까지도 경제적 수준에 따라 집단을 이룬다는 사실은, 구 동네와 새 동네의 계급적 분리가 세대를 건너 계속하여 이어질 것임을 함축한다. 이 작품의 결말은 노새가 도망가고 난 후 아버지 자신이 노새가 되리라는 것을 암시하는데, 이는 가난과 고통의 족쇄로부터 아무리 도망쳐도 새로운 노새가 다시 그 상황을 이어받는 악순환이 이어지리라는 것을 예고하는 것이다.

서로 분리되어 있는 새 동네와 구 동네를 잇는 구실을 하는 '노새'는 두 동네 사이의 정서적 차이를 보여주는 수단이다. 구 동네에서는 노새를 아무도 거들떠보지도 않고 배설물의 냄새만 욕하는 데 반해, 새 동네에서는 노새를 보고 마치 동물원의 희귀한 동물을 보듯 미소를 짓거나 놀라거나 감탄한다. 노새에 대한 중산층의 반응은 경제적인 수준만큼이나 여유로운 그들의 마음을 보여주고 있다. 노새가 오줌이라도 싸면 구 동네의 "아낙네들은 코를 찡 풀어 노새 앞에다 팽개쳤고" 자신들은 "아무데서나 가래침을 퉤퉤 뱉는 주제에 우리 노새를 보고 눈을 찢어지게 흘겼다."

그러나 "새 동네에서는 단연 달랐다. 여간해서는 말을 잘 않는 아주머니들도 우리 노새를 보면 입가에 미소를 머금었고, 무엇보다도 우리 노새를 보고 좋아하는 것은 새 동네 아이들이었다"(79쪽). 이 소설에서 빈민가는 여전히 싸움하는 소리로 가득한 장소로 묘사되지만, 1960년대 초중반의 문학 텍스트들과 달리 빈민지대를 건강성과 활기를 보전한 장소로 생각하는 낭만적 태도를 더이상 견지하지 않고 있다. 오히려 이 소설은 노새를 따뜻한 시선으로 바라볼 줄 아는 신흥주택가의 중산층들이 더 너그럽고 따뜻하다는 시선을 유지하고 있다는 점에서 문제적이다.

박완서의 〈어느 시시한 사내 이야기〉(1974)는 〈노새 두 마리〉처럼 계급 분화가 공간적 분리를 통해서 일어나고 있음을 보여주면서도, 고급주택가를 점령한 사람들의 폭력성과 거짓을 고발한다는 점에서 차이가 있다. 이 소설의 배경이 되는 'C동'은 서로 다른 계급에 속하는 사람들이 평지와 비탈길을 기준으로 분리된 공간이다.

도심에서 좀 떨어졌지만 C동은 손꼽히는 고급 주택가로 남향으로 완만하게 경사를 이뤄 양지바르고 잘 포장된 널찍한 도로가 문전마다 고루 뻗어 있었다. 그러나 완만한 경사도 포장도로도 김복록의 집까지이고 그 뒤 즉 우리 집부터는 별안간 경사가 급해지고, 길은 리어카도 못 들어갈 꼬부랑 비탈길로 변한다. 본래 산이었던 곳에 한 집 두 집 생기기 시작한 무허가 판잣집이 산을 완전히 점령해서 생긴 동네로 C동 사람들은 이곳을 산동네라 불렀고, C동에서 자주 생기는 도난 사건도 모두 이 산동네 사람들의 소행으로 볼 만큼, 산동네는 C동 사람들의 골칫거리였다.

C동 사람들도 나무랄 수 없는 게 어쩌다 도둑놈을 퉁겼다 하면 줄행랑을 쳐 달아나는 곳이 산동네였다. 그 창자 속 같은 꼬부랑길로 들어섰다 하면 쫓아가 봤댔자 거기도 거기 같고 그놈이 그놈 같고, 그러다 보면 온 산동네가 짜고 자기를 골탕 먹이고 있는 것 같은 공포감마저 생겨 슬그머니 도망을 쳐 오게 마련이다. 그리고 산동네라면 치를 떨었다.[330]

　　고급 주택가와 판자촌이 바로 맞붙어 있는 이 동네에서도 공간에 따른 계급적 차이가 형성되어 있음이 나타난다. 포장도로가 깔리는 혜택을 받은 평지까지만 고급 주택가가 형성되고 그 뒤로 펼쳐진 꼬부랑 비탈길에 빈민가가 형성되어 있는 풍경은, 부자와 가난한 자가 점유할 수 있는 토지가 서로 다름을 보여준다.

　이 소설은 인접한 이 두 동네 사이의 계급적 차이를 서로 적대적인 관계 속에서 묘사한다. 또한 이 소설은 〈노새 두 마리〉와 달리 고급 주택가 사람들에 대해 여유롭고 따뜻한 시선으로 접근하지 않을 뿐 아니라, 도시빈민의 시선에서 부자의 탐욕과 파렴치함을 고발한다. 예컨대 고급 주택가의 끝자락에 사는 김복록이 속칭 '와이로'를 받아 챙기는 현장을 발견하는 장면은, 부자들의 이면에 숨어 있는 추악함을 드러내고 있다. 여기서 부자인 김복록은 한순간에 "고약한 멀미를 일으키게 한 징그러운 괴물"로 파악되며, 그는 "탐욕이니 비열이니 파렴치니 하는 추상명사가 뼈와 살을 갖추면 바로 저런 모습이 되는"(199쪽) 것을 확인시켜주는 인물이다. 박완서의 소설은 최일남의 소설보다 계급에 따라 분리된 두 동네의 공존과 화해가 훨씬 더 불가능한 것으로 그리고 있다.

경제성장의 혜택이 집중된 서울에서 부의 분배가 공간적으로 불평등하게 이루어지면서 일어나는 차이와 갈등은, 시대 감각에 예민한 당대의 소설가들이 지나치기 어려운 주제였다. 그리고 이러한 공간적 변화는 현재 서울의 도시 경관의 형성에서 중요한 의미를 가진다. 빈민가와 구별되어 새로 지어진 당시의 중산층 주택가는 이제 낡은 서민층 주택이 되었고, 그 주변에 들어선 거대한 초고층 아파트 단지와 대조를 이루며 공존하고 있다(사진 88). 시대의 흐름과 계급 분리에 따른 건축물의 변화가 융합되어 어지럽게 공존하는 공간이 바로 현재 서울의 고층화된 도심을 벗어난 곳곳에서 확인할 수 있는 모습이다. 다시 말해 시간이 축적시킨 계급적·양식적 혼종성이 서울의 외관을 이루고 있는 것이다.

위성도시의 원주민, 철거민, 이주민의 위계화

1970년대 이후 서울 주변에 형성된 위성도시들은 서울의 기능을 분담

〈사진 88〉 1978년 압구정동 현대아파트를 찍은 사진작가 전민조의 유명한 사진(출처: 전민조).

류층 아파트의 대명사 압구정동 현대아파트와 소를 몰며 밭을 가는 농부를 대비시킨 충격적 구도 덕분에 매우 잘 알려
사진이다. 병렬된 두 공간의 계급적 차이와 시간적 거리를 동시에 보여주는 상징적 작품이다.

하기 위해 만들어진 도시들로, 성남, 안양, 부천, 광명 등이 대표적인 사례이다. 안양은 서울시의 공장들이 이전하면서 공업도시가 되어 성남시와 같은 날 시로 승격되었다. 부천은 경인선으로 연결되어 있기 때문에 서울로 출퇴근하는 인구들을 수용하면서 역시 같은 해 소사군에서 부천시로 승격되었다. 광명이 시가 된 것은 1981년이지만, 애초에 1970년대 구로공단 노동자들의 주택지구로 개발된 곳이기 때문에 그전부터 서울로의 편입 이야기가 계속 나올 만큼 서울시의 부속품처럼 여겨졌다. 이 도시들은 날로 팽창하여 더이상 수용할 수 없는 서울의 공장, 인구, 주택 등을 분담하면서 형성된 곳들로, 1980~90년대에 개발된 다른 신도시들까지 포함하여 거대한 수도권을 만드는 데 기여했다. 오늘날 수도권이라는 말은 서울에 종속된 도시들의 형성과 성장과 같은 의미로 들릴 정도다. 그 결과 한국 사회에서 서울중심주의가 더욱 강화되었음은 물론이다.

그중 인천은 위성도시라고 부를 수 없을 만큼 규모도 크고 독자적인 역사를 지니고 있지만, 서울과 긴밀하게 연관된 도시라는 점은 부인할 수 없다. 《난장이가 쏘아올린 작은 공》에서 그려진 가상의 공업도시 '은강'은 인천의 동구 만석동을 모델로 삼은 것으로 알려져 있는데, "아이들이 학교에서 1883년 개항과 더불어 국제적 무역항으로, 산업도시로 발달한 은강의 역사를 배운다"는 소설 속 설명도 인천과 부합된다. 난장이가 죽은 후 아들딸이 일하는 이 도시는 노동자들의 고된 노동과 자본가들의 착취가 그려지는 공간이다. 은강은 "버려진 도시"(141쪽), 또는 "모든 생명체가 고통 받는 땅"(152쪽)으로 묘사되는데, 서울 사람들은 이 공업도시의 현실을 외면한다. "은강을 움직이는 사람들은 서울에 있었다"(143쪽). 그러나 서울 사람들은 섬으로 게와 조개를 잡으러 갈 때만 한가하게 은강에 나타난다. 은강 역시 서울의 빈민지대처럼 난장이로 대표되는 소외된 자들이 갇힌 캄캄한 공간이며, 가진 자들이 호화를 누리는 밝은 공간과 대립되는 곳으로 형상화되어 있다.

물론 1970년대 위성도시들 중 가장 상징적인 도시는 성남이었다. 1971년 광주대단지사건 이후 성남시의 문제는 서울의 문제와 연관되어 문학작품 속에 자주 등장하는데, 이에 대해서는 이미 앞 장에서 언급한 두 편의 소설이 있다. 박태순의 《정든 땅 언덕 위》가 초창기 성남 사람들의 상황을 적절하게 묘사한 소설이라면, 윤흥길의 〈아홉 켤레의 구두로 남은 사내〉는 광주대단지사건 이후 몇 년이 지나고 그때의 기억과 트라우마를 가진 사람이 등장하는 소설이다. 그러나 앞에서 보았던 방식으로 윤흥길의 소설을 '권 씨' 중심으로 보지 않고 그를 관찰하는 '오 선생'과 그의 가족으로 시선을 돌리면, 광주대단지사건이 일어난 지 몇 년이 지난 후 성남 내부의 상황과 변화를 볼 수 있다.

오 선생은 권 씨를 세들인 주택으로 이사오기 전까지 단대리 시장 근처에서 살았다(사진 89). 그곳은 "숨통을 죄듯이 다닥다닥 엉겨 붙은 20평 균일의 천변 부락"인데, 광주대단지 중에서도 그나마 가장 번화하여 1971년 사건의 주요 현장이 된 곳이기도 하다. 그가 여기 살 때 집주인은 "문간방에 세든 사람이 다른 누구도 아닌 바로 선생 내외라는 사실을 일삼아 동네방네 외고 다녔다. 성남시 전체를 통틀어 불과 얼마 안 되는 선생에 비해 집들은 부지기수인데 바로 그 선생 중의 하나가 자기 집에 사글세를 들었다는 것" 때문이었다. 오 선생 내외는 주변 사람들과 이미 차별화되어 있다. 고물장수 마누라가 이들 주위를 맴돌며

뚫어지게 쳐다보면서 "친해지고 싶은" 마음을 드러내기 일쑤다. 오 선생 자신은 "어쩌다 잘못 얻어걸려 하는 직업이 바로 선생"이라는 마음으로 살지만, 광주대단지에 흘러들어왔던 성남시의 주민들은 "그 선생을 대단하게 알고 별종으로 취급하는 사람들"이었던 것이다.

오 선생은 "참담한 고생 끝에 성남에서는 기중 고급 주택가로 알려진 시청 뒷산 은행주택"을 사는데, 이 집은 "자그마치 100평 대지 위에 세운 슬라브집"이다. 그는 이 집에 살면서 "20평 부락에 사는 사람과 100평 부락에 사는 사람과의 차이"를 느끼게 된다. 그것은 "바로 20평의 마음과 100평의 마음의 격차"였다. "20평의 마음"이 겨우 학교 선생과 친하게 지내고 싶어서 주위를 맴도는 마음이라면, "100평의 마음"은 겨우

〈사진 89〉 1973년 성남시청과 그 뒤편의 주택들 모습(출처: 성남시청).
윤흥길의 〈아홉 켤레의 구두로 남은 사내〉에서 오 선생이 단대리에서 새로 이사를 가서 권 씨를 세입자로 맞아들인 공간으로 제시된다.

마련한 자기 집에 여전히 셋방을 내줘야 하는 슬픔, 즉 "남의 식구를 둠 으로써 주인의 권리를 행사할 수 있는 기쁨을 다분히 염두에 둔 슬픔" 을 느끼는 마음이다. 오 선생과 아내의 발언과 행동 속에서 그들이 당 시까지 성남 시민의 대다수를 이루고 있던 철거민들과 경제적 차이뿐 만 아니라 마음의 차이까지 가지고 있음을 발견하는 것은 어렵지 않다.

이 소설에서 드러나는 것은, 원주민, 철거민, 이주민 사이의 관계 및 갈등이다. 이 사정은 매우 복잡하게 얽혀 있다. 원래 경기도 광주군에 살던 원주민이 서울 도심에서 추방되어 새로 이주해온 철거민들에게 우 월감과 거리감을 느끼고 있다는 사실, 더불어 광주대단지사건 당시 전 매입주자와 철거민들의 이익 상충이 있었다는 사실은, 앞 장에서 광주 대단지사건을 다룰 때 이미 언급한 바 있다. 그러나 광주대단지사건이 지나가고 이곳이 1973년 성남시로 승격한 뒤 이사온 신참 이주자들과 그 이전에 이주해온 사람들 사이에는 또 다른 격차가 있다. 물론 철거민 과 전매입주자도 이주민이고, 오 선생도 교원 발령에 따라 성남시로 이 주한 사람이지만, 그들은 결코 동등한 사회적 위치에 놓여 있지 않다.

윤흥길이 성남을 다룬 또 다른 소설 〈엄동〉[331]에서 이 차이는 더 분명 하게 드러난다. 1975년에 발표된 이 소설은, 크리스마스를 사흘 앞둔 12월 22일 밤 통행금지 시각은 다가오는데 폭설 때문에 대중교통이 마 비되어 집으로 돌아갈 교통수단이 끊긴 성남 시민들이 서울 거리에서 방황하는 짧은 시간을 그리고 있다. 이 소설의 주요 인물인 "박이 그곳 에 터를 잡은 것은 광주단지 또는 광주대단지로 출발하여 성남단지 또 는 성남대단지란 이름을 거쳐 오늘날의 성남시로 등격이 고정되기 불 과 얼마 전의 일이었다"(75쪽). 그는 성남에 산다는 것에 대해 부끄러움을 느끼는 인물인 동시에, '광주대단지사건'을 체험한 철거민들에 대해 그 이후의 신참 이주자들이 가진 편견을 내면화한 인물이다.

박의 경우는 그녀와 전연 딴판이었다. 어느 좌석에서든 거주지 얘기가 나오는 걸 무척 꺼리고 싫어하는 편이었다. 어쩌다 그런 이름난 곳에 자릴 잡게 되었는가고 사람들은 그를 비상한 호기심으로 대하는 눈치가 완연했다. 아니다. 그 자신 어떤 내면의 찔림에 영향되어 지레 그렇게 겁먹은 생각을 갖게 되었을는지도 모른다. 그래서 그렇게 언제나 서둘러 알리바이를 내세우는 버릇이 생겼을 것이다. 하여튼 그는 거주지 말이 나올 적마다 자기가 문제의 땅으로 이주한 것은 극히 최근의 일임을 짬짬이 강조하곤 했다. 자신의 그와 같은 언동에 일말의 염오를 느끼면서도 어느덧 고질이 돼버린 그 버릇은 쉽사리 고쳐지지 않았다. 그것은 비단 박의 경우뿐만이 아니었다. 과거를 되기억해내는 과정에서 어쩌지 못할 아픔을 안겨다주는 저 사건의 그림자가 배후에 도사려 지금도 그처럼 사람들을 뒤사리게 만드는 탓일까. 그것은, 그곳에 이주한 시기가 언제인가, 라는 문제는 많은 사람들에게 중요성으로 받아들여지고 있었다. 그곳 토박이들은 원주민 또는 원주민촌이란 말을 미개와 낙후를 상징하는 데 쓰지 않고 긍지를 나타내는 번쩍번쩍 도금된 어휘로 즐겨 사용한다. 그들은 숫적으로 단연 우세한 철거민들 세계에서 조상 대대로 붙박고 살아온 경기도 양반으로서 족보 있음과 뼈대 굵음과 핏줄 연연함 위에 시방도 전답 마지기께나 지니고 있음을 언필칭 과시하려 한다. 그들만은 못하나 그래도 신참자들 역시 철거 이주민들과 구별되기를 바라는 점에서는 도토리 키 재기로 매일반이었다(93~94쪽).

이 구절은 성남의 외부와 내부 모두에 계층과 출신의 차이에 따른 차별의 시선이 존재하고 있음을 밝히고 있다. 서울에서 성남으로 이주해간 '박'이 느끼는 열등감과 자격지심이 성남을 빈민도시로 간주하는 외부의 시선에 따라 만들어진 것이라면, 성남 토박이들은 경기도 양반 집안 태생이라는 출신과 경제적 능력을 과시하며 뒤늦게 이주해온 철거민들과 자신들을 분리하려는 내부의 위계를 스스로 만들어낸다.

즉, 성남의 안과 밖 양 방향에서 성남 시민의 대다수를 차지하는 철거 이주민들은 경계와 멸시의 대상이 되는데, 이는 결국 서울 시민들과 성남 토박이들의 상대적 우월감과 열등감이 철거민들과 자신들을 심리적·계급적으로 분리하고자 하는 태도에서 비롯되었음을 알려준다. 성남은 서울이라는 중심이 가진 구심력을 토대로 그 내부에서 다시 원주민과 이주자 사이의 위계화를 재생산하는 도시가 된 것이다. 오늘날 광주대단지사건이 일어난 지 한참이 지난 후 이주했으며 그 기억조차 가지고 있지 않은 중산층 성남 시민들도 과거의 음울한 사건을 지금까지 자신들의 도시와 연관시키는 것을 거부하고 싶을 것이다. 그러나 그것은 위의 인용문에 등장한 대로 "이주한 시기가 언제인가"라는 문제였으며, 더 나아가 이주한 시기에 따라 계층이 달랐던 결과였다.

가난과 종속의 도시에 사는 부끄러움

윤흥길의 소설 〈엄동〉은 성남시가 서울에 사실상 종속되어 있는 도시라는 공간적 성격과 그것이 내면화된 양상을 더욱 잘 알려준다. 을지로에서 버스를 타야만 집이 있는 성남으로 돌아갈 수 있는데 폭설이 내려 난감한 상황에 처한 '박'의 이야기에서, '폭설'이라는 자연적 현상은 서울과 성남의 공간적 위계성을 확인하게 만드는 계기로 작용한다. "여태껏 성남에서 서울로, 그리고 서울에서 다시 성남으로 왕복하는 진자振子 운동을 수없이 거듭해 나왔지만 이처럼 애달아 보기는 생판 처음 일이었다. (중략) 박은 부앗김에 자기 자신을 상대로 다시 한번 이렇게 속다짐을 두었다──하루 속히 이놈의 성남이란 바닥을 떠야지"(75쪽) 하고 생각한다. "갑작스런 폭설이 먼 거리를 가야 하는 많은 사람들에게, 적어도 성남 사는 자가용 못 가진 사람들에게 얼마나 무자비한 것인가를 미리 알고 마음으로라도 자기 방어의 태세를 취할 수 없었던" 박에게(76쪽), 폭설은 새삼스럽게 성남의 열등성을 확인시킨다.

소설 〈엄동〉은 시종일관 '박'과, 그가 버스정류장에서 우연히 만난 여자 '정영순'이 서울과 위성도시 성남의 관계를 주제로 진행되는 대화를 중심으로 진행된다. 이 대화의 긴장감은 경제적 위치가 다른 두 사람이 하나의 도시 공간에 대해 서로 다른 관점과 입장을 취하고 있는 데서 나온다. 소위 "화이트칼라" 출신인 '박'은 성남행 막차를 가득 채운 "노동자 복색의 사람들"이 만들어내는 왁자지껄하고 "땀내 가득한 분위기"에 질려, "하루 빨리 이놈의 성남이란 데를 벗어나 서울로 들어가야할 텐데, 하면서 저도 모르게 조바심이 쳐지는" 사람이다(72~73쪽). 박이 정영순에게 친절하게 대해주는 것도 "그가 평소부터 거개의 성남 주민을 상대로 느껴온 정신적 우위의 재확인 행위인 셈이었다"(90쪽). 말하자면 '박'은 〈아홉 켤레의 구두로 남은 사내〉의 오 선생과 같은 위치에 있는 성남의 신참 이주자다. 물론 권 씨, 단대리 주민들, 철거민들에 대해 도덕적 죄책감과 공감능력을 가진 오 선생과 똑같지는 않다. '박'은 성남 시민에 대해서는 우월감을, 서울에 대해서는 열등감을 가진 '사이'의 존재이기 때문이다.

이에 반해 '정영순' 또는 '미스 정'이라고 불리는 여성은 "본래의 미를 제치고 깃발처럼 솟은 궁핍의 찌꺼기가 한창 나이의 얼굴에 짙은 음영을 드리우고 있는" 전형적인 빈민이다(84쪽). 겨우 스무 살 남짓에 화장의 흔적도 없는 그녀는 "학생으로 보이도록 노력한 흔적이 암암리에 엿보이는 차림"(90쪽)을 하고 있으며, "그녀의 집안은 철거민 가족의 한 전형이요 표본이었다"(91쪽). 처음에 박은 "연장자답게 시종 미소와 부드러운 말"로 그녀를 대해주면서 우월감을 표시한다. "그것은 당장 손아랫사람에게 작으나마 어떤 도움을 줄 수 있었대서가 아니라 그가 평소부터 거개의 성남 주민을 상대로 느껴온 정신적 우위의 재확인 행위"였다(90쪽). 게다가 '박'은 성남을 떠날 수 있다는 희망을 가지고 있기 때문에, 성남의 전형적인 빈민처럼 보이는 이 여성에게 '정신적 우위'를 느낀다.

그러나 두 사람의 우위는 성남에 대한 태도를 기준으로 역전을 거듭한다. 정영순은 성남에 사는 것을 부끄러워하는 박에게 "선생님, 나빠요! 제가 듣기엔 방금 선생님은 마치 성남에 사시는 걸 몹시 부끄러워하시는 것처럼 말씀하셨어요"라고 나무란다. "마치 성남시 대변인이라도 된 듯한 기세"로 그녀는 성남의 발전상을 낱낱이 소개하는데, 박은 이런 그녀를 보고 "취기를 발산하는 듯한 생명력. 무척 아름다워 보이는 여자. 성숙한 면모"(96~97쪽)를 느낀다. '미스 정'은 박의 열등감을 무색하게 만들 만큼 성남에 자부심을 가진 인물로 그려지는데, 그것은 한순간 한국 사회 전체에 각인되어 있는 빈민들의 낙후된 도시 성남에 대한 열등감과 자격지심을 극복한 아름다운 순간으로 형상화된다. 이 대화 장면은, 우연히 성남에 정착했으나 언젠가 이곳을 떠날 수 있다고 믿으며 실제로 그럴 능력이 있는 '박'과 아무리 노력해도 성남을 벗어날 수 없는 '미스 정'의 경제적·심리적 격차를 확연하게 보여준다.

이 소설의 말미가 씁쓸한 것은, '미스 정'의 성남에 대한 자부심이 자신을 기만한 거짓말이었기 때문이다. 작품의 후반부에 가면 '미스 정'의 다음과 같은 솔직한 고백을 통해 두 사람의 우위는 역전되고, 동시에 자기 기만을 통해서도 지울 수 없는 성남에 대한 뿌리 깊은 열등감이 표면에 드러나게 된다.

> (성남을: 인용자) 사랑한다는 건 다 거짓말예요. 그리고 조금도 자랑스럽지 않아요. 고향도 뭣도 아녜요. 그저 언제까지나 제겐 타향일 뿐예요. 우리 아빠 지금도 늘 서울이란 데가 자기를 망치고 끝내 자기를 버렸다고 믿고 있어요. 돌격조 갈쿠리에 찍혀서 집이 헐리던 날의 기억을 아무래도 잊을 수가 없는 거예요. 그래서 아빠는 지금도 늘 개선장군처럼 다시 서울로 돌아가서 보아란 듯이 살게 될 날만을 꿈꾸고 있어요. (중략) 무슨 짓이든 가리지 않고 뛰어들 작정예요. 돈을 벌어서 꼭 우리 아빠 소원을 풀어드릴래요. 아빠가 다시 서울특별시민이 되는 건 아빠의 소원이자 제 소원이기도 해요. 하기야 이런 생각을 먹는 사람은 저 혼자만이 아니겠죠. 다른 사람들도 많이 그럴 거예요. 아까 밖에서 들으니까 사람들 얘기가 뭐 관상대 잘못이다, 버스업자들이 너무 자기 잇속만 차리고 공익성을 무시한다, 도로 행정이 엉망이고 교통 행정도 엉망이다, 어쩌고 하면서 떠들던데요, 따지고 보면 다 자기 못난 탓예요.

정 억울하면 내일이라도 당장 살기 편한 곳으로 이사 가는 거예요. 문 안에만 살아 보세요. 눈이 길 아니라 굴뚝을 덮어도 집에 돌아갈 걱정 땜에 이렇게 늦게까지 남아서 안달하고 있진 않을 거 아녜요(97~98쪽).

　두 사람의 대화는 성남에 대한 고정관념에서부터 그것을 극복하려는 노력, 그리고 자기 기만에 이르기까지, 다양한 과정을 통해서 성남에 살게 된 사람들의 복잡한 내면을 형상화한다. 미스 정의 자부심이 완전히 거짓이었음을 드러내는 이 고백은, 성남이 서울로의 귀환을 꿈꾸는 사람들의 도시임을 보여준다. 박은 원래 성남 시민이 되었음을 부끄러워하는 사람이었음에도 불구하고, 이 고백을 듣는 순간 자신의 위치가 다시 저주받은 도시 성남으로 되돌아가는 배신감과 분노 때문에 "천길 높은 벼랑을 떽떼굴 굴러떨어지는 듯한 감정"을 느끼게 된다(98~99쪽). 그녀의 고백을 통해, 성남은 서울에 출퇴근하는 사람들의 거주지, 서울에 상품을 배포할 공장들의 소재지로서 경제적으로 종속되어 있을 뿐만 아니라, 심리적으로도 서울의 빈민지대보다 못한 하위 지역으로 드러난다. '사대문 안'에 살기만 하면 폭설로 인한 고생도 없을 것이며, 이 모든 것은 자신이 못난 탓이라는 미스 정의 고백은, 성남을 서울보다 열등한 사람들의 도시로 전락시킨다.

　윤흥길의 소설 〈엄동嚴冬〉은 성남을 서울의 경제적 하위 도시로 설정할 뿐만 아니라, 심리적으로도 서울에 종속되어 있는 도시로 묘사하고 있다. 이 소설 속 인물들은 성남에 사는 것을 부끄러워하고 어떻게든 서울로 돌아가는 것을 목표로 삼고 있다. 여기서 성남은 생활 공간으로서 독자적인 가치를 지니지 못한 채, 서울에서 잠시 이탈했을 때 거주하는 임시적 거처이거나 혹은 서울에서 밀려난 사람들, 그리고 서울로 가기 위해 고군분투하는 사람들의 잠정적 거주지로 형상화된다. 아마 지금 성남에 살고 있는 시민들, 특히 성남의 일부라는 정체성도 희박한 분당구 시민들은 1970년대에 성남이 이렇게 열등하게 묘사되었던 것이 반갑지 않을 것이다. 그러나 성남뿐만 아니라 서울도 수많은 도시빈민들이 낯설고 척박한 도시 공간에서 열등감과 우월감으로 번민하면서 성장해온 곳이다(사진 90). 그 사실을 잊지 않는 것이 지금 도시 공간의 뒤켠에 숨겨져 보이지 않는 사람들과 도시 문제를 인식하는 첫걸음이다.

이 모든 과정, 즉 서울 내부에서의 계급적 분화 과정과 서울의 안과 밖 모두에서 진행된 다층화된 위계화의 결과는 결국 서울이라는 거대한 중심을 향해 다른 도시와 지역들이 층층이 배치되는 것이었다. 1970년대는 수도권, 더 나아가 한국 사회 전체에서 서울중심주의가 강화되는 과정에서 결정적인 공헌을 했다. 서울에 살아야 돈을 더 벌고 더 잘 살 수 있으며, 사회적으로 더 출세하고, 더 쾌적하고 좋은 집에서 살 가능성이 높다는 사실은 당연해 보이지만, 이 상황이 서울과 다른 지역의 서열화 현상을 당연하게 만들 수는 없다. 서울의 도시 문제 해결은 사실상 서울을 중심으로 위성도시, 수도권, 지방 전체가 촘촘히 위계화되어왔던 상황과 관련되어 있다.

〈사진 90〉 1973년 성남시 승격을 맞아 성남시청 개청을 축하하기 위해 모인 사람들(출처: 성남시청).

05

서울 사람, 완전히 도시인이 되다

과거가 지워지는 도시, 왕십리의 추억

1970년대 서울은 새로운 이주자들이 여전히 많았지만, 상경한 지 어언 십여 년이 훌쩍 넘은 사람들도 많았던 도시였다. 태어나서 생전 처음 보는 서울이든, 어느새 정착한 지 오래된 서울이든, 그 사람들이 보던 서울은 더이상 1960년대 초반 보던 서울과 같지 않았다. 도심은 더 번화해졌고, 강남과 여의도에 신시가지가 생겼으며, 번듯한 신흥주택가들도 판잣집들을 밀어냈다. 그러나 서울에 이미 살고 있는 사람이라면, 이러한 변화는 특별히 느끼기도 어려웠고 별로 대단한 것이 아니었다.

　1966년 경제성장과 도시개발이 시작된 이후 서울 사람이 기본적으로 받아들여야 하는 것은, 바로 항상적인 변화 그 자체였다. 사람들은 과거의 기억을 소환할 때만 그 변화를 실감할 수 있을 뿐이며, 빠르고 흔적도 없는 변화는 서울의 특성 그 자체다. 몇 십 년 전의 건물과 삶의 흔적이 하루아침에 사라지는 이 도시에서 불과 몇 년 전의 흔적이 순식간에 사라지는 것은 아무것도 아니다. 이 도시가 언제나 변화하고 있다는 것을 받아들이는 것은, 서울에 사는 사람이 가지고 있는 가장 기본적인 태도다.

과거의 기억과 결부된 장소들이 서울의 공간적 변화에 압도되어 사라지는 현상은, 그것이 역사적 기억일 때는 좀 더 선명하게 드러난다. 4·19의 기억을 잃어버린 사람들의 이야기를 다룬 최일남의 소설 〈이야기〉와 함께, 박완서의 소설 〈부처님 근처〉는 부동산에 대한 관심이 한국전쟁에 대한 기억의 자리를 대신 채우고 있음을 보여준다. 한국전쟁 당시 억울하게 죽어간 아버지와 오빠에 대한 기억에 시달리던 '나'는 "그 시대를 보는 눈이 관대해졌다는 건 그만큼 무관심해졌다는 의미도 된다는 것"을 알게 된다. "친척들 중에도, 친구들 중에도 그까짓 이십 년 전의 난리 때 일어났던 일을 대수로운 일로 받아들이는 사람은 아무도 없었다. 그들의 관심은 땅을 도봉지구에 사 두는 게 더 유리한가 영동지구에 사 두는 게 더 유리한가에 있었고, 사채놀이의 수익이 더 높은가 증권 투자의 수익이 더 높은가에 있었다. 그들의 관심은 오로지 어떡하면 더 잘 살 수 있느냐에 대해 곤충의 촉각처럼 예민할 따름이었다."[332] 오로지 경제적 이익의 산출 여부에 따라 서울의 도시 공간이 평가되는 상황에서, 4·19학생운동의 추억이 담긴 '광화문'이나 한국전쟁과 같이 굵직한 역사적 사건들이 일어난 현장으로서의 서울에 대한 기억은 되새길 여지가 없다.

그러나 사실 더 많이 사라지는 것은 역사적 중요성을 가진 현장이 아니라, 개인의 기억과 체험이 새겨져 있는 공간들의 장소성이다. 이를 잘 보여주는 조해일의 대중소설 〈왕십리〉(1974)는, 옛 애인 정희를 찾아 15년 만에 왕십리로 돌아온 민준태가 과거의 기억을 좇아 현재의 도시 공간을 탐색하는 과정을 그린 소설이다. 이듬해인 1976년 임권택 감독이 영화로 만들어 호평을 받기도 했던 이 원작소설은, 도시 공간의 변화 앞에서 느끼는 내면적 충격을 통해 다시 되찾을 수 없는 과거와 부딪치는 과정을 선명하게 보여주고 있다(사진 91). 그것은 개인의 기억과 관련된 문제인 동시에, 1970년대 서울의 급격한 변화로 인해 서울 사람들이 체험하게 된 상실감의 문제와도 관련되어 있다.

이 소설은 민준태가 15년 만에 서울역에 내려 크레인이 땅을 파고 있는 지하철 공사 현장을 목격하는 장면으로 시작한다. 그가 서울에서 처음으로 맞닥뜨리는 것이 바로 개발 현장이다. 서울역 앞에서 "전차가 다니는지를 알아보려고 눈여겨보았던" 준태는 택시를 타고 신당동에 도착할 즈음에야 전차가 사라졌다는 것을 알게 된다. 전차 궤도가 있던 길은 "맨숭맨숭하게 포장돼" 있었던 것이다. 실제로 1960년대까지 왕십리에는 전차 종점이 있었기 때문에 많은 이주민들이 교통이 편한 이 동네에 정착하곤 했었다. 그러나 이튿날 준태는 왕십리에서 사라진 것이 전차만이 아니라는 것을 알게 된다.

그는 첫날 택시에서 내린 후 광무극장, 천지회관 등 과거의 추억이 어린 신당동의 장소들이 그대로 남아 있는 것을 보고, 서울이 과거의 모습 그대로 남아 있다고 착각한다. 1980년대 중반까지 왕십리에 실제로 남아 있었던 광무극장은 준태에게 "중학생 때 숯불을 피운 드럼통 화로 주위에 옹기중기 둘러앉아 을씨년스레 서양 영화를 구경하던" 그

극장에 대한 추억을 되살리게 해준다. 천지회관에 대해서는 매우 세부적인 묘사가 있다. "벽돌로 지은 ㄷ자 모양의 2층 건물, 다방과 당구장이 있고 식당과 여관이 있고 이발소와 목욕탕이 있는 그 건물, 근처의 거의 유일하던 종합휴양 시설 같은 그 건물 말이다. 벽돌로 견고하게 지었음에도 불구하고 어딘지 늘 비가 샐 것 같은 인상을 풍기던, 이름이 좋아서 '천지회관'이라고 불리던 건물 말이다." '광무극장'과 달리 '천지회관'으로 불리던 건물은 없지만, 이 건물은 당시 실제로 있었던 광심목욕탕 건물이라는 증언이 남아 있다.[333] 이 소설은 현재 사라져버린 여러 건물에 대한 묘사들을 담고 있는 셈이다.

바로 다음 날 민준태는 "어저께 그가 본 햇빛이, 여전한 왕십리의 맑

〈사진 91〉 조해일의 소설을 영화화한 임권택 감독의 〈왕십리〉(1976)의 도입부 장면(출처: 〈왕십리〉, 우성사).

주연배우 신성일이 왕십리역에 내려서 걸어가는 장면 뒤로, 이제는 사라진 왕십리역 건물이 보인다. 뒤에 있는 현대식 건물은 한양대학병원이다.

은 햇빛이로구나라고 느끼게 했던 그 햇빛이 자기를 속였음을 깨달았다. 그것이 다만 비온 뒷날의 일시적인 현상이었을 뿐임을, 그리고 그것에 자기가 속아 넘어갔을 뿐임을 깨달았다"(197쪽). 이 일대의 공간이 외관상으로 변한 것뿐만 아니라, 심지어 "왕십리 거리에 퍼진 햇빛조차 달라져버렸다"는 것을 알게 되는 것이다.

준태는 느릿느릿 걸었다. 왕십리 특유의 먼지가 없어진 건 비온 뒷날이기 때문이라 치고 왕십리 사람만이 맡을 수 있는 어떤 향긋한 공기 냄새, 이를테면 잡초더미 같은 데서 맡을 수 있는 싱그럽고 은은한 냄새를 전혀 맡을 수 없는 점이 준태는 서운했다. 준태는 좀 더 걸었다. 왕십리 로터리가 나타나고 소방서와 경찰서가 보였다. 로터리에서 청량리 쪽으로 빠지는 큰 길이 보였다. 유명하던 먼짓길이 말쑥하게 포장되어 있었다. 준태는 횡단보도를 건너 곧장 역 쪽으로 걸었다. 역 앞의 광장은 텅 비어 있었다. 그전에는 전차의 종점이 있었던 곳이기도 하다. 역시 먼지가 풀썩이던 곳. 사람들은 전차에서 내리면 우선 그곳 특유의 햇빛에 바랜, 바싹 마른 먼지와 대면하게 되곤 했었다. 그 먼지는 역 근처라는 이유 때문이겠지만 얼마간 석탄 가루가 섞인 듯한 회색빛 도는 것이었는데 사람들은 그 먼지와 만나는 순간 자기가 왕십리에 왔다는 것을 알곤 하였다. 그것은 의식하지 않아도 저절로 그렇게 알게 되는, 왕십리 사람들에게는 아주 친숙한 사물이었다. 물론 비가 오는 날이거나 비온 뒷날엔 사람들은 깨끗이 씻긴 왕모래와 만났었다. 의당 군데군데의 물웅덩이와도.
그런데 지금 그곳은 말쑥하게 포장되어 있다. 그리고 역사驛舍 근처에서 서성거리고 있는 군인 몇 사람을 제외하고는 텅 비어 있다. 준태는 역 쪽으로 좀 더 걸어 내려갔다. 기동차 길이 보이지 않는다. 동대문에서 청계천변을 끼고 달려 나와 뚝섬까지에 이르는, 시에서 운행하던 단선의 궤도차가 역 앞 광장의 한복판을 통과했었던 것이다. 사람들은 그것을 보통 기동차라고 불렀다. 성동城東의 명물의 하나이던 그것, 통학생들과 광주리장수 아주머니들에게 그지없이 사랑받던, 뚝섬 방면에 사는 사람들에게는 거의 유일하던 교통 기관. 준태가 정희와 같이 타고 비오는, 또는 눈 내리는 들판을 내다보면서 몇 번이고 왕복하던 그 기동차도 없어진 모양이었다. 그리고 마장동이나 사근동의 서쪽 지역에 사는 사람들에게 지름길을 제공해주던 역의 적재장 입구도 완전히 막혀 있었다. 준태는 발길을 돌렸다.[334]

민준태의 기억은 매우 섬세하게 남아 있어서, "향긋한 공기 냄새"와 석탄 가루와 섞인 "바싹 마른 먼지"까지도 되살려낼 수 있다. 그러나 이 일대는 말끔히 포장되고 공기 자체가 달라져 있어서, 더이상 왕십리만의 고유한 냄새를 풍기지 않는다. 이 소설이 1960년대와 달라진 지점을 보여준다면, 그것은 서울에서 '과거'를 추억하고 '현재'를 반가워하지 않는 태도다. 1960년대의 서울은 골방 안의 젊은 청년들이 '미래'를 위해 과거를 버리고 현재의 비참함을 수긍하던 공간이었다. 그러나 이 소설에서 15년 전의 서울은 그렇게 우울하고 처참한 공간이 아니라, 낭만적이고 소박한 기운이 감돌아 충분히 그리워할 만한 공간처럼 재현되고 있다. 불과 10여 년 만에 서울의 과거와 현재와 미래에 대한 인식이 달라진 것이다.

민준태는 왕십리의 변화에 놀라지만, 사실 이 정도의 변화는 서울에서 아무것도 아니다. 앞의 긴 인용문이 쓰여졌던 1975년 당시만 해도 왕십리가 오늘날 거대 아파트 단지들로 가득한 뉴타운으로 변모할지 아무도 몰랐기 때문이다. 그가 걸어 다녔던 왕십리역 앞은 더 크게 변화했다. 지하철노선과 기차노선이 4개나 교차하는 현재 왕십리의 변화는 놀라울 정도다. 이 소설이 묘사한 1970년대 왕십리의 풍경은 우연하게도 조해일의 소설에서 살아남아 역사의 기록이 되었지만, 사실 서울에서 역사적 가치가 없다는 이유로 아무 흔적도 없이 파헤쳐지고 사라진 동네는 얼마나 많은 것일까.

1970년대 서울의 도시 공간을 변화시킨 가장 큰 내적 원인은, 앞서 말했듯이 자본주의의 원리에 따라 경제적 이익 창출의 관점에서 공간을 바라보는 태도에 있다. 이러한 태도는 도시 공간의 역사성에 대한 무관심 또는 과거에 대한 망각과 맞닿아 있기도 하다. 도시 공간의 역사성과 과거에 대한 기억은, 상품으로서의 가치를 지니거나 또는 국가와 사회가 이데올로기적 필요성에 의해 요청할 때 비로소 의미를 지닌 것으로 소환된다. 국가권력에 의해 조국 근대화의 구호가 외쳐지고 개발 이데올로기에 따른 개인의 희생이 당연시되던 1970년대 한국 사회에서, 개인들의 체험과 기억이 깃든 도시 공간들이 독자적인 가치를 인정받지 못한 채 변화해가는 것은 당연한 현상일 것이다.

발전도 퇴보도 아닌 변화: 익숙한 곳에서 길을 잃다

그렇다면 민준태가 목격했던 포장된 도로와 사라진 기동차는 과연 서울이 발전한 결과일까. 그가 재발견한 왕십리의 풍경은, 진보도 퇴보도 아닌 변화를 겪고 있던 서울의 모습이다. 도심과 강남, 판잣집을 밀어낸 신흥주택가를 중심으로 1970년대의 서울을 본다면, 어떤 사람들은 그것이 서울이 더 잘 살게 된 과정이라고 말할지도 모른다. 그러나 아래에서 살펴보듯이, 그러한 지역들을 벗어난 곳, 원래 서울의 변두리였으며 어쩌다 도심도 강남도 아니지만 서울 내부에 위치해 있는 수많은 서민동네들이 겪은 변화는 그냥 어떤 것이 다른 것으로 대체되는 변화의 과정일 뿐이었다.

〈왕십리〉의 민준태는 계속해서 더 충격적인 공간 변화를 목격한다. 그가 찾아다니는 장소들에 대한 기억은 모두 옛 연인 정희와 관련되어 있다. 그러나 아무리 뒤져도 나타나지 않는 정희처럼, 그가 추억을 되살리기 위해 가는 곳마다 과거에 그가 알고 있던 장소는 다시 나타나지 않는다. 그가 떠올리는 과거의 왕십리에 대한 이 소설의 묘사는 꽤나 사실에 가까운 기억들을 그대로 반영하고 있다. 왕십리는 원래 논밭이 풍부하고 중랑천이 있어서 물이 풍부한 지대에 형성되는 미나리꽝이 많았던 동네였다. 그러나 일제가 건설했던 철길이 남아 있는 이 동네에는 산업화 시기에 저탄장과 연탄공장이 들어왔고, 천변으로는 1960년대 후반 이후 청계천 상류와 도심에서 추방당한 빈민들이 자리를 차지했다. 말하자면 왕십리는 서울이 번화해지는 동안 밀어내는 시설과 사람들이 자리를 잡은 동네였다. 민준태가 이 변화를 비교해서 바라보는 시선은 흥미롭다.

준태는 차도 건너, 사근동 쪽으로 들어가는 골목의 입구께를 턱으로
가리켰다. 자동차가 한 대쯤 드나들 수 있는 길 폭의, 입구에서 조금
들어가면 머리 위로 철로가 지나가는 짧은 다리가 놓인, 한낮에도 어
딘지 늘 음습해 보이고 어둑어둑해 보이던 골목이었다. 그러나 그 다
리 밑만 빠져나가면 얼마 안 가 골목은 좌우로 펼쳐지는 미나리 밭과
논들의 한가운데로 이어지면서 동시에 골목이라는 이름을 사양하게
되어 있었다. 햇볕이 가득 내리쬐는, 그리고 좌우에 푸른 밭들을 거느
린 시원스레 쭉 뻗은 넓은 길이 되는 것이었다. 그리고 그 길을 따라가
면 잔디와 이름 모를 들꽃들로 뒤덮인 긴 둑과 만나게 되어 있었다. 그
대로라면 지금쯤은 아마 잔디의 싹들이 돋아나고 있을 터이고 혹은 이
른 나물 캐는 소녀 몇이 눈에 띄는지도 모른다.

그러나 다리 밑을 지나서 넓은 길 위로 빠져나왔을 때 준태가 본 것은
녹색이나 그에 가까운 어떤 색도 아닌 전혀 다른 어떤 것이었다. 우선
시야에 나타난 것은 길 좌측에 보이는, 규모를 짐작할 수 없는 거대한
저탄장貯炭場이었다. 그리고 그 저탄장의 전체 색깔을 닮은 지붕 낮은
작은 판잣집들이 길 오른쪽으로 어깨동무라도 하듯 줄을 이어 지어져
있었다. 미나리 밭이나 논들이 있었던 흔적은 아무데서도 찾아볼 수
없었다. 길바닥도 저탄장의 그 석탄 빛깔이었으며, 공기조차 석탄 빛
깔인 듯했다. 판잣집들은 나무판자도 모자라서인 듯 천막 조각이나 헝
겊 누더기, 또는 종이 상자 같은 것까지 이어붙인 게 보였고, 어떤 것
은 준태 자신의 키보다도 지붕이 낮았다. 준태는 순간 그 자리에 선 채

걸음을 옮겨놓지 못했다. 감전이라도 당한 사람처럼 또는 그 자리에 뿌리라도 내린 나무처럼 그는 꼼짝 않고 서 있었다(198~199쪽).

준태는 완전히 변해버린 왕십리의 모습에 감전이라도 당한 것처럼 충격을 받는다. 소중한 추억들은 모두 자취를 감춘 상태다. 자연과 논밭이 있던 자리에는 판자촌이 들어서 있고, 또는 판자촌이 있던 자리에 아파트 단지가 세워져 있다. 오랜만에 귀환한 그는 서울 한복판에 남아 있던 밭과 논이 완전히 사라지고 그 자리에 시커먼 저탄장이 들어선 것을 보고, 추억의 공간이 완전하게 훼손당해 있음을 발견하게 된다. 그에게 이 변화는 추억의 훼손일 뿐 결코 발전일 수 없었다.

그가 정희의 흔적을 찾아 돌아다니는 곳은 모두 그의 머릿속에 저장되어 있는 과거의 풍경들이 환상에 지나지 않음을 보여준다. "두 사람의 걸음은 어느새 둑 가까이에 이르러 있었다. 그리고 거기서 준태는 다시 한번 못 박힌 듯 섰다. 둑 전체가 판잣집들로 이루어진 사형蛇形의 기다란 한 동네를 형성하고 있었다. 그리고 둑 위는 자전거를 타고 지나가는 사람이 눈에 띄는, 그 판잣집 동네의 앞길이 되어 있었다. 잔디가 자라고 잡초가 자라고 들꽃이 어우러져 핀 둑은 한갓 환상에 지나지 않는 것이었다"(201쪽). 들꽃이 어우러진 들판 따위는 이제 서울에 없다. "이 도시의 모든 넝마수집소가 이곳에 다 모여 있는 것"처럼 느껴질 만큼, 그가 아름답게 간직했던 자연의 풍경들은 모두 사람들의 "찌든 땀 냄새"가 나는 고단한 삶의 현장으로 바뀌어버렸기 때문이다.

원하는 것을 보지 못한 그는, 결국 과거의 모습을 지워버린 서울이 하나의 거대한 허구적 공간이라는 느낌에 압도당한다. 서울의 모든 풍경과 분위기들은 진짜가 아니라 허구의 공간이며, 모든 것은 그 허구를 구성하는 작은 단위로서의 의미밖에 지니지 못한다고 느끼는 것이다. 그것은 자신의 삶도 도시 경관의 변화와 함께 허무하게 소멸해갈 운명이라는 깨달음과 상통한다. 과거가 지워지는 도시에 남는 것은 "별똥별의 잔상" 같은 기억뿐이다.

> 거리는 해가 마악 떨어질 무렵의 독특한 밝음 속에, 여전히 차량과 행인들의 물결로 붐벼대고 있었다. 준태는 문득 자기가 어떤 거대한 허구 속에 끼어든 듯한 느낌에 빠졌다. 그리고 일단 그러한 느낌에 빠져들자 거리의 분위기, 거리의 풍경 하나하나가 이상할 정도로 또렷또렷하게 느껴지면서 그에 비례하여 그것들이 그 거대한 허구를 이루는 작은 단위들에 불과하다는 느낌이 점점 강해졌다. 한순간 그는 알 수 없는 전율로 몸을 떨었다. 자기 자신의 삶의 윤곽이 어둠 속으로부터 느닷없는 한 줄기 빛의 명멸로 또렷이 비쳐졌다가 스러지는 듯하였다. 그리고 그 느낌은 밤하늘에 명멸한 별똥별의 잔상처럼 강하게 그의 뇌리에 남았다(278~279쪽).

소설 〈왕십리〉는, 과거를 추적하며 현재의 도시 공간을 배회하는 인물을 통해 서울의 변화가 일종의 허무한 상실로 체험되는 과정을 보여준다. 이 소설은 서울 변두리에 해당하는 왕십리의 변화를 보여주면서, 서울 전체가 겪고 있는 변화를, 과거의 아름다운 흔적을 지워가는 비루하고 범속한 변화로 파악하고 있다. 현재에서 과거의 기억을 계속해서 소환하는 인물 민준태는 서울 도시 경관의 변화가 과거의 '망각'을 강요하고 있음을 보여주는 매개체다. 이 소설에서 과거는 되살릴 수 없는 절대적인 상실로서만 체험되며, 그것은 도달할 수 없기에 아름다운 것이다.

이 소설은 문학 텍스트가 서울의 과거를 호출하여 재현하는 방식이 변화했음을 보여준다. 여기서 과거는 더이상 감추고 지워야 할 부끄러운 흔적이 아니라 아름다움으로 치장된 기억의 저장고처럼 간주된다. 과거는 서울의 현재를 비판하기 위한 근거로 소환된 것이 아니라, 현재의 변화를 거스를 수 없는 운명으로 받아들이는 개인의 내면을 표현하기 위해 아름답게 윤색되어 있다. 이러한 재현방식은 과거를 현재의 지배 이데올로기에 맞게 상품화시키거나 왜곡하는 현대 자본주의의 상품화 논리를 닮아 있다. 대중소설 〈왕십리〉가 서울의 문학적 재현과 관련하여 의미가 있다면, 과거를 아스라하게 미화시킴으로써 경제적 공간 감각의 대중화 현상과 어울릴 만한 세속적 재현방식을 보여주었다는 데 있을 것이다.

이러한 변화 과정은 과거의 역사적 기억에 대한 망각과 결부되어 있기도 하지만, 동시에 상경민들을 통해 1960년대 서울 사람의 정체성 속에 빠르고 맹렬하게 흡수되었던 시골의 흔적을 지워나가는 과정과도 궤를 같이한다. 1960년대의 서울을 형성해낸 중요한 힘이 시골에서 상경하여 서울 사람과 서울 이미지를 시골의 그것으로 대체하는 상경민들에게 있었음을 상기해볼 때, 서울 속에서 시골의 내용을 점차 지워가는 과정은 서울이 현대도시로 도약하기 위해 거쳐야 했던 자기부정의 절차였다.

한 장소를 의미 있는 대상으로 만들어주는 '장소성placeness'의 원천이 그 공간을 이용하고 체험한 개인들의 기억과 의미부여에 있다는 것은,

마르틴 하이데거Martin Heidegger와 이푸 투안 Yi-Fu Tuan, 에드워드 렐프Edward Relph와 같은 사상가들이 오래전에 주장한 내용이다. 그러나 역사적으로 중요한 장소나 건축조차 마구잡이로 사라지는 도시 서울에서, 특정 장소를 둘러싼 과거의 기억이 역사적 사건과 무관해 보이는 작은 개인들의 역사와 체험에 한정되어 있는 공간의 장소성 따위는 중요하지 않았다. 그 결과 매일같이 일어나는 장소의 지속적인 파괴와 망각은 서울이라는 도시의 근본적인 속성이 되었다.

환상이 되어버린 고향

조해일의 소설이 과거에서 현재로 날아온 한 인물을 통해 서울의 변화를 체험하게 하는 텍스트라면, 이와 반대로 1975년 같은 해에 발표된 최일남의 소설 〈서울 사람들〉[335]은 현재 서울에서 살고 있는 사람들이 과거의 추억이 담긴 시골로 이동하여 자신들에게 과거의 감각과 기억이 사라졌음을 확인하는 텍스트다. 1960년대 초중반 서울 사람들의 이미지가 사실상 서울 토박이들이 아닌 상경민들의 삶과 내면으로 채워졌다는 점을 떠올려 비교해보면, 이 소설을 통해 서울에 완전히 동화되어버린 그들의 현재가 어떠한지 그리고 십여 년 만에 서울 사람들의 내용과 이미지가 어떻게 달라졌는지 알 수 있다. 서울에 갓 상경하여, 서울말을 쓰면서 촌티를 벗고나 노력하며, 서울 거리를 쏘다니거나 '종삼'과 '르네상스 다방'을 방문하면서 서울의 문화를 습득하려고 노력했던 사람들의 모습은 더이상 없기 때문이다.

이 소설은 고등학교를 시골에서 마치고 서울로 올라온 동창생들이 어렵게 서울에 자리를 잡은 다음, 자신들이 자란 시골을 아름답게 추억하면서 며칠 동안 함께 시골로 여행을 떠나는 내용이다. "지금쯤 시골은 좋을 거야. 추수도 끝났겠다, 뜨뜻한 아랫목에 지지고 앉아서 동동주라도 한잔 마시면, 아 그 기분 서울 사람들은 모를 걸"이라고 말할 정도로, 스스로 반쯤은 시골에 정체성을 걸치고 있는 사람들이다. 삼십대 후반에 접어든 이 "죽마고우"들은 딱히 자신들의 고향으로 돌아가기를 고집하지 않는다. "비록 우리들의 고향은 아니라도 좋아. 고향과 엇비슷한 데로 가서 우리를 키워준 고향 같은 무드 속에 며칠 묻혔다 오는 거야. 알고 보면 우리들 넷이 모두 산골 촌놈들 아니니. 먹고사느라고 너무 오래 그런 정경들과 등을 지고 살아왔고"(24~25쪽). 알고 보면 산골 촌놈들이라는 말은, 자세히 따져봐야 시골 촌놈이지 그냥 보기에는 이제 서울내기라는 자부심이 깃든 말이다. 이 동창생들은 기억 속에 시골이 남아 있지만 그래도 서울에 완전히 적응했다고 믿는 사람들이다. "맨날 서울 바닥에서 비비적거리고 살다보니까 고단해 죽겠어. 계절이 어떻게 바뀌는지도 모르겠단 말야"(24쪽)라고 할 정도로, 자연과 계절의 변화를 모르는 도시인의 정체성을 가지고 있다는 것이다.

이것은 1970년대 서울 사람이 도시인으로서 가지고 있던 정체성의 문제와 연관된다. 흔히 도시인은 "외적, 내적 자극들이 급속도로 그리고 끊임없이 바뀌는 데서 기인한" 신경과민, 복잡하고 치열한 삶에 대응하는 "비인격적"이고 "지성주의적" 태도, "둔감함"과 같은 상반된 특성들을 동시에 가진 복합적인 사람으로 이해된다. 그러나 이 소설에 등장하는 서울 사람들은 현대도시의 복잡성에 대응하는 "지성주의적" 태도를 가진 인물이 아니다.[336] 고향 동창생들과의 교류, 복잡한 서울에서 탈출하는 여가생활, 서울의 술집과 다방에서 즐기는 시간들 정도가 이들이 서울 사람이 되었다는 것을 알려주는 징표다. 다시 말해 도시인이 된 1970년대 서울 사람은 첨단의 모더니티를 구현한 사람이 아니라, 시골의 추억을 가슴 한편에 간직한 채 얼마간 서울의 비인간적인 생활을 비웃는 정도의 태도를 가진 사람이라는 것이다.

시골은 편안하고 인심이 넉넉하고 푸근하다는 과거의 기억을 가지고 있는 이 친구 일행은, 그래서 "이번 우리의 여행이 도시의 문명이나 잡답雜畓 등을 피해서 다만 며칠이라도 깊숙이 자연의 품에 안기려 가는 것이므로 우리가 일상생활에서 쓰던 잡동사니들을 끌고 가지 말자는 의도"(24쪽)로 여행을 떠난다. 시외버스 터미널에서 만난 그들이 약속이라도 한 듯 흡사 "어느 날 야유회를 나갈 때 평소와는 다른 피차의 옷차림"을 한 모습에서 보듯, 시골은 그들이 소풍 가듯 놀러가는 대상이 되어 있다. 그들이 시골을 추억하는 방식은 다음 대화에 잘 나타나 있다.

"지금쯤 시골에 가면 우거지국이 맛있을 때야. 우거지에다가 뜨물이나 된장을 풀고, 풋고추를 듬성듬성 썰어 넣어 먹으면 기막히지. 간혹 여편네한테도 시켜보는데 영 옛날 맛이 안 나더군." (중략)
"난 국민학교 다닐 때 벤또 반찬에 새우젓만 싸가지고 다녔다구. 우그러터진 벤또 한쪽에다 간장 종지 있지. 거기다가 새우젓만 담아가지곤 밥 속에 콕 박아가지고 다니는데 그렇게 꿀맛일 수가 없었어. 그런데 요즘엔 새우젓만 봐도 냄새가 나거든. 그리고 그런 건 흙 냄새 물씬 나는 초가집에서 먹어야 제 맛이 나지, 텔레비전을 보면서 먹는 밥상에는 안 어울려."

우리는 그날 밤, 이외에도 풀떼죽이 얼마나 맛있으며 호박떡이 얼마나 기찬 것인가를 얘기했다. 그뿐 아니라 호박잎쌈이 얼마나 구미를 돋구는 것이며, 고춧잎 버무린 것이 얼마나 입맛 당기는 반찬인가를 얘기했다. 빈속에 술을 마시면 위장을 버린다고 불고기 이 인분씩을 먹은 후 마른안주에 생맥주를 마시며 그런 얘기를 한 것이다. 말하자면 번지르하게 서울 바닥을 싸다니기는 해도 옛날 입맛이나 그런 정황을 어느 구석엔가에 지니고 있는 촌놈 근성을, 내력을 아는 우리끼리 실컷 주고받은 셈인데, 자기들은 어쨌거나 이제 그런 상황에서 벗어나 멀찌거니 서서 한가히 풍경화를 그리고 있는 것 같은 언짢음이 없지도 않았다(29~30쪽).

서울에서 안정된 자리를 잡은 시골 고등학교 동창생들이 불고기 이 인분과 마른안주에 생맥주라는, 당시로서는 결코 저렴하지 않은 식사와 술을 곁들이며 나눈 이 대화는, 시골에 대한 낭만적 환상에 가득 차 있다. 어렸을 때 시골에서 먹던 토속적 음식의 맛과 풍취를 찬미하는 이들의 대화 내용이, 1960년대의 소설 〈무진기행〉에서 보듯 서울에서 실패하면 시골로 돌아갈지도 모른다는 불안과 초조함 따위는 완전히 떨쳐버린 서울 정착자들의 시골 판타지를 적나라하게 보여주고 있기 때문이다. 커피 좀 안 먹고 살았으면 좋겠다거나 화학조미료를 치지 않은 음식을 먹고 싶다는 그들의 바람도, 이 판타지의 소산이다. 그러나 "우거지국, 간갈치나 간고등어, 새우젓, 풀떼죽, 호박잎으로 오래 잃었던 자연의 미각을 되찾고, 단 공기와 그런저런 정경에 몸을 담그자고 맹세"(30쪽)하고 떠난 이들의 여행이 성공적일 리가 없다.

이러한 환상은 이미 서울에 정착하여 시골에서 살던 어렸을 때의 기억을 박제한 결과 만들어진 것이다. 그들이 떠나온 시골은 도시의 착취 때문에 낙후되고 촌스러워진 시골도 아니고, 새마을운동이라는 국책사업이 홍보하듯 잘 사는 시골의 모습은 더더욱 아니다. 자신의 어린 시절을 더이상 자신과 무관한 공간으로 신비화해 만든 환상은 현실에서 동떨어져 있을 뿐만 아니라, 오래전에 시골을 떠나온 자신을 우월한 위치에 놓으려는 서울 사람의 태도다. 서울에서의 성공을 바탕으로 한 이러한 자신감과 환상은, 서울과 시골이라는 중심과 주변의 간극을 더욱 크게 만드는 폭력에 불과하다. 최일남의 소설 〈서울 사람들〉은 이 환상을 깨뜨리기 위해, 이 동창생들이 직접 시골로 돌아가는 과정을 묘사한다. 시골에 대한 무지, 서울에 대한 우월감이 버무려진 서울 사람들의 대화를 담은 이 소설은, 실소와 경멸을 낳기에 충분한 인물들을 그리고 있다는 점에서 서울 사람들의 환상을 비판하고 공격하기 위한 의도로 쓰였다는 의도를 성공적으로 달성한 것으로 보인다.

"그대 다시는 고향에 가지 못하리"[337]

이제 시골을 떠나온 지 오랜 시간이 흐른 서울내기들이 알던 고향은 없다. 시골은 불편하거나 불쾌한 곳에 불과하다. 오직 미화된 기억 속에서만 시골은 아름다운 곳으로 존재한다. 이 일행은 현실 속에서 시골과 맞닥뜨리고서야, 더이상 들판이 아름답지도 않고 시골 음식이 입맛에 맞지 않는다는 것을 알게 된다.

저녁 상 받을 때 주인은 찬이 변변치 않다고 미안해했으나, 우리는 그런 생각 마시라고 되려 미안해했다. 그러나 그렇게 말을 하면서도 우리는 아침이나 어젯밤처럼 그렇게 호들갑을 떨지는 않았다. 마지못해 국물을 몇 숟갈 떠넣었을 뿐 모두 입에 당기지는 않는 것 같았다. 우선 나부터도 그랬다. 간밤부터 마신 막걸리가 쉰 냄새와 함께 목구멍에 고여 오르고 돌소금으로 이를 닦다가 생채기가 난 잇몸이 이따금 아렸다. 간밤에는 못 느꼈는데 남폿불에서는 매캐한 냄새가 코를 찌르고, 한 옆으로 쌓아 놓은 이부자리에서는 퀴퀴한 냄새가 나는 것 같았다. 그리 넓지 않은 들판에 섰을 때는 그렇게도 속이 시원했는데 이틀째가 되면서부터는 들판은 그냥 들판일 뿐 별다른 감흥을 가져다주지 않았다. 산천이 마음속에 있을 때는 그렇게 좋았는데 막상 그 속에 파묻혀 보니까 갑갑하기만 하다고 윤경수도 말했다. 그는 더 말은 안했지만 서울서 떠나올 때의 마음과는 달리 누가 자기의 생활을 이런 곳으로 끌어내릴까봐 겁을 먹고 있는 것 같기도 했다(34쪽).

시골은 이 일행의 미각, 후각, 시각 중 아무것도 만족시켜주지 못한다. 이들의 감각이 서울의 생활양식에 맞게 조절되어 있기 때문이다. 설상가상으로 이들은 화전민촌이 있는 산에 올라갔다가, 미군 통신부대를 상대하는 양색시들을 맞닥뜨리고 황당해하면서 내려오게 된다. 시골의 산꼭대기조차 어느새 미군이 차지하여 매춘이 이루어지는 세속의 공간으로 변해 있는 것이다. 이들은 시골에 대해 막연하게 품고 있었던 자신들의 생각이 "얄팍한 감상感傷"이었을 뿐 아니라, "자신들이 너무 소시민적인 안일安逸에 젖어 있었음을 확인"한다(35쪽). 서울 돌아 갈 날이 남았는데도, 그들은 자꾸 서울에서의 생활을 그리워한다.

> "커피 한잔만 했으면 딱 좋겠는데."
> "그러게 말이다.……오늘밤 텔레비전에서 쇼를 하는데 놓쳤군."
> "쇼뿐야? 프로레슬링도 있다구."
> (중략)
> "히야시 맥주 딱 한 병만 먹었으면 좋겠다."
> "난 술 마시고 오면 꼭 밥 대신 냉장고에서 우유 한 병 꺼내 마시고 자는데 지금이 바로 그런 기분이야"(35쪽).

이 짧은 두 개의 대화는 그들이 시골에서 보낸 소년 시절의 감각을 지워버린 자리에 무엇을 채웠는지 보여준다. 커피, 맥주, 우유와 같은 서구식 음료가 이들의 미각을 충족시키고, 대중매체가 생산해내는 쇼와 스포츠 중계가 이들의 시선을 붙잡는다. 이 대화는 그들이 기호품의 소비나 대중매체의 향유를 통해 서울 사람이 된다는 사실을 보여준다. 서울 사람의 정체성은 감각과 취향, 소비 등을 통해 규정되며, 그 내용물은 사실 사회적으로 학습된 자본주의적 욕망의 일부다. 다시 말해 이 대화는 상경민 출신의 서울 사람들이 스스로 자신이 서울 사람이라고 규정하는 근거가 '소시민적 아비투스'[338]에 있음을 보여주고 있다. 그래서 그들은 마음보다 먼저 자신들의 몸이 불과 하룻밤 사이에 시골 음식과 술을 거부하고 있음을 깨닫고, 자신이 서울 사람이 다 되었음을 알게 된다(사진 92).

> 서울로 오는 버스 속에서 우리는 너무 말이 없었다. 그까짓 삼박사일
> 을 제대로 채우지도 못하고 하루를 앞당겨 온다든가 하는 것보다도 달
> 라진 환경 속에서 다만 며칠을 견디어내지 못하고 도망하듯 그 마을을
> 떠나온 데 대한 부끄러움 같은 것이 있었는지도 몰랐다. 무교동이나
> 종로바닥에서 맥주를 마시며 산촌山村의 정경을 얘기하던 자신들이
> 얼마나 얄팍하고, 배부른 여담餘談이었던가를 느끼는 순간이기도 했
> 는데, 그러나 우리는 그런 한편으로 숨이 칵칵 막히는 지점에서 쉽게
> 빠져 나온 것을 다행으로 생각하는 것 같은 안도감을 느끼는 자신들을
> 발견하고 있었다. 우리는 밤늦게 서울에 도착하자마자 그 길로 다방에
> 들러서 커피를 마시고 다시 무교동으로 나가 오백 씨씨짜리 생맥주를
> 단 한 번에 꺾어 단숨에 들이켰다.
> "인제 살 것 같군."
> ……
> "우리 이제 별 수 없이 서울 사람 다 됐는갑다"(37쪽).

 그러나 이 소설은 마지막에 자신들이 서울 사람이 다 되었다고 생각
하는 일행들이 사실은 "형편없는 촌놈"이라고 주장한다. "우리들의 등
골뼈 밑으로 칠팔 센티미터쯤 자란 속물의 꼬리가 대롱대롱 매달려 있
는 걸 의식하고 있었다"(37쪽). 다시 말해 서울 사람의 정체성과 고유성
을 뒷받침하는 근거는, 1960년대 초중반처럼 서울에 시골의 내용을 이
식함으로써 가능한 것도 아니고 서울의 고유한 장소성에 대한 체험과

인식에서 나오는 것도 아니다. 서울 사람이란 단지 자본주의적 욕망과 습관에 의해 단련된 소시민적 아비투스가 보편화된 결과라고 말할 수 밖에 없다.

〈사진 92〉 1976년 도로확장공사가 진행되고 있는 무교동 모습(출처: 국가기록원).

무교동은 1960년대부터 명동과 더불어 서울의 대표적인 유흥가였다. 청년문화의 산실이자 통기타 가수들의 데뷔무대로 유명했던 대중음악감상실 세시봉도 이곳에 있었다. 최일남의 소설 〈서울 사람들〉(1975)에 등장하는 무교동의 모습은 이 변화 이전의 모습을 담고 있다. 그러나 1976년 도심재개발로 인한 철거와 도로확장공사로 인해 옛 모습을 많이 잃었다.

이 소설이 조해일의 대중소설 〈왕십리〉와 유사성이 있다면, 바로 서울을 인식하거나 서울 사람임을 자각하기 위해 '과거'의 기억을 호출하는 방식이다. 두 소설 모두에서 과거는 현재와 대비되는 아름답고 서정적인 추억으로 미화되고 윤색되어 있기 때문이다. 물론 〈왕십리〉가 과거의 낭만적 미화에 그치는 데 반해, 〈서울 사람들〉은 과거의 기억이 얽혀 있는 시골을 이상향처럼 윤색시킨 후 바로 자신들의 시선에 숨겨져 있는 허구성을 스스로 폭로한다. 하지만 이 허구성은 실제 시골의 현실에 부딪치기 전까지는 폭로될 수 없는 것이다. 서울 사람들은 과거의 어렵고 가난했던 기억이 간직된 시골에 대해 낭만적 환상을 유지한다. 이 환상은 시골과 더욱 경제적·문화적 격차를 벌린 서울 사람들이 새롭게 구성한 판타지일 뿐이다. 서울 사람들은 그 환상의 고향으로 다시 돌아가지 못할 것이다.

뿐만 아니라 이 소설은 서울 사람들에게 시골이 더이상 감각적·육체적으로 적응할 수 없는 불편한 공간이 되었음을 보여준다. 이러한 변화는 1960년대 중반 김승옥의 〈무진기행〉(1964)에서 형상화된 고향 또는 시골의 의미와 비교해보면, 매우 달라진 것이다. 십여 년 전 가상의 시골 '무진'은 출세와 서울 입성을 꿈꾸는 자들이 살고 있는 서울의 그림자 같은 공간이었지만, 동시에 서울에서의 강박적 의식을 풀어버릴 수 있는 무의식의 공간이기도 했다. 최일남의 소설은 이제 그렇게 편히 쉬다 올 고향이 어디에도 없음을, 고향은 마음속에서만 존재하는 판타지에 불과하게 되었음을 이야기한다. 그것은 서구문화와 대중매체의 유혹에 빠진 1970년대 '서울 사람들'이 가지게 된 고향과 시골 또는 과거에 대한 감각이었다.

에필로그

현재 서울의 도시 경관, 그리고 서울에 사는 사람들의 삶과 욕망은 1960~70년대에 진행된 변화를 기반으로 주조된 것이다. 물론 그 위에 1980~2000년대에 진행된 더 거대한 변화가 덧씌워졌다. 1960~70년대와 비교할 수 없을 만큼 고층 건물과 아파트 단지가 서울 곳곳을 무자비하게 뒤덮은 지 오래고, 이제 중산층의 성장을 논의하기보다 위기와 몰락을 우려하는 시기가 되었다. 서울 사람의 삶도 자수성가의 미래를 향한 희망찬 견딤이 아니라 평범한 삶을 유지하기 위한 고된 생존경쟁이 된 지 오래다. 그러나 1980년대 이후 현재까지 서울의 도시 공간에서 일어난 모든 변화의 방향은, 알고 보면 이미 1960~70년대에 만들어지기 시작한 것이라 해도 과언이 아니다.

이 시기 서울의 변화는 기본적으로 '단절'과 '망각'의 흐름 위에서 진행된 것이었다. 1966년 이후 경제성장과 도시개발이 본격화되면서, 이도시의 현대화는 역사적 흔적과 기억들을 지우는 것으로 첫발을 내디였다. 민족주의를 앞세워 식민지시기의 건축을 거리낌 없이 파괴했을 뿐만 아니라, 과거의 기억에 의존하여 도시를 이해하던 방식은 의식하지도 못한 사이에 낡은 것으로 부정되었다. 오래되어 빛이 바랜 것은, 미학적 관점에서 보면 추하고 위생적 관점에서 보면 더러우며 실용적 관점에서 보면 불편하다는 관념이 팽배했다.

사실 서울은 조선시대 한양과 일제하 경성의 역사를 새긴 사대문 안의 구도심을 가지고 있었기 때문에, 유럽의 오래된 도시들처럼 올드 타운Old Town을 보존하고 가꾸면서 그 바깥이나 주변에 신도시를 세우는 방식으로 도시를 확장시킬 수도 있었다. 그러나 1963년 초 확장된 거대한 서울의 행정구역이 서서히 채워지기 시작했을 때 그러한 점들은 고려되지 않았다. 오히려 강남처럼 새로운 도심으로 대두한 신시가지들이 과시하는 현대성이 구도심까지 잠식했다. 도시정책을 담당하던 관료들은 서울에 미국의 현대도시처럼 모더니즘적 고층 건물을 세우고 자동차 중심의 도로체계를 세우는 것이 근대화이자 발전이라고 믿었다.

1960~70년대에 논밭에서 빈민들의 판자촌이나 서민층 또는 중산층의 주거지로 변화한 동네들의 행보도 다르지 않았다. 이제 그러한 동네들은 역사적 풍취도 없고 현대적인 세련미도 없는 서민층의 공간으로 취급받고 있기 때문에, 싹 밀어버리고 고층 아파트를 짓기에 가장 적합한 재개발 지역으로 간주된다. 그때그때 필요에 따라 지어지거나 개량된 집들의 운명이기도 하다. 지금도 서울의 어지간한 동네들은 건축된 시기와 양식이 다른 건물들이 뒤섞여 있는 어지러운 외관을 가지고 있다. 그 어지러운 경관은 사실 서울의 현대사를 보여주는 서울만의 독특한 풍경이다. 그러나 식민지시기에 세워진 건물들도 거리낌 없이 파괴

하는 시대에, 1960~70년대에 만들어진 집, 골목, 가게들이 중요하게 여겨질 리가 없다. 개인의 기억과 체험이 깃든 장소성 따위는 서울에서 중요하지 않게 되었다.

서울의 기본적인 속성 중의 하나는 빠르고 항상적인 변화다. 유독 서울에 사는 사람들은 불과 몇 년 전까지 볼 수 있던 동네의 건물들이 하루아침에 사라지는 데에도 무감하고, 학교나 직장 앞의 가게가 몇 개월 만에 문을 닫아도 상관하지 않는다. 어딘가 항상 변화하고 있음을 당연하게 받아들이는 것, 또는 빠른 소멸과 생성에 관심을 두지 않는 것이 이 오래된 도시에서 살아가는 방법이 되었다. 그 신속한 변화와 적응능력 덕분에 1960~70년대 서울은 결코 균질한 시대로 파악할 수 없는 복합적인 모습을 가지고 있다. 이 책에서 세 시기로 나누어 다룬 1961~78년은 박정희 정권기와 거의 일치하지만, 짧은 각 시기마다 정책의 방향, 서울 사람들의 내면과 욕망, 주거 공간의 양상, 계급 분화의 정도 등은 계속해서 달라졌다.

그 변화의 기저에는 1960~70년대에 만들어진 현대성에 대한 지향, 발전주의 이데올로기, 일상과 문화의 아메리카니즘이 뒤섞여 있다. 현대성이 "전통 그 자체에 반대하는 전통"[339]으로서 항상 갱신하고 변화하는 흐름 그 자체라고 본다면, 과거의 모든 것을 뒤엎고 단절하여 뒤죽박죽이 되어버린 도시 서울만큼 현대성을 구현한 도시도 또 없을 것이다. 과거에 대한 거부, 단절, 망각의 흐름은 냉전시대 미국 사회를 모델로 삼아 급속한 경제발전을 이루려는 의도에서 더욱 가속화되었다.

그 결과는 서울의 도시 공간을 외부의 시선에 맞게 바꿔버리거나 경제적 이익 창출의 논리로 재배치하거나 파괴하는 것으로 나타났다. 강북의 도심 재개발, 판자촌 철거, 신개척지 강남의 개발에 이르는 과정에는, 정작 그 공간에 살고 있는 사람들의 생존과 편의는 크게 고려되지 않았다. 서구의 미디어와 관광객의 시선, 때로는 체제 경쟁을 해야 하는 북한 사람들의 시선, 서구인의 시선을 의식하여 갖게 된 내부인의 시선이 중심이었다. 전통의 도시에서 현대적인 고층 건물, 자동차 중심의 도로, 전차 대신 버스 중심의 교통체계로 이행해가는 과정에서 역사에 대한 자기성찰도 존재하지 않았다.

관료와 정책가들이 상상한 이상적 모델을 도시 공간에 구현하는 과정은 공적 폭력을 낳았다. 서울로 무작정 이주한 사람들의 판잣집은 무허가 불량주택이라는 꼬리표를 달고 철거되었다. 시간이 흐르면서 도시빈민을 처리하는 방식은 대책 없는 철거에서 무허가 정착지로의 강제이주, 입주권이나 이주보조금의 지급 등을 동반한 철거로 약간 변화했지만, 도시의 가난한 사람들을 대규모로 집단추방할 수 있다는 사고방식의 존재와 그 실행은 사실 세계적으로도 유례가 많지 않은 공권력의 폭력이다. 1970년대 초반 발생한 와우아파트 붕괴, 광주대단지사건처럼 사회에 큰 충격을 안긴 일들은 이 정책들의 문제점을 알려준 계기였으나, 그렇다고 해서 이후 도시빈민에 대한 처우 문제가 더 나아지지는 않았다. 폭력적인 강제철거 방식이 시간이 흐를수록 약해지기보다 1980년대에 합동재개발제도의 도입 이후 더 잔혹하게 변해갔다는 점은, 사회적 약자를 추방하고 배제하는 과정에 대한 역사적인 반성이 얼마나 부족한지를 생각하게 해준다.

하지만 1960~70년대 서울의 도시 공간에서 벌어진 이 모든 문제를 국가의 발전주의 정책과 식민주의적 사고 탓으로만 돌릴 수는 없다. 이 시기 서울 정착에 성공하여 서울 사람이 되는 데 성공한 사람들은 얼마간 동조자이자 공범자였기 때문이다. 서울은 다른 지역에서 몰려든 상경민과 월남민을 포함한 이주민들이 스스로 만든 한국현대사의 현장이다. 한국전쟁 이후부터 서울로 옮겨온 수많은 이주민들은 이 가난했던 도시가 선사하는 경제적 혜택과 문화적, 정서적 욕망 충족의 세계에 스스로 발을 담갔다. 서울이 한국 사회의 모든 욕망을 흡수하는 절대적 중심의 공간이 되기 시작한 것은, 이주민들의 자발적인 욕망과 실천의 움직임 때문이었다. 폭발적인 이촌향도 현상과 서울 사람이 되기 위한 노력들로 시작한 이 움직임은 시간이 갈수록 도시 중산층 대열에 합류하려는 노력으로 이어졌다.

물론 서울 사람이 된 이들의 움직임이 한 방향으로만 움직인 것은 아니다. 그들은 정권의 의도와 정책을 완전히 거스르면서 통제 불가능한 한국 사회의 욕망을 그대로 드러내기도 했는데, 서울로 가고 싶은 욕구와 충동은 어떻게든 서울의 인구 증가를 막고 싶었던 관료들을 가장 무력하게 만든 원천이었다. 사람들은 경제성장의 수혜를 받는 중산층 대열에 합류하고자 그 정책들에 순응하거나 추종하기도 했고, 때로는 광주대단지사건 당시처럼 예상치 못한 방법으로 격렬하게 거부하고 저항하기도 했다. 서울에 살아남기 위하여 순응과 저항이라는 이분법에 갇히기보다는, 그 정책들을 이용해서 개인의 이익을 추구하기도 하고 그것에서 빠져나가기도 하는 복합적인 모습을 보여왔던 것이다.

그래서 현재 한국 사회는 상당수의 국민이 국가의 폭력에 대항하는 대규모 시위를 벌이면서도, 동시에 위장전입과 학벌주의를 당연시하고 부동산 투기의 마인드로 집 구입 문제에 접근하는 것이 당연한 상태에

도달해 있다. 지금도 사람들은 도시 공간을 공공의 자산으로 생각하기보다 소유권을 가진 자들의 이익을 중심으로 사고하며, 강제철거를 당연하게 생각한다. 그리고 사회적으로 습득한 경제적 공간 감각에 기대어 부동산 투자와 아파트 매매를 통한 시세 차익의 문제에 민감하게 반응한다. 최근 서울의 도시 공간 문제와 관련하여 강남, 중산층, 아파트 문제가 유독 부각되는 것도 이와 관련되어 있다.

서울이라는 현대도시가 내포한 문제들에 대해서는 사실 이미 수많은 의견들이 제시되어 있다. 주택, 교육, 청년 취업과 주거, 여성의 삶과 권리 등 현재의 가장 첨예한 쟁점들은 한국 사회의 모든 문제를 집약한 서울의 문제들이기도 하다. 이 문제들은 서울을 중심으로 촘촘하게 위계화된 지역 문제와 연관된 것이다. 서울과의 물리적 거리와 자본 집중도의 차이에 따라 전국적으로 서열화된 한국 사회의 공간 문제는, 여러 사회 문제와 지역 문제를 해결하기 위해서는 해당 주제에 국한된 시야를 벗어나 서울 중심주의를 해체해야 하는 과제로 귀결되곤 한다.

이 책은 서울의 도시 문제에 대한 해답을 자신 있게 제시하지는 못해도, 서울이 현대도시로 탄생하는 역사적 과정을 되짚어보게 함으로써 질문을 던져보고자 했다. 그 답변에 다가가는 통로는 당대에 쓰인 가장 치열한 문학 텍스트들이었다. 1960~70년대의 작가들은 당시의 현실을 '재현'하기만 한 것이 아니라, 사회적으로 의미 있는 상징적 공간으로 만들어내어 현실에 대해 발언하고 영향을 미치고자 했다. 그들은 서울에서 진행되는 계급 분화와 도시 공간의 특권적 사유화, 발전과 조국 근대화의 논리로 자행되는 도시개발의 폭력, 도시빈민의 추방과 중산층의 허위의식에 이르기까지, 사회의 지배적 논리를 거스르는 저항적 공간을 문학 내부에 창조해냈다. 1960~70년대 문학이 생산한 서울의 표상이 현재와 어떻게 다르고 또 어떻게 여전히 유의미한 공간 생산방식으로 작동하고 있는가를 파악하는 것은, 역사적 반성을 위해서도 필요하다.

최인훈의 소설 인용으로 출발한 이 책을 박완서의 유명한 소설을 인용하는 것으로 마무리하고자 한다. 잘 알려져 있듯이 〈엄마의 말뚝〉은 서울 문안에 딸과 자신의 삶의 자리를 어떻게든 만들려고 했던 어머니를 애도하는 회상기다. 이 책은 서울의 변화에 뿌리가 뽑혀버린 최초의 '말뚝'을 기억 속에만 지니고 있는, 또는 그 '말뚝'조차 기억하지 못하는 사람들을 위한 책이다.

해방 후 서울의 변화처럼 눈부시다는 형용사를 잘 받는 말도 없으리라. 10년은커녕 3년만 외국을 갔다 와도 살던 동네를 못 찾는다는 말도 있다. 그러나 그 괴불마당집이 있는 동네는 늘 그대로였다. 나는 그게 조금도 이상하지 않았다. 어머니가 이 고장에 최초로 박은 말뚝은 우리에겐 뜻 깊은 기념비이므로 기념비는 이끼 끼거나 퇴락할 순 있어도 발전은 없는 건 당연하였다.

몇 달 전 친구들과 택시로 영천을 지난 적이 있다. 그곳을 지날 때면 언제나 그렇듯이 나는 나만의 은밀한 애정과 감회를 가지고 현저동을 쳐다보다가 그 동네의 변화에 가슴이 덜컥 내려앉고 말았다. 괴불마당이 있던 근처에 연립주택이 들어서고 있는 게 아닌가. 실상 그 동넨 너무 오래 변하지 않았었다. 40여 년 전 서울 갓 올라온 촌뜨기의 눈에도 구질구질하고 무질서해 보이던 궁상과 밀집이 오늘날까지 계속되었으니 말이다. 그런데도 그게 비로소 변화하려는 조짐을 보고 내려앉은 가슴은 그날 온종일 허전한 채였다. 그건 하도 잘 변하는 것들 속에서 홀로 변하지 않았으므로 기념비가 되었던 마지막 걸 잃은 마음이었다. (중략) 나는 가슴 속을 소슬바람이 부는 것 같은 감상에 젖으며 그 근처를 헛되이 배회했다.

엄마의 말뚝은 뽑힌 것이다.

— 박완서, 〈엄마의 말뚝 1〉 중에서

참고문헌

1. 문학 텍스트(연도 순)

김승옥, 〈환상수첩〉, 《산문시대》 제2호, 1962.

김승옥, 〈누이를 이해하기 위하여〉, 《산문시대》 제4호, 1963.

김승옥, 〈확인해본 열다섯 개의 고정관념〉, 《산문시대》 제5호, 1964.

김승옥, 〈역사〉, 《문학춘추》, 1964년 7월호.

김승옥, 〈싸게 사들이기〉, 《문학춘추》, 1964년 10월호.

김승옥, 〈무진기행〉, 《사상계》, 1964년 10월호.

김승옥, 〈차나 한잔〉, 《세대》, 1964년 10월호.

이호철, 《소시민》, 《세대》, 1964년 7월~1965년 8월호까지 연재.

이호철, 〈등기수속〉, 《신동아》 복간호, 1964년 9월호.

이호철, 〈서빙고 역전 풍경〉, 《청맥》, 1965년 5월.

김승옥, 〈서울 1964년 겨울〉, 《사상계》, 1965년 6월호.

김승옥, 〈염소는 힘이 세다〉, 《자유공론》, 1966년 4월호.

김승옥, 〈빛의 무덤 속〉, 《문학》 2호, 1966년 6월.

김승옥, 〈다산성〉, 《창작과비평》, 1965년 겨울호 & 1966년 가을호.

박태순(권중석), 〈공알앙당〉, 《사상계》, 1964년 12월호.

박태순, 〈연애〉, 《창작과비평》, 1966년 봄호.

최인훈, 〈크리스마스 캐럴 5〉, 《한국문학》, 1966년 여름호.

박태순, 〈서울의 방〉, 《문학춘추》, 1966년 12월호.

이호철, 《서울은 만원이다》, 1966(《동아일보》 1966년 2월 8일~10월 31일 연재).

이문구, 〈백결百結〉, 《현대문학》, 1966년 7월호.

이청준, 〈무서운 토요일〉, 《문학》, 1966년 8월호.

이청준, 〈병신과 머저리〉, 《창작과비평》, 1966년 가을호.

이청준, 〈별을 보여 드립니다〉, 《문학》, 1967년 1월호.

이문구, 〈야훼의 무곡舞曲〉, 《현대문학》, 1967년 1월호.

이문구, 〈생존허가원〉, 《현대문학》, 1967년 6월호.

박태순, 〈도깨비 하품〉, 《68문학》, 1969년 1월호.

이청준, 〈나무 위에서 잠자기〉, 《주간한국》, 1968년 1월 6일.

이문구, 〈두더지〉, 《창작과비평》, 1968년 봄호.

서정인, 〈강〉, 《창작과비평》, 1968년 여름호.

박태순, 〈무너진 극장〉, 《월간중앙》, 1968년 9월호.

이청준, 〈보우너스〉, 《현대문학》, 1969년 1월호.

조해일, 〈매일 죽는 사람〉(신춘문예 당선작), 《중앙일보》, 1970년 1월.

조해일, 〈이상한 도시의 명명이〉, 《현대문학》, 1970년 12월호.

이청준, 〈가학성 훈련〉, 《신동아》, 1970년 4월호.

이청준, 〈전쟁과 악기〉, 《월간중앙》, 1970년 5월호.

이호철, 〈울안과 울밖〉, 《현대문학》, 1970년 4월호.

이호철, 〈토요일〉, 《월간중앙》, 1970년 5월호.

이문구, 〈이 풍진 세상을〉, 《신동아》, 1970년 8월호.

이호철, 〈자살클럽〉(〈1970년의 죽음〉으로 개제), 《여성중앙》, 1970년 1~10월호.

이문구, 〈덤으로 주고받기〉, 《월간중앙》, 1970년 3월호.

최인훈, 《하늘의 다리》, 문학과지성사, 1970.

최인호, 〈타인의 방〉, 《문학과지성》, 1971년 봄호.

이호철, 〈1971년의 종〉, 《월간중앙》, 1971년 5월호.

조선작, 〈지사총志士塚〉, 《세대》, 1971년(《세대》 현상공모에 당선되었으나 게재되지는 않았다).

조해일, 〈방〉, 《월간문학》, 1971년 10월호.

박기정, 〈광주대단지〉, 《신동아》, 1971년 10월호.

최인호, 〈미개인〉, 《문학과지성》, 1971년 가을호.

최인훈, 《소설가 구보씨의 일일》, 문학과지성사(《월간중앙》, 1970년 2월호, 《창작과비평》,
   1970년 봄호, 《신상》, 1970년 겨울호, 《월간중앙》, 1971년 3월호, 《월간문학》, 1971년 4월호,
   《월간중앙》, 1971년 8월호~1972년 7월호 등에 연재).

박태순, 〈특별 르포타지: 광주단지 4박 5일〉, 《월간중앙》, 1971년 10월호.

신상웅, 〈광주대단지〉, 《창조》, 1971년 10월호.

최인호, 《별들의 고향》, 예문관, 1974.

이호철, 〈여벌집〉, 《월간중앙》, 1972년 1월호.

황석영, 〈아우를 위하여〉, 《신동아》, 1972년 1월호.

조해일, 〈뿔〉, 《문학과지성》, 1972년 봄호.

박완서, 〈세상에서 제일 무거운 틀니〉, 《현대문학》, 1972년 8월호.

박완서, 〈어떤 나들이〉, 《월간문학》, 1972년 9월호.

이청준, 〈가면의 꿈〉, 《독서신문》 제998호, 1972년 10월 15일.

황석영, 〈이웃 사람〉, 《창작과비평》, 1972년 겨울호.

최인호, 《별들의 고향》, 《조선일보》, 1972년~73년.

이청준, 〈떠도는 말-언어사회학 서설 1〉, 《세대》, 1973년 2월호.

손창섭, 《길》, 삼중당, 1973.

조해일, 〈무쇠탈〉, 《문학과지성》, 1973년 여름호.

박완서, 〈부처님 근처〉, 《현대문학》, 1973년 7월호.

박완서, 〈지렁이 울음 소리〉, 《신동아》, 1973년 7월호.

이문구, 〈우산도 없이〉, 《세대》, 1973년 7월호.

박완서, 〈주말농장〉, 《문학사상》, 1973년 10월호.

조선작, 〈영자의 전성시대〉, 《세대》, 1973년 7월호.

박태순, 《정든 땅 언덕 위 : 외촌동 사람들》, 민음사, 1973.

신상웅, 〈낙엽이 구르는 땅〉(《만가일 뿐이외다》로 개작), 《서울평론》 제8호, 1973년 12월.

박완서, 〈맏사위〉, 《서울평론》, 1974년 1월.

이청준, 〈건방진 신문팔이〉, 《한국문학》, 1974년 2월호.

최일남, 〈장미다방〉, 《현대문학》, 1974년 2월호.

박완서, 〈연인들〉, 《월간문학》, 1974년 3월호.

조선작, 〈고압선〉, 《문학과지성》, 1974년 봄호.

박완서, 〈이별의 김포공항〉, 《문학사상》, 1974년 4월호.

박완서, 〈어느 시시한 사내 이야기〉, 《세대》, 1974년 5월호.

박완서, 〈닮은 방房들〉, 《월간중앙》, 1974년 6월호.

박완서, 〈부끄러움을 가르칩니다〉, 《신동아》, 1974년 8월호.

박완서, 〈재수굿〉, 《문학사상》, 1974년 12월호.

최일남, 〈노새 두 마리〉, 《한국문학》, 1974년 4월호.

이청준, 〈낮은 목소리로〉, 《현대 문학》, 1974년 10월호.

박완서, 〈카메라와 워커〉, 《한국문학》, 1975년 2월호.

박완서, 〈도둑맞은 가난〉, 《세대》, 1975년 4월호.

박완서, 〈서글픈 순방〉, 《주간조선》, 1975년 6월호.

박완서, 〈저렇게 많이〉, 《소설문예》, 1975년 9월호.

최일남, 〈내 친구 난 놈〉, 《한국문학》, 1976년 7월호.

이청준, 〈별을 기르는 아이〉, 《부산일보》 1976년 11월.

이청준, 〈자서전들 쓰십시다―언어사회학 서설 2〉, 《문학과지성》 24, 1976년 여름호.

윤흥길, 〈엄동嚴冬〉, 《현대문학》, 1975년 3월호.

최일남, 〈서울 사람들〉, 《한국문학》, 1975년 1월호.

최일남, 〈흔들리는 성〉, 《문학과지성》, 1975년 가을호.

하근찬, 〈전차 구경〉, 《문학사상》 제40호, 1976년 1월호.

박완서, 〈어떤 야만〉, 《뿌리깊은 나무》, 1976년 5월호.

박완서, 〈포말泡沫의 집〉, 《한국문학》, 1976년 10월.

박완서, 〈배반背叛의 여름〉, 《세계의문학》, 1976년 가을.

박완서, 〈상賞〉, 《현대문학》, 1977년 4월호.

박완서, 〈여인들〉, 《세계의 문학》, 1977년 6월호.

윤흥길, 〈아홉 켤레의 구두로 남은 사내〉, 《창작과비평》, 1977년 여름호.

이청준, 《자서전들 쓰십시다》, 열화당, 1977.

박완서, 《휘청거리는 오후》, 창작과비평사, 1977.

김승옥, 〈서울의 달빛 0장〉, 《문학사상》, 1977년 10월호.

박완서, 〈낙토樂土의 아이들〉, 《한국문학》, 1978년 1월.

박완서, 〈꿈과 같이〉, 《창작과비평》, 1978년 6월.

박완서, 〈공항에서 만난 사람〉, 《문학과지성》, 1978년 9월.

조세희, 《난장이가 쏘아올린 작은 공》, 문학과지성사, 1978.

박완서, 《도시의 흉년》, 문학사상사, 1979.

박완서, 《엄마의 말뚝》, 일월서각, 1982.

최일남, 〈서울의 초상〉, 《소설문학》, 1983년 5월호.

박영한, 〈지상의 방 한 칸〉, 한겨레, 1987.

이병주, 《그해 5월》 제1권, 한길사, 2006.

2. 논문

강내희, 〈서울의 도시공간과 시간의 켜〉, 《문화과학》, 2004년 가을호.

강명구, 〈1960년대 도시발달의 유형과 특징—발전주의 국가의 공간조작〉, 《1960년 대 사회변화연구: 1963~1970》, 백산서당, 1999.

강상훈, 〈일제 강점기 근대시설의 모더니즘 수용: 박람회·보통학교·아파트 건축을 중심으로〉, 서울대 박사학위 논문, 2004.

강심호 외, 〈일제 식민지 치하 경성부민의 도시적 감수성 형성 과정 연구—1930년대 한 국소설에 나타난 도시적 소비문화의 성립을 중심으로〉, 《서울학 연구》 제21집, 2003.

강인숙, 〈박완서의 소설에 나타난 도시의 양상(3): 「도시의 흉년」에 나타난 70년대의 서울〉, 《인문과학논총》 제16집, 건국대학교 인문과학연구소, 1984.

강정아, 〈자본주의 도시 공간에 대한 문학사회학적 연구: 김소진의 소설을 중심으로〉, 부산대 석사학위 논문, 2004.

강준만, 《강남, 낯선 대한민국의 자화상》, 인물과사상사, 2006.

강진구, 〈광주대단지 사건과 문학적 재현〉, 《어문론집》 64호, 2015.

고영복, 〈한국 도시화의 과정 분석〉, 《서울대학교 인문사회학 논문집》 제16집, 1970.

권오혁·윤완섭, 〈서울시 아파트의 공간적 확산과 주거지 분화〉, 《한국의 도시 문제와 지역사회》, 한국사회사연구회, 문학과지성사, 1991.

권태준, 〈한국 도시론〉, 《세대》, 1970년 5월호.

권태준, 〈인간의 도시와 도시의 인간〉, 《세계의 문학》, 1979년 가을호.

김규형, 〈서울 시민아파트 연구〉, 서울시립대 석사학위 논문, 2006.

김동춘, 〈1971년 8·10 광주대단지 주민항거의 배경과 성격〉, 《공간과 사회》 제21권 4호, 2011.

김명숙, 〈일제 시기 경성부 총독부 관사에 관한 연구〉, 서울대 석사학위 논문, 2004.

김백영, 〈공간의 역사, 도시와 투쟁, 일상 생활의 공간학〉, 《근대성의 경계를 찾아서》, 서울사회과학연구소 편, 새길, 1997.

김병익, 〈사회변화와 풍속적 고찰: 최일남의 작품들〉, 《문학과지성》, 1975년 가을호.

김선건, 〈1970년대 이후 노동소설에 나타난 계급의식에 관한 연구〉, 연세대 사회학과 박사학위 논문, 1992.

김선웅, 〈서울시 행정구역의 변화와 도시 공간구조의 발전〉, 서울정책아카이브, 2016.

김성기, 〈1970년대 한국소설에 대한 문학사회학적 일고찰〉, 서울대 석사학위 논문, 1984.

김성운, 〈1958~60년 서울 간선도로변에 건설된 상가주택에 관한 연구〉, 경기대 석사학위 논문, 2012.

김수현, 〈서울시 철거민운동사 연구—철거민의 입장을 중심으로〉, 《서울학연구》 제13호, 1999.

김아람, 〈1970년대 주택정책의 성격과 개발의 유산〉, 《역사문제연구》 제29호, 2012.

김영일, 〈서울의 소비문화와 신여성: 1920~30년대를 중심으로〉, 《서울학연구》 제16집, 2002.

김용창, 〈공간의 생산과 개발이익, 그리고 사회적 기속성〉, 《문화과학》, 2004년 가을호.

김우창, 〈산업 시대의 미학과 인간〉, 《칠십년대의 마지막 말》, 손세일 외 지음, 뿌리깊
　　은나무, 1979.

김인영, 〈한국 경제성장과 삼성의 자본축적〉, 《한국정치학회보》 제32집 제1호, 1998.

김재원, 〈1960년대 후반 서울시 주택정책과 '중산층' 문제 인식〉, 《한국사연구》 제
　　175호, 2016.

김재희, 〈1950년대 말~60년대 한국영화에 나타난 도시성과 근대성 연구〉, 《대중서
　　사 연구》 11호, 2004.

김정화, 〈1960년대 기혼여성의 노동—도시빈민을 중심으로〉, 《역사연구》 제15집, 역
　　사학연구소, 2005.

김종근, 〈식민도시 京城의 이중도시론에 대한 비판적 고찰〉, 《서울학연구》 38호, 2010.

김주연, 〈새시대 문학의 성립〉, 《아세아》, 1969년 2월호.

김주현, 〈시각체험과 6·70년대 도시빈민 소설의 새로운 형식: 박태순과 조세희 소설
　　을 중심으로〉, 《어문연구》 제126호, 2005년 여름.

김창석·남진, 〈서울 도심부 공간구조의 변천에 관한 연구〉, 《서울학연구》 제10호, 1998.

김치수, 〈백낙청의 〈시민문학론〉과 문학의 사회참여—자유의 나무는 시민의 손으로
　　심어지는가〉, 《세대》, 1969년 12월호.

김홍식, 〈역사적 도시에 있어서의 경관: 도심의 역사적 경관보전—서울의 종로구를
　　중심으로〉, 대한건축학회, 《건축》 제36권 1호, 1992.

남지대, 〈서울 100년 서울, 어떻게 서울이 되었나〉, 《역사비평》, 1994년 봄호, 1994.

남진우, 〈도시입성과 도시탈출〉, 《바벨탑의 언어》, 문학과지성사, 1989.

류희식, 〈1970년대 도시소설에 나타난 '변두리성' 연구—박태순, 조선작, 조세희 소
　　설을 중심으로〉, 영남대 석사학위 논문, 2003.

민경식, 〈상가주택에 대하여〉, 《주택》 3호, 1960.

박계리, 〈충무공 동상과 국가이데올로기〉, 《한국근대미술사학》 제12집, 2004.

박숙자, 〈1970년대 타자의 윤리학과 '공감'의 서사〉, 《대중서사연구》 제17호, 2011.

박승규, 〈문화지리학의 최근 동향: '신' 문화지리학을 중심으로〉, 《문화역사지리》 제7호,
　　1995.

박철수, 〈해방 전후 우리나라 최초의 아파트에 관한 연구〉, 《서울학연구》 제34호, 2009.

박철수, 〈박완서 소설을 통해 본 1970년대 대한민국 수도—서울 주거 공간의 인식과 체험〉, 《계획계》 제30호, 2014.

박홍근, 〈1960년대 후반 서울 도시근대화의 성격—도시빈민의 추방과 중산층 도시로의 공간 재편〉, 《민주주의와 인권》 제1권 2호, 2015.

서은주, 〈'한국적 근대'의 풍속〉, 《상허학보》 제19집, 2007.

송은영, 〈1960~70년대 대중사회 논쟁의 전개과정과 특성〉, 《사이》 제14호, 2013.

송은영, 〈1970년대 후반 한국 대중사회 담론의 지형과 행방〉, 《현대문학의 연구》 제53호, 2014.

송인호, 〈도시한옥의 유형연구: 1930~1960년의 서울을 중심으로〉, 서울대 박사학위 논문, 1990.

신임재, 〈서울 특별시의 지역구조에 대한 소론〉, 《사회학논집》 제1집, 1969년 12월.

심지현, 〈1970년대 소설의 사회변동 수용 연구: 이문구, 윤흥길, 조세희의 연작소설을 중심으로〉, 대구 카톨릭대 국문학과 박사학위 논문, 2005.

양윤모, 〈서구문화의 수용과 혼란에 대한 연구〉, 《우리어문연구》 제14집, 2000

염복규, 〈청계천 복개와 '1960년대적 공간'의 탄생〉, 《역사비평》, 2015년 겨울호.

오유석, 〈서울의 과잉도시화 과정〉, 《1950년대 남북한의 선택과 굴절》, 역사문제연구소 편, 역사비평사, 1998.

유영진, 〈한국의 아파트멘트史〉, 《공간》, 1970년 5월호.

유인호, 〈경제성장과 환경파괴-성가와 대가에서 본 고도성장〉, 《창작과비평》, 1973년 가을호.

윤복자·김영주, 〈서울시 아파트 거주자의 주거 이미지에 관한 연구〉, 《대한건축학회 논문집》 제10권 5호, 1994.

오생근, 〈개인의식의 극복〉, 《문학과지성》, 1974년 여름호.

오유석, 〈서울의 과잉도시화 과정: 성격과 특징〉, 《1950년대 남북한의 선택과 굴절》, 역사문제연구소 편, 역사비평사, 1998.

오창은, 〈한국 도시소설 연구—1960~70년대 작품을 중심으로〉, 중앙대 박사학위 논문, 2005.

유은정, 〈1970년대 도시소설 연구〉, 성균관대 박사학위 논문, 2006.

윤일성, 〈서울시 도심재개발 30년: 특성과 전개과정〉, 《사회조사연구》 제16호, 2001.

윤혜정, 〈서울시 불량주택 재개발사업의 변천에 관한 연구〉, 《서울학 연구》 제7호, 1996.

이광민, 〈박완서 소설 연구—도시체험을 중심으로〉, 명지대 석사학위 논문, 2003.

이광일, 〈근대화의 일그러진 자화상—광주대단지 "폭동사건"〉, 《기억과 전망》 제1호, 2002.

이기봉, 〈시간과 지리: 시간에 대한 인식의 역사와 시간지리학의 탄생〉, 《문화역사지리》 제17권 3호, 2005.

이기훈, 〈유신체제 성립의 정치적 배경과 7·4 선언〉, 《역사비평》 제42호, 1998.

이병천, 〈박정희 정권과 발전국가 모형의 형성〉, 《경제발전연구》 제5권 2호, 1999.

이소정, 〈판자촌에서 쪽방까지: 우리나라 빈곤층 주거지의 변화과정에 관한 연구〉, 《사회복지연구》 제29호, 2006.

이우영, 〈문학과 사회집단의 의식: 70년대 소설속에 나타난 도시지역 하층집단의 세계관〉, 연세대 석사학위 논문, 1984.

이은실, 〈1970년대 도시소설의 양상 연구〉, 《한민족문화연구》 제6집, 2000.

이은정, 〈한국 현대 소설에 나타난 도시적 삶에 대한 연구—1978년도 문학사상지 단편소설을 중심으로〉, 이화여대 석사학위 논문, 1979.

이재선, 〈도시공간의 시학—도시화 현상과 도시소설〉, 《한국현대소설사 1945~1990》, 민음사, 1991.

이정수, 〈1960년대 중층 아파트의 '근대성' 표현에 관한 연구〉, 《대한건축학회 논문집》 제11권 6호, 1995.

이정은, 〈박정희 정권 시기 대자본의 외자도입과 금융기관 진출 연구(1960~1973년)〉, 고려대 박사학위 논문, 2017.

이혜정, 〈1970년대 고등교육을 받은 여성의 삶과 교육〉, 서울대 박사학위 논문, 2011.

임미리, 〈1971년 광주대단지 사건의 재해석—투쟁 주체와 결과를 중심으로〉, 《기억과 전망》 제26호, 2012.

임헌영, 〈도시와 문학—한국 문학에서 도시의 의미〉, 《문학과 이데올로기》, 실천문학사, 1988.

장규식, 〈거대 도시 '서울공화국'의 명암—해방후 서울의 거대도시화와 특권화 과정〉,《역사비평》제65호, 2003년 겨울호.

장미경, 〈근대화와 1960~70년대 여성 노동자―여성노동자 형성과정을 중심으로〉, 《경제와사회》제61권, 2004.

장사선, 〈한국 현대소설에 나타난 주택 문제〉,《도시문제》제24권 3호, 대한지방행정 공제회, 1989.

장성수, 〈1960~1970년대 한국 아파트의 변천에 관한 연구〉, 서울대 박사학위 논문, 1994.

장세훈, 〈도시화, 국가 그리고 도시빈민〉,《사회와 역사》제14호, 1988.

전종한, 〈영미 역사지리학의 최근 동향과 사회역사지리학〉,《문화역사지리》11집, 1999.

전종한, 〈역사지리학 연구의 고전적 전통과 새로운 노정―문화적 전환에서 사회적 전환으로〉,《지방사와 지방문화》5, 2002.

정덕준, 〈1970년대 대중소설의 성격에 관한 연구―도시의 생태학, 그 좌절과 희망〉, 《한국문학이론과 비평》제16집, 2002년 9월.

정원호, 〈서울시 지역구조 분석〉,《사회학논집》1집, 1969년 12월.

정주아, 〈개발독재 시대의 윤리와 부: 광주대단지 사건의 텍스트들과 '이웃사랑'의 문제〉,《민족문학사연구》61호, 2016.

조남현, 〈도시적 삶의 징후들〉,《현대문학》, 1979년 11월호.

조옥라, 〈도시빈민의 사회 경제적 특징과 지역운동〉,《현상과인식》제12권 1호, 1988.

지주형, 〈강남 개발과 강남적 도시성의 형성〉,《한국지역지리학회지》제22호, 2016.

주경식, 〈한국의 도시화와 도시체계 1960~1980 (Ⅱ)〉,《국토계획》제18권 2호, 1983.

최인영, 〈1960년대 서울지역 전차교통의 한계와 철거〉,《서울과역사》제93호, 2016.

한형구, 〈'소설가 구보씨의 일일' 계보 소설을 통해 본 20세기 서울의 삶의 역사와 그 공간지리의 변모〉,《서울학연구》제14호, 서울시립대 서울학연구소, 2000.

홍성암, 〈도시소설의 주인공 설정 양상과 그 의미〉,《현대소설연구》12집, 2000.

3. 단행본

가와무라 미나토,《한양 경성 서울을 걷다》, 다인아트, 2004.

강내희, 《공간/육체/권력》, 문화과학사, 1995.

강수미 외, 《서울 생활의 발견》, 현실문화연구, 2003.

강홍빈·주명덕, 《서울 에세이》, 열화당, 2002.

고은, 《1950년대》, 청하, 1980.

공제욱 편, 《국가와 일상》, 한울아카데미, 2008.

권오만 외 6인, 《종로; 시간, 장소, 사람》, 서울시립대 서울학연구소, 2002.

권오만, 《서울을 시로 읽는다》, 혜안, 2004.

권용우 외, 《도시의 이해》, 박영사, 2002.

구해근, 《한국 노동계급의 형성》, 신광영 옮김, 창작과비평사, 2003.

국토연구원, 《공간이론의 사상가들》, 한울, 2001.

김기호 외 6인, 《서울 남촌; 시간, 장소, 사람》, 서울시립대 서울학연구소, 2003.

김도경·신영훈·이상해, 《우리 건축 100년》, 현암사, 2005.

김명환·김중식, 《서울의 밤문화》, 생각의나무, 2006.

김백영, 《지배와 공간》, 문학과지성사, 2009.

김보현, 《박정희정권기 경제개발—민족주의와 발전》, 갈무리, 2006.

김성환 외, 《1960년대》, 거름, 1984.

김승옥, 《뜬 세상에 살기에》, 지식산업사, 1977.

김왕배, 《도시 공간 생활세계》, 한울, 2000.

김원, 《여공 1970: 그녀들의 反역사》, 이매진, 2005.

김원, 《박정희 시대의 유령들》, 현실문화, 2011.

김재관·장두식, 《문학 속의 서울》, 생각의나무, 2007.

김정동, 《문학 속 우리 도시 기행》 1~2, 푸른역사, 2001 & 2005.

김진애, 《김진애의 우리 도시 예찬》, 안그라픽스, 2003.

김창석 외, 《도시중심부연구》, 보성각, 2001.

김태준 편, 《문학지리: 한국인의 심상공간》 상·중·하, 논형, 2005.

김형국, 《한국공간구조론》, 서울대출판부, 1997.

김훈·박래부, 《문학기행》, 한국일보사, 1987.

남영우, 《도시구조론》, 법문사, 1998.

남영우·서태열, 《도시와 국토》, 법문사, 2000.

노창섭, 《서울 주택지역의 연구: 가회동, 재동, 삼청동의 사회학적 조사》, 한국연구원, 1964.

박길룡, 《한국 현대 건축의 유전자》, 공간사, 2005.

박길룡, 《건축이라는 우리들의 사실》, 발언, 2001.

박상훈, 《만들어진 현실》, 휴머니스트, 2013.

박철수, 《거주박물지》, 도서출판 집, 2017.

박철수, 《아파트의 문화사》, 살림, 2006.

박태길, 《한국 근대시의 공간과 장소》, 소명, 1999.

발레리 줄레조, 《한국의 아파트 연구》, 길혜연 옮김, 아연출판부, 2004.

발레리 줄레조, 《아파트 공화국》, 길혜연 옮김, 후마니타스, 2007.

손정목, 《한국현대도시의 발자취》, 일지사, 1988.

손정목, 《서울 도시계획 이야기》 1~5, 한울, 2003.

손정목, 《한국 도시 60년의 이야기》 1~2, 한울, 2005.

서울대학교 SSK동아시아도시연구단, 《강남 만들기, 강남 따라하기》, 동녘, 2017.

서울생활문화자료조사, 《신림동: 대학동, 청운의 꿈을 품은 사람들》, 서울역사박물관, 2014.

서울시사편찬위원회, 《사대문 안 학교들 강남으로 가다》, 서울특별시, 2012.

서울시사편찬위원회 편, 《서울 육백년사》 6권, 서울특별시, 2016.

서울시정개발연구원 편, 《서울 20세기 공간 변천사》, 서울시립대 서울학연구소, 2001.

서울시정개발연구원 편, 《서울 20세기 생활 문화 변천사》, 서울시립대 서울학연구소, 2001.

서울시정개발연구원, 《서울 20세기 100년의 사진기록》, 2000.

서울역사박물관, 《건설시대의 서울》, 서울역사박물관, 2015.

서중석, 《조봉암과 1950년대 (하)》, 역사비평사, 1999.

손세일 편, 《한국논쟁사 III》, 청람문화사, 1976.

안창모, 《한국 현대 건축 50년》, 재원, 1996.

염복규, 《서울은 어떻게 계획되었는가》, 살림, 2005.

염복규,《서울의 기원 경성의 탄생》, 이데아, 2016.

원제무,《서울시 도시공간구조 변천과정》, 백산서당, 2000.

윤승중,《한국의 현대건축 1876~1990—한국현대건축총람 1》, 기문당, 1994.

이관석,《한국 현대 건축 편력》, 경희대학교 출판부, 2005.

이규목,《한국의 도시경관》, 열화당, 2004.

이동하,《한국문학 속의 도시와 이데올로기》, 태학사, 1999.

이무용,《공간의 문화정치학》, 논형, 2005.

이병천 엮음,《개발독재와 박정희 시대》, 창작과비평사, 2003.

임동근·김종배,《메트로폴리스 서울의 탄생》, 반비, 2015.

임석재,《한국 현대 건축 비평》, 예경, 1998.

장림종·박진희,《대한민국 아파트 발굴사》, 효형출판, 2009.

장석주,《장소의 탄생—우리 시의 문학지리학》, 작가정신, 2006.

장세훈,《냉전, 분단 그리고 도시화》, 알트, 2017.

전남일 외,《한국 주거의 사회사》, 돌베개, 2008.

전남일 외,《한국 주거의 미시사》, 돌베개, 2009.

전남일,《한국 주거의 공간사》, 돌베개, 2010.

전우용 외,《청계천, 청계고가를 기억하며》, 마티, 2009.

전종한 외,《인문지리학의 시선》, 논형, 2005.

전종한·서민철 등,《인문지리학의 시선》, 논형, 2005.

정동익,《도시빈민연구》, 아침, 1985.

조종한 편역,《공간 담론과 인문지리학의 최근 쟁점》, 협신사, 1999.

최인기,《가난의 시대》, 동녘, 2012.

최인기,《떠나지 못하는 사람들》, 동녘, 2014.

최협,《판자촌 일기》, 눈빛, 2012

종로구,《종로구 백서》, 종로구, 1998.

차종현 외,《서울시 계층별 주거지역 분포의 역사적 변천》, 백산서당, 2004.

최근희,《서울의 도시개발정책과 공간구조》, 서울학연구소, 1986.

최부득,《벼랑에 선 도시와 건축—현대인이 알아야 할 건축이야기 3》, 미술문화, 2002.

한국문학평론가협회 편,《문학 속의 서울》, 백문사, 1994.

한국건축가협회 편,《서울의 건축》, 발언, 1995.

한국공간환경연구회 편,《서울연구: 유연적 산업화와 새로운 도시·사회·정치》, 한
    울, 1993.

한국도시연구소 편,《한국도시론》, 박영사, 1998.

한국도시지리학회 편,《한국의 도시》, 1999.

한국정신문화연구원 편,《한국전쟁과 사회구조의 변화》, 백산서당, 1999.

홍성철,《유곽의 역사: 아미산하 유곽에서 파주 용주골까지, 집창촌 100년의 기록》,
    페이퍼로드, 2007.

황두진,《가장 도시적인 삶》, 반비, 2017.

게오르그 짐멜,《게오르그 짐멜의 모더니티 읽기》, 김덕영, 윤미애 옮김 , 새물결, 2005.

고시자와 아키라,《도쿄 도시계획 담론》, 장준호 편역, 구미서관, 2006.

그렘 질로크,《발터 벤야민과 메트로폴리스》, 노명우 옮김, 효형출판, 2005.

나카가미 겐지 등,《서울타령》, 정성호 역, 문학예술사, 1988.

다니엘 레티히,《추억에 관한 모든 것: 향수의 심리적 효능과 경제적 가치에 대하여》,
    김종인 옮김, 황소자리, 2016.

데이비드 하비,《모더니티의 수도 파리》, 김병화 옮김, 생각의 나무, 2005.

데이비드 하비,《도시의 정치경제학》, 초의수 옮김, 한울, 1996.

데이비드 하비,《사회정의와 도시》, 최병두 옮김, 종로서적, 1983.

도린 매시,《공간, 장소, 젠더》, 정현주 옮김, 서울대학교 출판부, 2016.

레이먼드 윌리엄스,《시골과 도시》, 이현석 옮김, 나남, 2013.

마이크 새비지·알레 와드,《자본주의 도시와 근대성》, 김왕배·박세훈 옮김, 한울, 1996.

마츠다 미사,《소문의 시대》, 이수형 옮김, 추수밭, 2016.

발터 벤야민,《아케이드 프로젝트》1~2, 조형준 옮김, 새물결, 2005.

수잔 벅 모스,《발터 벤야민과 아케이드 프로젝트》, 김정아 옮김, 문학동네, 2004.

스튜어트 홀,《스튜어트 홀의 문화이론》, 임영호 편역, 한나래, 1996.

아시하라 요시노부,《도쿄의 미학》, 민주식 옮김, 소화, 2000.

안소니 이스트호프,《문학에서 문화연구로》, 임상훈 옮김, 현대미학사, 1994.

앙리 르페브르, 《공간의 생산》, 양영란 옮김, 에코리브르, 2011.

앤소니. D. 킹, 《도시문화와 세계체제》, 이무용 옮김, 시각과언어, 1999.

와카바카시 미키오·요시미 순야, 《도쿄 스터디즈: 일본 문화의 중심, 도쿄를 바라보는 38개의 시선》, 오석철 옮김, 커뮤니케이션북스, 2006.

요시미 순야, 《전후 일본의 대중문화: 1945~1980》, 김문환 옮김, 소화, 1996.

에드워드 렐프, 《장소와 장소상실》, 김덕형 외 옮김, 논형, 2005.

에드워드 렐프, 《근대 도시경관》, 김동국 옮김, 태림문화사, 1999.

에드워드 소자, 《공간과 비판사회이론》, 이무용 외 옮김, 시각과언어, 1997.

이푸 투안, 《공간과 장소》, 구동회·심승희 옮김, 대윤, 2007.

제인 제이콥스, 《미국 대도시의 죽음과 삶》, 유강은 옮김, 그린비, 2010.

조앤샤프, 《포스트식민주의의 지리: 권력과 재현의 공간》, 이영민·박경환 옮김, 여이연, 2011.

존 레니에 쇼트, 《문화와 권력으로 본 도시탐구》, 이현욱·이부귀 옮김, 한울, 2001.

존슨 너새니얼 펄트, 《대한민국 무력정치사》, 박광호 옮김, 현실문화, 2016.

피에르 부르디외, 《구별짓기: 문화와 취향의 사회학》 상·하, 최종철 옮김, 새물결, 1995.

해리 하루투니언, 《역사의 요동》, 윤영실 외 옮김, 휴머니스트, 2006.

하시야 히로시, 《일본 제국주의, 식민지 도시를 건설하다》, 김제정 옮김, 모티브북, 2005.

橋谷 弘, 〈植民地都市としてのソウル〉, 《歷史學硏究》 第614号, 1990年 12月.

橋谷 弘, 〈NIEs都市ソウルの形成〉, 《朝鮮史硏究會論文集》 第30集, 1992年 10月.

橋谷 弘, 〈韓國·台湾のNIEs化と都市化〉, 《發展途上國の都市化と貧困層》, アジア經濟硏究所, 1995.

Ali Madanipour, *Public and Private Spaces of the City* (New York: Routledge, 2003).

Anthony D. King(ed), *Re-presenting the City: Ethnicity, Capital and Culture in the Twenty-First Century Metropolis* (Houndmills & London: MacMillan, 1996).

Blanche H. Gelfant, *The American City Novel* (University of Oklahoma Press, 1954).

Hana Wirth-Nesher, *City Codes: Reading the Modern Urban Novel* (New York: Cambridge University Press, 1996).

John Twyning, *London Dispossessed: Literature and Social Space in the Early Modern City*

(London: MacMillan, 1998).

Octavio Paz, *Children of the Mire* (Harvard University Press: Cambridge Mass.), 1975.

Sharon Marcus, *Apartment stories*: *City and Home in Nineteenth-century Paris and London* (University of California Press, 1999).

Stuart Hall(ed), *Representation: Cultural Representation and Signifying Practices* (London: Sage Publications, 1997).

주석

1 이푸 투안은 문학이 지리학에서 인간의 구체적 경험에 대한 증거와 사실적 자료factual data로서의 가치를 지닌다고 주장한 바 있다. Y-Fu Tuan, "Literature, Experience, and Environmental Knowing", *Environmental Knowing* (eds. Gary T. Moore & Reginal G. Golledge, Stroudsbourg: Dowden, Hutchinson & Ross, 1996); Y-Fu Tuan, "Literature and Geography: Implications for Geogrphical Research", *Humanistic Geography: Prospects and Problems* (eds. David Ley & Marwyn Samuels, Chicago: Maaroufa Press), p. 194.

2 이호철, 《서울은 만원이다》, 여원사, 1976, 36쪽. 앞으로 이 책에서 언급되는 모든 문학작품은 처음에 인용할 때만 출처를 밝히고, 그 이하에서는 본문에 페이지만 표기한다.

3 서울특별시사 편찬위원회, 《서울육백년사》 제6권, 서울특별시, 1996, 711~712쪽. 1966년 도시계획법에서 토지구획정리사업법이 분리되었으며, 이후 도시계획법은 여러 차례 개정되면서 2002년까지 존속되다가 폐지되었다.

4 염복규, 《서울은 어떻게 계획되었는가》, 살림, 2005, 29쪽.

5 이 법률을 통해 서울시의 행정구역은 종전 268.35km²에서 596.5km²로 두 배 이상으로 커졌다. 당시 서울시에 인접해 있던 양주군, 광주군, 김포군, 시흥군, 부천군의 일

부가 편입된 것이다. 이는 지금의 강남, 강동, 강북, 강서, 관악, 구로, 금천, 노원, 은평, 서초, 송파, 중랑 등의 지역 및 양천구의 일부 지역에 해당한다. 1973년 영등포구 일부를 경기도로 되돌려 보내고 현재 은평구 북쪽에 해당하는 시흥군과 고양군 일부를 새로 편입시킨 것을 제외하면, 우리가 현재 알고 있는 서울시의 지리적 경계는 이때 비로소 확정된 것이다. 이에 대해서는, 서울특별시사편찬위원회, 《서울육백년사》 제6권, 106쪽, 361~362쪽; 이기석, 〈20세기 서울의 도시성장〉, 《서울 20세기 공간 변천사》, 서울시정개발연구원, 2002, 63쪽 참조.

6 손정목, 《한국 도시 60년의 이야기》 1권, 한울, 2003, 120쪽.

7 손정목, 《서울 도시계획 이야기》 2, 한울, 2003, 100~101쪽.

8 손정목, 《서울 도시계획 이야기》 1, 한울, 2003, 291~292쪽.

9 박완서, 〈엄마의 말뚝〉 1, 《엄마의 말뚝》, 일월서각, 1982.

10 이호철, 〈서빙고 역전 풍경〉, 《이단자》, 창작과비평사, 1976, 195쪽(원래 1965년 5월 발표).

11 이청준, 〈이청준 연보〉, 《자서전들 쓰십시다》, 열화당, 1977, 6~7쪽.

12 염복규, 《서울의 기원 경성의 탄생: 1910~1945 도시계획으로 본 경성의 역사》, 이데아, 2016, 119~136쪽.

13 양승우, 〈남촌의 필지조직 특성과 변화〉, 42쪽; 목수현, 〈'남촌' 문화—식민지 문화의 흔적〉, 《남촌: 시간·장소·사람》, 김기호 외 지음, 서울시립대 서울학연구소, 2003, 239쪽.

14 상경 청년 최성칠이 윤락행위가 벌어지는 여관에 근무하게 되면서 벌어지는 이야기를 다룬 손창섭의 장편소설 《길》도 회현동을 등장시키는데, 《길》의 회현동 여관은 3층 콘크리트 건물이다. 손창섭, 《길》, 삼중당, 1973 참조.

15 김승옥, 〈무진기행〉, 《김승옥 소설전집 1》, 문학동네, 1995, 129쪽; 신당동은 원래 일제하에 가장 유명한 토막촌이었으나, 일제는 토막민들을 정릉으로 옮길 계획을 세우고 1937년 토지구획정리를 통해 고급 주택가로 개발했다. 신당동은 경성에 계획된 지역 중 유일한 남촌 지역으로, 1931년 동양척식주식회사의 자회사로 설립된 조선도시경영주식회사가 장충동에 6천 평, 신당동에 4만 평의 토지를 개발하여 고급 주택단지로 만들었다. 김기호, 〈일제강점기 도시계획과 도시구조의 변화〉, 《남촌: 시간·장소·사람》, 김기호 외 지음, 서울시립대 서울학연구소, 2003, 7쪽; 정승

교·김영미, 〈서울의 인구현상과 주민의 자기 정체성〉, 《서울 20세기 생활·문화 변천사》, 서울시정개발연구원, 2002, 69~70쪽 참조.

16 "종로구 신문로, 청운동·효자동 일대에 있었던 총독부 관사촌은 여전히 일등 주택지였다. 지금 장충체육관이 들어선 자리 맞은편, 장충동 2가 일대 그리고 중구 신당동 일대의 일본식 저택들, 남대문로·충무로·을지로 등의 큰길을 가다가 뒷골목에 들어가면 비교적 규모가 큰 일본식 주택들이 밀집되어 있었다. 넓이도 꽤 되고 정원도 있었다. 그 당시 부자들이 이 일대에 살고 있었다." 손정목, 《서울 도시계획 이야기》 제2권, 100쪽. 총독부 관사촌의 분포에 대해서는 김명숙, 〈일제시기 경성부 총독부 관사에 관한 연구〉, 서울대 석사학위 논문, 2004 참조.

17 박태순(권중혁), 〈공알양당〉, 《사상계》, 1964년 12월호, 328쪽.

18 1963년에 가회동, 재동, 삼청동 지역을 실제로 방문 조사한 연구가 있다. 노창섭, 《서울 주택지역의 연구》, 한국연구원, 1964, 13~14쪽.

19 최근에는 경성에서 조선인과 일본인이 북촌과 남촌으로 분리되어 거주하고 있었던 것이 아니라, 조선인과 일본인 각각의 독거지 외에도 여러 국적이 섞여 살고 있는 잡거지들도 많았다는 연구가 대두되었다. 식민지 지배자의 구역과 피지배자의 구역이 남촌과 북촌으로 '분리'되어 있었다는 통설을 반박하는 이 '잡거雜居론'은 아직 광범위하게 받아들여지지 않고 있다. 그러나 이 잡거론이 말하고 있는 것은 경성을 지배와 피지배의 이원적 도시로 규정함으로써 피지배자들을 가난하고 비위생적인 공간에 사는 사람들로 분할하고자 했던 식민지 지배담론의 이데올로기적 성격이다. 1960년대 중반까지도 이러한 일제의 이데올로기적 영향력은 사라지지 않았던 것이다. 김종근, 〈식민도시 京城의 이중도시론에 대한 비판적 고찰〉, 《서울학연구》 38호, 2010.

20 손정목, 《서울 도시계획 이야기》 제1권, 한울, 2003, 291~292쪽.

21 미경이 창녀생활을 하며 사는 '순화동'은 현재 중앙일보사와 대한상공회의소가 있는 남대문 뒤편이며, 길녀가 나중에 영감과 살림을 차리는 '다옥동'은 현재 무교동 길과 면한 상업업무지구인 다동에 해당한다.

22 1960년대 초반의 서린동을 재현한 또 다른 문학작품으로는, 이병주가 1986년 연재한 소설 《그해 5월》이 있다. 이 소설은 1961년 서린동에 있던 '서린여관'을 다음과

같이 묘사하고 있다. "그 무렵만 해도 서린여관은 한국적인 정서와 품위를 지니고 있었다. 외벽을 겸한 행랑풍 건물의 중간에 있는 대문을 들어서면 좁다란 뜰이 있고, 뜰 한가운데 회랑을 두른 건물, 그리고 그 둘레에 방이 배치되어 있는데, 기둥마다엔 청색 양각으로 된 현판이 칠언의 한시로써 세로로 걸려 있어 대구를 이루고 있었다." 이병주, 《그해 5월》 제1권, 한길사, 2006, 155쪽.

23 장규식, 〈일제하 종로의 문화공간〉, 《종로: 시간·장소·사람》, 권오만 외 지음, 서울시립대 서울학연구소, 2002, 183쪽.

24 김성홍, 〈종로의 상업건축과 공간논리〉, 《종로: 시간·장소·사람》, 249쪽 인용 및 참조.

25 "우리의 도시화 과정에서 일제시기는 도심부에 상업과 공업, 그리고 주거지가 혼재하는 '점이적인 도시' 시기에 해당한다." 전종한 외, 《인문지리학의 시선》, 논형, 2005, 370쪽.

26 김성운, 〈1958~60년 서울 간선도로변에 건설된 상가주택에 관한 연구〉, 경기대 석사학위 논문, 2012; 민경식, 〈상가주택에 대하여〉, 《주택》 3호, 1960, 66~68쪽.

27 손정목, 《서울 도시계획 이야기》 제1권, 한울, 2003, 291쪽.

28 장규식, 앞의 글, 201쪽; 정승교·김영미, 앞의 글, 67쪽 참조.

29 《서울육백년사》 제6권, 578쪽, 서울시의 연도별 인구성장 추이(1960~1980) 표 참조.

30 손정목에 따르면, 1964년 2월 6일 윤치영 서울시장이 서울의 인구 증가를 막기 위해서는 "지방에서 서울로 진출해올 사람은 각 도 지사의 사전허가를 받고 서울에 들어오기 전에 다시 서울시장의 허가를 받는 그런 입법조치를 연구해야 한다"고 발언한 것이 기폭제가 되었다. 이 황당한 이주허가제 제안은 결국 실현되지는 못했지만, 같은 해 9월 관공서를 점차 지방으로 이전한다든가 영세민에게 세금을 부과한다든가 농토를 개간하여 농민의 이농을 방지한다는 정책으로 나타났다. 손정목, 《한국 도시 60년의 이야기》 제1권, 128~130쪽.

31 서울 인구는 1988년 1,000만 명을 넘었고, 1992년 1,096만 명을 정점으로 조금씩 꺾였다. 그러나 서울을 실질 생활권으로 삼고 있는 수도권 인구의 증가율을 고려하면, 서울 인구가 줄었다고만 보기에는 어려운 점도 있다.

32 오유석, 〈서울의 과잉도시화 과정: 성격과 특징〉, 《1950년대 남북한의 선택과 굴절》, 역사문제연구소 편, 역사비평사, 1998, 275쪽에서 1965~66년 《서울통계연보》

의 결과를 재인용한 것이다.

33 경제개발계획 1, 2차년도였던 1962~3년 한국의 경제성장률은 원래 목표였던 5.7퍼센트, 6.4퍼센트에 못 미치는 2.2퍼센트, 5.8퍼센트에 불과했으며 경기회복의 기미가 보이지 않자, 정부는 1964년 2월 목표를 하향 조정하고 계획의 원안을 수정, 보완하여 새롭게 발표하였다. 한국 경제가 고성장 단계에 들어선 것은 1964년 후반 수출 1억 달러를 달성하고 1965년부터 국가의 수출지향적 경제정책이 본격화된 이후였다. 山本剛士, 〈1·2차 경제개발계획과 고도성장의 문제점〉, 《1960년대》, 김성환 외 지음, 거름, 1984, 278~283쪽 참조; 이완범, 〈제1차 경제개발 5개년계획의 입안과 미국의 역할〉, 《1960년대의 정치사회변동》, 한국정신문화연구원 편, 백산서당, 1999, 117~134쪽 참조.

34 오유석, 앞의 글, 275쪽에서 재인용.

35 최일남, 〈서울의 초상〉, 《소설문학》, 1983년 5월호, 199~200쪽.

36 이청준, 〈이청준 연보〉, 《자서전들 쓰십시다》, 열화당, 1977, 5~7쪽.

37 다니엘 레티히, 김종인 옮김, 《추억에 관한 모든 것: 향수의 심리적 효능과 경제적 가치에 대하여》, 황소자리, 2016.

38 이호철, 《소시민》, 새미, 2001, 242~244쪽.

39 박상훈, 《만들어진 현실》, 휴머니스트, 2013 참조.

40 이 시기 서울이 영화 속에서 "사기꾼의 공간"으로 그려지는 양상에 대한 연구로는, 김재희, 〈1950년대 말~60년대 한국영화에 나타난 도시성과 근대성 연구〉, 《대중서사연구》 11호, 2004, 58~61쪽.

41 《서울은 만원이다》, 36~37쪽에서 인용.

42 속설에 따르면 이 속담은 임진왜란 당시 조선인의 코를 베어오라는 도요토미 히데요시의 명령에서 유래했다고 한다. 현재 이 속담은 인심이 너무 흉악하여 언제 피해를 볼지 모른다는 의미로 사용되는데, 이 표현이 1950년대 이후 서울에 대한 담론 중에서도 특히 유명해진 것은 사기꾼이 들끓던 당시 서울의 상황 때문이었던 것으로 보인다.

43 김승옥, 〈누이를 이해하기 위하여〉, 《김승옥 소설전집 1》, 문학동네, 1995, 92~100쪽, 102쪽.

44 김승옥, 〈작가의 말〉, 《김승옥 소설전집 1》, 문학동네, 1995, 7쪽.

45 이 표현은 김승옥의 소설 제목이다. 김승옥, 〈60년대식〉, 《선데이서울》 연재, 1968.

46 서중석, 《조봉암과 1950년대 (하)》, 역사비평사, 1999, 540쪽에서 재인용. 한국전쟁 이후 서울의 변화에 대한 좀 더 자세한 설명으로는, 강인철, 〈한국전쟁과 사회구조 변화〉, 《한국전쟁과 사회구조의 변화》, 한국정신문화연구원 편, 백산서당, 1999 참조.

47 "1960년대 초반의 서울은 모두들 너무 가난했습니다. 한국의 경제는 미국의 원조에 의존하고 있을 때였습니다. 6·25의 상처는 아직도 생생하게 남아 있고 서울은 이북 피난민들과 무작정 상경인들까지 거느리고 새로운 도시로 출발하기 시작할 때였습니다. 생존만이 절대가치였고 생존하기 위해서는 어떠한 도덕적 가치도 양보해야 하는 사람들로 들끓었습니다. "이것이 인생이다"라고 저는 생각했습니다. 가정과 학교와 교회에서 배워온 가치는 적어도 서울 바닥에서는 바보의 꿈에 지나지 않아 보였습니다. 저는 심한 갈등을 느꼈고 그 갈등을 토해버리는 방법으로 소설을 쓰기 시작했습니다." 김승옥, 〈이제 나는 허무주의자가 아니다〉, 《싫을 때는 싫다고 하라》, 자유문학사, 1986, 12~13쪽.

48 게오르그 짐멜Georg Simmel, 김덕영 옮김, 〈대도시와 정신적 삶〉, 《게오르그 짐멜의 모더니티 읽기》, 갈무리, 2005.

49 《서울은 만원이다》에서도 서울 사람의 이미지는 세련된 신사, 숙녀가 아니라, 노회하고 닳아빠진 소시민 이미지다. "서울에서 나잇살이나 사오십 먹은 사람이면 모두가 생김생김이 어슷비슷하게 싱거워 빠져진다. 아랫배가 나오고 얼굴은 거무죽죽하게 물렁물렁해지고, 굵은 테 안경을 쓰고, 어깨는 벌어지지만 온몸은 서서히 땅속으로 잦아들고 싶어 밑으로 추욱 늘어지기 시작하는 것이다. 그 꼴에 옆구리에 노랑색 종이봉투까지 끼었으면 영락없이 가엾은 월급장이다. 집에서는 마누라에게 바가지 긁히고 쩔쩔매면서도 나가서는 무슨 살맛이 난다고 큰소리도 치고 넉살도 부린다." 앞의 책, 214쪽.

50 김승옥, 〈누이를 이해하기 위하여〉(1963), 《김승옥 소설전집 1》, 문학동네, 1995, 110쪽.

51 최협, 《판자촌 일기》, 눈빛, 2012, 182~183쪽.

52 서울시정개발연구원이 조사한 바에 따르면, 2005년 서울 인구를 기준으로 서울에서 3대 이상 거주한 서울 토박이의 비율은 4.9퍼센트 정도에 지나지 않는다고 한다.

53 오유석, 〈서울의 과잉도시화 과정: 성격과 특징〉, 《1950년대 남북한의 선택과 굴절》, 역사문제연구소 편, 역사비평사, 1998, 275쪽.

54 1950년대 후반 이승만 정권은 도시의 민생을 위하여 미국의 잉여농산물을 원조 받았을 뿐 아니라, 농민들에게 과도한 농업조세를 부과하거나 저곡가 정책을 시행하는 "도시편향적 사회발전전략"을 시도했다. 한도현, 〈1950년대 후반 농촌사회와 농촌의 피폐화〉, 《한국 현대사의 재인식 5: 1950년대 후반기의 한국사회와 이승만 정부의 붕괴》, 한국정신문화연구원 현대사연구소, 80~94쪽 참조. 인용은 81쪽.

55 박정희 정권은, 당장의 사회불안을 진정시키기 위하여 당시 한국 인구의 80퍼센트에 달하는 1차 산업 종사자 중 대다수를 차지하는 농민들을 위한 '농어촌 고리대 정리'와 '농산물 가격 안정' 등의 중농정책을 실시했다. 山本剛士, 앞의 글, 262~268쪽.

56 통계조사 결과는 1965년 노창섭의 연구에서 드러난 것으로, 여기서는 오유석, 앞의 글, 276쪽 참조.

57 최일남, 〈서울의 초상〉, 200쪽.

58 최협, 《판자촌 일기》, 눈빛, 2012, 182쪽.

59 최협, 앞의 책, 182쪽.

60 손정목, 《한국 도시 60년의 이야기》 제1권, 한울, 2005, 190~191쪽.

61 홍성철, 《유곽의 역사: 아미산하 유곽에서 파주 용주골까지, 집창촌 100년의 기록》, 페이퍼로드, 2007, 237쪽.

62 손정목, 앞의 책, 192쪽.

63 고은, 《1950년대》, 1989, 청하, 375~376쪽. 여기서 종삼에 가지 않았다고 언급된 8명의 문인은 안수길, 황순원, 박두진, 박목월, 신동문, 박희진, 이어령, 유종호로, 이유는 다 각각 다르다.

64 손정목, 앞의 책, 191쪽.

65 김승옥, 《김승옥 소설전집 1》, 문학동네, 1995, 209, 217쪽.

66 손정목, 《서울 도시계획 이야기》 제1권, 한울, 2003, 252~281쪽.

67 1970년 10월 21일부터 19회에 걸쳐 《경향신문》에 연재된 〈서울 새 풍속도: 도시 속의 도시 세운상가〉 기사들을 참조하면 이 건물의 여러 시설들을 파악할 수 있다.

68 최일남, 〈서울의 초상〉, 204~205쪽.

[69] 고은,《1950년대》, 청하, 1989, 373~375쪽.

[70] 조해일, 〈왕십리〉, 5쪽.

[71] "그가 내린 길로 당장 찾아가볼 셈이었던 곳은 역전 창녀촌이었다. 누구한테 듣고 서가 아니라 이따금 얻어 본 신문에서 알게 된 호기심이었다. 서울역 근처에 도동, 양동, 봉래동, 그리고 대한일보 뒷골목이 그런 곳이라고 알긴 했으나 어디로 가야 어딜지 정작 물어볼 숫기는 없는 거였다. 그러나 광장 앞 지하도를 건너서자 공연히 사서 한 걱정이었다. 그가 새벽 손님임을 알아본 뚜장이 여편네들이 너무도 많았기 때문이다. 그는 한진고속 터미널 뒷골목으로 붙잡혀 들어갔던 거였고, 사십이 다 된 미륵만한 여편네 품에 안겨 〈이 동넨 요런 시큼한 시골 아다라시 맛보는 재미가 버는 재미래유……〉 여자가 말투를 흉내 내며 코웃음 치는 속에서 1분인지 1분 5초 만인지 지은 죄 없는 생돈 3천 원을 던져버렸던 것이다." 이문구, 〈우산도 없이〉, 《해벽》, 창작과비평사, 1974, 37쪽. 이 소설은 원래《세대》, 1973년 7월호에 실렸다.

[72] 김승옥, 〈서울 1964년 겨울〉,《김승옥 소설전집 1》, 문학동네, 1995, 204~205쪽.

[73] 이곳은 사람들의 기억에 따라 인사동, 낙원동, 무교동 등에 있었다고 기억되고 있는데, '르네상스'의 정확한 주소는 서울시 종로구 종로 1가 영안빌딩 4층으로 기록되어 있으며, 옛날 건물은 현재 사라졌다.

[74] 〈고전음악 다방이 늘어간다: 도시의 안식처〉,《중앙일보》1983년 10월 18일. 1983년의 이 기사는 명동의 '필하모니' 외에도, 관철동과 종로 2가 일대의 '소노라마', '아그레망', '그로리아'를 비롯, 이대 입구의 '올리버', '아울로스', '심포니', '에로이카', '에바', '빠리', '그린하우스', 고대 앞의 '안암', 서강대 앞의 '레떼', 외대 앞의 '고전주의', 경희대 앞의 '클래식음악', 명동 사보이호텔 부근의 '고전화랑' 등을 장안에서 손꼽히는 고전음악다방으로 들고 있다.

[75] 〈고전음악 감상실 르네상스〉,《경향신문》1983년 6월 13일; 김대홍, 〈한국 현대사는 다방에서 만들어졌다?〉,《오마이뉴스》2005년 10월 21일 참조.

[76] 김승옥, 〈빛의 무덤 속〉,《김승옥 소설전집 2》, 문학동네, 1995, 279쪽.

[77] 1957년 경부터 미국 국제협조처인 ICA(International Cooperation Agency)의 지원을 받아 희망자에게 융자해주어 지은 주택을 말한다.

[78] 운크라UNKRA 주택은 국제연합한국재건단United Nations Korean Reconstruction

Agency의 원조로 세워진 주택을 말한다.

79 서울특별시사편찬위원회, 《서울육백년사》 제6권, 1003쪽 참조.

80 이호철, 〈등기수속〉, 《신동아》, 1964년 9월호.

81 〈서민주택백서〉, 《동아일보》 1967년 10월 12일.

82 아파트의 역사가 처음 시작된 시기는 이보다 빠른데, 서울에 지어진 첫 아파트에 대해서는 논자마다 의견이 다르다. 식민지시기에는 아파트라는 이름이 붙어 있지만 실제로는 아파트로 간주하지 않는 건축들도 있다. 1930년 회현동의 미쿠니三國 아파트, 1932년 충정로의 충정豊田아파트를 최초라고 하기도 하고, 1956년 을지로 4가와 청계천 4가 사이 주교동에 세워진 중앙아파트를 서울의 첫 아파트로 보는 경우도 있으며, 1958년 종암동에 건설된 5층짜리 3개 동으로 지어진 종암아파트를 최초로 보기도 한다. 박철수, 《아파트의 문화사》, 살림, 2006, 7쪽; 발레리 줄레조, 《아파트 공화국》, 길혜연 옮김, 후마니타스, 2007, 28~29쪽 참조.

83 손정목, 《한국 현대도시의 발자취》, 일지사, 1988, 365쪽.

84 전남일·손세관·양세화·홍형옥, 《한국 주거의 사회사》, 돌베개, 2008, 195쪽.

85 《서울육백년사》 제6권, 1000쪽 〈표 3〉과 1002쪽 〈표 5〉, 1001쪽 인용 및 참조.

86 조사 결과는 모두 《서울육백년사》 제6권, 1000~1001쪽 참조.

87 박태순, 〈서울의 방〉, 《문학춘추》, 1966년 12월, 210쪽, 217쪽.

88 박영한의 1987년 소설 〈지상의 방 한 칸〉에서 빌려온 제목이다. 이 작품은 소설가가 작품을 집필할 조용한 방을 찾아 서울과 근교를 돌아다니는 이야기로, 소설가보다 더 절박한 사정으로 방을 구하는 사람들의 사연을 함께 그리고 있다.

89 에드워드 렐프는, '거주'가 인간 실존의 본질이자 존재의 기본적인 특성이라고 했던 하이데거의 성찰을 토대로 '장소성'을 탐색하면서, '집'이라는 장소가 개인의 정체성을 뒷받침하는 유일무이한 토대라고 말한 바 있다. 에드워드 렐프, 김덕현 외 옮김, 《장소와 장소 상실》, 논형, 2005, 97쪽.

90 박완서, 〈엄마의 말뚝〉 1, 《엄마의 말뚝》, 일월서각, 1982.

91 이청준, 앞의 글, 6쪽. 참고로 말하자면, 이청준의 이 연보는 어느 지역에 얼마의 가격으로 방과 집을 옮겼는지 세세하게 기록하고 있다는 점에서, 작가 스스로 의도하지는 않았겠지만, 1960~70년대 서민들의 내 집 마련 과정의 고초와 주택 가격의

등락 등을 짐작할 수 있게 해주는 흥미로운 역사 자료 역할을 하고 있다.

92 김승옥, 〈다산성〉, 《김승옥 소설전집 2》, 문학동네, 1995, 157쪽.

93 박태순, 〈서울의 방房〉, 《문학춘추》, 1966년 12월호, 213쪽.

94 박태순, 〈서울의 방〉, 《문학춘추》, 1966년 12월호, 213쪽.

95 Eric Dardel, *L'Homme et La Terre*(Paris: Presses Universitaires de France), 1952, p. 56. 여기 서는 에드워드 렐프, 앞의 책, 100쪽에서 재인용.

96 김광중·윤일성, 〈도시재개발과 20세기 서울의 변모〉, 《서울 20세기 공간변천사》, 서울시정개발연구원, 563쪽.

97 장석주, 〈장석주의 '한국문단 비사'─괴짜 시인 김관식 1〉, 《한국경제신문》 2002년 2월 5일.

98 하근찬, 〈삼각의 집〉, 《사상계》, 1966년 1월호, 370~371쪽.

99 구와바라 시세이桑原史成는 1960~70년대 한국을 찍은 사진집을 다수 남긴 보도사진가로, 2017년 서울 청계천박물관에서는 그가 찍은 청계천 판잣집을 주제로 〈다시 보는 청계천〉이라는 전시회가 열리기도 했다. 그 외에도 일본인 목사이자 빈민운동가였던 노무라 모토유키野村基之가 남긴 1970년대 초반 청계천 사진들도 유명하다.

100 1961년 당시 8만 4천 동이 넘었던 판자촌의 가구 수는 전년 대비 10~15퍼센트씩 계속 증가하여 1964년에는 11만 6천 동을 넘었고, 1966년에는 13만 6천 호가 되는데, 이는 서울 전체 주택 수 36만 1천여 호의 34퍼센트를 넘는 수치였다. 《서울육백년사》 제6권, 2008쪽.

101 《서울육백년사》 제5권, 718쪽.

102 김광중·윤일성, 앞의 글, 563쪽.

103 《서울육백년사》 제5권, 722쪽.

104 김승옥의 소설 〈환상수첩〉에 잠깐 언급되는 창신동과 숭인동의 모습은 다음과 같다. 주인공 '나'가 "숭인동 산기슭에 한 칸짜리 방을 얻어 자취를 하고 있던" 모습이 잠깐 나온다. 그는 밤마다 '야경'을 다니면서 돈벌이를 하는데, "야경이란 통금시간 동안 딱딱이를 치며 지정된 마을의 코스를 돌면서 보안하는 것"을 말하는데, 그는 이 일을 하여 "하루 저녁에 오백 환의 수입"을 얻는다. 오백 환이 겨우 "아랫마을인 창신동"에서 창녀를 살 수 있는 돈에 불과하다는 소설 속의 구절은, 숭인동과 창신

동에 살던 사람들의 경제적 수준과 생활상을 엿볼 수 있게 해준다. 김승옥, 〈환상수
첩〉, 14~15쪽.

105 김승옥, 〈역사〉, 《김승옥 소설전집 1》, 문학동네, 1995, 75쪽.

106 김승옥, 〈확인해본 열다섯 개의 고정관념〉, 《김승옥 소설전집 1》, 문학동네, 1995.

107 김승옥, 〈싫을 때는 싫다고 하라〉, 《뜬 세상에 살기에》, 지식산업사, 1977, 109쪽.

108 "60년대 변두리 시민들의 거주환경은 말로 표현할 수 없을 정도로 낮은 수준에 있
   었다. 주택은 겨우 판잣집의 수준을 넘는 것이 대다수였다. 시멘트 블록으로 적당
   히 지은 구조에 지붕은 목재로 짜고 싸구려 기와나 슬레이트를 얹은 것이 고작이었
   다. 따라서 비가 오면 지붕에서 물이 새고, 여름이면 더위에 시달려야 했으며, 겨울
   에는 오들오들 떨면서 지내는 것이 대다수 서민의 생활이었다. 또한 변두리에는 상
   하수도 시설이 제대로 갖추어진 지역이 거의 없었으며, 길은 포장이 되지 않아서
   비가 오면 진창을 이루었다." 손세관, 〈서울 20세기 주거환경의 변천〉, 《서울 20세
   기 공간변천사》, 259쪽.

109 최협, 《판자촌 일기》, 눈빛, 2012, 101쪽.

110 1950년대 토지구획정리사업 때문에 정비된 서대문지구, 만리지구, 도화지구, 청파
   지구, 원효로지구, 아현지구, 마포지구, 서빙고지구 등 지금의 서대문구, 용산구, 마
   포구에 해당하는 지역들은, 대표적인 변두리 지역이었다. 최상철, 앞의 글, 515쪽.

111 참고로 최인훈의 〈크리스마스 캐럴〉 연작이 발표된 연도와 지면을 밝혀둔다. 〈크리
   스마스 캐럴 1〉, 《자유문학》, 1963년 6월호; 〈크리스마스 캐럴 2〉, 《현대문학》, 1964
   년 12월호; 〈크리스마스 캐럴 3〉, 《세대》, 1966년 1월호; 〈크리스마스 캐럴 4〉, 《현
   대문학》, 1966년 3월호; 〈크리스마스 캐럴 5〉, 《한국문학》, 1966년 여름호.

112 그래서 최인훈의 〈크리스마스 캐럴〉 연작은 한국의 서구문화 수용이라는 주제를 중
   심으로 논의되었다. 양윤모, 〈서구문화의 수용과 혼란에 대한 연구〉, 《우리어문연구》
   제14집, 2000; 서은주, 〈'한국적 근대'의 풍속〉, 《상허학보》 제19집, 2007 등 참조.

113 최인훈, 〈크리스마스 캐럴 5〉, 《크리스마스 캐럴/가면고: 최인훈 전집 6》, 문학과지
   성사, 2009, 154~155쪽.

114 통행금지 시간의 서울 밤거리에서 경관이나 다른 사람들을 마주쳤을 때 겨드랑이
   가 아팠던 것과는 달리, 이 혁명가들을 볼 때는 전혀 겨드랑이가 반응하지 않는다.

4·19혁명이 진행되는 동안, 5·16군사쿠데타가 진행되는 동안에도 겨드랑이의 날개는 잠잠하다. 이 세력들이 통행금지를 없애줄 것이라는 기대와 관련되어 있긴 하지만, 이 소설에서 정치적으로 문제적인 부분은 5·16군사쿠데타를 일으킨 무리들의 행동까지도 서울 거리를 잠행하는 자신의 자칭 "혁명가적" 행동과 동일시한다는데 있다. 그가 서울 잠행을 도둑, 간첩, '혁명가'의 행동과 동일시하는 부분은 소설에서 잘 서술되어 있다.

[115] 통행금지제도에 대한 최인훈의 비판적 성찰은 1969~70년에 씌어진 《소설가 구보 씨의 일일》에도 여러 차례 등장하는 주제다.

[116] 손정목은 "서울을 바꾼다는 것 자체가 곧 한국을 바꾸는 것"이라고 언급한 바 있다. 손정목, 《한국 도시 60년의 이야기》, 한울, 2005, 149쪽.

[117] "서울시장으로 누가 들어섰는지 매일매일 무슨 공약이 지상을 누비는지 그런 일에는 애초부터 관심이 없고 세종로 미도파 앞의 지하도 공사나 각처의 육교공사도 그저 그러니 그러나 보다 땅을 파니 파나 보다, 먼 일처럼 넘겨다보았던" 사람들은 몰락의 길을 걷게 된다. 《서울은 만원이다》, 252쪽.

[118] 김보현, 《박정희정권기 경제개발—민족주의와 발전》, 갈무리, 2006, 179쪽.

[119] 제1차 경제개발계획의 보완계획은 1단계(1962년 9~12월)와 2단계(1963년 2월~1964년 2월)로 두 단계에 걸쳐 이루어졌다. 이병천, 〈박정희 정권과 발전국가 모형의 형성〉, 《경제발전연구》 제5권 2호, 1999. 이 논문은 "통화개혁 실패의 충격은 외자도입의 부진, 인플레의 진행, 그리고 만성적 외환 압박 등과 결합되었으며, 이는 정책 전환을 불가피하게 했다"고 평가하며, 보완계획이 어떻게 만들어졌는지 규명하고 있다.

[120] 山本剛士, 앞의 글, 285쪽.

[121] 손정목, 《서울 도시계획 이야기》 제1권, 232쪽.

[122] 이 시기 외자 도입에 대해서는, 이정은, 〈박정희 정권 시기 대자본의 외자도입과 금융기관 진출 연구(1960~1973)〉, 고려대 박사학위 논문, 2017, 284~287쪽 참조.

[123] 손정목, 앞의 책, 303쪽.

[124] 손정목, 《서울 도시계획 이야기》 제1권, 127쪽.

[125] 손정목, 《한국 도시 60년의 이야기》 제1권, 147~148쪽.

[126] 손정목, 《서울 도시계획 이야기》 제1권, 208쪽.

127 특히 서울의 도시계획을 홍보하기 위해 개최되었던 8월 15일 '도시계획 전시회'는 도시계획에 자신의 땅이 직접 걸려 있는 것을 본 서울 시민들로부터 비난과 항의를 받아야 했다. '서울기본도시계획'안의 상세한 내용과 8·15전시에 대해서는 손정목의 설명을 참조해야 한다. 당시 《동아일보》는 '서울시장 말의 성찬', '하던 일 끝나기도 전에 공약 양산', '시민들 어리둥절 엄청난 사업발표', '교통난 더 악화 헛구호 31퍼센트 완화' 등의 기사 제목을 뽑았고, 《조선일보》 역시 '공약空約 양산 서울시장' 등의 제목으로 비판기사를 썼다. 이에 대해서는, 손정목, 앞의 책, 218~239쪽 참조.

128 김현옥은 도심에서 시 외곽으로의 통행을 원활하게 하기 위해, 홍제동에서 갈현동 사이, 돈암동에서 미아리 사이, 청량리에서 중랑교 사이의 주요 간선도로의 폭을 8~10미터에서 무려 35미터로 확장, 정비했다.

129 하근찬, 〈전차구경〉, 《산울림》, 흔겨레, 1988(원 출처는 《문학사상》 제40호, 1976년 1월).

130 실제로 1989년까지 남산 어린이공원에는 전차가 견학용으로 전시되어 있었다. 현재 서울역사박물관 앞에 전시되어 있는 전차는 381호인데, 남산에 전시되었던 전차와 같은 것인지 확인하기 어렵다.

131 정재정, 〈대중교통의 발달과 시민생활의 변천〉, 《서울 20세기 생활·문화변천사》, 542쪽 참조.

132 손정목, 《한국 도시 60년의 이야기》 제2권, 15~29쪽.

133 최인영, 〈1960년대 서울지역 전차교통의 한계와 철거〉, 《서울과역사》 제93호, 2016, 246쪽.

134 손정목, 《한국 도시 60년의 이야기》 제1권, 155쪽, 159쪽.

135 손정목, 《한국 도시 60년의 이야기》 제1권, 166쪽.

136 이 '합승'은 9인승에서 20인승 정도의 소형 버스를 가리키는 말로, 현재 택시를 함께 타는 행위를 가리키는 '합승'과는 의미가 다르다.

137 《서울육백년사》 제6권, 1302~1303쪽.

138 《서울육백년사》 제6권, 1329쪽.

139 1960년대 중반 당시 아침, 저녁 출퇴근 시간에 만원 버스와 전차의 심각성과 그와 관련된 에피소드에 대해서는, 이혜은, 〈서울 20세기 교통의 발달〉, 《서울 20세기 공간변천사》, 184쪽 참조.

140 최인훈, 《소설가 구보 씨의 일일─최인훈 문학전집 4》, 문학과지성사, 1991, 12~13쪽.

141 1967년부터 복개도로 위에 세워진 청계고가도로는 현재 다시 철거되었지만, 복개도로는 1960년대 중반까지 청계천으로 나뉘어져 있던 옛 북촌과 남촌을 연결함으로써 도심의 계급적 분할선을 없애는 역할을 하기도 했다. 현재는 이 분할선의 역할을 강남과 강북을 나누는 한강이 넘겨받았다고 해도 과언이 아닐 것이다.

142 〈미 대사관 이전 시비〉, 《경향신문》 1971년 10월 13일.

143 이순우, 《광화문 육조 앞길》, 하늘재, 1999, 371~373쪽.

144 광화문 세종로의 이순신 동상은 1966년 애국선열조상건립위원회의 발족으로 가시화되어, 1968년 4월 28일 제막되었다. 반일정신을 고취하기 위해 경남 진해에 이순신 동상을 세웠던 이승만 정권과 달리, 박정희 정권은 민족중흥과 조국 근대화를 선도하는 지도자, 즉 박정희 자신으로 대표되는 국가주의의 이미지를 함양하기 위해 이를 세웠다고 한다. 자세한 내용에 대해서는, 박계리, 〈충무공 동상과 국가이데올로기〉, 《한국근대미술사학》 제12집, 2004. 참조.

145 1960~70년대 서울시청 실무가였던 손정목은 도시 재개발이 곧 도시의 '고층화'라고 이해하고 있다. 《서울 도시계획 이야기》 제2권, 103~104쪽과 165~168쪽 참조. 서울의 고층화가 본격적으로 추진된 것은 사실상 1970년대 이후이지만, 그것은 이 시기에 수립된 정책 방향과 기조에 기초하고 있다.

146 현재 순화동에 있는 삼성의 신사옥은 1984년에 완공된 건물이다. 일제하에 기업 활동을 시작한 삼성은 1950년대 초부터 무역업, 제당업, 모직업에 대한 투자가 성공하여 자본 축적의 기반을 마련했고, 1963~65년 사이에 백화점(신세계), 부동산개발 회사, 생명보험, 펄프·제지산업 등을 인수하면서 재벌기업으로서의 토대를 마련했다. 참고로 삼성이 전자산업에 뛰어든 것은 1969년 이후다. 김인영, 〈한국 경제성장과 삼성의 자본축적〉, 《한국정치학회보》 제32집 제1호, 1998, 119~124쪽.

147 손정목은, 1960년대까지 한국인이 생각한 고층 건물이 겨우 3층에서 8층 정도의 건물이었다고 한다. 그는 이렇게 8층 높이를 상한선으로 생각하는 관념이 지진의 경험이 많고 천황 숭배사상이 존재하는 일본에서 유래한 것이라고 생각한다. 미국 도심 건물이 50~70층을 넘나들고 지상 102층의 엠파이어스테이트 빌딩이 완공된 것을 생각해보면, 일본의 고층 건물의 역사는 꽤 짧은 편임에 틀림없다. 손정목, 《서

울 도시계획 이야기》제1권, 133쪽 참조.

148 이 호텔은 군정 마지막 날 외자 승인이 되었다는 의혹과 호텔 건축에 일본 자본이 투여되어 매판자본의 도심 침식에 대한 우려를 낳아 인구에 회자된 바 있다. 결국 몇 달 후 미국계 일본 상인의 투자는 취소되었다. 이 호텔은 1970년대 중반에 사라지고 임대용 건물로 사용되었다. 〈일본 트러블—뉴코리아 호텔〉, 《동아일보》 1964년 2월 7일; 〈일과 합자 취소, 뉴코리아 호텔〉, 《동아일보》 1964년 5월 23일.

149 당시 40대를 눈앞에 두고 있었던 월남민 출신의 소설가 이호철은 한국의 청년문화에 대한 문학적 재현을 최인호처럼 새로운 세대의 1970년대 청년작가들에게 맡겨두었어야 했던 것으로 보인다. 참고로 이 작품은 1970년 1월부터 10월까지 《여성중앙》 지면에 〈자살클럽〉이라는 제목으로 연재된 중편으로, 나중에 〈1970년의 죽음〉으로 개제되었다(여기서 인용문의 출처는, 이호철, 〈1970년의 죽음〉, 《1970년의 죽음/판문점 외》, 새미, 2001).

150 손정목, 《한국 현대도시의 발자취》, 일지사, 1988, 365쪽.

151 이규목, 〈서울 근대 도시 경관 읽기〉, 《서울 20세기 공간변천사》, 138~139쪽.

152 〈시경 기마대 뚝섬으로 이사〉, 《경향신문》 1972년 6월 20일.

153 1965년 장충공원, 낙산공원 일부가 초등학교 신설 부지로 바뀌고, 서린동과 숭인동의 공원은 아예 폐지되었다. 공원 녹지를 조성한다는 개념은 1967년부터 등장하지만, 실제로는 1960년대 후반에도 공원 해제가 지속적으로 이루어졌다. 공원에 대한 인식적 변화가 일어나는 것은 1970년대 후반으로 보인다. 황기원, 〈서울 20세기 공원, 녹지의 변천〉, 《서울 20세기 공간변천사》, 412~414쪽.

154 염복규, 《서울의 기원 경성의 탄생》, 이데아, 2016, 66~86쪽. 약 10여 년에 걸친 갈등 끝에 만들어진 이 길은 식민지 권력의 도시개발과 경성의 역사적 전통이 다면적 갈등을 겪은 결과의 산물이다.

155 수송초등학교는 폐교 24년 만에 강북구 번동에서 다시 개교했다.

156 남기범, 〈종로 경제경관의 변화—상업경제에서 상징경제로〉, 《종로: 시간·장소·사람》, 213~215쪽.

157 《매일경제신문》 1972년 9월 30일, 1면 하단 광고 참조.

158 최인훈, 《하늘의 다리》, 문학과지성사, 1994, 68~69쪽(원래 발표연도는 1970년).

159 앞서 언급한 상징적 고층 건물들은 이러한 혐의를 피할 수 없다. 1968~69년에 세워진 건물 중, 정부종합청사(21층)는 원래 현상설계 당선자였던 나상진의 설계를 불신하여 결국 외국인의 디자인으로 세워진 것이고, 조선호텔(20층) 역시 한국인의 설계를 믿을 수 없다고 하여 B. Tabler에 의해 재설계되었고, 김중업의 작품인 삼일빌딩(31층)은 뉴욕에 있는 유리 마천루 빌딩인 시그램 빌딩의 아류에 지나지 않는다는 비판을 받았다. 이규목, 앞의 글, 138~139쪽.

160 에드워드 렐프, 《장소와 장소 상실》, 188~193쪽. 인용문은 카디날 뉴맨Cardinal Newman의 말로, 역시 이 책의 193쪽에서 재인용한 것이다.

161 에드워드 렐프, 앞의 책, 203~204쪽 참조.

162 '무장소성'이란 에드웨드 렐프의 유명한 개념을 빌려온 것으로, 현대 사회에서 장소의 고유한 특성과 역사, 기억 등이 사라지고 동질화되는 현상을 가리킨다. 흔히 우리가 일상적으로 혼용하는 '공간space'과 '장소place'는 지리학에서 오랫동안 뚜렷하게 구분되어 온 개념이다. 이푸 투안Y-Fu Tuan은 《공간과 장소》에서 추상적이고 기능적인 개념으로서의 '공간'과 다른, 인간의식의 지향성intention 속에서 파악되는 '장소' 개념을 강조함으로써, '장소감a sense of place'에 대한 이론을 발전시켰다. 이푸 투안의 현상학적 '장소' 개념을 받아들인 에드워드 렐프 역시 추상적 인지 공간, 지리적 공간, 건축 공간 등과 달리 인간의 의식과 체험 속에서만 의미를 지니는 특수한 '장소'의 의미를 탐구하는 한편, 현대가 '장소 상실(또는 무장소성placeness)'의 시대임을 비판하였다(이에 대해서는 이푸 투안Y-Fu Tuan, 《공간과 장소》(개정판), 구동회·심승희 역, 대윤, 2007; 에드워드 렐프, 김덕현 외 옮김, 《장소와 장소 상실》, 논형, 2005 참조). 원래 '공간'과 '장소' 개념은 인간의식의 지향성 속에서 객관 세계의 진리를 발견할 수 있다고 생각하는 현상학적 방법론에서 비롯된 것이지만, 구조주의 이후의 현대 지리학도 추상적 개념인 '공간'보다 '장소'의 구체적이고 특수한 맥락을 중시하는 입장 아래서 이 개념들의 구분을 수용하고 '장소'의 중요성을 더욱 강조하고 있다.

163 손세관, 〈서울 20세기 주거환경의 변천〉, 《서울 20세기 공간변천사》, 258, 273쪽.

164 하루투니언은 포르투갈의 시인 페르난도 페소아Fernando Pessoa의 성찰을 빌려, 현대인의 운명을 이렇게 설명한다. "그는 현대인에게 개인의 삶과 거리street의 삶을 구분해주는 실질적인 차이는 존재하지 않는다는 것을 알아차렸다. 이는 개인적 삶과

거리의 삶 모두가 '하찮은 가치'만을 의미하는 '공통의 추상적 운명'(23쪽)을 공유하고 있기 때문이다. 그럼에도 불구하고 그는 이 '지루한' 세계가 경험의 영역을 한정 짓고, 모든 반성의 조건을 결정짓는다고 확신하였다." 해리 하루투니언, 윤영실 외 옮김, 《역사의 요동》, 휴머니스트, 2006, 40쪽.

165 "돈암지구에는 당시 '집장사'라고 불린 주택회사에서 건축한 '도시한옥' 지대가 형성되었다. 도시한옥은 1930~60년대 도시 지역에 건축된 전통한옥의 구조와 재료를 개량(단순화)한 중소규모 주택으로서 일정한 수준의 경제력을 가진 조선인(한국인)의 대표적인 주거 유형 중 하나였다." 염복규, 앞의 책, 270쪽.

166 이청준, 〈가학성 훈련〉, 《신동아》, 1970년 4월호(《가면의 꿈―이청준 문학전집 3》에서 인용).

167 조해일, 〈방〉, 《월간문학》, 1971년 1월호(《신한국문제작가선집》, 어문각, 1983에서 인용).

168 이청준, 〈무서운 토요일〉, 《문학》, 1966년 8월호(본 논문의 인용 출처는 《병신과 머저리―이청준 문학전집》, 열림원, 2001). 이 소설은 1970년대를 대표하는 최인호의 소설 〈타인의 방〉을 예고하는 작품이다. 주인공이 종로에서 자신이 사는 "아파아트까지는 나의 걸음으로 한 시간 이상이 걸릴 것"으로 예상하는 점이나 귀갓길에 "아현동 로터리"를 들르는 것으로 볼 때, 그는 1964년에 완공된 신식 마포아파트에 사는 사람으로 추정된다. 이 소설의 주인공은 아내가 서재로 가버린 후, "방안이 갑자기 진공상태로 변해버린 것처럼 답답했다. 2미터 안팎의 맞은편 벽이 아득히 멀었다. 방 안의 집기들도 낯이 설었다"고 느낀다. 〈타인의 방〉의 주인공이 아내가 남편을 속이고 사라진 아파트 안에서 환상을 목격하듯이, 이 소설의 주인공도 빈 거실에서 아내의 잔인한 웃음소리를 환청으로 듣는 증상에 시달린다.

169 김신조를 비롯한 북한 간첩들이 청와대에 침투한 1·21사태가 일어난 것은 1968년이다. 이후, 청와대 경호를 위해 출입이 제한되었던 북악산과 평창동 일대를 개발하기 위해 같은 해 2월 9일 착공하여 9월 28일에 완공된 것이 북악스카이웨이였다. 손정목, 앞의 책, 171~180쪽.

170 서울 시내에 자동차가 2만여 대에 불과하던 1960년대 중반에 김현옥 시장이 자동차 전용도로를 만든 것은, 해외나 국내 다른 도시로 행차하는 대통령이 김포공항까지 논스톱으로 달리게 하기 위해서였다고 한다. 앞의 책, 304쪽.

171 박정희 대통령은 한국전쟁 당시 한강다리가 끊겨 서울 시민들이 피난하지 못한 것을 생각하고, 전쟁 발발에 대비하기 위해 강남 개발의 필요성을 느꼈다고 한다. 그러나 이 시기의 강남 개발은 전적으로 구획정리사업에 의존한 것이 많았으며, 영동·잠실지구 개발과 말죽거리 신화가 탄생한 것은 1970년대의 일이다. 손정목, 앞의 책, 222~223쪽.

172 손정목, 《서울 도시계획 이야기》 제2권, 124~128쪽.

173 외국의 시선을 의식한 이러한 전시행정은 이후에도 계속된다. 1980년대에도 88년 서울올림픽을 준비하면서 독재정권은 빈민촌을 철거하여 그 자리에 아파트를 건설하거나, 도심 미관을 해친다는 명목으로 서민들이 이용하는 포장마차를 철거하는 사업을 벌였다.

174 이청준, 〈별을 보여드립니다〉, 《문학》, 1967년 1월호(《별을 보여드립니다—이청준 문학전집》, 11쪽).

175 손정목, 《서울 도시계획 이야기》 제2권, 117~122쪽.

176 손정목, 《서울 도시계획 이야기》 제1권, 162~165쪽 참조.

177 이호철의 1965년 작 〈서빙고 역전 풍경〉은 아직 개발의 손길이 미치지 못한 진짜 변두리 풍경을 여과없이 보여준 바 있다. 다닥다닥 판잣집이 몰려 있고 사람살이가 정신없이 돌아가는 서울 중심부와 달리, 이곳은 마치 식민지 시기에 시간이 멈춘 듯 정체되어 있기 때문이다.

178 손정목, 《서울 도시계획 이야기》 제1권, 328~330쪽.

179 손정목, 《한국 도시 60년의 이야기》 제1권, 83쪽 참조.

180 훗날 '강변 1로'로 불리는 '제1한강교-영등포 간 연안도로'의 기공식은 1967년 3월 17일에 거행되었으며, 그해 9월 23일 완공되었다. 이 도로는 공항에서 들어오는 외국인 손님들에게 잘 보일 수 있도록 가로등도 달았다. 원효로 4가에서 제2한강교(양화대교)까지의 구간은 1969년에 개통되었으며, 원효로 4가에서 뚝섬유원지까지의 구간은 1970년 4월 15일에 마무리되었고, 거기서 광나루까지의 구간은 양택식 시장에 의해 1972년 말에 마무리되었다. 손정목, 위의 책, 306~308쪽과 163쪽 참조; 워커힐호텔 건설과정과 의혹에 대해서도, 같은 책, 139~166쪽 참조.

181 앞 장에서 언급한 최인훈의 〈크리스마스 캐럴 5〉에도 주인공이 밤중에 한강변을 산

책하는 장면이 나온다. 그러나 1967년부터 강변북로가 개통되고 1968년 한강 개발이 본격화되면서, 한강변은 서울 시민들이 접근하기 어려운 우범지대가 되기 시작했다. 이러한 비판을 극복하기 위해 한강변을 다시 시민공원으로 개발한 것은 1980년대에 이르러서다.

182 김승옥, 〈다산성〉, 《김승옥 소설전집 2》 문학동네, 1995, 100쪽.

183 이문구의 《장한몽》은 《창작과비평》 1970년 겨울호부터 1971년 가을호까지 4회에 걸쳐 연재된 소설이다. 여기서는, 이문구, 《장한몽》, 책세상, 1987에서 인용한다.

184 애오개라는 명칭은, 애고개, 즉 아현兒峴이라는 명칭에서 유래하였다고 한다. 아兒가 아阿로 변하여 아현阿峴이 되고 그 고개 이름이 동명洞名이 되었다고 하는데, 조선시대 한성부漢城府에서는 시신을 서대문을 통하여 지나가게 하였는데 아이의 시체는 이 고개 너머에 묻게 하였다.

185 이문구, 〈야혜의 무곡舞曲〉, 《현대문학》, 1967년 1월호(여기서는 《다갈라불망비―이문구 전집 1》, 솔, 1996에서 인용).

186 이문구, 〈생존허가원〉, 《현대문학》, 1967년 6월호.

187 손정목, 《한국 도시 60년의 이야기》 제2권, 87쪽.

188 서울시는 1960~70년대에 구획정리사업으로 모두 33개 지구에 달하는 택지를 개발했는데, 그중에서 가장 많은 구획정리를 한 것이 1960년대 후반기였다. 대표적으로 서대문구의 연희지구, 도봉구의 창동지구와 도봉지구, 은평구의 역촌지구, 성동구의 화양지구, 중랑천 일대의 망우지구, 양천구 목동과 화곡동을 포함한 경인지구와 화곡지구, 강서구의 김포지구, 구로구의 시흥지구, 강남의 영동1지구 등이 택지 개발되었다. 《서울육백년사》 제6권, 722~725쪽.

189 〈무허주택 모두 양성화〉, 《경향신문》 1967년 4월 25일.

190 〈판자집 모두 철거〉, 《경향신문》 1967년 6월 10일.

191 〈판자집 철거에 난투〉, 《경향신문》 1967년 6월 30일.

192 〈벼랑서 투신자살〉, 《경향신문》 1967년 8월 14일; 〈문제지대〉, 《경향신문》 1967년 8월 15일.

193 〈공약空約, 판잣집 양성화〉, 《동아일보》 1967년 7월 19일.

194 〈공약 번복 강제 철거〉, 《경향신문》 1967년 7월 28일.

195 서울역사편찬원, 《근현대 서울의 집》, 2017, 119~123쪽.

196 박홍근, 〈1960년대 후반 서울 도시근대화의 성격〉, 《민주주의와 인권》 제15권 2호, 2015, 257~258쪽.

197 손정목, 《서울 도시계획 이야기》 제1권, 305쪽.

198 김규형, 〈서울 시민아파트 연구〉, 서울시립대 건축학과 석사학위 논문, 2006; 염복규, 〈붕괴된 신화, 지속되는 신화: 김현옥 '건설' 시정과 와우아파트 붕괴가 남긴 것〉, 《역사비평》, 2014년 가을호.

199 윤혜정, 앞의 글, 256쪽.

200 이 구절은 데이비드 하비가 미셸 드 세르토Michel de Certeau의 구절을 인용한 부분을 재인용한 것이다. 세르토에 따르면, 사람들이 낯선 도시에서 높고 편안한 곳에 올라가서 거리와 건물들과 그 속에서 인간 활동이 끊임없이 이루어지는 복잡한 광경을 내려다볼 수 있는 기회를 갖는 것은, '상승'이 그 텍스트를 읽는 자들에게 "마치 신처럼 아래를 내려다보는 태양 같은 눈을 가지도록 허락"하기 때문이다. 데이비드 하비, 《도시의 정치경제학》, 초의수 옮김, 한울, 1996, 17~18쪽.

201 손세관, 〈서울 20세기 주거환경의 변천〉, 《서울 20세기 공간변천사》, 260~263쪽, 269~271쪽.

202 박태순의 〈정든 땅 언덕 위〉는 《문학》지 1966년 9월호에 처음 발표되었다. 소설집 《정든 땅 언덕 위》는 그가 1966년부터 1972년까지 여러 지면에 발표한 14편의 소설들을 엮은 것이다.

203 김훈·박래부, 《문학기행》, 한국일보사, 1987, 300쪽.

204 박태순, 〈나는 왜 문학을 하는가—'독자가 누리는' 글쓰기로 부드러운 세상을 위하여〉, 《한국일보》 2002년 9월 11일.

205 박태순, 《정든 땅 언덕 위》, 민음사, 1973, 13쪽.

206 서울생활문화자료조사, 《신림동: 대학동, 청운의 꿈을 품은 사람들》, 서울역사박물관, 2014, 25~26쪽.

207 손세관, 앞의 글, 262~263쪽.

208 최협, 《판자촌 일기》, 눈빛, 2012, 159쪽.

209 박태순, 〈무너지는 산〉, 《정든 땅 언덕 위》, 민음사, 1973, 166쪽.

210 박기정, 〈광주대단지〉, 《신동아》, 1971년 10월호, 169쪽.

211 이에 대해서는 다음의 논문들을 참조. 김원, 〈박정희 시기의 대중시위〉, 《내일을 여는 역사》 33호, 2008; 김동춘, 〈1971년 8·10 광주대단지 주민 항거의 배경과 성격〉, 《공간과 사회》 제38호, 2011; 이광일, 〈근대화의 일그러진 자화상―광주대단지 "폭동사건"〉, 《기억과 전망》 제1호, 2002.

212 임미리, 〈1971년 광주대단지 사건의 재해석―투쟁 주체와 결과를 중심으로〉, 《기억과 전망》 제26호, 2012.

213 이광일, 〈근대화의 일그러진 자화상―광주대단지 "폭동사건"〉, 《기억과 전망》 제1호, 2002, 254쪽.

214 박태순, 〈광주대단지 4박 5일〉, 《월간중앙》, 1971년 10월호, 259쪽.

215 박기정, 〈광주대단지〉, 《신동아》, 1971년 10월호, 177쪽.

216 박태순, 〈광주대단지 4박 5일〉, 《월간중앙》, 1971년 10월호, 262쪽.

217 박태순, 〈광주대단지 4박 5일〉, 《월간중앙》, 1971년 10월호, 266~267쪽.

218 신상웅, 〈광주대단지〉, 《창조》, 1971년 10월호, 121쪽.

219 박태순, 〈무너지는 산〉, 《정든 땅 언덕 위》, 민음사, 1973, 167~168쪽, 179쪽.

220 박태순, 〈무너지는 산〉, 《정든 땅 언덕 위》, 민음사, 1973, 166쪽.

221 박태순, 〈광주대단지 4박 5일〉, 《월간중앙》, 1971년 10월호, 282쪽.

222 박태순, 〈무너지는 산〉, 《정든 땅 언덕 위》, 민음사, 1973, 179~180쪽.

223 박태순, 〈후기〉, 《정든 땅 언덕 위》, 민음사, 1973, 396쪽.

224 박태순, 〈광주대단지 4박 5일〉, 《월간중앙》, 1971년 10월호, 263쪽.

225 임미리, 〈1971년 광주대단지 사건의 재해석―투쟁 주체와 결과를 중심으로〉, 《기억과 전망》 제26호, 2012.

226 박태순, 〈무너지는 산〉, 181~182쪽.

227 신상웅, 〈만가일 뿐이외다〉, 《한국단편문학》, 금성출판사, 1987, 34쪽. 이 소설에 대해 최초로 연구한 논문으로, 강진구, 〈광주대단지 사건과 문학적 재현〉, 《어문론집》 64호, 2015.

228 이 책은 많은 영감을 준 정주아의 논문과 반대되는 해석을 담고 있다. 정주아는 광주대단지가 부동산 투기의 공간이었으며 구성원들의 위계적 차이가 충돌하는 공간

이었음을 섬세하게 논하고 있다. 그러나 정주아의 논문은 박태순과 신상웅의 텍스트들이 광주대단지사건의 주역을 항쟁의 활기를 잃어버린 무기력한 사람들로 재현함으로써, '민중'의 실체를 서사의 공백으로 남겨두었다고 보았다. 그러나 이 책은 박태순과 신상웅이 부동산 투기와 경제적 욕망에 사로잡혀 신분상승을 꿈꾸던 민중을 서사의 공백으로 남긴 것이 아니라, 스스로 말하지 못하기 때문에 지워진 하위 주체들을 기록한 것이라고 본다. 생존을 위해 입주증을 산 철거민들의 생존권을 내 집 마련과 부동산 투기에 집착하는 소시민의 욕망과 '모두가 평등하게 가지고 있는 경제적 욕망'으로 환원시키는 정주아의 무리한 해석은, 광주대단지를 소요사건의 주체 중심으로 바라보는 시각을 답습하는 한편, '민중'과 '소시민'의 차이에 더 주목하고 소시민들의 '타자'에 대한 시각을 탐구하려는 방법론이 낳은 것이다. 정주아, 〈개발독재 시대의 윤리와 부: 광주대단지 사건의 텍스트들과 '이웃사랑'의 문제〉, 《민족문학사연구》 61호, 2016 참조.

229 임미리, 〈1971년 광주대단지 사건의 재해석—투쟁 주체와 결과를 중심으로〉, 《기억과 전망》 제26호, 2012, 264~265쪽.

230 윤흥길, 〈아홉 켤레의 구두로 남은 사내〉, 《창작과비평》, 1977년 여름호. 그 직후 발표된 〈직선과 곡선〉도 동일 인물이 등장하여 그 뒷이야기를 이어간다는 점에서 일종의 연작이라고 볼 수 있다. 〈직선과 곡선〉은 《한국문학》, 1977년 10월호에 발표되었다.

231 박태순, 〈무너지는 산〉, 165쪽.

232 신상웅, 〈만가일 뿐이외다〉, 31쪽.

233 존 레니에 쇼트는, 도시의 '시간화된 공간'과 '공간화된 시간'에 대해 런던을 예로 들어 설명한다. 예컨대 런던의 킹스크로스역, 까페, 업무지구, 레스토랑, 거리 등은 시간에 따라 이용하는 사람과 숫자가 다르다는 점에서 시간에 따른 "리듬과 운율을" 가진 '시간화된 공간'이 된다. 그리고 사람들은 서로 다른 시간대에 특정 장소들을 옮겨 다니며 이용하면서 시간을 공간 단위로 나누어 사용하고 '공간화된 시간'을 만들어낸다. 존 레니에 쇼트, 이현욱·이부귀 옮김, 《문화와 권력으로 본 도시탐구》, 한울, 1996, 250~251쪽.

234 김명환·김중식, 《서울의 밤문화》, 생각의나무, 2006, 58~59쪽.

235 〈한국의 숙제 (6): 야간통금〉, 《경향신문》 1965년 2월 22일.

236 〈한국의 숙제 (6): 야간통금〉, 《경향신문》 1965년 2월 22일.

237 〈정치와 무관심 그 진단과 처방 (1): 서울의 자정〉, 《동아일보》 1965년 10월 29일.

238 김명환·김중식, 앞의 책, 64쪽.

239 통행금지하에서 크리스마스의 의미와 그것이 미국 문화를 해방과 자유의 이미지로 각인시키는 기능을 했다는 사실에 대해서는, 서은주, 앞의 논문, 446~452쪽 참조.

240 이 책의 3부에서 언급되는 윤흥길의 1975년 작 〈엄동嚴冬〉은 성남시에 사는 사람들이 종로 시외버스 정류장에서 폭설로 인해 발이 묶인 채 곤란을 겪는 상황을 생생하게 그리고 있다. 이 소설은 천재지변에서도 통행금지가 시행되는 자정 이전에 집에 들어가야만 하는 성남 시민들의 고충과 서울 철거민들의 집단 거주지 '성남'에 대한 자괴심을 그린 작품이다. 그러나 이 소설은 성남행 '막차'를 타느냐 못 타느냐 하는 상황만을 다룰 뿐이며, '통행금지' 제도를 언급하거나 문제 삼지는 않는다. 윤흥길, 〈엄동〉, 《현대문학》, 1975년 3월호.

241 개인의 사회적 지위, 연령, 성, 집단에 따라 시간의 쓰임새가 달라지는 상황에 대해서는, 이기봉, 〈시간과 지리: 시간에 대한 인식의 역사와 시간지리학의 탄생〉, 《문화역사지리》 제17권 3호, 2005, 109~110쪽.

242 1971년 12월 6일 '국가비상사태 선언'으로 시작된 소위 '유신체제'는 1972년 말 유신헌법의 제정 및 공포로 인해 1979년 10월까지 공고한 체제를 굳혔다. 유신체제의 성립과 관련된 경제적·정치적 상황에 대해서는, 이기훈, 〈유신체제 성립의 정치적 배경과 7·4선언〉, 《역사비평》 제42호, 1998 참조.

243 그 결과 오늘날 한국전력주식회사가 삼성동의 넓은 땅을 차지하고 있으며, 영동대로를 사이에 두고 한전과 대칭되는 자리에 한국무역진흥공사, 한국무역협회의 57층짜리 빌딩(약칭 COEX)이 높이 솟아 있고, 그 뒤 넓은 땅에 한국종합전시장이 들어서게 되었다. 손정목, 앞의 책, 116~150쪽.

244 제3한강교와 경부고속도로 개통에 대해서는, 손정목, 《한국도시 60년의 이야기》 제1권, 221~228쪽 참조. 경부고속도로의 개통이 가져다준 영향과 효과는 매우 큰 것으로, 당시 언론들은 자동차시대의 개막, 전 국토 1일생활권 시대의 도래, 대도시로의 인구 집중 가속화 등을 전망하고 있었다. 손정목, 《서울 도시계획 이야기》 제3

권, 87쪽 참조.

245 손정목, 《서울 도시계획 이야기》 제3권, 168~171쪽.

246 《서울육백년사》 제6권, 922쪽.

247 이호철, 〈서빙고 역전 풍경〉(1965), 《이단자》, 창작과비평사, 1976, 203쪽.

248 손정목, 《서울 도시계획 이야기》 제3권, 한울, 2003, 71~72쪽.

249 손정목, 《서울도시계획 이야기》 제3권, 73쪽.

250 손정목, 《서울도시계획 이야기》 제3권, 73~74쪽.

251 〈숱한 목숨 앗은 한남동~잠실리 간 제3한강교 가설〉, 《경향신문》 1962년 9월 12일.

252 〈서울시정 10년 계획〉, 《경향신문》 1965년 1월 4일.

253 〈활짝 트인 또 하나의 수도 관문 제2한강교 개통〉, 《동아일보》 1965년 1월 25일.

254 손정목, 《서울 도시계획 이야기》 제3권, 152쪽. 구왕실 재산을 불하받은 김형목과 함께 조봉구는 강남의 땅을 가장 많이 소유한 자였다.

255 마츠다 미사, 《소문의 시대》, 이수형 옮김, 추수밭, 2016.

256 박태순, 〈도깨비 하품〉, 《68문학》, 1969년 1월호.

257 이 소설이 1969년 1월에 발표되었으니, 작품을 창작한 시기를 1968년 말로 추정하였다. 박태순, 〈도깨비 하품〉, 《68문학》, 1969년 1월호.

258 최인호, 〈미개인〉, 《문학과지성》, 1971년 가을호.

259 〈등교 거부 10여일 째〉, 《경향신문》 1969년 4월 25일: 〈어른들 편견에 동심은 서러워〉, 《경향신문》 1969년 5월 3일; 〈에틴저 마을에 국민학교 신설〉, 《경향신문》 1969년 6월 21일.

260 지가 상승률은 《서울육백년사》 제6권, 664쪽에서 인용(원 출처는 한국감정원, 《토지시가 조사표》, 1970).

261 〈기복 심한 서울 땅값〉, 《매일경제》 1966년 6월 20일.

262 〈고속로변 땅값 폭등〉, 《경향신문》 1968년 2월 2일.

263 이호철, 〈여벌집〉, 《월간중앙》, 1972년 1월호.

264 이호철, 〈등기수속〉, 《신동아》 복간호, 1964년 9월.

265 박완서, 〈부처님 근처〉, 《현대문학》, 1973년 7월(박완서, 《부끄러움을 가르칩니다》, 문학동네, 111쪽에서 인용).

266 손정목, 앞의 책, 98쪽.

267 손정목, 〈표 1: 강남지역의 지가현상(1963~1979년)〉, 《한국 도시 60년의 이야기》제1권, 한울, 2005, 236쪽.

268 박완서, 〈서글픈 순방巡房〉(《주간조선》, 1975년 6월호), 《부끄러움을 가르칩니다—박완서 단편소설전집》제1권, 문학동네, 2006, 405쪽.

269 박완서, 〈낙토樂土의 아이들〉, 《한국문학》, 1978년 1월. 여기서는 《배반의 여름—박완서 단편소설전집》제2권, 문학동네, 2006, 306~307쪽에서 인용.

270 〈기지개하는 수도권에 부동산 바람 (상)—봉은사 일대〉, 《경향신문》 1970년 1월 22일.

271 〈황금땅에 쏠린 투기온상〉, 《동아일보》 1970년 3월 7일.

272 박태순, 〈광주대단지〉, 《월간중앙》, 1971년 10월호, 264쪽.

273 보석 밀수범들은 "국영기업체장, 전 국회의원, 대학장, 통신사 사장, 현역 육군 대령"등의 부인이 포함되어 있었으며, 이것은 "토지, 호화주택 발각 쉬워 고관들 부정축재의 새 은폐방법으로" 등장한 것이었다. 〈상류층부인 등 28명 구속〉, 《동아일보》 1974년 9월 16일: 1978년 이화여대 교수 백명희가 쓴 칼럼에 따르면, "복부인의 부동산 투기 대상은 아파트, 집, 땅에서 시작하여 증권, 보석으로 옮겨졌고, 고추, 배추에까지 확대하고 있다." 〈복부인론〉, 《조선일보》 1978년 12월 7일.

274 〈복부인론〉, 《조선일보》 1978년 12월 7일.

275 박완서, 〈서글픈 순방〉, 《주간조선》 1975년 5월호(여기서는 《박완서 단편소설 전집》제1권에서 인용).

276 부산 검사의 부인 이창숙은 체포되기 전 남편과 10원 때문에 다투고 사글세 얻기도 힘들었던 가난 때문에 이런 짓을 저질렀다고 참회하는 수기를 남기기도 했다. 〈제겐 지금 아무 것도 없습니다〉, 《경향신문》 1977년 12월 17일.

277 〈검사부인 거액 사취사건, 친정아버지 권유로 부동산에〉, 《경향신문》 1977년 12월 17일.

278 〈복부인론〉, 《조선일보》 1978년 12월 7일.

279 이혜정, 〈1970년대 고등교육을 받은 여성의 삶과 교육〉, 서울대 교육학과 박사학위 논문, 2011, 29쪽. 원 출처는 국가 통계포털 교육통계연보 1963~1979.

280 〈복부인은 왜 생기나〉, 《조선일보》 1979년 4월 26일.

281 《사대문 안 학교들 강남으로 가다》, 서울특별시 시사편찬위원회, 2012, 26쪽.

282 이기석, 〈20세기 서울의 도시성장〉, 《서울 20세기 공간변천사》, 69쪽; 강북 명 문학교의 강남 이전과 8학군 형성에 대한 자세한 설명으로는, 손정목, 앞의 책, 344~353쪽 참조.

283 〈어린이들에게 끼치는 특수 국민학교의 영향〉, 《경향신문》 1964년 11월 21일.

284 〈리라 조치를 계기로 본 문제점 고쳐지려나—사립국교 병폐〉, 《경향신문》 1975년 3 월 17일.

285 학력자본, 문화자본, 사회자본 등의 개념에 대해서는, 피에르 부르디외, 《구별짓기: 문화와 취향의 사회학》 상·하, 최종철 옮김, 새물결, 1995 참조.

286 박완서, 〈어떤 야만〉(《뿌리깊은 나무》, 1976년 5월), 《배반의 여름》, 문학동네, 2006.

287 이문구, 〈우산도 없이〉(1973), 《해벽》, 창작과비평사, 1974, 37쪽.

288 박정희, 〈1966년 대통령 연두교서〉, 《국회보》 51호, 국회사무처, 1966년 1월, 39쪽.

289 김병익, 〈60년대 신어—그 어원에 비친 세태〉, 《동아일보》 1969년 12월 20일.

290 손세일 편, 《한국논쟁사 III》, 청람문화사, 1976 참조.

291 두 번의 대중사회 논쟁과 담론에 대해서는 두 편의 논문을 참조할 수 있다. 송은영, 〈1960~70년대 대중사회 논쟁의 전개과정과 특성〉, 《사이》 제14호, 2013; 송은영, 〈1970년대 후반 한국 대중사회 담론의 지형과 행방〉, 《현대문학의 연구》 제53호, 2014.

292 〈"자랑스럽다" 전국이 축제 무드 100억불 수출의 날 거리의 표정〉, 《매일경제》 1977 년 12월 22일. 이날 장충체육관에서 성대한 기념식이 열렸고, 수출업체들은 임시 휴무로 이를 자축하면서 특별 보너스를 지급하기도 했다. 서울 광화문과 서울역, 제2한강교에는 수출 100억 달러 달성을 축하하는 대형 아치가 세워졌다. 정부는 또 100억 달러 수출 기념 담배 거북선, 청자 각 300만 갑과 우표 300만 장을 전국에서 일제히 판매하기도 했고, 23일에는 수출 100억 달러 돌파 기념 전국근로자합창대 회가 국립극장에서 열렸다.

293 한국은행 기록(http://ecos.bok.or.kr/)에 따르면, 한국의 경제성장률은 1974년 7.2퍼센 트, 1975년 5.9퍼센트에 그치다가 1976년 10.6퍼센트, 1977년 10퍼센트, 1978년 9.3 퍼센트, 1979년 6.8퍼센트를 기록했다.

294 〈국민자주의식 크게 향상〉, 《동아일보》 1978년 2월 8일; 〈국민 75퍼센트가 대외의 존 부인〉, 《경향신문》 1978년 2월 8일.

295 경제적 위기를 겪던 1982년 당시 스스로 중산층이라고 생각하는 사람은 약 36퍼센트에 불과했지만, 1987년에 이르면 거의 60~70퍼센트에 달하는 사람들이 스스로 중산층에 속한다고 믿고 있었다. 〈중산층, 젊은 층 가장 큰 변수〉, 《동아일보》 1987년 11월 4일. 여러 기사를 종합해보면, '3저 호황'의 시기였던 1980년대 후반 내내 최소한 70~80퍼센트 정도의 대중들이 스스로 중산층이라고 믿고 있었던 것으로 보인다.

296 〈서민의 생활상〉, 《동아일보》 1973년 1월 25일.

297 〈단독주택 희망 압도적〉, 《매일경제》 1976년 8월 2일.

298 〈대지 20~50평〉, 《매일경제》 1979년 12월 8일.

299 박완서, 〈포말의 집〉, 《배반의 여름》, 문학동네, 1999, 77~78쪽.

300 박완서, 〈닮은 방들〉, 《부끄러움을 가르칩니다》, 문학동네, 1999, 286~287쪽.

301 박철수, 《근현대 서울의 집》, 서울역사편찬원, 2018, 129쪽.

302 발레리 줄레조, 길혜연 옮김, 《한국의 아파트 연구》, 아연출판부, 2004, 51~55쪽.

303 박완서, 〈닮은 방房들〉(《월간중앙》, 1974년 6월호), 《부끄러움을 가르칩니다》, 277~278쪽.

304 최인호, 〈타인의 방〉, 《문학과지성》, 1971년 봄호.

305 최인호, 〈전람회의 그림 II〉, 《잠자는 신화》, 예문관, 1974, 168~169쪽.

306 박철수, 《거주박물지》, 도서출판 집, 2018, 86~104쪽.

307 발레리 줄레조, 앞의 책, 190쪽.

308 발레리 줄레조, 《아파트 공화국》, 휴머니스트, 2007, 190쪽.

309 박완서, 〈꿈과 같이〉(《창작과비평》, 1978년 6월), 앞의 책, 373쪽.

310 박완서, 〈여인들〉(《세계의 문학》, 1977년 6월), 앞의 책, 272쪽.

311 조해일의 소설에서 멀리 조망된 한강 맨션아파트의 묘사는 다음과 같다. "알루미늄 빛으로 번쩍거리는 한 떼의 건물군이 시야에 들어찼다. 일고여덟 해 전만 해도 모래먼지와 잡초가 무성하던, 그러나 지금은 기하학과 역학에 힘입은 바의 번듯하게 드높여진 한강변 위에 새로이 형성된 또 하나의 도시, 맨션아파트 마을이었다." 조해일, 〈뿔〉, 《조해일 선집》, 어문각, 1983, 294~295쪽.

312 박완서, 《도시의 흉년》(1975~1977), 세계사, 2012, 154쪽.

313 박완서, 〈주말농장〉, 《부끄러움을 가르칩니다》, 문학동네, 1999, 156쪽.

314 박완서, 〈주말농장〉, 앞의 책, 149~150쪽.

315 박완서의 소설에서 "반듯반듯한 모양으로 직립한 아파트들 사이로 난 널찍널찍한 보도"는 강남 아파트 단지의 특징적인 경관으로 묘사된다. 박완서, 〈포말泡沫의 집〉 《한국문학》, 1976년 10월), 《배반의 여름—박완서 단편소설전집》 제2권, 문학동네, 2006, 64쪽.

316 박완서, 〈주말농장〉, 《부끄러움을 가르칩니다—박완서 단편소설전집》 제1권, 문학동네, 2006, 112쪽.

317 박완서, 〈낙토의 아이들〉(1978), 《배반의 여름—박완서 단편소설전집》 제2권, 문학동네, 2006, 305쪽.

318 한국 사회에서 아파트가 가장 중요한 구별짓기 양식이라고 주장하는 견해에 대해서는, 강준만, 《강남, 낯선 대한민국의 자화상》, 인물과사상사, 2006, 326~328쪽.

319 박완서, 〈포말泡沫의 집〉《한국문학》, 1976년 10월), 앞의 책, 65쪽.

320 박완서, 〈서글픈 순방〉, 앞의 책, 412쪽.

321 이기석, 〈20세기 서울의 도시 성장〉, 《서울 20세기 공간변천사》, 87쪽.

322 윤혜정, 〈서울시 불량주택 재개발사업의 변천에 관한 연구〉, 《서울학연구》 제7호, 1996, 237쪽.

323 손정목, 《서울도시계획 이야기》 제2권, 한울, 2003, 159~160쪽.

324 최상철, 〈현대 서울도시계획의 변화: 1950~2000〉, 《서울 20세기 공간변천사》, 535~536쪽.

325 조세희, 《난장이가 쏘아올린 작은 공》, 문학과지성사, 1978.

326 이에 대해서는 〈밀려난 철거민〉, 《한겨레신문》 1996년 10월 12일 참조. 조세희는 이외에도 구로구 가리봉동, 인천 동구 만석동 일대를 취재해서 소설을 썼다고 밝힌 바 있는데, 소설 속 가상의 공업도시 '은강'이 이 지역들을 반영한 것으로 보인다.

327 〈밀려난 철거민〉, 《한겨레신문》 1996년 10월 12일.

328 존슨 너새니얼 펄트, 박광호 옮김, 《대한민국 무력정치사》, 현실문화, 2016, 7~9쪽 참조.

329 최일남, 〈노새 두 마리〉, 《한국문학》, 1974년 4월호(여기서는 《장 씨의 수염》, 나남, 1986에서 인용).

330 박완서, 〈어느 시시한 사내 이야기〉(《세대》, 1974년 5월호), 《부끄러움을 가르칩니다》, 189~190쪽.

331 윤흥길, 〈엄동〉, 〈아홉 켤레의 구두로 남은 사내〉, 문학과지성사, 1977.

332 박완서, 〈부처님 근처〉(《현대문학》, 1973년 7월호), 앞의 책, 111쪽; 비슷한 맥락에서, 최일남의 소설 〈이야기〉는 정치적 참여의식 대신 부동산에 대한 관심만을 화제로 삼는 친구들에 대한 이야기를 다루고 있다. 이 소설에서 1960년 당시 4·19학생운동에 참여했던 동창생들은 오랜만에 만나 가지는 술자리에서 "광화문 쪽으로 진출하던 날"을 떠올리지만, "다 지나간 일인데 생각해서 뭐하니……당장 사는 일이 더 부담스러우니까. 내 탓만도 아니라고 생각해"라면서, 개포동의 "아파트 프리미엄이 오백에서 지금은 천만까지 올랐다"는 이야기에 집중한다.

333 주민의 증언에 따르면, 현재 외환은행 성동지점이 있는 자리로, 그 자리에는 아직까지 '광심미용실'이 남아 있다고 한다. 〈가도 가도 왕십리〉, 《한겨레 21》 제832호, 2010년 10월 22일.

334 조해일, 《왕십리》, 솔, 1993, 183~184쪽.

335 최일남, 〈서울 사람들〉(《한국문학》, 1975년 1월호), 《장 씨의 수염》, 나남, 1986.

336 게오르그 짐멜, 〈대도시와 정신적 삶〉, 《짐멜의 모더니티 읽기》, 김덕영·윤미애 옮김, 길, 2005, 36~41쪽 참조.

337 이 제목은 1940년에 발표된 토마스 울프Thomas Wolfe의 소설과 1980년에 발표된 이문열의 소설집 제목 《그대 다시는 고향에 가지 못하리》를 인용한 것이다.

338 아비투스habitus 개념에 대해서는, 피에르 부르디외, 《구별짓기: 문화와 취향의 사회학 上》, 최종철 옮김, 새물결, 1995, 278~286쪽 참조.

339 Octavio Paz, *Children of the Mire*, (Harvard University Press: Cambridge Mass. 1975) pp.1~3.

찾아보기

● 도판 자료 사용에 협조해주신 서울역사박물관, 국가기록원 등에 감사드립니다.
● 도판 소장자와 연락이 닿지 못한 경우가 있습니다. 저작권을 해결할 기회를 얻고자 합니다.

서울 탄생기 - 1960~70년대 문학으로 본 현대도시 서울의 사회사

⊙ 2018년 11월 30일 초판 1쇄 발행
⊙ 2022년   5월 13일 초판 4쇄 발행
⊙ 글쓴이   송은영
⊙ 펴낸이   박혜숙
⊙ 디자인   이보용
⊙ 펴낸곳   도서출판 푸른역사
  우) 03044 서울시 종로구 자하문로8길 13
  전화: 02)720−8921(편집부) 02)720−8920(영업부)
  팩스: 02)720−9887
  전자우편: 2013history@naver.com
  등록: 1997년 2월 14일 제13−483호

ⓒ 송은영, 2022

ISBN 979−11−5612−127−5 93900

· 잘못 만들어진 책은 교환해드립니다.

* 이 도서는 한국출판문화산업진흥원 2018년 우수출판콘텐츠 제작 지원 사업 선정작입니다.